FAÇA O BOLO CRESCER

As empresas devem ser conduzidas com o objetivo de obter lucro ou servir a um propósito? Neste livro inovador, Alex Edmans, aclamado professor de finanças e palestrante do TED, mostra que não se trata de escolher entre uma dessas alternativas. Tendo como base evidências de alta qualidade e exemplos da vida real e abrangendo diversos setores produtivos e muitos países, Edmans demonstra que as empresas impulsionadas por um propósito são consistentemente mais bem-sucedidas em longo prazo.

As empresas norteadas por um propósito, no entanto, devem navegar por escolhas difíceis e tomar decisões difíceis. Edmans apresenta um guia bastante útil para que os *líderes* empresariais consigam colocar seu propósito em prática e superar os obstáculos que os impedem de crescer. Ele explica como os *investidores* podem aprender a discernir entre quais empresas são verdadeiramente norteadas por propósito e quais delas são de praticantes de *greenwashing* e a se envolver com elas, a fim de liberar valor tanto para os acionistas quanto para a sociedade. Ele destaca, ainda, o papel crucial que os *cidadãos* podem desempenhar na reformulação dos negócios como trabalhadores, clientes e investidores, para desenvolver um mundo melhor.

Esta edição foi minuciosamente atualizada para incluir os acontecimentos relacionados à pandemia da covid-19, as últimas pesquisas e as novas percepções sobre como tanto as empresas quanto os investidores podem transformar o propósito em realidade.

Alex Edmans é professor de finanças na London Business School e uma autoridade líder em reformar negócios para servir ao bem comum. Ele falou em Davos e na Câmara dos Comuns do Reino Unido, proferiu a palestra TED "What to Trust in a Post-Truth World" e as palestras TEDx "The Pie-Growing Mindset" e "A Responsabilidade Social dos Negócios", que, em conjunto, foram vistas 2,5 milhões de vezes. Ele trabalha como conselheiro de administração do Investor Forum e no Royal London Asset Management´s Responsible Investment Advisory Committee. Ganhou 24 prêmios de ensino em Wharton e na London Business School e foi nomeado Professor do Ano pela Poets & Quants em 2021. Tem Ph.D. pelo MIT como Fullbright Scholar e anteriormente foi professor contratado pela Wharton e atuou no banco de investimentos Morgan Stanley.

FAÇA O BOLO CRESCER

FAÇA O BOL CRESCER

COMO GRANDES EMPRESAS ENTREGAM PROPÓSITO E LUCRO

ALEX EDMANS

ALTA BOOKS
GRUPO EDITORIAL
Rio de Janeiro, 2024

Faça o Bolo Crescer

ISBN: 978-85-508-2189-4

Alta Books é uma Editora do Grupo Editorial Alta Books.

Translated from original Grow the Pie © 2022 by Alex Edmans. ISBN 978-1-009-05467-6. This translation is published and sold by Cambridge University Press, the owner of all rights to publish and sell the same. PORTUGUESE language edition published by Starlin Alta Editora e Consultoria Eireli, Copyright © 2024 by STARLIN ALTA EDITORA E CONSULTORIA LTDA.

Impresso no Brasil — 1ª Edição, 2024 — Edição revisada conforme o Acordo Ortográfico da Língua Portuguesa de 2009.

Dados Internacionais de Catalogação na Publicação (CIP)
(Câmara Brasileira do Livro, SP, Brasil)

Edmans, Alex
Faça o bolo crescer : como grandes empresas entregam propósito e lucro / Alex Edmans ; [tradução Dirceu C. Silveira Jr.]. -- 1. ed. -- Rio de Janeiro : Alta Books, 2024.

Título original: Grow the pie: how great companies deliver both purpose and profit.
ISBN 978-85-508-2189-4

1. Administração de empresas 2. Finanças 3. Lucros - Empresas I. Título.

24-194232 CDD-658.155

Índices para catálogo sistemático:

1. Lucros : Empresas : Administração financeira 658.155

Eliane de Freitas Leite - Bibliotecária - CRB 8/8415

Grupo Editorial Alta Books

Produção Editorial: Grupo Editorial Alta Books
Diretor Editorial: Anderson Vieira
Editor da Obra: José Ruggeri
Vendas Governamentais: Cristiane Mutüs
Gerência Comercial: Claudio Lima

Produtor Editorial: Thiê Alves
Tradução: Dirceu C. Silveira Jr.
Copidesque: Vanessa Schreiner
Revisão: Alessandro Thomé; Denise Himpel
Diagramação: Joyce Matos

ALTA BOOKS
GRUPO EDITORIAL

Rua Viúva Cláudio, 291 — Bairro Industrial do Jacaré
CEP: 20.970-031 — Rio de Janeiro (RJ)
Tels.: (21) 3278-8069 / 3278-8419
www.altabooks.com.br — altabooks@altabooks.com.br
Ouvidoria: ouvidoria@altabooks.com.br

Editora **afiliada à:**

ASSOCIADO

SUMÁRIO

INTRODUÇÃO

"Há uma e apenas uma responsabilidade social dos negócios... aumentar seus lucros."

Milton Friedman, ganhador do prêmio Nobel de Economia

"Compartilhamos um compromisso fundamental com *todos* os nossos stakeholders. Nós nos comprometemos a entregar valor aos clientes... investindo em nossos funcionários... lidando de maneira justa e ética com nossos fornecedores... [e] apoiando as comunidades em que estamos inseridos."

Declaração da Mesa Redonda de Negócios
sobre o propósito de uma corporação

"A maneira mais efetiva de melhorar o desempenho do conselho é aumentar o poder dos acionistas."

Lucian Bebchuk, faculdade de direito de Harvard

"A primazia dos acionistas foi, em primeiro lugar, mal concebida e falhou completamente em suprir as necessidades de todos os stakeholders."

Martin Lipton, sócio-fundador da Wachtell,
Lipton, Rosen & Katz

"Desde 1978, a remuneração dos CEOs aumentou 940%, enquanto a média dos norte-americanos teve um aumento de apenas 12% no salário. Isso está errado... É hora de recompensarmos o trabalho, não apenas a riqueza."

Joe Biden, 46º presidente dos EUA

"A Air France desaparecerá se não fizer os esforços necessários para ser competitiva... Convoco todos a serem responsáveis: a tripulação, a equipe de solo e os pilotos, que estão pedindo aumentos salariais injustificados."

Bruno Le Maire,
ministro da Economia francês

O capitalismo está em crise.

O consenso entre políticos, cidadãos e até mesmo os próprios executivos — em ambos os lados do espectro político e em todo o mundo — é o de que os negócios simplesmente não estão funcionando para pessoas comuns.

A crise financeira de 2007 custou a 9 milhões de norte-americanos seus empregos e a 10 milhões suas casas. Embora a economia tenha se recuperado, os ganhos foram, em grande parte, para os patrões e os acionistas, enquanto os salários dos trabalhadores estagnaram. Em 2019, os 22 homens mais ricos do mundo gozavam de mais riqueza do que todas as mulheres da África. Essa desigualdade só aumentará, devido à pandemia do coronavírus. Enquanto 100 milhões de pessoas estão sendo afundadas na pobreza extrema, a riqueza de bilionários da tecnologia vem aumentando de maneira vertiginosa.

As corporações empresariais não são apenas beneficiárias passivas das tendências globais — elas contribuem ativamente para elas. Para espremer cada última moeda de lucro, muitos pagam aos trabalhadores o mínimo possível e os fazem trabalhar demais, desrespeitando as normas de saúde e segurança. Todos os dias, 7.500 cidadãos em todo o mundo morrem de doenças e acidentes relacionados ao trabalho. O impacto de uma companhia é de tamanho alcance que pode prejudicar pessoas que nem sequer são clientes ou funcionários. Em junho de 2020, a fornecedora de energia norte-americana PG&E declarou-se culpada de 84 acusações de homicídio culposo decorrentes de incêndios florestais na Califórnia causadas por equipamentos defeituosos.

O dano não recai apenas sobre as pessoas, mas também sobre o planeta. Em 2010, a explosão da plataforma de perfuração Deepwater Horizon da BP resultou em 4,9 milhões de barris de petróleo derramados no mar, ameaçando 8 parques nacionais dos Estados Unidos, colocando em risco 400 espécies e causando estragos a mil milhas de costa. Cinco anos depois, a Volkswagen admitiu a instalação de um "dispositivo de derrota" em seus carros, que fraudou testes de emissões e contribuiu para 1.200 mortes apenas na Europa. Em maio de 2020, a mineradora Rio Tinto detonou o Juukan Gorge na Austrália, um local sagrado para os indígenas Puutu Kunti Kurrama e Pinikura, que havia sido continuamente ocupado por seres humanos por 46 mil anos. Além desses casos individuais, os custos ambientais gerados pelas empresas são estimados em US$4,7 trilhões por ano.

Há cidadãos lutando contra isso. Em 15 de abril de 2019, o grupo ativista Extinction Rebellion organizou manifestações em 80 cidades de 33 países, bloqueando estradas, pontes e edifícios em protesto contra as mudanças climáticas. Uma miríade de outras respostas incluem os movimentos Occupy, Brexit, a eleição de líderes populistas, restrições ao comércio e à imigração e revoltas contra as altas remunerações dos CEOs. Mas enquanto cada reação particular varia, o sentimento geral é o mesmo. "Eles" estão se beneficiando às "nossas" custas.

As empresas, por sua vez, estão respondendo — ou pelo menos aparentam estar. O capitalismo de stakeholders — a ideia de que os negócios devem trabalhar em favor da sociedade mais ampla — tornou-se a palavra de ordem no mundo corporativo atual. Foi tema do Fórum Econômico Mundial de 2020, em Davos. Em agosto de 2019, a Business Roundtable, um grupo de influentes CEOs dos EUA, redefiniu radicalmente sua declaração do "propósito de uma corporação" para incluir os stakeholders, em vez de incluir somente os acionistas.

Mas não ficou claro se o que esses líderes expressaram é o que realmente queriam dizer. Os críticos argumentam que Davos é mais sobre parecer fazer o bem do que realmente fazer o bem. Os céticos afirmam que a declaração da Business Roundtable foi um exercício de relações públicas para evitar a regulamentação. De fato, diversos signatários dispensaram milhares de trabalhadores durante a pandemia do coronavírus, ao mesmo tempo em que pagaram enormes dividendos aos investidores.

Portanto, temos empresas explorando a sociedade, cidadãos lutando contra essa exploração e empresas respondendo com supostos golpes publicitários que enganam os reguladores e permitem que a exploração continue. E esse ciclo vem acontecendo há séculos. Em meados do século XIX, Karl Marx escreveu sobre a luta entre capital e trabalho. Desde então, temos visto um pêndulo balançar para a frente e para trás entre executivos e acionistas de um lado e trabalhadores e clientes de outro. Pense nos barões ladrões do final do século XIX que criaram monopólios gigantes como a Standard Oil; os formuladores de políticas públicas responderam quebrando alguns deles. Pense, ainda, no auge dos sindicatos na década de 1970, seguido pela legislação que causou seu declínio; ou na ascensão dos grandes bancos, no início do século XX, que culminou na crise financeira de 1929 e sua regulamentação pela Lei Glass-Steagall — parcialmente revertida desde a década de 1980, contribuindo para outra crise em 2007. Esse filme continuará sendo repetido, a menos que possamos encontrar outro caminho.

Mas a boa notícia é que existe outro caminho.

Ao aplicar uma abordagem radicalmente diferente para os negócios empresariais, as organizações podem gerar *tanto* lucro para investidores *quanto* valor para a sociedade. Então, diante de todos esses conflitos, este é um livro fundamentalmente otimista. No entanto, esse otimismo não se baseia na esperança cega, mas em evidências rigorosas de que essa abordagem dos negócios empresariais funciona — ao longo do setor produtivo e para todos os stakeholders — e apresenta um modelo prático para transformá-la em realidade.

O cerne dessa nova abordagem é uma mudança de pensamento. O conflito surge do que este livro chama de *mentalidade de repartir o bolo*. O valor que uma empresa gera é visto como um bolo fixo. Então, a única maneira de obter uma fatia maior do bolo para "nós" é reduzir a fatia dada a "eles": o negócio empresarial é um jogo de soma zero. Para maximizar o lucro, um CEO subtrai da sociedade, aumentando os preços ou cortando salários. Por outro lado, para garantir que os negócios empresariais funcionem para a sociedade, devemos reprimir o lucro.

Embora uma divisão justa do bolo seja importante, reformar os negócios empresariais não pode se limitar a apenas redistribuí-lo, porque isso reduziria o lucro, o que leva a dois problemas. Em primeiro lugar, se a reforma torna a empresa menos lucrativa, muitos CEOs não a perseguirão voluntariamente — eles podem assinar declarações, mas não as colocar em prática. A divisão do bolo, portanto, precisa ser forçada às empresas por meio de uma regulação; mas esta só leva à conformidade, não ao compromisso. Uma empresa pode cumprir uma legislação que trata do salário mínimo sem oferecer trabalho significativo ou o desenvolvimento de habilidades.

Em segundo lugar, reduzir os lucros é algo ruim para os acionistas. Muitos críticos de negócios empresariais não se importam — os investidores são frequentemente retratados como capitalistas sem nome e sem rosto. Mas os investidores não são "eles", somos "nós". Incluem pais economizando para pagar a educação dos filhos, fundos de previdência investindo para os aposentados e companhias de seguros financiando sinistros futuros. E é necessário ter investidores para financiar as empresas em primeiro lugar, o que eles só farão se houver a perspectiva de um retorno. Portanto, qualquer reforma empresarial deve entregar lucros, bem como valor social.

É disso que este livro trata. A *mentalidade de fazer o bolo crescer* salienta que o bolo não é fixo. Ao investir em stakeholders, uma empresa não reduz a fatia do bolo dos investidores — ela faz o bolo crescer, beneficiando, em última instância, os investidores. Uma empresa pode melhorar as condições de trabalho por se preocupar de maneira genuína com seus funcionários; assim, estes se tornam mais motivados e produtivos. Ela pode desenvolver um novo medicamento para aliviar a devastação causada por uma pandemia sem considerar se os afetados conseguem pagar por ele, mas acabam o comercializando com sucesso. Pode, também, reduzir suas emissões muito além do nível que geraria multa, devido ao seu senso de responsabilidade com o meio ambiente, mas se beneficiar disso, porque clientes, trabalhadores e investidores são atraídos por empresas com esses valores.

Basicamente, o bolo representa valor social, não lucro — o lucro é apenas uma fatia do bolo. O principal objetivo de uma empresa que faz o bolo crescer é o valor social; ela enxerga o lucro como um subproduto. Para a surpresa de todos, essa abordagem geralmente acaba sendo *mais* rentável do que se o lucro fosse o objetivo final. Isso porque permite que sejam feitos muitos investimentos que acabam implicando rendimentos substanciais em longo prazo. Mas como esses rendimentos não poderiam ter sido previstos desde o início, os projetos nunca teriam sido aprovados se o lucro fosse o único critério. Uma regra de "maximizar o valor dos acionistas" é teoricamente atraente, mas praticamente inviável, porque é muito difícil calcular — mesmo de maneira aproximada — quantas decisões importantes afetarão os lucros em longo prazo. O poder da mentalidade de fazer o bolo crescer é que ela substitui *cálculos* por *princípios*, fornecendo orientação prática para a tomada de decisões sob incerteza.

Resumindo, um negócio empresarial responsável *gera lucros apenas por meio da criação de valor para a sociedade*. Esse efeito positivo sobre os lucros lida com ambos os problemas citados anteriormente. Isso significa que tanto os investidores quanto os stakeholders se beneficiam, e também que é do interesse da empresa transformar a maneira de fazer negócios e levar muito a sério seu impacto na sociedade. Na verdade, é urgente que elas o façam. Trabalhar em favor da sociedade não é um luxo ou uma opção extra, mas algo fundamental para o sucesso da empresa no longo prazo.

O fato de que é possível fazer o bolo crescer quer dizer não apenas que o propósito não é alcançado às custas do lucro, como alguns executivos e investidores acreditam, mas também que o lucro não precisa acontecer às custas do propósito, como alguns críticos de negócios empresariais argumentam. As implicações são profundas. Os lucros elevados — e, inclusive, a remuneração elevada dos CEOs — não são automaticamente um motivo para "marcar e causar vergonha a" uma empresa, se seu lucro é obtido da maneira correta. O lucro é, muitas vezes, o subproduto da ação de aprimorar algumas coisas, a raiz do progresso humano ao longo dos tempos. Os investidores nem sempre devem ser suprimidos; eles são aliados na reforma do capitalismo para uma forma mais orientada ao propósito e à sustentabilidade. Os negócios empresariais e a sociedade não são adversários, eles jogam no mesmo time. Quando todos os membros de uma organização trabalham juntos, unidos por um propósito comum e focados no longo prazo, geram valor compartilhado de modo a ampliar as fatias de todos — investidores, trabalhadores, clientes, fornecedores, meio ambiente, comunidades e contribuintes. Portanto, não precisa ser uma questão de escolha entre servir aos investidores ou aos stakeholders. É uma questão de servir a ambos.

Esse pensamento de ganha-ganha é o cerne deste livro. Vamos começar pela Parte I — *por que* as empresas existem e por que elas devem focar a criação de valor social, não apenas o lucro. Nessa parte, é explicada a mentalidade de fazer o bolo crescer e como ela difere não apenas da mentalidade de repartir o bolo, mas também de visões mais amplas de negócios empresariais, como o "valor do acionista esclarecido". Também aborda potenciais objeções à mentalidade de fazer o bolo crescer e nuances em sua implementação. Fazer o bolo crescer não significa ignorar o lucro nem investir de maneira despreocupada, dando pouca atenção ao custo — significa investimento focado e disciplinado. Na verdade, nessa parte do livro, ofereço um conjunto de princípios para orientar a recusa de um projeto e como lidar com escolhas desconfortáveis, que pode ser aplicado mesmo diante da incerteza. É importante ressaltar que os investidores podem avaliar se um líder está seguindo esses princípios, aliviando a preocupação de que partir do cálculo do valor do acionista o torna inexplicável. Os princípios combinam a praticidade do processo decisório com a responsabilidade do cálculo.

Apresento, portanto, evidências de que gerar lucro como resultado de trabalhar em favor da sociedade não é um sonho bom demais para ser verdade, mas um propósito realista e alcançável. *É* possível que os investidores e a sociedade se beneficiem simultaneamente. Por isso, gerar valor para os stakeholders não é apenas um ideal digno — constitui bom senso de negócio. Quando converso com profissionais sobre a importância do propósito e sou apresentado como professor de finanças, eles acham que houve algum engano. Pessoas de finanças costumam ser consideradas inimigas de iniciativas inspiradas na missão, por acreditarem que se trata de uma distração em relação à geração de lucro. Isso pode ser verdade no curto prazo, quando as escolhas podem causar muitos danos. Mas as evidências de longo prazo mostram que qualquer departamento financeiro com essa mentalidade está falhando em sua tarefa.

A Parte II do livro discute *o que* faz o bolo crescer, mostrando que muitas propostas básicas de reforma não funcionam de fato porque são baseadas em repartir um bolo fixo. Vamos revirar os pontos de vista convencionais sobre alguns dos aspectos mais controversos dos negócios, olhando para eles através de uma lente de fazer o bolo crescer, em vez de uma lente de repartir o bolo. Veremos que a remuneração dos executivos, o ativismo dos acionistas e as recompras de ações — atividades que, muitas vezes, são elaboradas para servir a CEOs e a investidores às custas dos stakeholders — podem fazer o bolo crescer para todos. Mas a palavra em destaque aqui é "podem". Do modo como as praticam atualmente, muitos não estão conseguindo fazer isso, por isso discutirei como melhorar essa questão.

A Parte III do livro está voltada para a questão prática de *como* fazer o bolo crescer. Destaca o poder do propósito — a razão de ser de uma empresa e o papel que ela desempenha no mundo. O propósito responde à pergunta: "Como o mundo é um lugar melhor pelo fato de sua empresa existir?" Mas na hora do "vamos ver", quando um CEO estiver diante de metas de lucro de curto prazo, como ele poderá colocar o propósito em prática? Essa parte destaca a capacidade e a responsabilidade das empresas, dos investidores, dos reguladores e dos cidadãos de conseguir isso — trabalhando individual e coletivamente.

A mentalidade de repartir o bolo é generalizada e não se aplica apenas à relação entre as empresas e a sociedade. A história de Robin Hood, que roubou dos ricos para dar aos pobres, é muito mais celebrada do que a dos Elfos e do Sapateiro, na qual os elfos ajudam o sapateiro a fazer sapatos sem subtrair de ninguém. Terminaremos na Parte IV discutindo como a ideia de fazer o bolo crescer pode ser aplicada a contextos mais amplos, como dinâmica interpessoal, servir aos outros e liderança.

O que sustenta essa mudança de mentalidade? É um estudo minucioso das *evidências* sobre o que impulsiona a criação de valor em longo prazo dentro da empresa. Essa abordagem baseada em evidências contradiz opiniões comuns sobre os negócios empresariais. Algumas perspectivas são baseadas em estudos de caso ou em histórias. As histórias são vívidas, retratam temas do mundo real e são recontadas, então elas têm sido usadas com sucesso em escolas de negócios, livros e palestras TED. Mas, conforme explicado em minha palestra TED, "No que confiar em um mundo pós-verdade", as histórias contam pouco, porque você sempre pode escolher uma história a dedo para sustentar qualquer ponto de vista — e ter o incentivo para escolher a mais extrema, o que faz com que seu ponto de vista se torne mais enfático. Os defensores de um foco exclusivo no lucro podem usar a história da GE sob a gestão de Jack Welch para mostrar que esse foco pode ser bem-sucedido. E os críticos podem usar a história da Enron para mostrar que o foco no lucro pode ser falho. De fato, tanto a história da GE quanto a da Enron representam grandes estudos de caso usados em escolas de negócios, mas nenhuma delas nos diz se administrar uma empresa com foco no lucro funciona de maneira geral.

Quando comecei minha carreira acadêmica como estudante de doutorado de negócios sustentáveis no MIT Sloan, o mundo era cinza para mim. Tive a sorte de, com ajuda financeira, frequentar uma escola particular em Londres, mas alguns de meus comentários foram tão de esquerda que meu professor de economia, o maravilho Sr. Toy, cantou o hino do Partido Trabalhista "A Bandeira Vermelha" depois que os expressei. Fora da universidade, eu era o jovem jornalista e comentarista de futebol do ano e escrevi muitas coisas contra a comercialização do futebol e os salários exagerados dos jogadores, mas depois acabei trabalhando para o banco de investimento Morgan Stanley. O lado bom de minha confusão, no entanto, foi que formei meus pontos de vista com base no poder das evidências, e não em se elas embasavam uma opinião preconcebida. Isso me ensinou que existem dois lados em quase qualquer debate e destacou a importância de considerar o bolo todo, como um conjunto, não apenas uma fatia. Foi explorando as evidências que tive a ideia de escrever este livro — fazendo o bolo crescer.

Diferentemente das histórias, as evidências extraem *insights* de milhares de empresas, em dezenas de setores produtivos, ao longo de décadas. Elas buscam distinguir a correlação de causalidade e abordar explicações alternativas. Assim como na medicina o diagnóstico precede o tratamento, é fundamental avaliar com precisão quais são os problemas relacionados ao capitalismo antes de propor uma reforma.

No entanto, a qualidade das evidências varia substancialmente. Uma das frases mais perigosas é "pesquisas mostram que...", porque essas pesquisas podem ser escolhidas a dedo para mostrar os resultados que você gostaria que elas mostrassem. No inquérito de 2016 da Câmara dos Comuns do Reino Unido sobre governança corporativa, a testemunha diante de mim citou evidências que "revelaram que a produtividade da empresa correlaciona-se negativamente com a disparidade salarial entre executivos de alto escalão e trabalhadores de nível inferior", referindo-se ao rascunho de uma pesquisa em andamento de janeiro de 2010. A versão final havia sido publicada três anos antes do inquérito e, após ter passado por revisão por pares e recebido um reforço em sua metodologia, chegou ao resultado oposto:

- "Não encontramos uma relação negativa entre remuneração relativa e produtividade dos trabalhadores."
- "Descobrimos que tanto o valor da empresa como o desempenho operacional aumentam conforme aumenta a remuneração relativa."

O perigo da seleção a dedo de estudos é mais grave ainda devido ao viés de confirmação — a tentação de aceitar qualquer evidência que apoie sua visão preexistente sobre os negócios, independentemente da qualidade dela. Assim, uma visão baseada em evidências é obtida particularmente de estudos publicados nos periódicos mais rigorosos revisados por pares. Esses periódicos rejeitam até 95% dos artigos, tamanha a rigidez de seus padrões. O exemplo anterior mostra que o rigor de um estudo não é apenas uma questão "acadêmica", mas pode reverter totalmente suas implicações para a prática do mundo real.

As evidências deste livro revelarão muitos resultados surpreendentes que contradizem mitos bastante difundidos sobre os negócios e sugerem soluções diferentes daquelas que são frequentemente defendidas. Veremos que reduzir os níveis "de fazer cair o queixo" da remuneração de CEOs não é, de fato, a maneira mais efetiva de reavaliar as remunerações em benefício da sociedade. Entenderemos como um investidor que vende suas ações no curto prazo pode incentivar as empresas a atuar com mais foco no longo prazo. Aprenderemos como uma empresa que usa seu dinheiro para recomprar ações, em vez de investir, pode gerar valor em longo prazo não só para os acionistas, mas também para a economia como um todo.

Agora, uma abordagem baseada em evidências não significa que só existe uma resposta certa. Mesmo que concordemos com os fatos, pessoas diferentes podem ter opiniões diferentes sobre esses fatos. Mesmo que os altos salários estejam ligados a uma melhor produtividade, alguns cidadãos podem considerá-los indesejáveis porque enxergam que a questão da desigualdade é mais importante do que a produtividade. O papel das evidências é expor os fatos sobre a mesa, a fim de que os formuladores de políticas, os profissionais atuantes e os eleitores possam tomar decisões embasadas, plenamente conscientes de quaisquer escolhas. Então, espero que você discorde de algumas de minhas posições. Na verdade, esse é meu objetivo, porque eu gostaria que este livro fornecesse novas — e potencialmente controversas — perspectivas, em vez de ser uma câmara de eco que apenas reforça aquilo que você já pensa.

Apresentarei, de maneira crítica, evidências *contra* as principais proposições deste livro — explorando, assim, o interessante, o complexo e as nuances dos tons de cinza em questões muitas vezes retratadas como preto e branco. Reconhecerei que o fundo de investimento responsável mediano tem um baixo desempenho e como as indústrias "imorais", como a de tabaco e álcool, têm sido altamente rentáveis. Levantarei preocupações comuns sobre os negócios responsáveis e também argumentos em prol da maximização do valor para os acionistas e reconhecerei que esta é muito mais matizada do que comumente caricaturada. Salientarei, ainda, que, mesmo em longo prazo, há externalidades que afetam a sociedade, mas que não retroalimentam o lucro de uma empresa.

Esse equilíbrio é importantíssimo. O relatório de 2020 do Fórum Econômico Mundial sobre o "Capitalismo de Stakeholders" afirmou que "as empresas lideradas por propósito superam seus pares em valor aos acionistas". A nota de rodapé 32 leva você a um artigo cuja primeira frase é: "Apesar de inúmeros estudos, nunca houve evidências conclusivas de que os conselhos de administração socialmente responsáveis entregam alfa" — o oposto da alegação. Defensores de negócios responsáveis não podem citar provas equivocadas para se adequarem à história que gostaríamos de contar. Fazer isso é um tiro no pé, pois pode enganar os CEOs, induzindo-os a pensar que toda ação socialmente responsável compensa. Mas não é esse o caso, e as evidências podem guiar um CEO com foco no propósito a discernir quais ações realmente fazem o bolo crescer e quais não.

Os estudos acadêmicos que abordarei abrangerão disciplinas variadas — não apenas economia e finanças, mas também comportamento organizacional, estratégia, marketing e contabilidade. Os insights da área de economia serão baseados na economia comportamental, em vez de apenas assumir a racionalidade, e levarão em conta a incerteza e outras razões pelas quais os modelos-padrão falham. Além disso, complementarei a pesquisa acadêmica com exemplos práticos de empresas e investidores com o pensamento voltado para o futuro, em diferentes setores e países, para dar vida às evidências. Desse modo, aprenderemos com os sucessos e os fracassos.

Também compartilharei um pouco de minha experiência de incorporação de propósito nos negócios trabalhando e aprendendo com conselheiros de administração, executivos, investidores, formuladores de políticas e stakeholders — incluindo os diversos obstáculos práticos para fazer isso. De fato, a combinação de insights acadêmicos e profissionais visa tornar o livro não apenas rigoroso, mas também implementável. Muitas grandes ideias acadêmicas são verdadeiramente "acadêmicas" e difíceis de colocar em prática. Trabalhar em favor da sociedade pode parecer um bom ideal, mas muito nebuloso para implementar em comparação com os moldes usados atualmente para maximizar o lucro. Este livro mostra que uma abordagem para os negócios que fazem o bolo crescer pode ser tão factível, operacional e concreta quanto uma baseada na maximização do lucro — e, em última análise, levar a mais lucro no longo prazo.

Antes de iniciarmos, vamos a uma breve discussão sobre terminologia. As palavras que são usadas para descrever as empresas já podem transmitir um preconceito de que elas não têm de, ou não precisam, contribuir para a sociedade.

- Um escritor, ao sugerir que as empresas são monopólios exploradores, pode usar a palavra *corporação*. Às vezes usamos a palavra *empresa* para destacar como as empresas, tanto as antigas quanto as novas, podem fazer o bolo crescer por serem empreendedoras — elaborarem novos produtos, serviços e formas de engajar os colaboradores.
- Os gestores de uma empresa são frequentemente rotulados de *executivos* que executam passivamente atividades rotineiras. Não é de se admirar que o público se oponha ao nível de remuneração dos CEOs se forem pagos milhões a gestores que meramente executam. Às vezes usamos a palavra *líderes* para destacar como eles podem buscar novas direções estratégicas e inspirar sua força de trabalho.
- Executivos recebem *remuneração*. Presume-se que eles não têm motivação intrínseca para trabalhar em favor da sociedade; em vez disso, exigem ser remunerados por fazer isso. Você recebe, assim como uma indenização, por algo desagradável. Líderes recebem *recompensa*. A recompensa é obtida por algo intrinsecamente desejável, como encontrar uma pessoa desaparecida.
- *Empregados* sugere que os trabalhadores estão a mando do empregador, empregados como fatores de produção em base contratual. *Colegas* são parceiros no empreendimento, contribuindo para seu crescimento e compartilhando seu sucesso.
- *Consumidores* implica uma transação única: uma vez que você consumiu um bem, ele desaparece. A palavra *clientes* traduz a ideia de uma empresa com sua clientela com relação de longo prazo.
- *Acionistas* implica a exploração passiva das ações de uma empresa. *Investidores* destaca a responsabilidade de investir no sucesso de longo prazo de uma empresa por meio de monitoramento ativo ou engajamento.

Empresa, líderes, recompensa, colegas, clientes e investidores: todas essas palavras enfatizam a humanidade dos negócios e as relações que a sustentam, as quais veremos que são cruciais para fazer crescer o bolo e para beneficiar toda a sociedade.

COMO LER ESTE LIVRO

Quando se trata de defender a ideia de propósito e lucro, o público-alvo é bastante variado. Inclui leitores que consideram importante o lucro, mesmo que esse não seja o único objetivo, como investidores e executivos, bem como aqueles que enfatizam a necessidade de trabalhar em favor da sociedade, como sindicatos ou representantes de stakeholders. As ideias podem ser colocadas em prática não apenas por executivos seniores, mas também por gestores de nível médio, que podem incutir uma orientação social em suas equipes, e colegas, que podem disseminar ideias e gerenciar para o topo. Este livro destina-se, ainda, aos leitores que não estão envolvidos com o mundo dos negócios, mas que desejam aprender sobre os dois lados da controvérsia em torno do capitalismo — o bom e o ruim —, um debate que se tornou cada vez mais polarizado.

Dado o grande público que pretende alcançar, este livro traz uma variedade de materiais, alguns dos quais serão de maior interesse para determinados tipos de leitores. Como resultado, há diferentes caminhos a explorar. A melhor abordagem, naturalmente, é ler todos os capítulos em ordem. Eles foram elaborados para formarem um todo integrado — cada capítulo embasa o subsequente, há diversas referências cruzadas entre os capítulos e alguns exemplos ao longo do livro. No entanto, a depender de seus objetivos, os leitores mais dinâmicos podem optar por focar determinados capítulos.

O Capítulo 1, que introduz a mentalidade de fazer o bolo crescer, e o Capítulo 4, que apresenta a evidência de que o crescimento do bolo gera valor tanto para os investidores quanto para a sociedade, devem ser de interesse de todos os leitores. Além desses capítulos:

- O leitor de interesse geral, que inclui aqueles que não participam do mundo dos negócios e querem apenas uma introdução à forma como o capitalismo funciona e sobre seu papel na sociedade, bem como os céticos empresariais, provavelmente considerará valorosa a leitura dos Capítulos 3, 8, 10 e 11.
- Os líderes de empresas, que buscam um modelo para colocar essas ideias em prática e pretendem aprender a navegar em questões difíceis, como quais projetos recusar e como definir suas escolhas, também devem ler os Capítulos 2, 3 e 8.
- Investidores ou membros de conselhos de administração, interessados em como os acionistas devem se envolver com as empresas e como planejar

estruturas de governança para estabelecer os fundamentos para o pensamento de longo prazo, devem enxergar valor nos Capítulos 5, 6, 7 e 9. O Capítulo 9 é especialmente útil para os interessados em investimento responsável.

- Formuladores de políticas, líderes empresariais, acadêmicos e outros interessados em pesquisa de alta qualidade sobre o que gera valor em longo prazo e em como aplicar essa pesquisa à prática devem prestar especial atenção aos Capítulos 5, 6, 7 e à seção "Formuladores de Políticas" do Capítulo 10.
- Os leitores interessados em estudos de caso do mundo real, como estudantes de administração de empresas, professores ou palestrantes que buscam histórias para usar nas palestras, e profissionais que queiram conhecer exemplos a serem seguidos devem ler os Capítulos 2, 3 e 8, bem como os exemplos de abertura dos Capítulos 5, 6 e 7.

PARTE I

POR QUE FAZER O BOLO CRESCER?

Introdução à ideia

1

A MENTALIDADE DE FAZER O BOLO CRESCER

Uma nova abordagem para os negócios empresariais que funciona tanto para investidores quanto para a sociedade

Judith Aberg saiu do metrô esperando que fosse mais um dia comum no trabalho. O prédio de escritórios em que ela trabalhava se estendia por seis quarteirões da Quinta Avenida em Nova York e tinha vista para o Central Park. Mas seu empregador não era o banco de investimento prestigiado que você esperaria que ocupasse esses imóveis cobiçados. Era o Monte Sinai, um dos maiores hospitais-escola dos EUA.

O trabalho da Judith era difícil. Ela não só tratava os pacientes, mas também atuava como chefe da divisão de doenças infecciosas, liderando centenas de pesquisadores, clínicos e trabalhadores. No entanto, seu trabalho também era gratificante. Em 2014, ela supervisionou a abertura do Instituto de Medicina Avançada, que uniu médicos de diversas áreas para atender a mais de 10 mil pacientes com HIV em Nova York.

Mas o dia 25 de agosto de 2015 não foi um dia comum. Um paciente no Monte Sinai estava recebendo Daraprim para tratar toxoplasmose, uma infecção parasitária que causa febre, fadiga e deixa os músculos doloridos. Os suprimentos de Daraprim estavam acabando, então a farmácia do hospital tentou pedir mais. Esse novo pedido deveria fazer parte da rotina, mas o pessoal da farmácia foi informado de que o limite de crédito do hospital não era alto o suficiente, o que chamou a atenção de Judith.

Deve haver algum erro!, ela pensou. O limite de crédito do Monte Sinai era de US$40 mil, que certamente era mais do que suficiente para comprar um único frasco com 100 comprimidos. Mas quando ela ligou para o fornecedor de Daraprim, a Turing Pharmaceuticals, ficou chocada ao saber que o preço havia acabado de subir de US$13,50 para US$750 por pílula – um aumento de 5.500%! Então um frasco com 100 comprimidos custava U$$75 mil, quase o dobro do limite de crédito.

A Turing havia sido fundada em fevereiro de 2015 e nomeada em homenagem a Alan Turing, conhecido por ter decifrado o código das máquinas Enigma usadas pela Alemanha na Segunda Guerra Mundial. Mas enquanto o cientista foi instigado a inovar e abrir novos caminhos, a empresa não era movida pela inovação. Em vez de desenvolver novos medicamentos, a estratégia deles era comprar medicamentos existentes e aumentar seus preços.

Essa estratégia pode denotar uma ganância absurda, mas não era nada mais do que natural para Martin Shkreli, de 32 anos, o CEO da Turing. Shkreli é um filho de faxineiros imigrantes que, aos 17 anos, conseguiu um estágio na Cramer, Berkowitz & Co., o fundo de hedge fundado pelo apresentador da CNBC Mad Money, Jim Cramer. Shkreli começou na sala de correspondência, mas rapidamente fez fama quando, no início de 2003, vislumbrou uma ação cujo preço lhe pareceu exagerado — da Regeneron, uma empresa de biotecnologia que desenvolve um medicamento para perda de peso. Ele aconselhou seus chefes a vendê-las em curto prazo — apostou que seu preço cairia. Em 31 de março, a Regeneron admitiu que o medicamento não havia passado em um teste clínico. Naquele dia, o preço das ações caiu pela metade, gerando milhões em lucro para a Cramer, Berkowitz & Co.

Mas ganhar milhões para terceiros não era o suficiente para Shkreli. Ele queria ganhar milhões para si mesmo. Então, em 2006, com apenas 23 anos, ele fundou o próprio fundo de hedge, o Elea Capital Management, que também apostou no colapso de ações. Depois que uma dessas apostas deu errado e o próprio Elea colapsou, Shkreli foi impassível. Ele simplesmente começou de novo em 2009, criando outro fundo de hedge com o amigo de infância, Marek Biestek, chamado MSMB Capital Management, conforme as iniciais de seus nomes.

O fundo MSMB foi um fracasso, assim como o Elea, apesar das tentativas de Shkreli de encobrir isso. Em dezembro de 2010, ele alegou que o MSMB valia US$35 milhões, quando nem sequer tinha US$1 mil. Então, sob o pretexto de que "não havia dinheiro suficiente em fundos de hedge", ele ironicamente se transformou de um especulador antibiotecnologia em um CEO de biotecnologia. Inicialmente, ele fundou a Retrophin em março de 2011 e, em seguida, a Turing Pharmaceuticals.

A estratégia de Shkreli era esquecer o investimento em novos medicamentos e, em vez disso, comprar os medicamentos existentes a preços mais baixos, aumentar o preço e restringir sua oferta. Turing começou com três medicamentos — a cetamina, para tratar a depressão, a ocitocina, para induzir o trabalho de parto, e um bloqueador ganglítico, para tratar a hipertensão —, todos adquiridos da Retrophin. Em 10 de agosto de 2015, Turing comprou o Daraprim por US$55 milhões. No dia seguinte, houve um aumento de 5.500% em seu preço.

Isso foi uma bênção para o lucro, mas um desastre para a sociedade. A toxoplasmose é uma doença perigosa, particularmente para gestantes, idosos e pacientes com AIDS. Se não tratada, pode levar a convulsões, paralisia, cegueira, defeitos congênitos e até mesmo à morte. É tão grave, que a Organização Mundial da Saúde incluiu a pirimetamina (nome químico do Daraprim) em sua "Lista de Medicamentos Essenciais". Mas o aumento do preço significava que esse medicamento essencial não era mais acessível. Judith teve de cortar o uso desse medicamento de cinco vezes por mês para, no máximo, uma vez e, como ela disse ao *New York Times*, mudar para "terapias alternativas que podem não ter a mesma eficácia". Esses substitutos passaram por menos testes, e poderia haver efeitos colaterais desconhecidos. "Isso não nos faz sentir confiantes", ela disse à CNN.

Tão prejudicial quanto os preços extorsivos foi o acesso restrito. Apesar de o Daraprim ser um medicamento essencial, a Turing o disponibilizou para venda apenas em uma farmácia, a Walgreens, e em uma loja "especial", em vez de vendê-lo em lojas comuns. Isso impediu que os concorrentes o adquirissem, visando desenvolver alternativas mais baratas. Adquirir o medicamento passou a ser tão difícil, que a Associação de Medicina do HIV criou um site no qual os médicos poderiam compartilhar sua experiência. Um deles relatou que levou quatro dias e meio para conseguir o medicamento, que antes da compra pela empresa Turing, tinha disponibilidade imediata.

O Bolo: O Valor Criado para a Sociedade

Podemos ilustrar a estratégia de Shkreli usando um bolo. O bolo representa o valor que uma empresa gera para a sociedade — para a Turing, esse valor vem de seus medicamentos. A *sociedade* contém muitos membros diferentes, conforme mostrado na Figura 1.1. Esses membros podem obter fatias muito diferentes do bolo, dependendo da estratégia que Shkreli escolhe adotar.

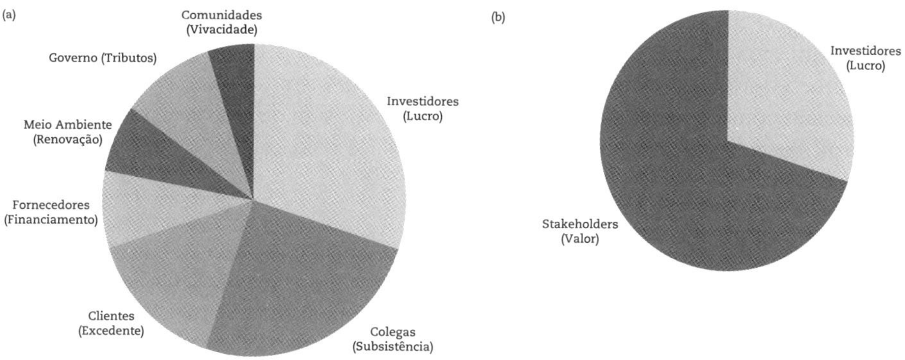

Figura 1.1 a e b

Os membros que Shkreli focou foram os *investidores*, que desfrutam do *lucro*. Conforme destacado na introdução, os acionistas não são "eles", somos "nós". A falha em trabalhar em favor dos investidores pode repercutir na sociedade. Um déficit de financiamento relatado de 17,5 bilhões de libras levou o Universities Superannuation Scheme (um regime de previdência das universidades do Reino Unido) a anunciar cortes nos benefícios de previdência em 2018. Isso fez com que 42 mil trabalhadores entrassem em greve e 126 mil alunos exigissem reembolsos de mensalidades devido às aulas perdidas. Algumas universidades tiveram de remover das avaliações dos alunos o conteúdo não lecionado. Portanto, o lucro é importante, e os investidores são uma categoria importante de membros da sociedade. Mas não se trata da única.

Porque o bolo compreende mais do que apenas o lucro.

O bolo inclui o valor que uma empresa dá a seus *colegas*. Isso inclui a remuneração deles, mas também o treinamento, as oportunidades de crescimento na empresa, o equilíbrio entre a vida profissional e o trabalho e a capacidade de buscar uma vocação e causar grande impacto no mundo. Vamos chamar esse valor de *subsistência*, para refletir tanto o ambiente de trabalho quanto o impacto da empresa na vida privada dos trabalhadores.

O bolo inclui o valor em longo prazo de que os *clientes* desfrutam além do preço que eles pagam, que chamaremos de *excedente*. Uma empresa gera excedentes ao inventar um produto que melhora sua vida materialmente, fornecendo serviço pós-venda gratuito ou deixando de usar estratégias de *marketing* enganosas.

O bolo inclui o valor para os *fornecedores* de uma fonte estável de receita. Chamaremos esse valor de *financiamento*, porque o que importa não é apenas quanto eles recebem, mas a rapidez com que são pagos.

O bolo inclui o valor provido para o *meio ambiente* por uma empresa que reduz o consumo de recursos naturais e as emissões de carbono e que realiza ações positivas, como o plantio de árvores e o incentivo à reciclagem. Chamaremos esse valor de *renovação*.*

O bolo inclui o valor desfrutado por *comunidades*, quando uma empresa oferece oportunidades de emprego, melhorando o acesso à água e ao saneamento e doando seu conhecimento ou seus produtos para iniciativas locais. Chamaremos esse valor de *vibração*.

Por fim, o bolo inclui o valor entregue ao *governo* por meio da receita de *impostos*.

Assim, uma empresa atende não só a investidores, mas também a colegas, clientes, fornecedores, meio ambiente, comunidades e governo. Juntas, essas partes são conhecidas como stakeholders da empresa, que desfrutam de seu *valor* coletivamente. O termo *membros* refere-se ou aos investidores ou aos stakeholders, e o termo *cidadãos* representa as pessoas que convivem em sociedade.†

A Mentalidade de Repartir o Bolo

Shkreli era um repartidor de bolos: ele tinha a *mentalidade de repartir o bolo*. Essa mentalidade vê o bolo como algo de tamanho fixo. Então, a única maneira de aumentar a fatia do bolo de um membro é repartir o bolo de maneira diferente, reduzindo as fatias de outros membros. Esses outros membros se tornam seus rivais, com quem você briga para obter a maior fatia do bolo.

A categoria de membros cuja fatia Shkreli queria aumentar era a dos investidores. Ele era um importante acionista na Turing e poderia sofrer pressão de outros investidores se não gerasse ganhos suficientes. Seu objetivo tinha um único foco — "Meus investidores esperam que eu maximize os lucros" —, e ele perseguiu esse objetivo, subtraindo das partes interessadas, conforme mostrado na Figura 1.2.

De longe, a principal categoria de stakeholders da qual Shkreli subtraiu foi a dos clientes — pacientes e empresas de planos de saúde. Mas Shkreli também subtraiu de

* Um termo comum é "conservação" ou "preservação" ambiental. Usaremos "renovação" para destacar que manter o status quo, não aumentar os níveis de poluição, por exemplo, não é suficiente.

† Alguns escritores incluem os "investidores" dentro de "stakeholders". Para esclarecer, usaremos o termo "stakeholders" para incluir apenas membros não investidores e o termo "sociedade" para nos referir a investidores e às outras partes interessadas de maneira combinada. Não temos "líderes" como uma categoria separada, uma vez que eles também são colegas e (muitas vezes) investidores. Às vezes, o termo "membros" refere-se apenas aos investidores, como na Lei das Sociedades do Reino Unido. Usaremos uma definição mais ampla, já que não está claro por que, por exemplo, um colega seria membro em menor medida do que um investidor.

seus colegas, que podiam ter se juntado e aberto uma startup de biotecnologia, visando a desenvolver novos medicamentos, mas, em vez disso, passaram seus dias focados em extrair lucro mai alto de medicamentos já existentes. Ele subtraiu dos fornecedores, porque a venda restrita e, da mesma forma, a produção de Daraprim reduziram a demanda por insumos. E subtraiu das comunidades, porque o acesso reduzido ao Daraprim prejudicou os pacientes, suas famílias e seus amigos.

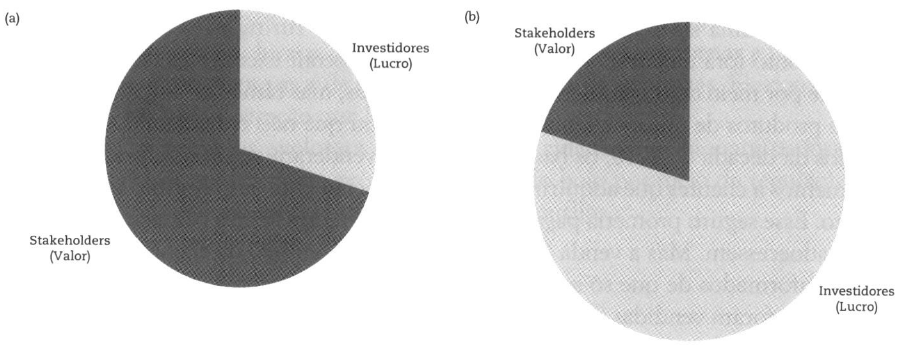

Figura 1.2 a e b

Na busca incessante por lucro, Shkreli prestou pouca atenção em fazer o bolo crescer ao desenvolver novos medicamentos. Pior, suas iniciativas fizeram o bolo murchar. Ao restringir o acesso ao medicamento Daraprim, o benefício à sociedade foi reduzido. Mas se a participação dos investidores aumenta o suficiente, a fatia deles aumenta mesmo que o bolo murche, conforme mostrado na Figura 1.3.*

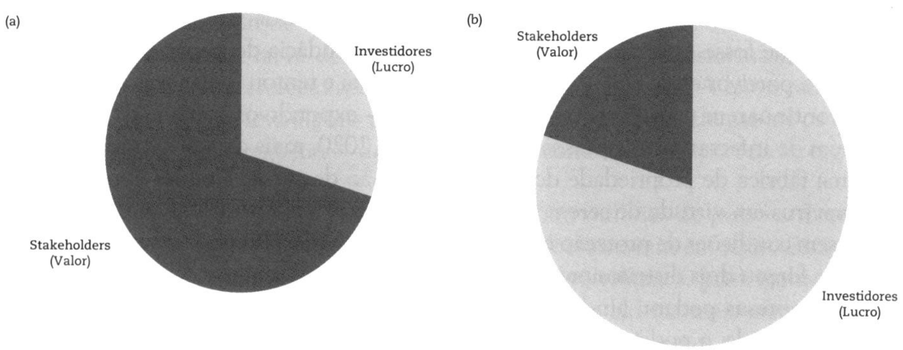

Figura 1.3 a e b

A mentalidade de repartir o bolo é atraente. A divisão do bolo pode ser feita quase que instantaneamente e a custo zero. Ao apertar um botão, Shkreli aumentou o preço do Daraprim em 5.500% sem gastar nenhum dólar. A divisão do bolo não exigiu uma despesa substancial, tempo ou o risco de desenvolver um novo medicamento, a aprovação da Food and Drug Administration dos EUA e ações de marketing. E foi to-

* O termo *compartilhar* refere-se ao valor relativo — a porcentagem do bolo que um membro recebe —, e *fatia* refere-se ao valor absoluto — a ação multiplicada pelo tamanho total do bolo.

outro pesquisador da Merck, Mohammed Aziz, lançou no Senegal, em 1981, o primeiro teste clínico humano de ivermectina. Esse teste se mostrou tão bem-sucedido — um único comprimido curou completamente a doença sem nenhum dos efeitos colaterais comuns em drogas antiparasitárias —, que a OMS pensou que os dados registrados estavam incorretos. Mas a Merck realizou testes em outros países africanos nos anos seguintes, que tiveram sucesso semelhante. Em 1987, a ivermectina foi aprovada para uso humano sob a marca Mectizan.

No entanto, havia um último desafio: dinheiro. Custaria à Merck US$2 milhões para criar um canal de distribuição para a África Ocidental e mais US$20 milhões por ano para produzi-lo, mesmo ignorando os milhões que a empresa já havia gasto com o desenvolvimento do medicamento. Os africanos ocidentais que sofrem de cegueira do rio eram algumas das pessoas mais pobres do mundo. Eles viviam em cabanas cobertas de lama e usavam saias tecidas com capim. Não podiam pagar pelo Mectizan, nem seus governos endividados. Roy Vagelos, CEO da Merck na época, pediu à OMS para financiar o Mectizan, mas a resposta foi não. Ele implorou à Agência dos Estados Unidos para o Desenvolvimento Internacional e ao Departamento de Estado dos EUA. A resposta também foi não. É por isso que Roy precisava urgentemente de dinheiro.

Então Roy foi para uma última, e mais radical, opção de fonte de financiamento — a própria Merck. Em 21 de outubro de 1987, Roy anunciou que a Merck forneceria o Mectizan de graça — "tanto quanto necessário, pelo tempo que for necessário" — a qualquer um em qualquer lugar do mundo que precisasse. A Merck instituiu o Programa de Doação de Mectizan (MDP), que reuniu a OMS, o Banco Mundial, a UNICEF, dezenas de ministérios da saúde e mais de trinta organizações não governamentais para fiscalizar e financiar a distribuição do Mectizan.

À primeira vista, doar um medicamento aparentava ser uma ideia maluca. O MDP custaria milhões aos investidores da Merck, principalmente instituições com responsabilidades junto a seus clientes — os poupadores. Esses investidores poderiam vender suas ações, o que reduziria seu preço, ou pressionar a diretoria da empresa a demitir seu CEO.

Mas essa decisão, aparentemente difícil, foi fácil para Roy. Ele foi impulsionado não pelo lucro, mas pelo desejo de usar a ciência para trabalhar em favor da sociedade. Filho de imigrantes gregos, Roy cresceu descascando batatas, limpando mesas e lavando pratos no Estelle's Luncheonette, o restaurante de sua família. Os principais clientes do Estelle eram cientistas e engenheiros dos laboratórios Merck próximos, e Roy os ouviu falar animadamente sobre os medicamentos que estavam desenvolvendo para melhorar a saúde das pessoas. Ele contou:

"Eles tinham ótimas ideias e adoravam o que estavam fazendo. Eram apaixonados por seu trabalho, e isso me contagiou... eles me encorajaram a estudar e trabalhar com química." A principal preocupação de Roy não eram os milhões de dólares que o MDP custaria, mas as milhões de vidas que ele transformaria.

O MDP mostrou-se extremamente bem-sucedido. Atualmente, é o programa de doação de medicamentos mais longo específico para doenças desse tipo. Ele entregou 3,4 bilhões de tratamentos para 29 países africanos, 6 países latino-americanos e ao Iêmen, no Oriente Médio; agora atinge 300 milhões de pessoas por ano. Graças ao MDP, a OMS emitiu um certificado a quatro países latino-americanos (Colômbia,

Equador, México e Guatemala) por terem eliminado a cegueira do rio. Não é mais um grande problema de saúde pública nas áreas de savana da África Ocidental.

A decisão de doar Mectizan fez o bolo crescer. Inicialmente, a maior parte do aumento foi para países, comunidades e cidadãos da África Ocidental e da América Latina. Mas a Merck também se beneficiou disso mais tarde, embora esses benefícios não fossem o principal motivo para a decisão da Merck. O MDP impulsionou a reputação da Merck como uma empresa altamente responsável. Em janeiro de 1988, a *Business Week* descreveu a empresa como uma das "melhores do serviço público" e chamou o MDP de "um gesto humanitário incomum". A *Fortune* nomeou a Merck como a empresa mais admirada da América por sete anos seguidos, entre 1987 e 1993, um recorde nunca igualado antes ou depois disso.

Essa reputação de trabalhar em favor da sociedade, por sua vez, atraiu investidores e stakeholders. Embora os investidores arquem com os custos financeiros do MDP, muitos deles se preocupam com retornos sociais e financeiros, conforme veremos no Capítulo 2. Dez anos após o lançamento do programa, Roy relatou que não tinha ouvido nenhuma reclamação dos acionistas — mas ele recebeu inúmeras cartas de colegas dizendo que haviam se juntado à Merck por causa do MDP. Eles ficaram entusiasmados com o potencial de resolver os problemas de saúde mais graves do mundo por meio de uma carreira na Merck. Hoje, graças, em parte, a essa reputação, a Merck é uma das maiores empresas farmacêuticas do mundo, cujo valor é de mais de US$200 bilhões. E continua sendo uma empregadora extremamente procurada e ainda está na lista das empresas mais admiradas da *Fortune*. Os investidores também se beneficiaram. Desde 1978, eles têm um retorno médio anual de 13%, quase uma vez e meia a mais do que os 9% entregues pelo S&P 500.

A Mentalidade de Fazer o Bolo Crescer

Roy era um produtor de bolo: Ele tinha a *mentalidade de fazer o bolo crescer*. Essa mentalidade considera o bolo expansível. Ela almeja fazer o bolo crescer — para criar valor para a sociedade — porque isso beneficia tanto investidores quanto stakeholders. O lucro não é mais o objetivo final; em vez disso, ele vem como um subproduto da criação de valor, conforme mostrado na Figura 1.4. Como os negócios são um jogo de soma positiva, os investidores não tentam subtrair dos stakeholders, e estes não precisam se defender dos investidores. Eles jogam no mesmo time.

Vamos usar o termo *Pieconomics* (pike-onomics) para capturar o comportamento de fazer o bolo crescer de que este livro trata. A Pieconomics é uma abordagem dos negócios que busca *gerar lucros apenas por meio da criação de valor para a sociedade*. A Pieconomics definitivamente considera importantes os investidores. Mas uma empresa não trabalha em favor destes concedendo-lhes a maior fatia do bolo que já existe, mas fazendo o bolo crescer. Sob a Pieconomics, um líder constantemente se pergunta se ele está aumentando o lucro por meio da criação de valor ou redistribuindo-o mediante a subtração dos stakeholders. Novos produtos, de fato, melhoram o bem-estar do cliente ou causam vício? Os preços mais altos são devido à qualidade superior do produto ou ao poder de mercado? A empresa está comprometida em fornecer um local de trabalho saudável, mesmo que, inevitavelmente, haja perda de empregos em determinadas áreas à medida que a tecnologia evolui? A empresa está ignorando o impacto ao meio ambiente quando pensa em aumentar os lucros?

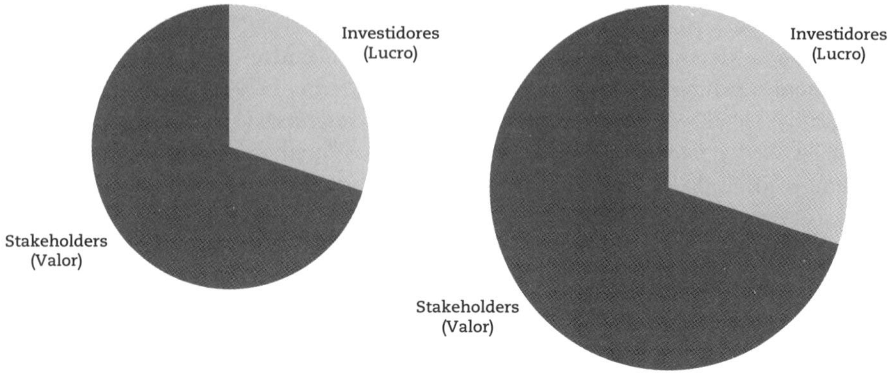

Figura 1.4

Outras abordagens para os negócios, como a Responsabilidade Social Empresarial (RSE), também reconhecem a necessidade de as empresas trabalharem em favor da sociedade. Mas a Pieconomics vai além da RSE e implica uma mudança de pensamento sobre quais são as responsabilidades das empresas, como os líderes devem administrar os negócios e como tanto as empresas quanto os líderes devem ser responsabilizados. Há quatro mudanças-chave.

De Auxiliar a Núcleo

No início da Igreja Católica, os ricos podiam cometer qualquer número de pecados e comprar uma "indulgência", ou ganhar uma ao praticar boas ações que os absolvessem da punição. Isso é semelhante à forma como a RSE é frequentemente praticada. Uma empresa pode realizar a RSE sem mudar seu negócio principal; em vez disso, desenvolve atividades isoladas em um departamento de RSE — como contribuições de caridade —, realizadas para compensar os danos causados por seu negócio principal. Mas como Matt Peacock, ex-diretor de Assuntos Corporativos da Vodafone, disse à minha classe, a RSE é como uma empresa dizendo ao povo de uma aldeia: "Sim, nós cortamos sua antiga floresta repleta de significado cultural e religioso. Mas não se preocupe, pois usamos alguns dos troncos para construir um clube para os jovens."

Em contrapartida, a Pieconomics está inserida no negócio principal e garante que sua missão mais importante é trabalhar em favor da sociedade. Sob a Pieconomics, não importa quantos atos de caridade você realize se seu negócio principal causar danos sociais — uma empresa de tabaco que faz doações está realizando RSE, mas não está fazendo o bolo crescer. Da mesma forma, como enfatizaremos no Capítulo 8, as principais maneiras pelas quais as empresas trabalham em favor da sociedade são por meio de uma dedicação implacável à excelência em seu negócio principal ou aplicando suas principais competências a novos desafios de maneira criativa, como a Mercedes usando sua expertise em engenharia de precisão em respiradores. Não é se envolvendo em atividades auxiliares, não relacionadas à sua vantagem comparativa.

O poder dessa percepção é o de que a Pieconomics pode ser praticada por todas as empresas em todos os momentos, não apenas grandes empresas cheias de dinheiro e em ascensão econômica. A Pieconomics também é relevante para as pequenas empresas e, conforme discutiremos no final deste capítulo, para empresas em crise. Custa dinheiro repartir o bolo de modo diferente ou empreender iniciativas atraentes de RSE. No entanto, a excelência em seu negócio principal, ou usar a vantagem comparativa para resolver problemas sociais, geralmente não envolve grandes despesas financeiras. É preciso somente uma mudança de atitude — para passar a ser impulsionada pela gana de criar valor para a sociedade, mesmo que o benefício imediato do lucro não esteja claro.

De Erros Comissivos a Erros Omissivos

Uma pregação comum da RSE é "não praticar o mal" — para não subtrair de stakeholders repartindo o bolo de maneira injusta — por exemplo, por meio de preços extorsivos. Mas a Pieconomics ressalta que é ainda mais importante para uma empresa "fazer o bem de maneira ativa" ao fazer o bolo crescer — como a Merck, ao desenvolver ivermectina para uso humano. Por outro lado, a principal maneira como as empresas agem de modo irresponsável não é por *erros comissivos* (dando uma fatia do bolo muito grande para líderes ou para investidores), mas por *erros omissivos* (deixando de fazer o bolo crescer mediante desvio da atividade principal ou por comodismo).

Em 1981, a Sony lançou a Sony Mavica, um protótipo da câmera digital. A Kodak tinha toda a capacidade de responder a esse lançamento — afinal, havia inventado a câmera digital em 1975 e detinha patentes para ela. Mas era muito tentador ficar com o status quo, a câmera de filme. A Kodak era a líder de mercado, e suas vendas ultrapassaram US$10 bilhões naquele ano — quase todas de câmeras de filme. Por que mudar? Um estudo do chefe de inteligência de mercado da Kodak, Vince Barabba, previu que o digital substituiria o filme. Mas esse deslocamento levaria dez anos, muito tempo para se preocupar em fazer algo. A Kodak não tomou nenhuma iniciativa, ao contrário de sua rival Agfa, que vendeu seu negócio voltado para câmeras de filme, e da Fuji, que fez do digital uma prioridade estratégica.

A inércia da Kodak foi um erro omissivo que levou à sua falência em 2012 — uma enorme perda, já que a Kodak valia US$31 bilhões em seu auge e, em determinado momento, empregava 150 mil pessoas. No entanto, a empresa nunca foi submetida à reação da mídia, comum atualmente, em relação à remuneração aos CEOs ou às recompras de ações, supostos erros comissivos. A maioria das pessoas não enxerga a Kodak como um exemplo de irresponsabilidade corporativa, porque nem executivos nem acionistas se beneficiaram. No entanto, o fato de que os investidores também perderam não é nem um pouco reconfortante para os trabalhadores demitidos. Os executivos da Kodak eram murchadores de bolo, que prejudicaram a todos. Sua complacência e seu comodismo observaram a derrocada de uma grande empresa.

Essa distinção entre erros omissivos e comissivos também sugere que devemos redefinir o conceito de confiança nos negócios, que agora está sob escrutínio. A confiança é, muitas vezes, definida como "fazer o que você diz que vai fazer" — cumprir obrigações contratuais e manter promessas implícitas. Mas isso diz respeito apenas a evitar erros comissivos. Sob essa definição, uma fonte de empréstimo "de dia de pagamento" é confiável. Ela diz que fornece recursos financeiros emergenciais a altas taxas de juros e, de fato, o faz. Da mesma forma, uma empresa que se apega à sua oferta atual de produtos e não lança nenhuma inovação que arrisque o fracasso será considerada confiável. Mas não quebrar promessas não deve ser suficiente para ganhar a confiança do público. Um negócio confiável é aquele que *usa sua expertise e seus recursos para enfrentar os desafios da sociedade.*

De Extração de Valor a Criação de Valor

Embora a Pieconomics considere o comodismo um destruidor de valor para a sociedade, ela também enfatiza que o lucro elevado não precisa ocorrer às custas da sociedade. As manchetes destacam quanto lucro uma empresa gera em um único dia — até mesmo em um minuto — como se isso precisasse ser acompanhado por um pedido de desculpas. A revista *Hour* publicou um artigo intitulado "A cada 60 segundos, a Apple ganha mais dinheiro do que você ganha em um ano".

Essa é a mentalidade de repartir o bolo. Esse tipo de mentalidade é uma prática não apenas de executivos que exploram os stakeholders, mas também de cidadãos e formuladores de políticas públicas que julgam as empresas. O lucro elevado pode ser, de fato, o resultado da subtração de valor. Mas antes de o criticarmos, primeiro temos de investigar de onde ele veio. Particularmente no longo prazo, ele é muito mais propenso a ser resultado da criação de produtos que transformam a vida dos clientes para melhor, do provimento aos trabalhadores de um lugar saudável e enriquecedor para trabalhar e da renovação do meio ambiente para as gerações futuras. Se a sociedade tem a mentalidade de repartir o bolo, então o objetivo principal de um líder não é mais ser excelente em seus negócios. É verdade que o sucesso será um passivo se o lucro se tornar alto o suficiente para ser considerado excessivo. No entanto, entregar lucro elevado não precisa ser motivo para se envergonhar. Mas deixar de gerar lucro criando valor social é motivo para isso.

Da mesma forma, com a mentalidade de repartir o bolo, o objetivo de um formulador de políticas públicas é garantir que as empresas não gerem o que poderia ser considerado um lucro excessivamente elevado. Em fevereiro de 2019, a Amazon reverteu sua decisão de construir metade de sua segunda sede norte-americana no Queens, em Nova York. Essa nova sede criaria entre 25 e 40 mil empregos, com um salário médio de US$150 mil, e geraria US$27,5 bilhões em receitas fiscais. Também impulsionaria as empresas locais, criando mais 100 mil empregos, e o desenvolvimento econômico, com benefícios como a redução da criminalidade. Mas a Amazon desistiu devido à forte oposição de alguns políticos e moradores locais com base na mentalidade de repartir o bolo. Eles se opuseram à oferta da Amazon de US$3 bilhões em incentivos fiscais para se instalarem no Queens, pensando que isso ocorreria às custas da comunidade. A congressista Alexandria Ocasio-Cortez comemorou a desistência da Amazon, dizendo que os US$3 bilhões agora poderiam ser usados para reparos no metrô e salários aos professores.

Isso simplesmente não era verdade. Os incentivos fiscais não seriam uma doação inicial, que subtrairia fundos de outros usos. Seria uma redução de impostos futuros, que a Amazon teria de pagar apenas se viesse a fazer o bolo crescer. O Queens ainda desfrutaria de uma fatia muito maior, incluindo impostos de mais de nove vezes a receita anterior. Ocasio-Cortez tuitou: "Tudo é possível: hoje foi o dia em que um grupo de nova-iorquinos, cidadãos comuns e dedicados, e seus vizinhos derrotaram a ganância corporativa da Amazon." Mas derrotar a Amazon não significa que o Queens saiu ganhando. Todos perderam, porque o bolo murchou.

Certamente, a divisão do bolo é importante, e retornaremos a isso em breve, mas o excedente só poderá ser compartilhado se, em primeiro lugar, houver excedente. Um líder bem pago é acusado de "roubar" da empresa, mas um líder "rouba" mais mediante o comodismo. Às vezes, a remuneração elevada é considerada uma subtração de valor, mas a destruição de valor é um problema muito pior. A remuneração média de CEO de uma empresa do S&P 500 era de US$18,3 milhões em 2021. É um valor considerável, se comparado aos salários médios dos cidadãos, mas minúsculo se comparado ao tamanho médio de uma empresa de US$30 bilhões. Mesmo que um executivo seja pago em excesso em 100%, são apenas US$18,3 milhões. Se ele não conseguir gerar apenas 1% de acréscimo ao valor da empresa, serão US$300 milhões perdidos.

Essa visão positiva do lucro sugere que devemos repensar o conceito de "capitalismo de stakeholders". Tornou-se um termo extremamente popular, mas não tem definição oficial em qualquer dicionário ou na Wikipédia. É comumente interpretado como dar aos stakeholders a mesma prioridade dada aos acionistas, para que eles obtenham mais do bolo em detrimento do lucro — semelhante ao "capitalismo antiacionista". Novamente, isso está baseado na mentalidade de repartir o bolo. Um negócio responsável precisa realmente garantir que o valor seja amplamente compartilhado, mas é ainda mais importante criar valor em primeiro lugar. Precisamos de algo que não seja nem o capitalismo dos acionistas nem a interpretação comum do capitalismo de stakeholders, mas uma abordagem de negócios que funcione tanto para investidores quanto para a sociedade. Por isso, não usaremos o termo "capitalismo de stakeholders" neste livro. Se ele for usado na prática, propomos defini-lo como "gerar lucros apenas por meio da criação de valor para a sociedade" — a mesma definição que demos à Pieconomics.

Da mesma forma, o fato de o lucro ser apenas uma fatia do bolo é um importante contraste com a "economia de decrescimento". Os defensores dessa visão argumentam que as economias não devem crescer muito rápido ou criar muito valor, caso contrário, excederemos limites planetários, como restrições de recursos ou limites de temperatura. Mas essa perspectiva enxerga o crescimento e o valor de maneira restritiva, em termos puramente financeiros. Por outro lado, fazer o bolo crescer envolve criar valor social — tratar os trabalhadores com respeito, desenvolver suas habilidades, abordar problemas de saúde globais, encontrar soluções pioneiras para as mudanças climáticas ou inventar técnicas de produção para gerar mais com menos. Para esse crescimento não há limite.

De *ex Post* para *ex Ante*

A importância do tamanho do bolo, e não apenas de sua divisão, está ligada a outra distinção importante — entre incentivos *ex ante* (antes do evento) e resultados *ex post* (após o evento). O medicamento anticancerígeno da Merck, o Keytruda, gera valor para pacientes que o ingerem, para colegas que o produzem e comercializam e para fornecedores que fornecem os insumos para sua produção. No entanto, os investido-

economizando US$20 milhões, o dobro de sua meta inicial, e a moral da empresa disparou.

A crise financeira foi um choque sério — mas a economia se recuperou, razão pela qual a Barry-Wehmiller foi capaz de superar a crise. Em contraste, a pandemia de covid-19 causou danos permanentes a setores produtivos inteiros. Por exemplo, é improvável que o setor de viagens se recupere completamente, embora as vacinas estejam disponíveis agora — as pessoas se acostumaram com reuniões remotas e conferências virtuais. Assim, em maio de 2020, o Airbnb tomou a difícil decisão de demitir um quarto de sua força de trabalho. Como enfatizaremos no Capítulo 3, a Pieconomics não é uma desculpa para fugir de decisões difíceis. A salvaguarda de todos os empregos teria sido irresponsável, pois colocaria em risco a sobrevivência em longo prazo do Airbnb e os meios de subsistência de todos os colegas. No entanto, o Airbnb garantiu que tomou essa decisão comercialmente necessária de maneira humana. Deu pelo menos catorze semanas de indenização a todos os trabalhadores dispensados e, embora não haja obrigatoriedade nos EUA, garantiu a eles um ano de seguro de saúde em virtude da pandemia, bem como permitiu que eles mantivessem os laptops da empresa para ajudá-los a encontrar um novo emprego e readequou parte de seu departamento de recrutamento para recolocação.

Em contrapartida, as consequências de não compartilhar as perdas podem ser severas, como Sandra Sucher e Shalene Gupta descrevem no caso da empresa finlandesa de telecomunicações Nokia. Em 2008, a Nokia enfrentou forte concorrência de rivais asiáticos de baixo custo, o que fez os preços caírem 35% em poucos anos. No mesmo período, os custos com mão de obra na fábrica da Nokia em Bochum, na Alemanha, aumentaram 20%. Então a Nokia decidiu fechar a fábrica de Bochum. O fechamento pode muito bem ter feito o bolo crescer — sem ele, a viabilidade em longo prazo da Nokia poderia ter sido prejudicada. Mas 2.300 trabalhadores perderam o emprego. E a Nokia pouco fez para suavizar esse golpe, uma falha que acabou prejudicando a empresa. Uma semana após o anúncio do fechamento, 15 mil cidadãos protestaram em Bochum, políticos alemães exigiram que a empresa devolvesse os subsídios que havia recebido para a fábrica e os sindicatos pediram um boicote aos telefones Nokia. Fotos de trabalhadores chorando e manifestantes esmagando telefones Nokia se espalharam pelos jornais e pelas mídias sociais. A publicidade negativa custou à Nokia cerca de 700 milhões de euros em vendas e 100 milhões de euros em lucros ao longo de 2008 a 2010. E mesmo números dessa ordem podem não refletir completamente as consequências em longo prazo. Enquanto a maioria das empresas rastreia seu índice de satisfação do cliente, ou seja, quantos clientes recomendam seus produtos, os trabalhadores costumam ser os maiores promotores, em termos líquidos, de uma empresa — tanto para futuros clientes quanto para colegas. As demissões sem as devidas cautelas podem dificultar o recrutamento por muitos anos.

Então, em 2011, quando a Nokia precisou demitir 18 mil trabalhadores devido a dificuldades em seu negócio de telefonia móvel, ela aprendeu sua lição. A Nokia lançou o programa Bridge, dando a esses trabalhadores cinco caminhos potenciais dali em diante: encontrar outro emprego dentro da Nokia, encontrar outro emprego fora da Nokia por meio de recolocação, iniciar um novo negócio, fazer cursos na área de negócios ou comércio, ou construir um novo caminho, como o voluntariado — os três últimos financiados por subsídios da Nokia. O programa custou 50 milhões de euros, uma gota no oceano em comparação a seu orçamento de reestruturação de 1,35 bilhão de euros de 2011 a 2013. Como resultado, 60% dos 18 mil trabalhadores sabiam qual seria seu próximo passo no dia em que suas funções foram encerradas, e não houve protestos em nenhum dos treze países onde as demissões ocorreram.

Responsabilidade Coletiva

Nós já falamos sobre *empresas* com mentalidades de fazer o bolo crescer e de repartir o bolo. Mas uma empresa não é uma unidade sem corpo. É formada por investidores, líderes e stakeholders. Fazer o bolo crescer não é responsabilidade apenas dos líderes — fundamentalmente, *cada stakeholder pode ajudar a fazer o bolo crescer.* É claro que Roy Vagelos tinha o poder de fornecer ivermectina de graça. Mas os trabalhadores têm o poder de ir além, mesmo que isso não seja explicitamente exigido ou recompensado por contrato. Quando a Barry-Wehmiller anunciou sua oferta de licença não remunerada, alguns colegas assumiram uma carga dupla, no lugar de um colega que não podia ficar sem quatro semanas de salário. Os clientes têm o poder de arriscar comprar de um entrante no mercado, em vez de optar pela segurança proporcionada pelo líder de mercado, fornecer feedback para melhorar os produtos de uma empresa ou contribuir para sites de avaliação para ajudar outros clientes. As comunidades têm o poder de expressar suas preocupações de maneira construtiva a uma empresa que quer entrar em um setor, em vez de se envolver em um protesto do tipo "no meu quintal não".

E o compromisso de repartir o bolo é assumido não só por investidores e líderes. Os colegas podem resistir a uma mudança nas práticas de trabalho que salvaguarde a viabilidade de longo prazo da empresa. Os clientes podem boicotar uma empresa se o CEO estiver sendo bem pago, mesmo que seja o resultado da criação de valor, ou não se incomodar em participar de esquemas de reciclagem. Fazer o bolo crescer pode ser responsabilidade principalmente dos líderes, mas é impossível que isso seja feito sem a participação de todos os cidadãos. Voltaremos a falar sobre isso no Capítulo 10.

Por que a Pieconomics É Tão Urgente Agora?

A urgência de as empresas reconhecerem sua responsabilidade para com a sociedade é indiscutivelmente maior atualmente. O tamanho das empresas, as vastas forças de trabalho que empregam e os bilhões de dólares que fluem por meio delas dão a elas o poder de resolver problemas sociais, oferecer carreiras satisfatórias aos colegas e gerar retornos para os cidadãos. Mas há sérias preocupações de que elas estejam usando esse poder para exacerbar problemas sociais, explorar colegas e gerar retornos apenas para as elites — o Edelman Trust Barometer 2020 revelou que 56% dos entrevistados acreditam que o capitalismo faz mais mal do que bem para o mundo. Setores crescentes da população sentem-se excluídos dos benefícios do crescimento econômico. Os rendimentos das pessoas comuns estagnaram, enquanto o lucro e a remuneração dos executivos subiram.

Não só o poder das empresas de afetar os problemas sociais aumentou, como também os próprios problemas. Como sociedade, estamos enfrentando desafios de uma escala e complexidade que o capitalismo como conhecemos está tendo dificuldades para enfrentar. Alguns desses problemas são parciais ou predominantemente causados pelas empresas – desigualdade de renda, uso de recursos naturais, mudanças climáticas e substituição de trabalhadores por máquinas. As consequências geradas pelas empresas na sociedade, mas que não retroalimentam lucro, são conhecidas como *externalidades*. Se as empresas não reduzirem drasticamente suas externalidades negativas, perderão sua licença social para operar – conforme mostra o crescente populismo que já está acontecendo. Isso pode levar a uma regulação antiempresarial que prejudicará sua produtividade no longo prazo.

Que as empresas não devem "praticar o mal" – restringir suas externalidades negativas – tem sido há muito reconhecido. É assim que a RSE tem sido normalmente praticada. Mas a Pieconomics ressalta que as empresas devem fazer o bem de maneira ativa. Outros problemas globais não são culpa do mundo dos negócios, como uma população crescente e envelhecida e a pandemia de covid-19. Uma empresa que foca o lucro com pouca consideração por esses desafios não está praticando o mal. No entanto, não é suficiente apenas não praticar o mal. Ignorar os problemas sociais, quando uma empresa tem grande poder para resolvê-los, não é aceitável. Em contrapartida, ao se comprometer em gerar lucro apenas por meio da criação de valor para a sociedade, as empresas que fazem o bolo crescer ajudam a reconstruir a confiança no capitalismo – lembre-se de que uma empresa confiável é aquela que usa sua expertise e seus recursos para enfrentar os desafios da sociedade.

Uma segunda razão pela qual a Pieconomics, em vez da RSE, é tão urgente atualmente é que muitas empresas não podem se dar ao luxo de praticar a RSE. A RSE é frequentemente vista como lançar dinheiro sobre um problema – por exemplo, a Índia tem uma lei que exige que grandes empresas gastem 2% de seus lucros em iniciativas de RSE. Da mesma forma, muitas grandes respostas à pandemia envolveram repartir o bolo de maneira mais justa. Alguns CEOs aceitaram um salário zero; a Unilever doou 100 milhões de euros em alimentos e desinfetantes para as comunidades locais e resguardou os empregos de seus 155 mil trabalhadores – incluindo contratados terceirizados, como faxineiros e a equipe de bufê.

Essas ações são muito louváveis e nunca devem ser minimizadas. Mas o problema de ver a responsabilidade apenas sobre a divisão do bolo é que muitas empresas não têm um bolo para compartilhar, especialmente durante uma pandemia. E se você não pertencer à indústria de alimentos e desinfetantes e não tiver produtos relevantes para doar? E se você for uma pequena empresa que não tem milhões na conta ou uma grande empresa cujas receitas caíram, como uma companhia aérea? Você sabe que manter todos os trabalhadores com salário integral seria a "coisa certa a se fazer" – mas seria suicídio comercial.

O valor de pensar sobre a responsabilidade de como fazer o bolo crescer é que isso desbloqueia o potencial de *todas* as empresas para desempenharem seu papel. Um líder responsável se pergunta: "O que tenho em minha mão? Que recursos e expertise minha empresa tem e como posso implantá-los de maneira inovadora para trabalhar em favor da sociedade?"

Essa mentalidade pode inspirar algumas grandes ideias – assim como a Merck, quando adaptou a ivermectina do gado a pacientes humanos. O Chelsea Football Club não tem nada que seja obviamente relevante durante uma crise. Ingressos de futebol e réplicas de mercadorias são de pouco valor. Mas o que eles tinham em suas mãos era seu hotel, no qual permitiram que médicos e enfermeiros se hospedassem de graça, poupando-lhes um longo trajeto após um dia de batalha na linha de frente dos hospitais. Os perfumes de luxo da LVMH eram, de fato, um luxo durante uma pandemia. Mas o que a empresa tinha em suas mãos era uma instalação de produção que usa álcool, que ela reimplantou para fabricar desinfetante para mãos. Muitos dos aviões da JetBlue permaneceram em solo à medida que o número de passageiros despencava. Por isso, a empresa fez parcerias com instituições de caridade como a Cruz Vermelha e a Médicos Sem Fronteiras para usar esses aviões para o transporte de profissionais médicos, dispositivos e suprimentos para onde eles eram mais necessários. Essa mentalidade também se aplica a organizações sem fins lucrativos — a Ópera Nacional Inglesa lançou um programa para ensinar técnicas de respiração aos cidadãos que se recuperavam de covid-19.

Às vezes, o que está nas mãos de uma empresa são suas relações com outras organizações. A Qantas Airways não podia pagar os trabalhadores dispensados, já que seu negócio foi gravemente atingido. Mas tinha um relacionamento com a rede de supermercados Woolworths, em que os clientes podiam utilizar milhas Qantas para fazer compras. Ela aproveitou esse relacionamento para remanejar sua equipe para uma das lojas Woolworths — não apenas salvaguardando o rendimento deles, mas também ajudando a atender ao aumento da demanda dos clientes por mantimentos. A Mercedes estabeleceu uma parceria com a University College London (UCL) por meio de projetos como a Fórmula 1 em escolas. A empresa combinou sua expertise em engenharia com as da UCL, além do conhecimento médico dos Hospitais UCL, para engenharia reversa de aparelhos de pressão contínua positiva nas vias aéreas (CPAP) — uma alternativa menos invasiva do que os respiradores.* A Mercedes, então, os produziu em massa, reutilizando as máquinas que normalmente produziam pistões e turbocompressores para motores de Fórmula 1. Essa iniciativa valeu-se não apenas das relações da Mercedes, mas também de suas habilidades. A mesma engenharia de precisão necessária no automobilismo de elite, onde há muito pouca margem de erro, é igualmente essencial para um dispositivo médico. A UCL e a Mercedes também compartilharam projetos gratuitamente com 1.300 equipes em 25 países durante uma semana.

E pensar em responsabilidade como fazer o bolo crescer é particularmente relevante para as pequenas empresas, que não têm um bolo para doar. Por exemplo, a Take Barry's, um estúdio de ginástica butique. O que a empresa tinha em suas mãos era a experiência em fitness, então passou a oferecer exercícios gratuitos ao vivo — bastante valiosos quando os cidadãos estão trancados em casa. Agora pode parecer não tão inovador para um estúdio de ginástica fornecer aulas de fitness, embora online. A

* Outro problema com os respiradores era que eles precisavam de pessoal altamente treinado para operá-los, o que, no Reino Unido, era escasso. No início da pandemia, o anestesista consultor da UCL Dr. Dave Brealey encontrou uma velha máquina de respiração CPAP em um armário de museu no departamento de anestésicos da UCL chamado WhisperFlow. Ele se lembrou de que eles foram usados na década de 1990 e não exigiam pessoal altamente treinado para operar, por isso levou-a para a oficina de engenharia mecânica da UCL, para ver se eles poderiam ser capazes de fazer a engenharia reversa. Lá, o professor da UCL Tim Baker chamou seus colegas de longa data na Mercedes. Como a Fórmula 1 estava suspensa, eles foram capazes de entrar em seus carros imediatamente e descer com seus equipamentos de design auxiliado por computador. Cem horas após sua primeira reunião, a equipe de engenheiros formada — da Mercedes, do curso de engenharia mecânica da UCL e de engenharia de cuidados médicos da UCL — fabricou seu primeiro protótipo. Um benefício adicional da engenharia reversa de um dispositivo usado anteriormente foi que a aprovação regulatória foi muito rápida.

verdadeira criatividade estava na forma como a empresa realocou seus trabalhadores de escritório e de atendimento. Alguns deles também realizavam trabalho como atores; uma vez que atuar pode ser um trabalho com demanda volátil, eles também trabalharam para a Barry, a fim de terem uma renda estável. Se você é um ator, o que tem em suas mãos? Entretenimento. Como isso ajuda em uma crise? A Barry lançou o programa "Barry's Cares", que envolvia a leitura de histórias por seus trabalhadores, provendo entretenimento para crianças via aplicativo Zoom — aliviando a carga sobre pais trabalhadores cujos filhos estavam em casa devido ao fechamento das escolas.

Esses exemplos inspiradores nos dão esperança mesmo em tempos sombrios. Se há algum lado bom da crise, é que ela leva a uma mudança permanente no pensamento sobre o que implica o negócio responsável — desde repartir o bolo gastando dinheiro até fazer o bolo crescer usando, de maneira inovadora, o que temos em nossas mãos. Isso pode ser praticado por empresas grandes e pequenas e tanto em momentos ruins como nos bons. Conforme enfatizaremos nos Capítulos 10 e 11, cidadãos e trabalhadores juniores podem fazer o bolo crescer, enquanto a alta administração se concentra em buscar controlar aspectos da bolsa e em decidir onde gastar o dinheiro da empresa.

Além disso, a urgência da Pieconomics não se deve apenas à pandemia e não se dissipará tão rapidamente. As gerações mais novas, em especial, consideram o trabalho em prol da sociedade como particularmente importante. Uma pesquisa realizada pela Kantar e pela American Express pouco antes da pandemia revelou que 62% dos millennials (nascidos entre 1980 e 1996) concordaram que "é importante ser reconhecido por fazer uma diferença positiva no mundo", contra 52% da Geração X (nascida entre 1965 e 1979). No entanto, os millennials também reconhecem a importância do lucro — 58% concordam que "o negócio bem-sucedido do futuro maximizará o valor/lucro dos acionistas", contra 51% da Geração X. Da mesma forma, um estudo conjunto da PwC e da organização internacional de estudantes AIESEC combinou as respostas de uma pesquisa da PwC com um estudo da AIESEC sobre jovens líderes. Apenas 32% dos CEOs consideram os acionistas mais importantes do que os stakeholders, enquanto 67% acreditam no contrário. Em contrapartida, as respostas foram quase idênticas para os jovens líderes (46% e 48%, respectivamente). Assim, para inspirar uma nova geração de trabalhadores e lhes oferecer vocações, em vez de apenas empregos, é importante para a empresa do futuro criar valor para a sociedade — mas de uma forma de crescimento do bolo que também proporcione lucro.

Mesmo que aceitemos que fazer o bolo crescer é importante e que todos os membros de uma empresa têm a responsabilidade de ajudá-la a criar valor, a ideia parece geral e vaga. Como saberemos se uma medida faz o bolo crescer? O que significa para determinada empresa criar valor de verdade para a sociedade? Um varejista faz isso de modo diferente que uma empresa farmacêutica. Chegaremos a essas perguntas no Capítulo 3 e as reprisaremos no Capítulo 8. Mas, primeiro, no Capítulo 2, discutiremos como a Pieconomics difere de outras abordagens dos negócios que enfatizam a necessidade de trabalhar em favor dos stakeholders.

Em Poucas Palavras

- O bolo representa o valor que uma empresa cria para a sociedade. A sociedade inclui não apenas investidores, mas também colegas, clientes, fornecedores, meio ambiente, governo e comunidades. Se as empresas considerarem apenas os investidores e ignorarem os stakeholders, elas perderão sua licença social para operar — conforme já pode estar ocorrendo.
- A *divisão do bolo* aumenta a fatia de um membro ao subtrair as de outros. Mais comumente, as empresas podem aumentar os lucros com clientes, aumentando preços ou explorando seus trabalhadores. Mas a mentalidade de repartir o bolo também pode ser adotada por stakeholders, que acham que cortar lucros é a melhor maneira de aumentar a própria fatia.
- *Fazer o bolo crescer* aumenta o valor que uma empresa cria para a sociedade — inventando produtos novos e melhores, desenvolvendo e incentivando sua força de trabalho ou renovando o meio ambiente.
- A Pieconomcs busca gerar lucros apenas por meio da criação de valor para a sociedade. Isso pode gerar mais lucros do que buscá-los diretamente e mais valor para os stakeholders do que sacrificar os lucros geraria.
- A Pieconomics difere da RSE das seguintes formas:

    ✳ Está inserida no negócio principal e garante que sua missão mais importante é trabalhar em favor da sociedade, em vez de representar atividades auxiliares para compensar os danos causados pelo negócio principal.
    ✳ Reconhece que *erros omissivos* (não criar valor por comodismo — em vez de inovar) são ainda mais graves do que *erros comissivos*.
    ✳ Reconhece que os lucros não precisam ser um sinal de subtração de valor, mas podem ser um subproduto da criação de valor.
    ✳ Argumenta que incentivos *ex ante* para fazer o bolo crescer são ainda mais importantes do que a distribuição *ex post* das fatias do bolo.

- Fazer o bolo crescer envolve escolhas. Uma empresa que faz o bolo crescer primeiro visa a aumentar o tamanho do bolo e, depois, tenta garantir que, na medida do possível, nenhuma fatia murche. O segundo objetivo pode nem sempre ser possível, e o exercício do processo decisório pelo líder e o propósito de uma empresa são importantes para navegar por essas escolhas.
- A Pieconomics é urgente devido à escala dos problemas sociais e ao poder dos negócios empresariais de aliviá-los ou exacerbá-los. A inovação e a excelência para resolver esses problemas, muitas vezes, envolvem uma mudança de atitude, em vez de um alto gasto financeiro, e podem ser praticadas por todas as empresas — mesmo empresas pequenas ou aquelas financeiramente limitadas.

2

FAZER O BOLO CRESCER NÃO VISA MAXIMIZAR O LUCRO — MAS, MUITAS VEZES, O FAZ

Permitir que uma empresa faça mais investimentos acaba impulsionando seu sucesso

A ideia de que as empresas devem ser impulsionadas, em primeiro lugar, pelo valor social e, em segundo, pelo lucro parece atraente, mas também é controversa. Milton Friedman é, sem dúvida, o segundo economista mais influente de todos os tempos, depois de John Maynard Keynes. Ele aconselhou pessoas como Richard Nixon, Ronald Reagan e Margaret Thatcher e ganhou o Prêmio Nobel de Economia em 1976, principalmente por suas contribuições para a política monetária, que formam a base de pensamento dos bancos centrais em todo o mundo.

No entanto, o artigo mais citado de Friedman não é sobre política monetária, nem mesmo é um estudo baseado em uma pesquisa, mas um artigo de manifestação de opinião publicado em 1970 na *New York Times Magazine*, intitulado "A responsabilidade social da empresa é aumentar seus lucros". Ele foi citado 23 mil vezes, 5 vezes mais do que qualquer um de seus artigos de pesquisa. Mas a maioria dessas citações são de desprezo e ridicularização, destacando como o capitalismo está na idade das trevas e precisa ser derrubado urgentemente. Declarar sua rejeição a Friedman tornou-se quase um requisito para ser aceito na sociedade letrada.

Muitas pessoas, no entanto, citaram o artigo de Friedman sem ler mais do que seu título. Elas acreditam que não precisam fazê-lo, uma vez que o título já deixa clara a postura dele: as empresas devem maximizar os lucros ao extorquir clientes, promover o trabalho extra e poluir o meio ambiente. Em 2020, no quinquagésimo aniversário do artigo de Friedman, diversos críticos proclamaram que o friedmanismo está "morto" — mas muitos de seus escritos mostraram um profundo mal-entendido com relação ao que Friedman realmente disse. Embora eu não concorde com isso, é fundamental reconhecer que o argumento de Friedman apresenta muito mais nuances do que parece — e como é frequentemente citado —, por três motivos.

Primeiro, porque ele não presume que os investidores só se importam com o lucro. Vamos supor que Andrea e Miguel sejam investidores na Apple. Andrea se preocupa com a igualdade racial, e Miguel, com a renovação ambiental. Se a Apple fizesse uma grande doação para o movimento Black Lives Matter, isso agradaria a Andrea, mas não a Miguel. Em vez disso, a Apple deve gerar o maior lucro possível, permitindo que ela pague o máximo de dividendos possível. Assim, Andrea poderá doar parte de seus dividendos para o movimento, e Miguel, para o Greenpeace. Ou, ainda, Andrea e Miguel podem escolher fazer outros usos socialmente benéficos de seus dividendos, como financiar a educação dos filhos.*

Portanto, Friedman reconheceu que *indivíduos* têm responsabilidades sociais além dos lucros. Ele argumentou que a responsabilidade social da *empresa* é aumentar os lucros, porque isso dá aos indivíduos — Andrea e Miguel — a máxima flexibilidade para escolher quais responsabilidades sociais eles desejam cumprir. Não é prerrogativa do presidente da empresa tomar essa decisão por eles. Segundo Friedman: "Se ele fizer isso, estará, de fato, impondo impostos por um lado e, por outro, decidindo como os rendimentos fiscais serão gastos." Warren Buffett usa um argumento semelhante para explicar por que a Berkshire Hathaway tem uma política contra doações de caridade: "Esse é o dinheiro dos acionistas. Muitos gestores corporativos lamentam a alocação governamental do dinheiro do contribuinte, mas abraçam com entusiasmo a própria alocação do dinheiro do acionista."

Os argumentos de Friedman, contudo, são baseados na divisão do bolo. Ele presume que US$1 que a Apple tira dos investidores cria apenas um US$1 de valor para a sociedade. Isso pode ser verdadeiro para doações de caridade; por exemplo, US$1 vale o mesmo para o movimento Black Lives Matter, independentemente de ser doado pela Apple ou por Andrea (ignorando os impostos). Dessa forma, a Apple não tem uma *vantagem comparativa* em doar para caridade. No entanto, a presunção não é verdadeira para a maioria das medidas que afetam diretamente a sociedade e que constituem o crescimento do bolo. Se a Apple investir US$1 na redução de suas embalagens plásticas, ajudará o meio ambiente muito mais do que se pagar esse US$1 como dividendos a Miguel e este o doar ao Greenpeace, para pressionar o governo por um imposto sobre os sacos plásticos.

A alegação de Friedman de que as empresas trabalham em favor da sociedade, maximizando os lucros, nem sempre é verdadeira, porque sua suposição de que elas não têm vantagem comparativa ao fazer isso, às vezes, é inválida. Porém, o valor do modelo de Friedman é enfatizar que as empresas devem se desviar da maximização dos lucros *apenas se* suas suposições não se sustentarem — acontece que, às vezes, elas se sustentam. Muitas empresas doam para caridade; a Índia vai além e exige que as grandes empresas gastem 2% de seus lucros com a RSE, para a qual as doações contam. Mas a *expertise* da Apple é fabricar iPhones, e não escolher quais causas de caridade são

* Friedman argumenta que a mesma lógica vale se Andrea e Miguel forem colegas, fornecedores ou clientes. Se a Apple doar para a caridade, isso reduzirá os salários ou os preços que ela pode pagar, ou aumentará os preços que deve cobrar, deixando uma quantia menor para Andrea e Miguel doarem.

mais dignas. As empresas que doam dinheiro ao Black Lives Matter à luz da trágica morte de George Floyd teriam sido sábias se seguissem o conselho de Friedman. Elas deveriam, em vez de doar, investir seu dinheiro para contratar as minorias sub-representadas em todos os níveis, eliminar a discriminação em seus processos de promoção e avaliação e garantir que sua cultura incentive uma diversidade de pensamento — ações que só elas podem controlar, o que significa que têm uma vantagem comparativa ao fazer isso. Assim, em vez de ridicularizar o artigo de Friedman, os defensores de negócios responsáveis podem usá-lo para nos orientar sobre as ações socialmente responsáveis que as empresas devem ou não realizar.

Um segundo motivo pelo qual o argumento de Friedman é cheio de nuances é que ele reconhece que os indivíduos não são capazes de resolver todos os problemas sociais — os líderes devem agir. Mas estes devem ser líderes de países — políticos que aprovam leis e criam impostos —, e não empresas. Isso porque os políticos são eleitos pelo povo, portanto, prestam conta ao povo. Se os cidadãos estiverem preocupados com as mudanças climáticas, eles poderão votar em partidos que se comprometam em coibir essas mudanças. Se o governo não refletir as preferências do eleitorado, ele não receberá apoio. Em contraste, um CEO não é eleito pelos cidadãos de um país, portanto, não precisa prestar conta a eles. Se a empresa puder se desviar da maximização dos lucros, ela poderá apoiar as causas sociais que mais aprecia, em vez de apoiar as mais interessantes para a nação.

Existem diversos problemas em confiar tudo à regulamentação, conforme discutiremos no Capítulo 10. Destacaremos três aqui. Primeiro, as empresas podem distorcer a regulamentação por meio do lobby. Em 2017, 69 das entidades mais ricas do mundo, de acordo com sua receita, eram corporações, não governos.Isso dá a elas um poder substancial para influenciar a regulamentação por meio de doações políticas — algo que é proibido no Brasil.

Em segundo lugar, a regulamentação é mais efetiva no enfrentamento de questões mensuráveis. A legislação do salário mínimo é efetiva, pois é fácil verificar se uma empresa a está cumprindo. É muito mais difícil regular questões qualitativas, como criar uma cultura corporativa colegiada e vibrante e dar trabalho significativo e treinamento de habilidades aos colegas.

Em terceiro, a regulamentação é lenta. As eleições geralmente acontecem apenas a cada quatro ou cinco anos. Em contraste, os CEOs prestam contas aos cidadãos com uma frequência maior. Eles são nomeados pelo conselho de administração que os investidores elegem por meio do voto — muitas vezes, todos os anos. Um contra-argumento é o de que apenas os ricos são investidores. Na verdade, a maioria dos cidadãos é investidora por meio de seu plano de previdência, e o Capítulo 10 enfatizará como os planos de previdência devem buscar a contribuição da manifestação de seus beneficiários.

Embora a suposição de Friedman de uma regulamentação eficaz nem sempre seja correta, seu modelo é valioso também porque há casos para os quais ele é válido. Conforme discutido, a regulamentação é eficaz para a aplicação de um salário mínimo. Então, se uma empresa desejar pagar acima do salário mínimo, mesmo que as forças do mercado não ditem isso e não haja os benefícios de produtividade, que discutiremos no Capítulo 4, ela precisará ter bons argumentos para apontar por que o governo definiu o salário mínimo de maneira errada. Uma empresa deverá afastar a ideia de criação de valor para os acionistas e desempenhar o papel de governo *somente se* houver motivos para acreditar que a regulamentação não reflete corretamente as preferências dos cidadãos.

A terceira, e mais poderosa, defesa do trabalho de Friedman é que a única maneira de uma empresa gerar lucros — pelo menos no longo prazo — é trabalhando em favor da sociedade. Assim, a maximização do lucro é socialmente desejável, pois leva as empresas a investir em seus stakeholders. Ao contrário da má interpretação bastante comum, Friedman dá permissão para esse tipo de investimento. Ele ressalta que "pode muito bem ser do interesse de longo prazo de uma corporação que seja uma grande empregadora em uma pequena comunidade dedicar recursos para oferecer comodidades a essa comunidade ou para melhorar seu governo. Isso pode facilitar a atração de profissionais desejáveis".

Por que a Apple é uma das empresas mais valiosas do mundo, superando a marca de US$2 trilhões em valor de suas ações em agosto de 2020? Porque trabalha em favor dos *clientes*, oferecendo produtos de alta qualidade. O Face ID e a câmera do iPhone X são o resultado de a Apple ter gasto mais de US$400 milhões ao adquirir o PrimeSense (sensores 3D), o LinX (modelos de câmera de multiabertura), o Faceshift (software de captura de movimento facial), o Emotient (reconhecimento de expressão facial) e a RealFace (tecnologia de reconhecimento facial). O serviço de pós-venda da Apple é renomado — um cliente consegue marcar gratuitamente um horário em um balcão genius da Apple Store para corrigir um problema.

A Apple fomenta seus *colegas*, que relatam no Glassdoor, um site de avaliação do local de trabalho, as inúmeras vantagens da empresa como empregadora. Eles são capazes de causar um impacto positivo no mundo, podem aprender e se inspirar em colegas inteligentes e desfrutar de uma cultura de startup, apesar do tamanho da Apple. Agora, assim como em qualquer grande empresa, a Apple não é perfeita em todos os sentidos. No Capítulo 4, voltaremos a abordar as críticas a suas práticas de trabalho. Considerando tanto o lado bom quanto o ruim, uma pesquisa do LinkedIn de 2021 classificou a Apple como a oitava empregadora mais procurada nos Estados Unidos. É uma das três únicas empresas norte-americanas que figuram na lista dos 100 melhores empregadores da Glassdoor ao longo de todos os 13 anos desde que foi fundada. Isso permite que a Apple atraia os trabalhadores que oferecem inovação, pensamento estratégico e foco no cliente, impulsionando seu sucesso.

A Apple investe em relacionamento em longo prazo com seus *fornecedores*. A empresa tem um Fundo Avançado de Fabricação de US$5 bilhões para apoiar a inovação junto aos fornecedores. O fundo investiu US$200 milhões no fornecedor de vidro Corning, para manter suas tecnologias de processamento de vidro de última geração, e US$390 milhões na Finisar, para ajudá-la a desenvolver os lasers do Face ID.

A Apple tem um registro de alto desempenho *ambiental*, com energia 100% renovável em seus escritórios, data centers e em suas lojas, e 100% de suas embalagens de papel são provenientes de fontes sustentáveis. Seu novo robô, Daisy, é capaz de desmontar nove versões do iPhone e classificar seus componentes para reciclagem. A empresa se comprometeu a ser 100% neutra em carbono em todo o seu negócio — incluindo sua cadeia de suprimentos de fabricação e ciclo de vida do produto — até 2030.

A Apple contribui para as *comunidades* locais ao executar o Programa Global de Voluntários para equipar colegas na empresa de eventos voluntários e ao fazer parceria com empresas específicas para lançar produtos específicos, cujas vendas apoiam programas de HIV/aids.

Como resultado de ser lucrativa, a Apple foi a maior contribuinte do mundo antes da Lei de Cortes de Impostos e Empregos de dezembro de 2017, recolhendo mais de US$35 bilhões para *governos* entre 2015 e 2017. Sua alíquota efetiva foi de 25% em 2017 e de 26% nos 4 anos anteriores.*

É verdade que a maneira mais rápida de aumentar o lucro é repartir o bolo de maneira diferente. Shkreli fez isso durante a noite, aumentando o preço do Daraprim. Mas existe um limite para quanto lucro a divisão do bolo pode gerar no longo prazo. Mesmo que a Turing pudesse, hipoteticamente, subtrair toda a fatia do bolo dos stakeholders, ela nunca conseguiria aumentar seus lucros mais do que o tamanho original do bolo. Mas se a empresa fizer o bolo crescer investindo em stakeholders, os lucros potenciais serão muito maiores, conforme mostra a Figura 2.1.

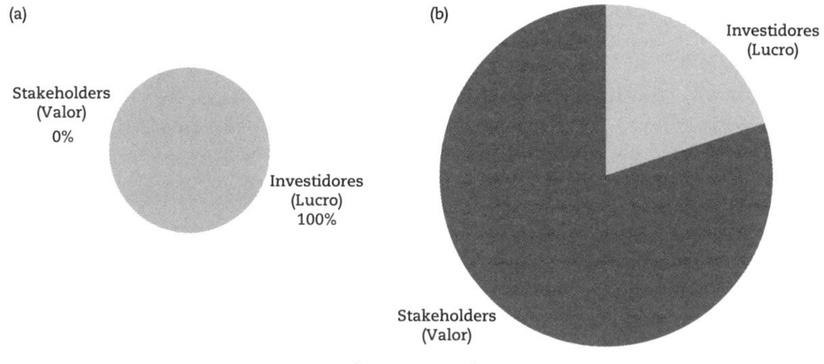

Figura 2.1 a e b

O terceiro argumento de Friedman, de que o foco nos lucros força a empresa a investir em stakeholders, é a base para uma abordagem mais ampla para a maximização dos lucros chamada de *valor para o acionista esclarecido* (ESV). O ESV concorda com a mentalidade de repartir o bolo — de que o objetivo de uma empresa é maximizar os lucros. No entanto, é esclarecido porque reconhece que fazer isso no longo prazo exige que invista em stakeholders. Os críticos argumentam que a maximização do valor para os acionistas é de curto prazo, mas *valor para os acionistas é um conceito intrinsecamente de longo prazo* — inclui todos os lucros que uma empresa gera para seus acionistas, tanto agora quanto no futuro. A nova declaração da Business Roundtable sobre o propósito de uma corporação foi anunciada como revolucionária, "entregando valor aos nossos

* Como acontece com a maioria das empresas globais, alguns críticos argumentam que a Apple localiza atividades em determinados países a fim de reduzir sua carga tributária. Para a resposta da Apple, consulte "Os fatos sobre os pagamentos de impostos da Apple", em seu site. Não tomamos uma posição sobre qual é a taxa de impostos "justa". Em vez disso, nosso ponto é que, para qualquer taxa de imposto, lucros mais altos aumentam o pagamento de impostos.

clientes (...) investindo em nossos trabalhadores (...) lidando de maneira justa e ética com nossos fornecedores (...) [e] apoiando as comunidades em que trabalhamos", e é simplesmente um bom negócio, mas não é o território exclusivo de negócios guiados pelo propósito. Qualquer empresa que maximize o valor para os acionistas deve realizar essas ações. Não o fazer não se deve a um foco excessivo no valor para os acionistas, mas a um foco insuficiente — devido ao foco excessivo no lucro de curto prazo.

Maximizar o valor para os acionistas não significa maximizar o lucro de curto prazo. De fato, uma empresa focada em stakeholders é frequentemente descrita como "sustentável", mas "sustentável" basicamente significa "longo prazo". O ESV poderia ser chamado de "sustentável", pois também adota uma abordagem de longo prazo, embora para maximizar os lucros, em vez de o valor social. Portanto, não usaremos o termo "sustentável" neste livro para descrever uma empresa que faz o bolo crescer; usaremos "guiada pelo propósito" ou "responsável".*

Alguns críticos do valor para os acionistas apresentam-no como uma caricatura — que defende a exploração de stakeholders na busca gananciosa pelo lucro a curto prazo — e, em seguida, destroem facilmente essa caricatura. Eles, então, empurram sua teoria de como uma empresa deve operar, e não é difícil argumentar que a deles é superior quando a alternativa foi apresentada como um espantalho. Ao alegar que o status quo está preso na idade das trevas, os críticos conseguem propor medidas extremas, como abandonar a ideia de que as empresas devem prestar contas aos acionistas — e, portanto, ser vistas como reformadores radicais, reforçando o apoio popular. Essa apresentação unilateral do valor dos acionistas não é somente imprecisa, mas também destrutiva, pois alimenta a mentalidade de divisão do bolo. Ele enxerga os investidores como inimigos da sociedade, levando a propostas para contê-los. Em vez disso, eles são parceiros no crescimento do bolo — a evidência apresentada no Capítulo 6 mostrará que o engajamento dos acionistas cria valor para os stakeholders, em vez de subtrair valor deles.

Então a Pieconomics, de fato, tem muitas semelhanças com o ESV. Ambos destacam a importante relevância das empresas que investem em seus stakeholders, ambos ressaltam a importância dos lucros e ambos argumentam que o valor para os acionistas e o valor para os stakeholders estão altamente correlacionados no longo prazo, como as evidências no Capítulo 4 mostrarão.

Porém, existe uma diferença fundamental. O ESV argumenta que o objetivo final de uma empresa é aumentar o lucro em longo prazo — e, ao fazer isso, ela criará valor para a sociedade como subproduto. A Pieconomics argumenta que o objetivo final de uma empresa é criar valor para a sociedade — e, ao fazer isso, ela aumentará o lucro como subproduto. *O lucro é um resultado, não um objetivo.*

Essa diferença é fundamental. Não se trata apenas da troca de palavras em uma frase. É sobre por que a empresa existe, o que impulsiona suas decisões cotidianas e por que ela deve prestar contas. Os defensores do ESV também reconhecem que existe uma diferença. Na verdade, eles argumentam que é por isso que o ESV é melhor do

* Usaremos "sustentável" apenas no Capítulo 5 ao nos referirmos a esquemas de recompensa, nos quais o longo prazo é, de fato, a dimensão que importa.

que a Pieconomics. O ESV tem um objetivo único e mensurável – o lucro no longo prazo. Já a Pieconomics parece ter um problema fundamental – não é possível medir o bolo. Consiste em diversas fatias diferentes, muitas das quais, como a vitalidade da comunidade e a renovação ambiental, não podem ser quantificadas. Mesmo que pudessem ser, não existe uma fórmula clara para mensurá-las. A Pieconomics tem objetivos múltiplos e imensuráveis. Isso significa que, pelo menos em teoria, o ESV tem duas vantagens fundamentais.

A primeira é que o ESV é *concreto*. Porque tem um único objetivo claro, uma maneira única e clara de tomar uma decisão – isso aumentará o lucro em longo prazo? Com múltiplos objetivos, não há uma maneira inequívoca de tomar uma decisão. Se uma ação melhora a vitalidade e reduz a renovação, ela ajuda ou prejudica a sociedade?

A segunda é que o ESV apresenta *foco*. Uma empresa que pratica o ESV só tomará uma atitude se for para aumentar os lucros. Ela não gastará milhões na redução de emissões se ela já estiver abaixo do nível que levaria a uma multa. Mas uma empresa que faz o bolo crescer poderá fazer isso simplesmente para ajudar o meio ambiente – prejudicando, assim, os lucros.

Concordo com ambas as objeções. Mas eu diria que as mesmas razões são os motivos pelos quais a mentalidade de fazer o bolo crescer é fundamentalmente superior – não só para a sociedade, mas também, surpreendentemente, para os investidores. Eu viraria esses dois motivos de ponta-cabeça. A mentalidade de fazer o bolo crescer pode ser menos *concreta*, porém é *intrínseca*, em vez de *instrumental*. A mentalidade de fazer o bolo crescer pode ter *foco menos concentrado*, porém considera as *externalidades*, em vez de apenas o *lucro*.

Ser intrínseco é desejável, porque perseguir valor social é, muitas vezes, mais rentável no longo prazo do que buscar lucro diretamente. Considerar as externalidades é desejável, porque o bem-estar dos investidores é afetado não apenas pelo lucro, mas também pelo impacto social de uma empresa.

	VALOR PARA OS ACIONISTAS ESCLARECIDOS	PIECONOMICS
Motivação	Instrumental	Intrínseca
Objetivo	Lucro	Valor social

Vamos discutir cada uma dessas diferenças.

Motivação Instrumental *versus* Intrínseca

A teoria do valor para os acionistas esclarecidos acredita que uma empresa deve ser *instrumentalmente* motivada a gerar lucro, enquanto a Pieconomics acredita que deve ser *intrinsecamente* motivada a criar valor social.

De acordo com o ESV, uma empresa só deve investir em stakeholders se o benefício de fazer isso exceder o custo. Toda ação é um meio para um fim. Michael Jensen, renomado economista e principal defensor do ESV, afirma claramente essa motivação: "Os esforços de mudança devem ser guiados pelo único propósito de aumentar o valor para os acionistas".

Sob essa perspectiva, os líderes e trabalhadores da Apple devem ser instigados todos os dias a pensar em como aumentar cada vez mais o lucro da empresa. A atração de riquezas seria o que incentivaria seus designers a inovar, sua equipe de varejo a prestar um excelente atendimento ao cliente, e seus líderes a desenvolver novas parcerias estratégicas. Embora esse ponto de vista possa parecer restritivo, ele gera uma atração fundamental. Ele fornece uma maneira concreta de avaliar as escolhas que existem em quase todas as decisões. Atrair os melhores colegas, dar consultas gratuitas em um balcão genius e desenvolver o robô Daisy são todas medidas caras.

Como a Apple avalia cada decisão? Por meio de um *cálculo*. Ela elabora uma planilha do Excel para calcular todos os efeitos sobre os lucros atuais e futuros. A planilha, então, converte cada lucro futuro em um lucro atual equivalente, usando uma *taxa de desconto* que considera o fato de que U$$1 no futuro vale menos do que US$1 hoje. Somando todos os lucros atuais e futuros, a planilha lança uma resposta final, conhecida como o "Valor Presente Líquido" (VPL) da decisão. Se, e somente se, o VPL for positivo, a Apple seguirá em frente.

A ideia da maximização instrumental dos lucros soa sensata em teoria. Muitas vezes, ela também funciona na prática, particularmente para investimentos tangíveis cujos custos e benefícios podem ser calculados. Se a Apple estiver considerando abrir uma nova fábrica, ela poderá prever quantos iPhones a fábrica produzirá e quantos conseguirá vender. Embora o mundo real seja arriscado, o VPL é capaz de lidar com riscos. Você pode fazer uma "análise de sensibilidade", na qual conecta diferentes suposições para o preço de venda de iPhones, e ver como a conclusão muda.

O VPL, no entanto, é muito menos útil na prática para investimentos intangíveis, porque é muito mais difícil estimar seus custos e benefícios. Como Jonathan Haskel e Stian Westlake explicam em seu livro *Capitalismo sem Capital: A Ascensão da Economia Intangível*, os ativos mais importantes de uma empresa passaram de capital tangível para intangível: ativos não físicos, como patentes, marcas e conhecimento. Os ativos intangíveis representaram 90% do valor do S&P 500 em 2020, contra 17% em 1975. Um dos intangíveis mais importantes é o *capital dos stakeholders*, a força das relações de uma empresa com seus stakeholders. Isso inclui a confiança que os clientes depositam na marca de uma empresa, a reputação que ela tem junto aos reguladores e o compromisso dos colegas com sua missão.

O ESV tem problemas mesmo com investimentos tangíveis que gerem benefícios intangíveis. Considere a decisão da Apple de fornecer aos trabalhadores uma academia gratuita. O primeiro passo é calcular o custo da academia. O custo de construção, da instalação de equipamentos e da contratação de instrutores (ou terceirização) é relativamente simples de quantificar, mas quantificar os benefícios é muito mais difícil, porque estes são intangíveis. A academia atrairá e reterá trabalhadores, mas qual é o valor disso para a Apple? Quantos dias de trabalho perdidos por causa de doenças a academia evitará? E quanto isso custaria à Apple? Quantas interações entre colegas de diferentes departamentos a academia promoverá? Essas perguntas são extremamente difíceis de responder. Então não é possível calcular o VPL da academia, e sem ele, sob a perspectiva do ESV, não é possível justificar o custo da academia.

O problema com resultados intangíveis não é o *risco*, mas a *incerteza*. Um problema arriscado pode ser analisado, pois você tem uma ideia aproximada de seus parâmetros. Tirar outra carta no jogo "vinte e um" é arriscado, pois você não sabe qual será, mas consegue calcular a probabilidade de que seja uma carta favorável, porque você sabe o que tem em um baralho de 52 cartas. Mesmo que parte do baralho já tenha sido retirada, você consegue fazer uma análise de probabilidade com diferentes suposições. Com a incerteza, você sequer sabe os parâmetros do problema. Você não tem ideia das interações que a academia promoverá — não há sequer uma linha de base em torno da qual realizar uma análise de probabilidade. Para usar a terminologia popularizada pelo ex-secretário de Defesa dos Estados Unidos, Donald Rumsfeld, o risco diz respeito a incógnitas conhecidas, mas a incerteza compreende incógnitas desconhecidas.

E os retornos aos intangíveis não são apenas *incertos*, mas também *distantes* — mesmo que surjam, estarão no futuro distante. Uma máquina produz *widgets* quase imediatamente, mas se a academia impedir um colega de desenvolver diabetes em dez anos, o benefício financeiro para a Apple não se manifestará por uma década inteira. Evidências mostram que os líderes usam uma *taxa de desconto* muito maior para benefícios de longo prazo do que deveriam. Assim, os cálculos de VLP são impulsionados por efeitos de curto prazo.

Quando as decisões forem instrumentais — impulsionadas pelo desejo de alcançar resultados —, elas só serão baseadas em resultados que possam ser quantificados com algum grau de precisão. No entanto, os resultados mais importantes não podem ser quantificados. Isso destaca a falha no argumento de que o ESV é concreto porque tem um único critério — o lucro — que pode ser medido. O lucro só pode ser medido olhando-se para trás; é muito difícil estimá-lo olhando para a frente. O fato de que você consegue medir o lucro anos depois de tomar uma decisão não o ajuda a prever o lucro no momento em que toma a decisão. "Maximizar o valor para os acionistas" é teoricamente atraente, mas praticamente inviável.

O ESV teria levado a Apple a abandonar muitos investimentos em seus trabalhadores. Não apenas investimentos maiores, como a construção de uma academia, mas também — e principalmente — investimentos menores, como a concessão de dias de folga para realizar trabalho voluntário ou a licença parental estendida. Só essas ações provavelmente teriam pouco efeito na produtividade do trabalhador. Mas o efeito coletivo de não tomar nenhuma decisão será reduzir significativamente a produtividade. O lucro vem de fontes imprevisíveis; assim, uma mentalidade de maximizar o lucro raramente o maximizará.

É aí que entra a Pieconomics. Uma empresa que faz o bolo crescer toma decisões por razões *intrínsecas* — para criar valor para a sociedade —, em vez de aumentar instrumentalmente os lucros. Os stakeholders são o fim em si, em vez de um meio para levar a um fim. Isso leva a empresa a fazer muitos investimentos que são, em última análise, rentáveis, mas que não poderiam ser justificados por meio de um cálculo. A Apple investe na academia simplesmente porque se preocupa com a saúde dos trabalhadores. Ao fazer isso, recruta, retém e motiva grandes trabalhadores, aumentando os lucros como subproduto, mesmo que, no início, esse aumento não possa ser quantificado.

De maneira mais ampla, a Apple nunca se propôs a valer US$2 trilhões, mas a ultrapassar os limites em inovação e design — e isso levou ao seu valor substancial.

O lucro é importante, mas *o lucro é um resultado, não um objetivo.* Persegui-lo diretamente pode ser um tiro no pé. Por analogia, um motivo para conseguir um emprego é para ganhar dinheiro. Mas escolher uma carreira baseada no propósito pode, de fato, levar a uma maior segurança financeira, já que, se um cidadão fizer um trabalho que ama, ele se tornará bem-sucedido e receberá uma remuneração confortável. Aristóteles escreveu que "a felicidade é o significado e o propósito da vida", mas perseguir a felicidade diretamente pode levar a um comportamento autoindulgente que, em última análise, piora a felicidade em longo prazo. Em vez disso, um propósito diferente, como servir a outras pessoas ou buscar desafios, pode desencadear decisões que demoram mais em curto prazo, mas que, por fim, aumentarão a felicidade em longo prazo.

O princípio de fazer o bolo crescer oferece uma orientação prática mais clara do que a regra do aumento do lucro, porque é muito mais fácil ver como um investimento afetará os stakeholders do que o lucro. Usando a academia como exemplo, o efeito sobre os colegas é menos *incerto* — eles claramente se beneficiam da melhoria de sua saúde, enquanto o impacto do lucro é mais difícil de calcular. E é menos *distante* — os benefícios para a saúde surgem dentro de alguns meses, enquanto o impacto da saúde sobre futuras licenças médicas e produtividade pode não se manifestar por muitos anos.

Por causa da mentalidade de fazer o bolo crescer, a Apple decidiu não apenas construir uma academia em sua sede, mas construir uma de alta qualidade. Ela tem 100 mil metros quadrados, fisiologistas de exercícios monitorando dados e 3 câmaras de temperatura climáticas, para imitar as condições do Ártico e do Saara. Isso justificou um investimento tão considerável em se tratando de VPL? Não. Como o atual CEO da Apple, Tim Cook, disse: "Acredito muito em pessoas que permanecem ativas. É algo que as faz se sentir melhor e mais energéticas. É tudo sobre a fixação no cliente, e os clientes aqui são nosso pessoal, nossos trabalhadores." (Claro, uma empresa não deve empreender *qualquer* investimento que beneficia os stakeholders, independentemente do custo. O Capítulo 3 apresentará um conjunto de princípios para orientar um líder sobre quais investimentos realizar e quais recusar.)

A academia de ginástica é um exemplo deliberadamente simples, porque é sabido que as academias melhoram a saúde dos trabalhadores. Mas, às vezes, a melhor maneira de criar valor para a sociedade é desconhecida, por isso uma vantagem adicional da mentalidade de fazer o bolo crescer é incentivar a inovação. Os benefícios podem repercutir de maneira muito inesperada para os investidores, mesmo que essas inovações tenham sido empreendidas para beneficiar principalmente os stakeholders.

A empresa Walkers Crisps queria reduzir sua pegada de carbono por preocupações ambientais. Em 2007, fez parceria com a Carbon Trust para estudar a pegada de carbono de um pacote de batatas fritas ao longo de seu ciclo de vida, desde o plantio de um tubérculo de batata até o descarte de um saco plástico. A investigação revelou que grande parte da pegada veio da secagem das batatas. Cavando mais fundo, Walkers aprendeu que o custo de secagem era muito alto porque as batatas eram compradas a peso bruto, incentivando os agricultores a mantê-las umidificadas para aumentar seu teor de água. Assim, a empresa alterou para a compra a peso seco, não apenas reduzindo os próprios custos de secagem, como também desencorajando os agricultores a usar energia para umidificar batatas. Em dois anos, a Walkers reduziu a pegada de carbono de um pacote de batatas fritas em 7%, economizando 4.800 toneladas de emissões de carbono e cortando a conta de energia da empresa em 400 mil libras por ano. Uma pesquisa realizada para beneficiar o meio ambiente acabou por ajudar os investidores.

De fato, algumas das maiores inovações da história surgiram apesar das probabilidades. Mesmo após a hipótese de William Campbell sobre a ivermectina, era altamente improvável que se ela tornasse eficaz e segura para os humanos. Apenas um em cada mil compostos testados em um ambiente pré-clínico chega à fase de testes em humanos, e apenas um em cada cinco deles acaba sendo aprovado. A redução das decisões para uma previsão de lucro sufocará a tomada de risco, pois os benefícios são tão incertos que a decisão não poderá ser justificada no papel. Mas quando o objetivo é o valor social, o prêmio de uma inovação bem-sucedida é muito maior, o que motiva a pesquisa mesmo que as chances estejam contra você. O efeito que a ivermectina poderia ter na vida dos cidadãos, se desenvolvida com sucesso para uso humano, superou seu potencial impacto sobre o lucro e, assim, estimulou a Merck a investir na pesquisa. Os benefícios financeiros de encontrar uma vacina contra o coronavírus eram limitados porque se esperava que os desenvolvedores bem-sucedidos tornassem a vacina acessível — na verdade, a AstraZeneca e a Johnson & Johnson prometeram vender a deles a preço de custo. Mas empresas ao redor do mundo fizeram esforços consideráveis a fim de desenvolver uma vacina para o bem da humanidade, em vez do lucro.

Até agora, falamos sobre como atitudes de fazer o bolo crescer, muitas vezes, ajudam a aumentar os lucros. Por outro lado, atitudes que impulsionam os lucros de curto prazo tendem a murchar o bolo e reduzir os retornos em longo prazo. Na década de 1970, a Nestlé comercializava de maneira agressiva substitutos do leite materno para gestantes e mães de bebês e crianças pequenas, especialmente em países em desenvolvimento. Sua estratégia foi colocar as representantes de vendas vestidas de enfermeiras para convencer novas mães a usar a fórmula infantil e dar amostras gratuitas em hospitais e maternidades. Isso fez com que as mães parassem de lactar, assim, elas ficaram presas à compra da fórmula.

A Nestlé também não avisou que a fórmula em pó não é esterilizada e pode conter bactérias prejudiciais aos bebês e às crianças. Isso, combinado com a falta de água limpa para misturar a fórmula, significava que métodos rígidos de saneamento eram necessários para torná-la segura para os bebês. No entanto, nos países em desenvolvimento, muitas mães não conseguiam ler as instruções de esterilização na língua em que eram escritas — e mesmo que conseguissem, não tinham estrutura de saneamento para segui-las, como gás para ferver água. A Nestlé também não ressaltou que era crucial seguir as instruções à risca. E para fazer a fórmula durar mais, as mães a diluíram demais, o que levou à desnutrição dos bebês e das crianças.

Nenhuma dessas atividades era ilegal na época, mas certamente eram imorais e tinham a capacidade de destruição, em vez de criar valor social. E acabaram destruindo o valor da própria marca Nestlé. Em 1977, a Infant Formula Action Coalition lançou um boicote contra a Nestlé na América, que rapidamente se espalhou para outros países, como Austrália, Canadá, Europa e Nova Zelândia. O boicote foi suspenso em 1984, quando já havia custado à Nestlé cerca de US$1 bilhão em vendas, e ressurgiu no final da década de 1980, quando Irlanda, Austrália, México, Suécia e Reino Unido o adotaram. Até hoje, alguns clientes ainda não confiam na Nestlé — em 2015, leitores do Ethical Consumer votaram na Nestlé como a "empresa menos ética dos últimos 25 anos".

Resumindo, se uma empresa só toma medidas para obter algo em troca, ela não fará nenhum movimento em direção a algo de que não espera nada em troca, mesmo que, no fim das contas, essas ações levem a lucros inesperados. Para criar valor que nenhum dos concorrentes cria, uma empresa deve fazer investimentos que nenhum deles esteja fazendo. Em um mundo no qual as decisões de investimento são frequentemente reduzidas a um cálculo matemático, esses tipos de investimentos não podem ser reduzidos a um cálculo matemático.

Lucro *versus* Externalidades

O valor para os acionistas esclarecidos acredita que uma empresa deve ser instrumentalmente motivada a gerar *lucro*, enquanto a Pieconomics acredita que ela deve ser intrinsecamente motivada a criar *valor social*.

Acabamos de argumentar que muitas atitudes tomadas pelas empresas que aumentam o valor social também melhoram o lucro no longo prazo, como um subproduto. Mas seria muito ingênuo e irrealista presumir que cada ação que faz o bolo crescer também aumentará a fatia dos investidores. Muitas delas não fazem com que os lucros aumentem, mesmo no longo prazo. Algumas são invisíveis, por isso, é improvável que façam com que a demanda do cliente aumente, como o conteúdo nutricional da comida de um restaurante. Mesmo em relação a ações visíveis, muitas têm um impacto no lucro muito menor do que seu custo. O Programa de Doação do Mectizan certamente melhorou a reputação da Merck, mas não há como calcular se essa melhoria excedeu o valor da despesa.

Da mesma forma, muitas ações de divisão do bolo não fazem com que o lucro seja reduzido, mesmo no longo prazo. O aumento do preço do Daraprim piorou a reputação da Turing, mas quando um médico prescreve um medicamento ou um paciente compra um no balcão, sua principal preocupação é a eficácia deste — não a ética do fabricante. Ou o poder de mercado e o lobby podem permitir que os lucros sejam obtidos, apesar do comportamento de divisão do bolo. Embora as primeiras evidências ligando o tabagismo ao câncer tenham sido publicadas em 1950, as empresas de tabaco continuaram a obter lucros maiores. As margens subiram 77% entre 2007 e 2016, e as cinco maiores empresas obtiveram um lucro combinado de US$35 bilhões em 2016.

Enquanto o ESV considera apenas o lucro, a Pieconomics considera também as externalidades. Uma empresa que faz o bolo crescer foca em criar valor social com a garantia de que a maioria das ações de criação de valor aumentará, às vezes inesperadamente, o lucro em longo prazo — reconhecendo, ainda, que algumas não gerarão esse efeito. Considere a escolha ilustrada na Figura 2.2. O primeiro gráfico representa o status quo. A empresa pode escolher entre duas estratégias. A estratégia A, o segundo gráfico, fará o bolo crescer moderadamente, e os investidores captarão todo o ganho. A fatia dos stakeholders não será inalterada — eles capturarão uma fatia menor de um bolo maior. A Estratégia B, o terceiro gráfico, faz crescer o bolo de maneira significativa, mantendo as ações inalteradas, de modo que tanto investidores quanto stakeholders sairão ganhando. No entanto, os investidores ganharão menos do que na Estratégia A.

Como a evidência do Capítulo 4 mostrará, no longo prazo, essas escolhas são a exceção, não a regra. No entanto, é importante que a Pieconomics reconheça as exceções e aborde como lidar com elas.

Qual estratégia os líderes deverão escolher? À primeira vista, parece depender de como a lei diz que eles deverão administrar a empresa. A visão mais comum é a de que a principal responsabilidade dos conselheiros de administração é para com os investidores, com uma responsabilidade secundária para com os stakeholders. Dessa forma, eles deverão escolher a Estratégia A. Isso está incorporado na Lei das Empresas do Reino Unido e é uma interpretação comum do direito societário dos EUA. Além disso, passar do status quo para a Estratégia A representará uma melhoria de Pareto, porque um membro ganhará e ninguém perderá.

Embora uma melhoria de Pareto pareça o resultado ideal, a Pieconomics argumenta que os líderes deverão ir mais longe. A Pieconomics não é sobre "ganha não perde", é sobre "ganha-ganha". É importante ressaltar que essa abordagem não é permitida por lei (no Brasil, é permitida). É verdade que, em alguns países, particularmente na Europa, os deveres dos conselheiros de administração são para a empresa como um todo; mesmo nos EUA, a primazia dos acionistas foi contestada com sucesso no tribunal.* Mas isso enfatiza a futilidade de uma abordagem baseada no regime jurídico — varia entre os países, impossibilitando diretrizes gerais e sempre sujeita a mudanças e aberta à interpretação.

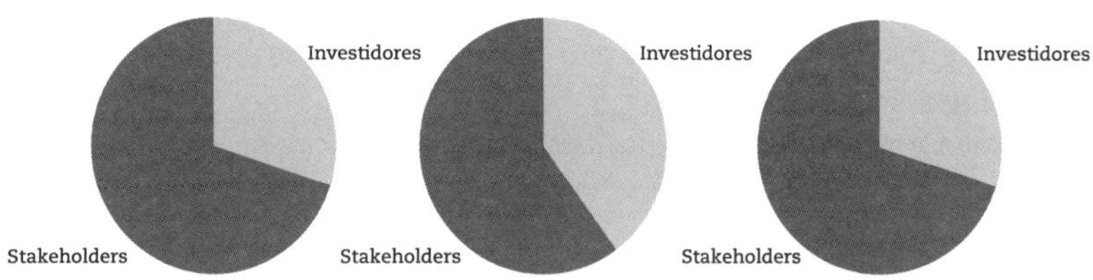

Figura 2.2

A Pieconomics não se trata simplesmente de cumprir a lei — trata-se de criar valor social. Com mostra a Figura 2.2, ela salienta que o regime legal não importa para a

* Trinta e cinco estados norte-americanos têm "leis societárias" que permitem aos conselheiros de administração considerar os interesses dos stakeholders, bem como os dos acionistas. No entanto, em quase todos os casos, as leis societárias são permissivas, e não obrigatórias — os conselheiros de administração podem considerar os interesses dos stakeholders, mas não têm o dever de segui-los, oferecendo orientação limitada. Além disso, mesmo em estados sem leis societárias, a primazia dos acionistas tem sido desafiada com sucesso. Em Shlensky *vs.* Wrigley, o Tribunal de Apelação de Illinois confirmou uma decisão que considerou os interesses dos stakeholders, embora Illinois não tivesse uma lei societárias na época. O time de beisebol do Chicago Cubs decidiu não instalar luzes no Wrigley Field e jogar jogos noturnos, apesar das receitas potenciais mais altas, devido ao impacto negativo na comunidade local.

escolha. *Mesmo se* os investidores tiverem primazia jurídica, uma empresa ainda deverá se preocupar com as externalidades e poderá escolher a Estratégia B, apesar de o lucro ser menor.

Porque os investidores nunca são apenas investidores. Muitas vezes, são colegas, clientes e membros da comunidade. Eles são afetados pelo meio ambiente, pagam impostos e podem ter participações em fornecedores. Assim, os investidores se preocupam com os meios de subsistência, a administração, o financiamento, a vitalidade da comunidade, a renovação e os impostos que uma empresa gera — não apenas seu lucro.

Por que as pessoas investem em uma empresa? Para prover o próprio futuro ou de seus filhos. Um princípio básico das finanças é o de que as pessoas se preocupam com o valor real do dinheiro (o que podem comprar com ele), não com o valor nominal (a quantia). Elas podem preferir uma remuneração menor em Goiânia a uma remuneração mais alta em São Paulo, porque o custo de vida lá é menor. Da mesma forma, as pessoas investem para proporcionar uma maior qualidade de vida, em vez de apenas um saldo bancário mais gordo para si, na velhice, ou para seus filhos. Se uma empresa aumenta os lucros, mas também a poluição, o retorno monetário dos investidores pode ser maior, mas seu padrão de vida é menor. As externalidades podem até ter um efeito financeiro sobre os investidores. Se uma empresa cultivar de modo insustentável e aumentar os preços dos alimentos, os investidores perderão financeiramente no longo prazo, porque também são clientes.

E os investidores podem se preocupar com externalidades mesmo que não sejam a parte mais afetada por elas — eles podem se preocupar com aquelas que são. Os investidores podem se preocupar com o ruído e a poluição atmosférica local de uma fábrica, mesmo que não morem nas proximidades; com de que modo uma empresa trata sua força de trabalho, mesmo que não trabalhe para essa empresa; e como o aquecimento global devasta os recifes de corais, mesmo que eles não pretendam visitar esses recifes. Como os economistas Oliver Hart e Luigi Zingales ressaltam, o bem-estar dos acionistas inclui não apenas o valor para os acionistas, mas também as externalidades, e mesmo que os acionistas tenham primazia, as empresas devem considerar ambos.

Essas externalidades estão se tornando cada vez mais importantes para os investidores. Em 2020, US$1 em cada US$3 sob gestão profissional nos EUA (US$17,1 trilhões) foi investido em estratégias de Investimento Responsável (IR), que escolhem ações mediante o emprego de critérios sociais, e não puramente financeiros. Isso é 42% maior do que em 2018 e 25 vezes mais alto do que em 1995. Esse fenômeno não acontece apenas nos EUA. Ao adicionar Europa, Japão, Canadá e Australásia, o valor de 2020 passa a ser de US$35,3 trilhões, um aumento de 55% em relação a 2016, com o Japão crescendo 500%. Além disso, muitos investidores tradicionais, que não são classificados como "responsáveis", levam as externalidades muito a sério. Dentre os investidores, 3.038, representando US$103,4 trilhões em ativos, assinaram os Princípios da ONU para Investimento Responsável — o compromisso de incorporar questões ambientais, sociais e de governança (ESG) em decisões de investimento — até março de 2020. Isso é consideravelmente maior do que os 63 investidores e US$6,5 trilhões em ativos de quando os princípios foram criados, em 2006.

Você pode não ser convencido pelas estatísticas anteriores. Talvez o crescimento dos fundos de IR seja devido ao seu desempenho financeiro, e não social – por isso, não é uma prova definitiva de que é impulsionado pela preocupação dos investidores com as externalidades. Sam Hartzmark e Abby Sussman foram capazes de isolar como a demanda de poupadores é afetada apenas pelo desempenho social, explorando de modo inteligente uma mudança nas informações sobre o desempenho social dos fundos que não afetavam as informações sobre seus retornos financeiros. Em março de 2016, a Morningstar resolveu publicar rankings de desempenho social em mais de 20 mil fundos mútuos com base nas classificações ESG da Sustainalytics dos ativos subjacentes que cada fundo detinha. O impacto é mostrado na Figura 2.3.

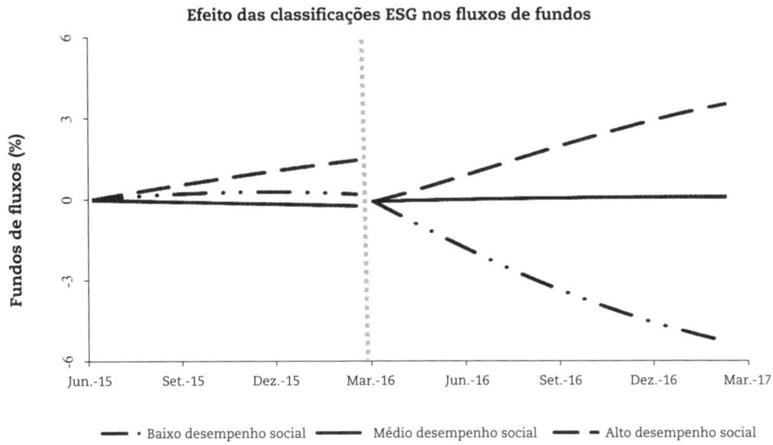

Figura 2.3

Antes de março de 2016, havia apenas uma relação fraca entre o desempenho social e os fluxos de fundos. Mas nos onze meses seguintes, as diferenças foram substanciais – os fundos mais bem classificados tiveram entradas de 4% do tamanho do fundo (de US$24 a US$32 bilhões), e os fundos com classificação inferior sofreram saídas de 6% (de US$12 a US$15 bilhões). Surpreendentemente, a grande maioria dos 20 mil fundos não foi comercializada como fundos sustentáveis – no entanto, os poupadores ainda se preocupavam com seu desempenho social.

Além disso, mesmo que uma empresa pense que suas decisões geram "externalidades" que não se refletem no lucro, elas podem vir a surtir esses efeitos de formas inesperadas. A seção "Motivação Instrumental *versus* Intrínseca" tratou de ações cujas consequências são difíceis de prever, mas são internas para a empresa que as empreende, como investir na saúde dos trabalhadores. Os efeitos são ainda mais difíceis de prever – portanto, um líder pode ficar ainda mais tentado a pensar neles como externalidades –, se afetarem a sociedade em geral, como as mudanças do clima. Mas, embora as consequências sejam amplamente compartilhadas, o impacto em uma empresa considerada individualmente ainda pode ser significativo. A Chevron perdeu

US$1,4 bilhão no segundo semestre de 2006, em parte porque os furacões Katrina e Rita reduziram a produção de petróleo e de gás. As operações australianas da Rio Tinto foram atingidas por ciclones, inundações e chuvas fortes, reduzindo os lucros no primeiro semestre de 2011 em US$245 milhões. Inundações na Tailândia submergiram as fábricas de montagem da Honda no final de 2011, custando-lhe mais de US$250 milhões. De maneira mais ampla, uma pesquisa do Carbon Disclosure Project descobriu que 215 das maiores empresas do mundo estimaram uma perda total de valor potencial de US$1 trilhão, decorrente da mudança do clima.

Diante disso, é possível pensar que, para uma empresa, seria racional ignorar externalidades. Uma empresa considerada individualmente é apenas uma dentre milhares, por isso tem pouco efeito sobre o meio ambiente — um exemplo do problema do *free-rider* (uma pessoa ou empresa que obtém uma vantagem sem pagar por ela). Mas casos individuais podem ter efeitos generalizados, como o desastre do Deepwater Horizon discutido na Introdução. Em última análise, as empresas podem pagar pelos danos que causam individualmente — a BP pagou US$65 bilhões em custos de limpeza e honorários advocatícios da Deepwater Horizon, e o fornecedor de energia dos EUA PG&E pediu falência devido a passivos decorrentes dos incêndios na Califórnia. Além disso, a maioria dos clientes e colegas acredita que uma empresa tem a responsabilidade de lidar com as externalidades, conforme mostram os boicotes da Nokia e da Nestlé. É improvável que eles sejam persuadidos por uma análise de custo-benefício, argumentando que o impacto da empresa isoladamente é insuficiente para justificar a ação. De fato, o comportamento de compra dos cidadãos depende de quanto eles acreditam que uma empresa contribui para a sociedade. Uma revisão de diversos estudos acadêmicos descobriu que 60% dos clientes estão dispostos a pagar um ágio por produtos socialmente responsáveis e que o cliente médio pagará 17% a mais. O que os líderes, às vezes, descartam como "externalidades" muitas vezes ricocheteia e, em última instância, afeta a empresa.

Uma segunda forma de efeito ricochete ocorre quando os cidadãos não consideram que determinadas empresas trabalham em favor da sociedade e passam a pressionar os formuladores de políticas públicas a aprovar uma regulamentação para constrangê-las ou passam a ser menos favoráveis aos subsídios da empresa, como créditos de P&D. Mais uma vez, uma empresa considerada individualmente pode ser tentada a adotar a mentalidade de *free-rider*, mas não é assim que as coisas funcionam na prática. Conforme discutido na Introdução, as percepções do público são afetadas por histórias individuais, não pela empresa média. As ações de uma única empresa podem ter um efeito considerável na percepção do público sobre os negócios.

Pouco depois do aumento dos preços do Daraprim, a candidata à presidência dos Estados Unidos em 2016, Hillary Clinton, tuitou que "a manipulação dos preços como essa no mercado de medicamentos especializados é ultrajante" e propôs um limite mensal de US$250 nos custos de medicamentos prescritos, se fosse eleita. Esse tuíte fez o índice de ações da área de biotecnologia da Nasdaq perder US$15 bilhões da noite para o dia. Os danos causados pelo escândalo das emissões da Volkswagen, mencionado na Introdução, repercutiram em toda a indústria automobilística alemã, prejudicando sua reputação internacional. As vendas norte-americanas de BMW,

Mercedes-Benz e Smart caíram US$3,7 bilhões no ano seguinte. A União Europeia implementou diversas novas regulamentações sobre a aprovação de veículos e testes de emissões que podem reduzir a rentabilidade de toda a indústria automobilística.

O efeito das externalidades na percepção do público é fundamental. Em muitos países, os investidores dão as cartas — os conselheiros de administração são escolhidos por eles, e as responsabilidades legais destes são principalmente para com eles. Os investidores podem se opor à Pieconomics, porque aparenta que ela nem sempre visa maximizar os lucros. Mas se eles não adotarem com urgência uma forma de negócio que funcione para toda a sociedade, os cidadãos pressionarão por mudanças regulatórias e os investidores não darão mais as cartas.*

Note que a relevância das externalidades não significa que elas tenham a mesma importância que o lucro, de modo que os líderes possam focar inteiramente no tamanho do bolo e ignorar sua divisão. Uma empresa que gera um bolo grande, mas destina uma pequena fatia aos investidores provavelmente deixará de atrair investimentos. O Capítulo 3 trará três princípios para orientar os CEOs a tomar decisões difíceis entre investidores e stakeholders. Esses princípios mostrarão que, em alguns casos, os líderes devem mesmo sacrificar os lucros para que o bolo fique maior — escolha da Estratégia B, conforme a Figura 2.2. Em outros casos, no entanto, os ganhos dos stakeholders não são suficientes para superar as perdas dos investidores, por isso essa escolha não deverá ser feita.

Triple Bottom Line

Embora este capítulo tenha focado o contraste entre a Pieconomics e o ESV, fechamos brevemente fazendo uma comparação com o modelo Triple Bottom Line (TBL). Ao contrário do ESV, que pressupõe que uma empresa tem um único "resultado" financeiro, ou objetivo, o TBL argumenta que também existem linhas de base sociais e ambientais. Esses três objetivos são frequentemente referidos como pessoas, planeta e lucro.

Para comparar a Pieconomics com o TBL, usaremos as mesmas duas dimensões que usamos para contrastar a Pieconomics e o ESV — objetivo e motivação. A maior semelhança está no objetivo. Tanto a Pieconomics quanto o TBL visam o valor social, ao contrário do ESV, que foca os lucros. Na verdade, desde que o termo foi cunhado pela primeira vez por John Elkington, em 1994, o TBL tem sido bem-sucedido em encorajar as empresas a pensar seriamente e medir sua contribuição para a sociedade. A diferença entre eles está na motivação. Embora a motivação da Pieconomics seja intrínseca, no TBL — pelo menos como comumente praticado —, ela é instrumental.

Em 2018, Elkington propôs um recall do conceito TBL. Ele argumentou este é usado principalmente como um marco contábil para medir a contribuição socioambiental de uma empresa, em vez de engendrar uma mudança de mentalidade, como

* Uma vez que as reações dos formuladores de políticas públicas às ações que corroem a confiança podem, em última análise, reduzir o lucro, você pode se perguntar se essas ações realmente criam "externalidades", porque, no fim, são internalizadas. Mas isso é mais uma distinção semântica. Independentemente de rotularmos as ações que corroem a confiança como externalidades, as empresas devem encarar com seriedade a conquista da confiança do público. Mesmo que as externalidades sejam, por fim, internalizadas, essa internalização é muito difícil de prever; assim, o ESV as ignorará. E, efetivamente, há verdadeiras externalidades improváveis de afetar a regulação futura, as quais a Pieconomics considerará, mas o ESV não.

originalmente pretendido. Isso leva a uma motivação instrumental. Um líder tomará iniciativas se estas tiverem um impacto quantificável no resultado social ou ambiental. Isso poderá distorcer o direcionamento dos investimentos para aqueles com um resultado de curto prazo ou quantitativo, que pode ser imediatamente relatado. Uma empresa poderá criar mais empregos, em vez de melhorar a qualidade dos empregos existentes, já que a primeira iniciativa é mais mensurável. Investir em stakeholders continuará sendo um meio para alcançar um fim — embora não financeiro, de curto prazo e quantitativo. A Pieconomics libera o líder para criar valor para os stakeholders sem ser restringida pela rapidez com que os resultados podem ser contabilizados. É uma mentalidade e uma abordagem para os negócios, em vez de um modelo contábil.

No Capítulo 8, enfatizaremos como é fundamental que as empresas informem sobre o valor que criam para a sociedade. Mas métricas melhoradas dos stakeholders, como melhores lucros, são um subproduto, em vez de o objetivo final. Uma empresa deve investir em stakeholders e relatar quaisquer resultados após o fato, em vez de fazer investimentos com base em se eles melhorarão métricas que podem ser relatadas.

A maior diferença entre a Pieconomics e o TBL é a mentalidade de fazer o bolo crescer que está no cerne da Pieconomics. Ela ressalta a importância do tamanho do bolo e evita erros de omissão consistentes na perda de oportunidades de fazer o bolo crescer. Ao contrário, Elkington ressalta que "muitos adeptos precoces [do TBL] entenderam o conceito como uma atitude de equilíbrio, adotando uma mentalidade de troca". O TBL é frequentemente usado para garantir um equilíbrio entre propósito, planeta e lucro, o que reflete a ideia de que o bolo teria um tamanho fixo. O TBL poderá enxergar uma alta pontuação financeira, mas uma pontuação social e ambiental modesta, como um erro de comissão — como se os lucros fossem alcançados às custas do planeta e das pessoas. Em contrapartida, a Pieconomics ressalta que o tamanho do bolo não é fixo e prioriza o crescimento sobre o equilíbrio. Embora seja importante garantir, na medida do possível, que a fatia de ninguém murche à medida que o bolo cresce, um crescimento distribuído de maneira desigual é melhor do que nenhum crescimento.

Em Poucas Palavras

- O argumento de Milton Friedman de que a responsabilidade social dos negócios é aumentar seus lucros tem muito mais nuances do que comumente retratado. Ele argumenta que as empresas devem focar os lucros, uma vez que isso exige que elas invistam em stakeholders, e o aumento dos lucros dá aos acionistas a máxima flexibilidade para apoiar suas causas sociais preferidas. No entanto, parte de três premissas fundamentais:
    - Que uma empresa não tem vantagem comparativa na resolução de problemas sociais. Isso pode ser verdade para algumas atividades, como doações de caridade, mas não para outras.

- Que os políticos refletem as preferências dos cidadãos nas leis que aprovam. No entanto, a regulação é ineficaz para abordar questões qualitativas, e o processo político é lento e imperfeito.
- Que os líderes podem prever como um investimento em partes interessadas afeta os lucros. No entanto, essa previsão é difícil em um mundo de incertezas.

• O *valor para os acionistas esclarecidos* preconiza que as empresas devem investir em stakeholders porque, se não fizerem isso, não poderão ser rentáveis em longo prazo. O ESV concorda com a Pieconomics sobre o lucro e o valor social estarem relacionados, mas ressalta que as empresas devem colocar o lucro em primeiro lugar e a sociedade em segundo. A Pieconomics argumenta o contrário. Isso leva a duas diferenças importantes:

- O ESV acredita que uma empresa deve ser *instrumental* — criar valor para a sociedade apenas se isso ajudar a aumentar os lucros. Os stakeholders são um meio para um fim. Já a Pieconomics acredita que um empreendimento deve trabalhar em favor da sociedade por motivos intrínsecos, mesmo que não seja possível calcular o aumento de lucro que isso gerará. Essa abordagem, muitas vezes, gera mais lucro em longo prazo, liberando uma empresa para fazer investimentos, particularmente intangíveis, que, de outra forma, não faria. Isso acontece porque, geralmente, o efeito dos investimentos sobre os stakeholders é menos *incerto* e *distante* do que seu efeito sobre os lucros.
- O ESV foca *Lucros*. A Pieconomics foca *valor social*, que inclui as externalidades. Mesmo que os investidores tenham primazia, eles nunca são apenas investidores — muitas vezes, são colegas, clientes e membros da comunidade, portanto, são afetados pelas externalidades. Além disso, se as empresas gerarem externalidades negativas persistentemente, elas serão regulamentadas ou perderão a confiança do cliente.

• Os lucros e as externalidades estão muito mais alinhados do que se acredita — atitudes para criar valor para a sociedade, muitas vezes, acabam fazendo com que o lucro aumente de modos inesperados. Mas as verdadeiras externalidades ainda existem. Mesmo que o aumento do valor para os stakeholders reduza os lucros, os investidores podem estar dispostos a fazer essa escolha.
• O modelo TBL concorda com a Pieconomics que o principal objetivo de uma empresa deve ser o valor social. No entanto, é precipuamente um modelo contábil, e sua motivação é mais instrumental — incentiva iniciativas cujo benefício social possa ser relatado — do que intrínseco. Esse modelo também destaca o equilíbrio, enquanto a Pieconomics enfatiza a criação de valor.

3

FAZER O BOLO CRESCER NÃO SIGNIFICA AUMENTAR A EMPRESA

Três princípios para orientar as escolhas e quais projetos recusar

A Pieconomics é sobre criar valor para a sociedade. Embora os investidores estejam longe de ser o único membro da sociedade, ainda assim, eles são um membro importante. Este capítulo discute duas ressalvas importantes que se deve ter em mente ao praticar a Pieconomics: fazer o bolo crescer não significa ignorar o lucro nem aumentar o tamanho da empresa. Além disso, apresenta três princípios para orientar os líderes sobre como navegar por essas ressalvas.

Fazer o Bolo Crescer Não Significa Ignorar o Lucro

Os investidores costumam ser considerados os membros menos merecedores de uma empresa, principalmente em comparação com os trabalhadores, os clientes ou até mesmo o meio ambiente. Mas, conforme ressaltado no Capítulo 2, os investidores nunca são apenas investidores, e os stakeholders raramente são apenas stakeholders — muitos deles são os próprios investidores. Os colegas e os clientes detêm ações direta ou indiretamente por meio de fundos mútuos ou fundos de previdência. Mesmo os fundos de hedge, muitas vezes associados ao capitalismo e à ganância, costumam ser mantidos por fundos de previdência ou doações universitárias.

O lucro representa o principal elemento de uma sociedade que funciona bem. Sem ele, os cidadãos não conseguem financiar sua aposentadoria, as empresas seguradoras não conseguem pagar sinistros, e os fundos patrimoniais e de previdência não conseguem sustentar seus beneficiários. Embora muitos investidores estejam dispostos a sacrificar alguns retornos para alcançar objetivos sociais, existe um limite. Em outubro de 2018, o policial Jason Perez causou a destituição de Priya Mathur, presidente do conselho do Sistema de Aposentadoria dos Trabalhadores Públicos da Califórnia

(CalPERS). Ele argumentou que Mathur focou demais no ESG em detrimento dos retornos dos investimentos, colocando em risco a segurança financeira de milhares de trabalhadores para impulsionar a própria imagem pública. Na época, o CalPERS era apenas 71% financiado, e os colegas enfrentavam a perspectiva de aumentos consideráveis na contribuição previdenciária. Como resultado, eles votaram em Perez — destacando que a responsabilidade não significa simplesmente ignorar os lucros.

E o lucro é importante não só para os investidores, mas também para os stakeholders. Sem lucro, uma empresa não consegue financiar a inovação de produtos para os clientes ou o treinamento para os trabalhadores. De acordo com Kenneth Frazier, da Merck: "Tentamos equilibrar [preços acessíveis para os clientes] com o objetivo de, em última análise, fornecer um bom retorno aos nossos acionistas — porque eles continuam financiando a pesquisa que produzirá os medicamentos do futuro." Se a Merck não auferisse lucros com seus outros medicamentos, incluindo a ivermectina para uso animal, não teria sido capaz de lançar o Programa de Doação Mectizan. E sem lucro, uma empresa acabará fechando, criando valor zero para a sociedade. Em uma pandemia, uma empresa responsável toma decisões difíceis — como as demissões do Airbnb — para salvaguardar seus lucros e, portanto, sua sobrevivência no longo prazo.

A geração de lucro é importante depois que a empresa foi estabelecida (*ex post*), porém a perspectiva de gerar lucros também é importante, para que a empresa consiga se estabelecer (*ex ante*). Os acionistas recebem o lucro gerado por arriscar seu dinheiro na empresa, que eles poderiam ter gasto ou investido em outro lugar — assim como a empresa remunera os trabalhadores por seu esforço e paga receitas aos fornecedores, a fim de obter seus insumos. Se os investidores tivessem alguma desconfiança com relação à empresa, como ignorá-los, eles sequer a financiariam. Diante desse cenário, a ideia de uma startup nunca seria capaz de atrair capital para se tornar uma realidade; uma empresa estabelecida nunca seria capaz de atrair fundos adicionais para crescer e evoluir de bom para ótimo.

E levar em conta o lucro ajuda a garantir que as empresas estejam atentas às necessidades dos stakeholders — os lucros são *sinais* valiosos sobre o que a sociedade quer.* Os clientes valorizam cada vez mais a conveniência e a segurança das compras online, por isso os sites de varejo são mais rentáveis do que suas lojas físicas. Isso incentiva os varejistas a investir em e-commerce, exatamente como muitos clientes desejam. Por sua vez, uma vez que as ofertas de lojas genéricas de rua são cobertas, em grande parte, pelo e-commerce, os varejistas agora podem reaproveitá-las para oferecer experiências de compras personalizadas, como a Nike Live, que usa ciência de dados para garantir que suas ofertas de produtos atendam exatamente às necessidades dos clientes locais. Ou eles podem vender essas lojas, permitindo que os locais mais nobres sejam utilizados de modo mais apropriado, para restaurantes, cafeterias e academias, por exemplo, onde deve haver uma demanda mais alta.

Devido à importância do lucro, a Pieconomics foi definida como "*gerar lucro apenas por meio* da criação de valor para a sociedade". Como criar valor para a sociedade é seu objetivo principal, a Pieconomics difere significativamente do ESV. No entanto, gerar lucro continua sendo um importante objetivo secundário.

* No entanto, eles não são sinais perfeitos. Conforme discutido no Capítulo 2, uma empresa que faz o bolo crescer também deve considerar as externalidades, pois são benefícios ou custos para a sociedade que não são capturados nos lucros.

Uma definição que omita o lucro, como "criar valor para a sociedade", seria ainda mais radical e obteria o apoio muito maior de alguns. Mas ignorar os lucros seria algo irreal, porque as empresas não seriam financiadas pela maioria dos investidores, e indisciplinado, porque forneceria pouca orientação aos líderes e impediria a sociedade de responsabilizá-los. Como quase todas as decisões beneficiam pelo menos um stakeholder, um líder poderia argumentar que esse stakeholder seria o mais importante, e, por isso, a decisão fez o bolo crescer. Seria um vale-tudo.

Conforme enfatizamos, uma empresa não pode alcançar a meta secundária de obter lucro por meio de cálculo. De fato, a Pieconomics justifica muitos investimentos em que não há um benefício claro para o lucro, como o Programa de Doação Mectizan. Às vezes haverá um lucro maior como um subproduto inesperado, mas em outras não — essa é a definição de que há certa imprevisibilidade no lucro. Uma empresa que faz o bolo crescer precisa estar confortável em saber que nem todas as decisões que ela toma aumentarão seu lucro, mesmo no longo prazo. Mas aplicar a mentalidade de fazer o bolo crescer em todas suas decisões deve, em conjunto, levar a mais lucro do que o ESV. Os três princípios explicados a seguir ajudarão a avaliar se determinada iniciativa provavelmente aumentará o lucro, mesmo que a fonte desse aumento não possa ser prevista.

Fazer o Bolo Crescer Não Significa Fazer a Empresa Aumentar de Tamanho

A Pieconomics é sobre criar valor para a sociedade. Então é tentador pensar que quanto mais uma empresa aumenta de tamanho, mais valor ela cria. Se a Merck desenvolvesse um novo medicamento para hipertensão, ela criaria valor para os clientes (portadores de hipertensão), os fornecedores (de insumos para o novo medicamento), os trabalhadores (por meio da oferta de novos empregos), e assim por diante. De fato, muitos formuladores de políticas argumentam que as empresas devem investir o máximo possível. Elizabeth Warren, senadora de Massachusetts, acredita que "a verdadeira maneira de aumentar o valor de uma corporação é investir no futuro".

Esse argumento não está totalmente certo. A Pieconomics é sobre *criar* valor. E o valor só é criado se o benefício de um investimento exceder seu custo. O custo dos recursos investidos é a segunda melhor oportunidade de aplicação, conhecida como *custo de oportunidade*. De acordo com o ESV, uma empresa deve se preocupar com as alternativas para o uso dos recursos dentro da empresa — custos de oportunidade privada. Sob a ótica da Pieconomics, a lente não é a empresa, mas a sociedade, por isso os custos relevantes de oportunidade são os usos alternativos para os recursos na sociedade — custos de oportunidade social. Se a Merck construísse uma nova fábrica para o medicamento de hipertensão, ela usaria matérias-primas e trabalhadores que, alternadamente, poderiam ser utilizados para construir uma escola. Se a empresa não investisse, ela poderia permitir que outra empresa conseguisse mais com os mesmos recursos, sob a perspectiva da sociedade.

A Pieconomics salienta que o *valor é criado quando uma empresa usa recursos para entregar mais valor do que seria criado se os recursos tivessem outra aplicação* — os benefícios sociais excedem os custos de oportunidade social.* Simplesmente investir recursos pode não criar valor. Um padeiro pode usar muita quantidade de farinha, mas se o desperdício for grande, como deixar cair muito no chão, em vez de colocá-la na assadeira, não fará o bolo crescer.

Essa observação significa que, ao contrário do senso comum, a responsabilidade de uma empresa não é oferecer vagas de emprego. É permitir que os cidadãos sejam designados para carreiras em que possam usar seu talento para trabalhar em favor da sociedade e amadurecer como pessoas. O talento de alguns trabalhadores pode estar fora da empresa, o que exige que esta permita que eles se desliguem. No Japão, as demissões em massa são um tabu social. Por isso, em vez de demitir colegas cujas funções foram eliminadas – por exemplo, aqueles que costumavam produzir fita magnética para vídeos –, empresas como Hitachi, Sony, Toshiba e Panasonic supostamente os enviam para "salas de banimento". Lá, eles são obrigados a realizar tarefas inúteis, como revisar imagens de segurança ou ler seus livros de graduação, para registrar um relatório diário do que eles fizeram.

Esses empregos não proporcionam aos trabalhadores um trabalho significativo nem dignidade humana, nem criam valor para a sociedade. O custo de oportunidade privada de deter trabalhadores em salas de banimento é baixo, se não houver outros empregos dentro da empresa, mas o custo social é alto, uma vez que seus talentos poderiam ser usados em outros lugares. Cortes de empregos podem ajudar a fazer o bolo crescer ao permitir que os cidadãos se desenvolvam fora da empresa. No entanto, conforme destacado no Capítulo 1, as empresas não podem contar com as forças do mercado para fazer esse remanejamento; elas devem investir em realocação e retreinamento – mesmo às custas do lucro – para catalisá-lo e lhes fornecer uma rede de segurança por meio de indenização.

Os recursos que uma empresa usa quando investe não se limitam apenas a ativos como matérias-primas e mão de obra. Ela também usa recursos financeiros – dinheiro – que poderiam, em vez disso, financiar outras empresas. Vamos preencher as lacunas da citação da fala da senadora Warren, anteriormente. Seu argumento completo era o de que "as recompras de ações geram um alto nível de 'gordura' para as corporações. Isso faz com que os preços aumentem no curto prazo, mas a verdadeira maneira de aumentar o valor de uma empresa é investir no futuro, e eles não estão fazendo isso". As recompras de ações, em que uma empresa devolve lucros aos investidores em troca da recompra de suas ações, serão exploradas com mais detalhes no Capítulo 7. Por enquanto, notamos que, ao optar por não crescer, mas, em vez disso, remunerar os investidores, uma empresa pode permitir que outra corporação obtenha financiamento e cresça.

É importante ressaltar que os líderes têm motivos de interesse próprio para fazer a empresa crescer, mesmo que esse crescimento não crie valor nem para os acionistas nem para a sociedade. Há três tipos de crescimento que podem destruir o valor de uma empresa.

---

* Essa observação não exige que uma empresa calcule o valor que outras empresas poderiam criar com os mesmos recursos. Em um mercado competitivo, o preço dos recursos refletiria o valor que outras empresas poderiam criar com eles. O Capítulo 10 fala sobre o papel da concorrência em ajudar o sistema de preços a funcionar de maneira eficaz.

Crescimento Excessivo do Negócio Principal

Um CEO tem incentivos para fazer seu negócio principal crescer excessivamente porque sua remuneração está diretamente relacionado ao tamanho da empresa. Além disso, administradores de grandes empresas gozam de prestígio e status — o CEO da empresa líder de mercado tem mais chance de ser palestrante em conferências do setor ou de participar de uma palestra em Davos. Esse prestígio pode até durar mais do que o mandato do CEO. Dentro de quase qualquer grande empreendimento, histórias lendárias circulam sobre os líderes anteriores. Lá fora, o público sabe muito mais sobre ex-CEOs de empresas que dominam o mercado atualmente do que sobre CEOs de empresas que foram compradas. Portanto, um líder pode fazer a empresa aumentar de tamanho para preservar seu legado.

O CEO Angelo Mozilo estava determinado a tornar a Countrywide Financial líder de mercado em hipotecas dos EUA. Ele frequentemente se referia à empresa como seu "bebê" — não como a empresa dos investidores ou da sociedade. O objetivo de se tornar líder de mercado como subproduto da criação de valor é digno. Mas, assim como o lucro, a liderança de mercado não deveria ser o objetivo em si. No entanto, foi para Mozilo.

Em 2002, a Countrywide ficou em terceiro lugar, com 10% de participação de mercado; a Wells Fargo ficou em primeiro lugar, com 13%. Fazer a Countrywide passar a deter 14% não seria suficiente. Mozilo ansiava por chegar muito à frente, tanto que continuaria a ser o líder do mercado por décadas, garantindo que seu nome fosse impresso nos livros de história. Então, ele anunciou publicamente que triplicaria a participação de mercado da Countrywide para 30%, um percentual muito maior do que qualquer um no setor já havia conseguido. Em seguida, ele ressaltou que esse crescimento teria de criar valor para a sociedade (oferecendo hipotecas que os clientes pudessem pagar) ou até mesmo para os investidores (oferecendo hipotecas que seriam pagas). Assim, o país mergulhou em hipotecas subprime de maneira imprudente, o que deixou a empresa particularmente vulnerável à crise financeira. Em janeiro de 2008, a empresa estava à beira da falência e teve de ser comprada pelo Bank of America.

Expansão não Relacionada em Negócios Diversos dos Principais

Um CEO pode expandir a empresa para novos mercados não relacionados a fim de construir um império para si mesmo. Um ótimo exemplo da construção de impérios é a Daewoo, fundada pelo ex-estaleiro Woo Choong Kim em março de 1967. Inicialmente, o foco da Daewoo eram as roupas e os têxteis, com uso intensivo de mão de obra — uma jogada inteligente, dada a imensa e acessível força de trabalho da Coreia do Sul. Antes de 1972, a empresa comprou apenas três negócios, dois produtores têxteis e um processador de couro, que estavam relacionados ao seu negócio principal e ajudaram a consolidar seus pontos fortes.

Mas Kim logo quis novos brinquedos para brincar. Em apenas um ano, em 1973, comprou oito empresas em setores não relacionados ao setor têxtil — máquinas, construção naval e carros. Não estava claro como a Daewoo criaria valor mesmo fazendo com que essas empresas permanecessem independentes. Em 1978, Kim tinha 41 negócios; vinte anos depois, ele adicionou 589 subsidiárias internacionais. Kim era um produtor de impérios, mas também um murchador de bolos — o tamanho era a única dimensão em que Daewoo superava seus pares. Ficava atrás em qualidade do produto, tecnologia, produtividade e rentabilidade, e estava no final da tabela de avaliação porque o mercado percebeu que muitos de seus negócios nada tinham a ver com a Daewoo.

Em 1993, a Daewoo entrou no mercado de carros vietnamitas. Dez concorrentes entraram logo depois. Com a crise financeira asiática em 1997, a Daewoo só conseguiu vender 423 carros em todo o ano de 1998. Em virtude de ter investido US$33 milhões nesse empreendimento, ela se recusou a assumir suas perdas. Essa atitude foi replicada em toda a empresa. Enquanto outros conglomerados coreanos estavam se recuperando após a crise financeira, a Daewoo comprou catorze novos negócios em 1998, apesar de perder US$458 milhões naquele ano.

No ano seguinte, com dívidas de US$50 bilhões, a Daewoo estava prestes a falir e teve de ser cindida. Isso custou bilhões de dólares aos bancos sul-coreanos e ao governo, de quem a Daewoo tomou empréstimos. Sete mil colegas perderam o emprego, e apenas cinco empresas com a marca Daewoo perduram até hoje.

Além da construção de impérios, a expansão não relacionada também pode ser motivada pelo escapismo — explorando uma nova indústria para evitar lidar com os problemas no negócio principal. Em vez de assumir o desafio de desenvolver câmeras digitais, a Kodak escapou para a indústria farmacêutica e pagou US$5,1 bilhões para comprar a Sterling Drug em 1988. Mas usar produtos químicos para revestir papel fotográfico é muito diferente de usá-los para fazer aspirina e leite de magnésia, os principais produtos da Sterling. Uma empresa de fotografia não tem vantagem comparativa em produtos farmacêuticos.

A Countrywide, a Daewoo e a Kodak estão longe de ser exemplos isolados de como a construção de impérios e o escapismo podem destruir o valor social. Um estudo realizado por Sara Moeller, Frederik Schlingemann e René Stulz descobriu que, em apenas quatro anos — entre 1998 e 2001 —, as empresas norte-americanas perderam US$240 bilhões em seus investimentos por meio de aquisições. A compra dessas empresas permitiu que os CEOs construíssem seus impérios, mas o custo de oportunidade era o valor substancial que as empresas compradas estavam gerando por conta própria antes da aquisição.

Perseguição Excessiva de Causas Sociais

Uma fonte final de investimento desperdiçado é apoiar causas sociais que não estão relacionadas à vantagem comparativa de uma empresa ou que geram distração do negócio principal. Em *The Enlightened Capitalists: Cautionary Tales of Business Pioneers Who Tried to Do Well by Doing Good*, James O'Toole descreve várias empresas que se desviaram por meio de um foco excessivo no desempenho social. Por exemplo, o CEO da Control Data Corporation, William Norris, estava tão focado em trabalhar em favor da sociedade — e tentar persuadir outros líderes empresariais a segui-lo —, que não prestava atenção suficiente às mudanças na tecnologia e na concorrência do Japão e do Vale do Silício. A empresa posteriormente teve de ser cindida.

Em um exemplo mais recente, Emmanuel Faber, CEO da empresa de alimentos e bebidas Danone, anunciou o propósito social de sua empresa e apoiou uma lei francesa que permite que as empresas escrevam seu propósito no estatuto social. Com muito alarde, tornou-se a primeira empresa francesa a fazer isso, alegando que havia "derrubado a estátua de Milton Friedman" (embora, como vimos, o friedmanismo é muito mais cheio de nuances do que sua caricatura). Essas ações seriam louváveis se o próprio desempenho de longo prazo da Danone fosse forte, dando-lhe margem de manobra para voltar sua atenção para outras questões — e, de fato, discutiremos as iniciativas sociais da Danone mais tarde neste livro. Mas o preço das ações da empresa permaneceu baixo durante os seis anos e meio de mandato de Faber, em comparação com um aumento de quase 50% de sua concorrente próxima, a Nestlé, e cerca do mesmo para o índice de mercado francês. Esse desempenho fraco o levou ao corte de 2 mil empregos no final de 2020, e Faber foi destituído em março de 2021 — com o preço das ações da Danone subindo 4% no anúncio. Como um conselheiro da empresa disse ao *Financial Times*: "É bonito derrubar a estátua de Milton Friedman. Você pode fazer isso quando seu desempenho financeiro é melhor do que o dos concorrentes e sua governança está acima da censura, mas se esse não for o caso, então você terá um problema."

Os CEOs têm incentivos privados consideráveis para causas sociais, mesmo que isso prejudique os acionistas diretamente por desperdiçar dinheiro, ou indiretamente, por essas causas estarem dissociadas do negócio principal. Eles podem fazer discursos ou escrever memórias sobre como estão salvando o capitalismo, ser anunciados pela mídia por revolucionar os negócios ou, ainda, receber prêmios como Cavaleiros ou Damas no Reino Unido. Isso vale para investidores que podem buscar causas sociais para impulsionar a própria imagem, mesmo que essas não sejam as causas sociais que importam para seus beneficiários ou que tragam prejuízo substancial para os retornos financeiros. Conforme Perez escreveu no folheto eleitoral do CalPERS: "Mathur está fora da realidade, acreditando que seu papel é voar ao redor do mundo, tocar o sino da Bolsa de Valores de Londres e conversar com trabalhadores das Nações Unidas."

Um CEO ou investidor deve, absolutamente, trabalhar em favor da sociedade, e elogios para aqueles que o fazem, muitas vezes, são merecidos. Mas a motivação deve ser intrínseca, e não instrumental, para impulsionar sua imagem pública. Isso requer que um líder tenha discernimento sobre quais problemas sociais sua empresa está particularmente bem posicionada para resolver, em vez de pegar qualquer questão social que esteja na ordem do dia e, portanto, tenha mais chances de melhorar sua reputação. Esse discernimento é o propósito deste capítulo.

Tomada de Decisão sob a Pieconomics

Juntando as duas ressalvas, ao tomar decisões, uma empresa deve considerar investidores e seis categorias de stakeholders diferentes. Isso parece ser um equilíbrio extremamente complicado de manter. É difícil não apenas prever os efeitos em cada stakeholder, como também saber como ponderar as diferentes categorias de stakeholders. Assim, não é possível medir o valor social global nem estimar como uma decisão irá afetá-lo.*

* Os defensores do ESV argumentam que um único objetivo (lucro) elimina a necessidade de ponderação que surge com múltiplos objetivos. Conforme comentado no Capítulo 2, esse é um argumento ruim para o ESV. O ESV teria de incluir os efeitos, por exemplo, da saúde dos trabalhadores sobre os lucros — o que efetivamente exige que ele pondere a importância da saúde para os lucros. Mas como o ESV só considera o que pode ser previsto, ele simplesmente ignora esses efeitos, imaginando que o problema de ponderação não existiria.

No entanto, quase todas as decisões da vida real envolvem múltiplos critérios que não podem ser calculados. Quando um proprietário escolhe qual casa comprar, ela não apenas maximiza o valor de revenda, como também considera se a casa atende às necessidades de sua família, quão perto é do trabalho e das escolas dos filhos e se gosta do bairro. Quando um trabalhador escolhe um emprego, ele não apenas maximiza sua renda, como também considera sua paixão pelo trabalho, a quantidade e a flexibilidade das horas e a camaradagem da empresa com seus colegas.

Não existe uma planilha que calcule como uma decisão afetará cada critério nem uma fórmula que diga às pessoas como analisar cada um deles. Mas isso não importa. Os cidadãos tomam decisões tranquilamente diante de múltiplas opções todos os dias, sem usar *cálculo*, mas usando o *julgamento* — sua avaliação interna da importância de cada critério.

Mas dizer que as decisões são resultado do exercício de capacidade decisória de um líder parece ser um artifício para varrer escolhas complexas para debaixo do tapete. Mesmo que a capacidade decisória seja usado em quase todas as decisões diárias, é uma solução insatisfatória para as empresas. Quando um cidadão escolhe um emprego, ele aplica os próprios critérios de ponderação, dependendo de quanto ele valoriza o salário pessoalmente, sua paixão pelo trabalho, as horas, a flexibilidade e o tratamento que a empresa dá aos colegas. Mas os líderes devem trabalhar em favor da sociedade, não das próprias preferências sobre quais stakeholders eles devem favorecer. Apelar para a capacidade decisória dá ao líder liberdade para fazer o que ele quiser. Se fechar uma usina que polui muito, ele pode argumentar que o meio ambiente é mais importante; se a mantiver aberta, pode alegar que o emprego é mais crítico. O líder pode justificar quase qualquer decisão com base em sua capacidade decisória, e como esta é uma caixa-preta, ele não pode ser responsabilizado.

O restante deste capítulo apresenta três princípios inter-relacionados para orientar o exercício da capacidade decisória de um líder nessas situações complexas. O *princípio da multiplicação* garante que os benefícios sociais de uma atividade excedam seus custos privados, para que a atividade entregue valor à sociedade. O *princípio da vantagem comparativa*, aliado ao princípio da multiplicação, garante que os benefícios sociais de uma atividade excedam seus custos sociais, de modo que a atividade crie valor para a sociedade. O *princípio da materialidade*, combinado com os dois primeiros princípios, torna provável que o valor social criado aumente o lucro. Por conseguinte, a atividade gera lucros por meio da criação de valor para a sociedade — a definição de Pieconomics.

PRINCÍPIO	SATISFEITO	CONSEQUÊNCIA DE
Multiplicação	Benefício social > Custo privado	Atividade entrega valor
+ Vantagem comparativa	Benefício social > Custo social	Atividade cria valor
+ Materialidade	Benefício social > Custo social e atividade beneficiam stakeholders materiais	Atividade cria lucro por meio da criação de valor

Analisemos cada um desses princípios.

O Princípio da Multiplicação

O *princípio da multiplicação* questiona o seguinte: *se eu gastar US$1 com um stakeholder, ele gera mais do que US$1 de benefício para o interessado?* Em outras palavras, a atividade multiplica o dinheiro gasto com o stakeholder? Caso não, o benefício social da atividade é menor do que o custo — o VPL social é negativo —, portanto, a atividade não entrega valor. A empresa poderia, em vez disso, pagar diretamente ao interessado (por exemplo, remuneração mais elevada para colegas ou preços mais baixos para os clientes), que pode, então, usá-lo de maneira mais eficaz.

Vamos aplicar esse princípio à decisão sobre a academia da Apple. Como estimar o benefício para os stakeholders relevantes (os colegas, nesse exemplo)? Poderíamos olhar para os preços das academias locais e calcular quantos trabalhadores usariam a da Apple. Ao multiplicar os dois valores, temos um limite menor relativo a quanto a academia beneficia a força de trabalho da Apple, para ser comparado a seu custo. É apenas um limite mais baixo porque os trabalhadores valorizarão mais uma academia interna, devido à conveniência e à capacidade de socialização com colegas de trabalho. Então, há um limite para o que pode ser quantificado. Mas o cálculo ainda é útil porque mostra o tamanho dos benefícios não quantificáveis para reverter a decisão. Digamos que o custo da academia da Apple é de US$500 por mês para cada trabalhador, e a academia local de maior qualidade custa US$100. É improvável que os benefícios não quantificáveis sejam de até US$400, por isso o princípio da multiplicação é violado. Em vez de construir a academia, a Apple poderia pagar salários mais altos, que alguns colegas poderiam gastar em clubes a academias externas.

Mas isso não nos faz voltar aos cálculos? Sim e não. O princípio da multiplicação nos dá um modelo, então a Pieconomics não é nebulosa. Mas o cálculo é fundamentalmente diferente do ESV. O ESV questionaria: *se eu gastar US$1 com um stakeholder, ele gera mais do que US$1 de lucro?* — não US$1 de benefício para o interessado. Ele captura o VPL privado de um investimento, em vez do VPL social. Esse cálculo é muito mais difícil devido à dificuldade em calcular como a academia afeta os lucros da Apple — não temos ideia de quantos dias de atestado médico a academia evitará e de quanto eles teriam custado à Apple, mas podemos calcular o benefício da academia para os trabalhadores apenas olhando para o custo de outras academias. Revisitando a terminologia introduzida no Capítulo 2, o custo de ir para outra academia é menos *incerto* (podemos obter dados sobre ele) e menos *distante* (hoje os trabalhadores pagariam se a Apple não tivesse uma academia, então não precisamos chegar a uma taxa de desconto).

A academia é um exemplo simples, pois podemos estimar seus benefícios sociais olhando para os preços das academias locais. Mas os cálculos sociais do VPL são viáveis em casos muito mais complexos. No Apêndice A, calculamos o VPL social para dois programas hipotéticos de abuso de álcool e agressão sexual, utilizando um quadro desenvolvido pela empresa de consultoria de impacto social Bridgespan e pelo investidor de impacto The Rise Fund. A iniciativa Impact Weighted Accounts também está construindo uma estrutura para calcular o valor, em dólares, das externalidades de uma empresa.

Ainda assim, não é possível realizar esses cálculos para todos os investimentos. Se uma empresa concede a um trabalhador um dia de folga para fazer trabalho voluntário, é difícil calcular o valor para o colega ou para os beneficiários em termos financeiros. Mais uma vez, o princípio da multiplicação oferece um modelo, não um cálculo. O gestor deve pensar se os benefícios (não financeiros) do dia de folga para o trabalhador e os beneficiários excedem o custo para a empresa. Essas decisões não financeiras são tomadas o tempo todo. O gestor pode sopesar benefícios e custos semelhantes a um dia de trabalho voluntário. Mesmo que os ganhos não sejam financeiros, eles ainda serão menos incertos e menos distantes do que o efeito sobre o lucro de longo prazo. O trabalhaor beneficia-se imediatamente do dia de folga, além do reconhecimento de contribuir para uma causa com a qual se preocupa; os beneficiários ganham com o voluntariado. Por outro lado, é muito difícil calcular como o dia do trabalho voluntário afetará a produtividade e a probabilidade de demissão do trabalhador.

É importante ressaltar que o princípio da multiplicação se aplica não só à realização de atividades que criem valor social, mas também à redução daquelas que geram danos sociais. Um exemplo bastante incisivo pode ser observado na seção "Energia" do site da New Belgium Brewing Company, intitulada "Somos a nova Bélgica e poluímos". O texto diz ainda: "Nós fazemos cerveja. Isso significa que usamos energia e criamos emissões de gases de efeito estufa." Como o principal negócio da New Belgium tem um impacto multiplicativo no meio ambiente, investir US$1 na redução da poluição provavelmente gera muito mais do que US$1 de benefício para o meio ambiente. Assim, a empresa construiu 1.235 painéis solares no telhado do salão de embalagens que fica em Fort Collins, Colorado, e oferece aos colegas bicicletas, em vez de carros, para trafegar ao redor do local de mais de 200 mil metros quadrados. A empresa também tomou a decisão radical de introduzir um imposto sobre a energia para si mesma. Para cada quilowatt-hora de energia que compra de fora, ela reserva dinheiro para financiar melhorias de eficiência energética e projetos de energia renovável — todas têm efeitos multiplicativos, dada a quantidade de energia que a New Belgium utiliza.

O Princípio da Vantagem Comparativa

Embora o princípio da multiplicação ajude um líder a recusar algumas atividades, ele sozinho é bastante fraco e fácil de satisfazer. Doar para caridade, muitas vezes, satisfaz esse princípio. Se o Greenpeace estivesse sem dinheiro e tivesse uma campanha importante para financiar, então US$1 valeria mais para o Greenpeace do que para a Apple. Assim, apenas sob o princípio da multiplicação, a Apple deveria doar uma parte considerável de seus lucros ao Greenpeace. Da mesma forma, deveria permitir que os sem-teto comessem de graça em sua cantina para os trabalhadores (fora dos principais horários de refeição), já que a comida os beneficiaria mais do que custa à Apple. Diante disso, percebe-se que os líderes precisam de princípios adicionais para orientar suas decisões.

O *princípio da vantagem comparativa*, que já mencionamos antes, questiona o seguinte: *minha empresa oferece mais valor por meio dessa atividade do que outras empresas?* Se assim for, e somente se assim for, empreender a atividade dentro da empresa fará o bolo crescer. É mais restritivo do que o princípio da multiplicação, porque exige que o benefício para os stakeholders exceda não o US$1 (o custo privado de US$1 de investimento), mas o valor que outras empresas poderiam entregar com US$1 (o custo social). Em outras palavras, a empresa precisa satisfazer o princípio da multiplicação mais do que outras empresas. Só então ela cria valor, em vez de apenas entregá-lo.

Embora as doações para caridade possam satisfazer o princípio da multiplicação, elas falham no princípio da vantagem comparativa. Mesmo que uma doação de US$1 valha US$2 para o Greenpeace, ela também vale US$2 se for dada por investidores ou colegas, para que eles possam doar da maneira mais eficaz. Na verdade, conforme discutido no Capítulo 2, as doações individuais seriam mais eficazes, pois poderiam apoiar as instituições de caridade que o indivíduo escolhesse.

E se a Apple permitir que os sem-teto comam em sua cantina? Os alimentos que custam US$1 à Apple podem fornecer um benefício de US$1,50 aos sem-teto, porque eles estão com fome. Mas uma cozinha especializada pode transformar US$1 em US$3 de benefício, porque tem uma vantagem comparativa em alimentar os sem-teto. A empresa sabe exatamente qual alimento melhor atende às necessidades nutricionais dos sem-teto, e suas cozinhas estão localizadas perto de onde eles dormem. A Apple não tem uma vantagem comparativa em alimentar os sem-teto, então não deve fazer isso. Em vez disso, ela poderia pagar salários mais altos aos colegas ou entregar lucros maiores aos investidores, que poderiam, então, doar para cozinhas que fazem os sopões aos sem-teto.

Mas se a cantina da Apple tem alimentos excedentes que seriam jogados fora, então ela tem uma vantagem comparativa em doar esses alimentos. Agora US$1 de comida custa efetivamente US$0, porque não há custo de oportunidade. Se custar US$0,30 à Apple para distribuí-lo aos sem-teto (o que lhes dá US$1,50 de benefício), então gastar US$1 gera US$5 de benefício. Desse modo, a Apple deve doar seus alimentos excedentes. De fato, a cadeia de sanduíches Pret a Manger faz isso no final de cada dia. Que as empresas podem ter uma vantagem comparativa em trabalhar em favor da sociedade é o que Friedman ignorou quando argumentou que elas deveriam focar os lucros e deixar que os investidores apoiassem causas sociais.

Aplicar o princípio da vantagem comparativa não requer que uma empresa *calcule* o valor que criaria com determinados recursos e o compare com o valor que qualquer outra empresa poderia criar. Em vez disso, ela simplesmente precisa *discernir* qual é sua vantagem comparativa. Há dois casos em que o princípio geralmente é satisfeito. Primeiro, uma empresa normalmente tem uma vantagem comparativa em qualquer atividade que controla diretamente. Embora as instituições de caridade possam financiar pesquisas sobre câncer e alimentar os sem-teto, apenas a Apple emprega suas embalagens plásticas — então ela tem uma vantagem comparativa em reduzir seu uso. A Panasonic tem uma vantagem comparativa em encurtar o deslocamento de seus colegas, uma vez que só ela pode definir a localização de seus escritórios. Por isso, construiu-os mais perto das casas dos trabalhadores, ajudando o meio ambiente ao reduzir as viagens de carro, ajudando os trabalhadores ao diminuir seus deslocamentos e ajudando as comunidades ao permitir que os trabalhadores morem perto de escolas, vizinhos e outras facilidades.

Em segundo lugar, uma empresa pode ter uma vantagem comparativa devido à sua *expertise*. Muitas instituições de caridade são bem-sucedidas em levar medicamentos para aeroportos de países em desenvolvimento, mas o desafio final de transportá-los até as famílias ou os médicos que precisam deles é muito mais difícil. É aí que a Companhia Coca-Cola entra. Uma de suas principais competências é a logística e a gestão da cadeia de suprimentos, desenvolvida para que possa distribuir seus produtos em praticamente todas as regiões do mundo. Por meio do Projeto Last Mile, a Coca-Cola compartilha essa expertise com ministérios da saúde em diversos países africanos, para que possam entregar medicamentos de maneira mais eficaz — incluindo os onerosos últimos quilômetros até uma localidade rural ou um hospital. Por que a Coca--Cola não usa seu conhecimento logístico para distribuir livros para escolas, outra causa digna? Como sua vantagem comparativa está especificamente no transporte refrigerado, uma vez que vende bebidas, essa expertise é fundamental para as vacinas, que devem ser mantidas resfriadas. A declaração de missão do Projeto Last Mile deixa claro seu propósito: "Se você pode encontrar um produto Coca-Cola em quase qualquer lugar da África, por que não os medicamentos que salvam vidas?"*

Agora aplicaremos o princípio da vantagem comparativa para identificar em quais atividades uma empresa deve investir, quando muitas satisfazem o princípio da multiplicação. A Danone tem um efeito multiplicativo sobre o meio ambiente por meio dos resíduos gerados por suas embalagens. Também tem uma vantagem comparativa na melhoria do material de embalagem, uma vez que o controla diretamente. Como ambos os princípios estão satisfeitos, a Danone comprometeu-se a tornar cada embalagem reutilizável, reciclável ou compostável até 2025.

Mas para a Danone reduzir seu impacto ambiental, isso não é suficiente. Ela precisa garantir que a embalagem seja realmente reciclada. Isso envolve dois passos. O primeiro é incentivar os clientes a desempenhar seu papel, e eles têm uma vantagem comparativa em fazer isso devido a seu forte engajamento de marca e cliente. Por exemplo, a marca de água mineral Evian, da Danone, lançou, em abril de 2019, a campanha de engajamento "Flip it for Good", na qual os clientes postam um vídeo de si mesmos nas redes sociais "lançando" uma garrafa em uma lixeira. O segundo é construir sistemas de reciclagem eficazes. Essa é uma atividade em que a Danone *não* tem uma vantagem comparativa, pois os sistemas de reciclagem estão fora de sua expertise e de seu controle. Por isso, estabeleceu-se o Fundo Ecossistêmico Danone, que trabalha com comunidades locais e governos para investir em infraestrutura de reciclagem e garantir que os catadores trabalhem em um ambiente seguro e sejam pagos de maneira justa.

O Princípio da Materialidade

Mesmo o princípio da vantagem comparativa pode ser muito fraco. Conforme discutido, uma empresa tem uma vantagem comparativa em praticamente todas as atividades que realiza diretamente, por isso poderia investir, sem limites, em tudo o que controla, deixando poucos lucros para os investidores. Como a expertise é uma fonte de vantagem comparativa, uma empresa com mão de obra de alta qualidade também terá uma vantagem comparativa em muitas atividades externas. A Apple criaria valor ao pedir a seus engenheiros que ensinassem design e inovação a graduandos locais.

* Além da distribuição, o Projeto Last Mile também aproveita a experiência de marketing da Coca-Cola para aumentar a demanda por serviços de saúde, como prevenção, tratamento e cuidados com o HIV.

Parafraseando a definição de Pieconomics, estaria criando valor para a sociedade, mas não gerando lucro como subproduto.

É aí que o *princípio da materialidade* entra em cena. Ele questiona o seguinte: *os stakeholders que as atividades da empresa beneficiam são materiais para ela?* A materialidade vem de duas fontes. A primeira, que chamaremos de *materialidade empresarial*, é quão material um stakeholder é para os negócios da empresa. Originalmente, a materialidade era um conceito jurídico que indicava os riscos que uma empresa precisava divulgar. Por exemplo, o meio ambiente é material para as empresas de energia, uma vez que, se elas não reduzirem a pegada de carbono, clientes, trabalhadores e investidores irão embora e sua rentabilidade poderá ser atingida por impostos sobre o carbono. Mas a Pieconomics destaca a importância de "fazer o bem de maneira ativa", além de "não praticar o mal", de modo que a materialidade empresarial também captura a importância de um stakeholder para a futura criação de valor de uma empresa. Fornecedores como Corning e Finisar são particularmente importantes para a Apple, uma vez que fornecem insumos de alta tecnologia sob medida — por isso a Apple os apoia por meio do Advanced Manufacturing Fund. Os fornecedores são menos importantes para um fabricante de plásticos ou de tintas que usa produtos químicos de commodities como insumos. As comunidades locais e o meio ambiente são fundamentais para o agronegócio Olam, com sede em Cingapura, que cultiva cacau, café, nozes, especiarias e arroz. As comunidades fornecem trabalhadores e clientes, e a terra e a água são insumos vitais para a produção. Assim, o objetivo central da Olam de "Crescer com responsabilidade" visa preservar o meio ambiente e recuperar as comunidades em que atua. Por outro lado, as comunidades e o meio ambiente são menos materiais para uma empresa de serviços online, como o agregador de voos Skyscanner. Ele pode contratar trabalhadores de todo o mundo, pode vender em todo o mundo e usa poucos recursos naturais.

Além disso, a materialidade pode ser definida não apenas no nível do stakeholder, mas especificamente no nível de cada questão relacionada a cada stakeholder. O meio ambiente é material tanto nas indústrias de bebidas quanto na mineração, mas o consumo de água é especialmente importante na produção de partículas neste último. Os colegas são materiais para muitas indústrias, mas a diversidade de pensamento é especialmente valiosa em indústrias inovadoras, como a tecnologia. Os clientes são importantes para qualquer negócio, mas a privacidade dos dados é particularmente material em serviços financeiros e nas mídias sociais.

O Conselho de Padrões Contábeis de Sustentabilidade elaborou um mapa de materialidade que indica como a materialidade (empresarial) de diferentes stakeholders e questões relacionadas a stakeholders variam entre os setores. É claro que a materialidade será diferente entre as empresas, mesmo dentro de um mesmo setor. Uma empresa individual poderá usar o mapa de materialidade SASB como ponto de partida e refiná-lo para suas circunstâncias únicas.

Embora uma empresa tenha responsabilidade para com todos seus membros, os mais materiais são os primeiros entre os iguais, porque investir neles aumenta a chance de obter um melhor lucro. De fato, conforme mostraremos no Capítulo 4, as evidências indicam que apenas o investimento em stakeholders materiais gera o retorno de ações no longo prazo. A Pieconomics não é sobre ser tudo para todas as pessoas e investir em todos os stakeholders indiscriminadamente, mas ter discernimento e mostrar moderação — saber quais stakeholders são materiais e quais não são.

Observe que a materialidade empresarial é sutilmente diferente do cálculo. Não exige que a empresa calcule quanto investimento ela precisa fazer para aumentar os lucros, ou que ela identifique os canais pelos quais o fará. Ela apenas precisa reconhecer que, se um stakeholder for material, criar valor para esse stakeholder provavelmente resultará em lucro. A academia da Apple pode, em última análise, melhorar os lucros, dada a materialidade dos colegas. A Apple não precisa analisar os efeitos financeiros de cada iniciativa na área de saúde, ela precisa apenas entender que a saúde é material para os trabalhadores e que estes são materiais para a Apple, razão pela qual considera as iniciativas nessa área uma atividade que faz o bolo crescer.

Combinando esses princípios, uma empresa deverá investir em uma atividade que beneficie os stakeholders se esses benefícios excederem o custo para a empresa, se ela tiver uma vantagem comparativa nessa atividade e se esses stakeholders tiverem alta materialidade empresarial. Todos os três princípios devem ser satisfeitos, porque nenhum deles implica outro automaticamente. Se uma empresa gera US$1,1 por cada dólar gasto em uma atividade, mas outra empresa gera US$1,2, apenas o princípio da multiplicação é satisfeito, mas o da vantagem comparativa não. Se os números são US$0,9 e US$0,8, o princípio da vantagem comparativa é satisfeito, mas o da multiplicação não.* Se uma atividade satisfaz tanto o princípio da multiplicação quanto o da vantagem comparativa, ela só deve investir na atividade se for para beneficiar os stakeholders materiais. Isso aumentará a probabilidade de que a criação de valor para a sociedade gere lucros como subproduto.

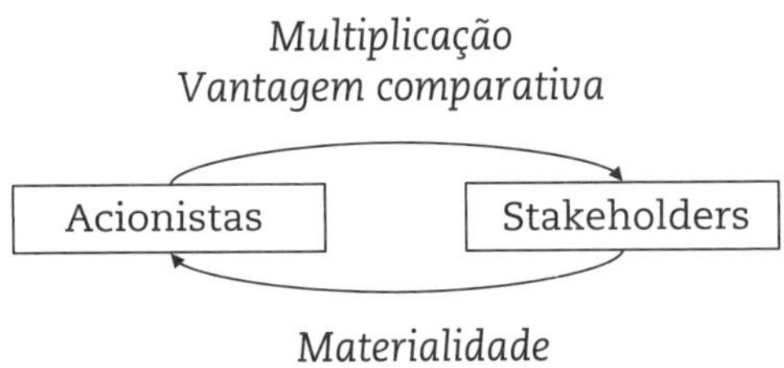

Figura 3.1

A Figura 3.1 ilustra o ciclo de feedback positivo que surge da satisfação dos três princípios. Se os princípios da multiplicação e da vantagem comparativa forem seguidos, a empresa criará um valor considerável para um stakeholder para determinada quantia investida pelos acionistas. Se a materialidade empresarial for cumprida, será mais provável que o valor criado para esse stakeholder flua de volta para a empresa e, em último caso, gere lucro.

Além de orientar uma empresa sobre a realização de um investimento que custe para os investidores, mas beneficie os stakeholders, a materialidade também ajuda a navegar nas escolhas *entre* stakeholders. Em novembro de 2016, a empresa francesa de eletricidade Engie anunciou o fechamento de sua usina de Hazelwood no Vale de

* Por exemplo, atualmente, não há uma maneira econômica de reciclar poliestireno, então as empresas não devem reciclá-lo.

Latrobe, em Victoria, Austrália. Essa decisão fez com que 450 trabalhadores da Engie e 300 empreiteiros perdessem o emprego. Os clientes também sofreram – uma vez que a Hazelwood fornecia um quinto da capacidade de geração de eletricidade de Victoria, as contas médias das famílias aumentariam 16% no ano seguinte. Mas a Engie tomou essa decisão porque, no início daquele ano, havia anunciado um plano de transformação para priorizar o meio ambiente. Como disse a então CEO Isabelle Kocher: "Queremos focar nossos investimentos apenas na geração de energia de baixo carbono (...) estamos redesenhando todo o nosso portfólio. A Hazelwood era a indústria mais poluente da Austrália, responsável por 3% de suas emissões de gases de efeito estufa, e uma das mais poluentes do mundo. Em 2005, o World Wide Fund for Nature a nomeou a usina menos eficiente em carbono da OCDE.

No Capítulo 1, vimos que a Pieconomics envolve compensar aqueles que perdem devido a uma iniciativa. Assim, depois de usar o princípio da materialidade para tomar a decisão de encerramento das atividades daquela usina, a Engie reservou 150 milhões de dólares australianos para indenizações, uma média de US$330 mil por colaborador – quase o dobro do preço médio de uma casa na cidade mais próxima. Também participou do Regime de Transferência de Trabalhadores do Vale do Latrobe do governo vitoriano, que ajudou 150 trabalhadores a encontrar empregos em outras indústrias geradoras de energia no Vale do Latrobe.

A segunda dimensão da materialidade é a *materialidade intrínseca*. Os stakeholders podem ser materiais para uma empresa simplesmente porque ela se preocupa com eles, mesmo que não contribuam para seu lucro. Por exemplo, os sem-teto têm baixa materialidade comercial para a Pret a Manger, porém alta materialidade intrínseca, por isso, a Pret a Manger lhes entrega o excedente de alimento. Individualmente, muitas vezes, as empresas percebem sua responsabilidade em relação a um stakeholder prejudicado por seu *negócio principal*. A Coca-Cola reconhece que seu consumo de água relativamente alto afeta negativamente o meio ambiente. Assim, além de reduzir o uso de água, a empresa apoia ativamente projetos relacionados ao tema. Em 2009, ela lançou o projeto Replenish Africa Initiative (RAIN), investindo US$30 milhões para melhorar o acesso à água potável segura para 2 milhões de africanos até 2015.

O papel da materialidade intrínseca na Pieconomics é sutilmente diferente da materialidade empresarial. A materialidade empresarial, quando combinada com os princípios da multiplicação e da vantagem comparativa, ajuda a garantir que as ações para criar valor social também aumentem o lucro no longo prazo. Assim, obtemos o resultado apresentado na Figura 1.4, em que o bolo cresce, e a fatia de cada membro também. Na Figura 2.2, mostramos que há casos em que um bolo maior reduz o lucro, mesmo no longo prazo. A materialidade intrínseca ajuda o líder a discernir entre um e outro quando optar por lucro menor onde houver uma compensação. Em particular, se os ganhos forem para stakeholders que a empresa considere muito, esses ganhos poderão superar qualquer queda de lucro.*

* Para explicar esses raros casos, pode-se redefinir a Pieconomics como "criar valor para os investidores por meio da criação de valor para a sociedade", já que o valor dos acionistas é mais do que lucros. Adotamos a definição mais simples ao longo deste livro porque, se o valor dos acionistas inclui valor social, é tautológico que este último leve ao primeiro, por isso a definição alternativa oferece orientação menos prática.

A materialidade é, portanto, uma via de mão dupla. Mesmo que um stakeholder não a ajude (se tiver baixa materialidade empresarial), a empresa poderá querer ajudá-lo. Quando Roy Vagelos doou ivermectina para os africanos ocidentais, ele fez isso por preocupação com os meios de subsistência dessas pessoas, mesmo que elas não fizessem uma diferença material para os lucros da Merck. No entanto, a materialidade intrínseca pode, de maneira inesperada, se traduzir em materialidade empresarial. A entrega de valor para stakeholders intrinsecamente materiais inspira investidores, colegas, clientes e fornecedores, conforme vimos com o Programa de Doação Mectizan. Em última análise, isso pode aumentar os lucros, mesmo que esse nunca tenha sido o objetivo principal (Figura 1.4).

Dado seu papel diferente, o princípio da materialidade intrínseca pode, às vezes, ser usado de maneira isolada, em vez de combinado com os princípios da multiplicação e da vantagem comparativa. Esses dois princípios afetam o valor que uma empresa cria para um stakeholder, ao passo que a materialidade intrínseca mede quão importante esse stakeholder é para a empresa. Os engenheiros da Apple têm uma vantagem comparativa em ensinar graduandos, em vez de ajudar com a pintura de uma escola local ou na conservação de um rio. Mas a Apple pode se importar mais com as escolas e os rios locais e, assim, optar por lançar programas que apoiem essas causas. Um banco de investimento não tem uma vantagem comparativa na redução de sua pegada de carbono em comparação com empresas de energia ou de manufatura. Talvez seus executivos devessem realizar muitas viagens aéreas, visando fechar contratos multimilionários, e investir os lucros em títulos de impacto social que reduzam as emissões de outras empresas. Mas o banco pode ter uma política de reduzir as viagens aéreas simplesmente porque se preocupa com o meio ambiente e acredita que ele deve desempenhar seu papel, não importa quão pequeno este seja.

Quem pode escolher quais stakeholders são intrinsecamente materiais — investidores, líderes ou colegas? Idealmente, devem ser os três. No Capítulo 8, veremos como um CEO que não tem o monopólio do propósito deve formá-lo em conjunto com os trabalhadores. Ele pode buscar a opinião dos investidores por meio de discussões presenciais e um voto de "manifestação a respeito do propósito". Então, somente investidores com afinidade com o propósito da empresa acabarão mantendo a compra de suas ações. Ao se envolver com eles, a empresa terá os investidores que merece.

Juntos, os três princípios deste capítulo destacam que um negócio responsável deve ser criterioso e disciplinado. A responsabilidade não é uma licença "vale-tudo" nem permite ignorar o lucro ingenuamente. Embora essa observação possa parecer desafiadora, também é reconfortante. Alguns líderes podem pensar em cumprir com sua responsabilidade, mas temer que isso signifique que eles precisam resolver todos os problemas do mundo ou que precisam relegar os lucros para uma reflexão posterior. Mas esse não é o caso — um negócio responsável foca as questões em que pode fazer mais diferença e o que mais importa para seu sucesso no longo prazo.

Os princípios e a importância do discernimento da liderança destacam que a Pieconomics é um modelo, não uma ferramenta de cálculo. Ao tomar decisões, um líder não precisa desenhar o bolo, quantificar quanto cada fatia vai crescer e analisar as fatias para avaliar se todo o bolo crescerá. Fazer o bolo crescer é um mapa mental para os CEOs — um mapa mental baseado em evidências, como estamos prestes a ver. Os líderes devem buscar gerar lucros apenas por meio da criação de valor para a sociedade, e os princípios os ajudam a avaliar se uma decisão tem probabilidade de alcançar isso.

Os Princípios e a Responsabilização (*Accountability*)

Conforme explicado no Capítulo 2, um argumento comum para o ESV é que há um objetivo único e claro para que um líder seja responsável — valor para os acionistas. Qualquer desvio disso colocará os gerentes em risco por não oferecer nenhum parâmetro claro. Por exemplo, o Conselho de Investidores Institucionais, uma associação de fundos de previdência, fundações e doações dos EUA, divulgou um comunicado na mesma tarde da proclamação da Business Roundtable, dizendo: "Respeitosamente discordamos da declaração emitida pela BRT esta manhã... responsabilidade para com todos significa responsabilidade para com ninguém."

O Capítulo 1 discutiu como o "capitalismo de stakeholders" normalmente implica dar aos stakeholders a mesma prioridade dada aos acionistas, bem como a mesma prioridade entre si. Por exemplo, o estudo de 2020 da Comissão Europeia sobre o capitalismo de stakeholders propôs que os líderes "equilibrem adequadamente" os interesses dos trabalhadores, dos clientes, do meio ambiente e da sociedade com os dos acionistas. Isso parece igualdade atraente, mas não está claro o que significa na prática. Ao fechar a usina Hazelwood, a Engie "equilibrou adequadamente" os interesses do meio ambiente com os dos trabalhadores e dos clientes? Se tanto o encerramento quanto o não encerramento das atividades podem ser justificados, não há responsabilização (*accountability*) sob o capitalismo dos stakeholders, pois qualquer decisão pode ser consistente com ele. Deixar tudo sob o julgamento do CEO não leva nem ao capitalismo dos acionistas, nem ao capitalismo de stakeholders, mas ao "capitalismo gerencial", em que os líderes tomam decisões em benefício próprio, fazendo com que o bolo murche tanto para acionistas quanto para os stakeholders.

Este capítulo, no entanto, mostrou como conselhos, investidores e stakeholders ainda podem responsabilizar os líderes sob a Pieconomics — ao aplicar princípios, em vez de realizar cálculos. Eles conseguem analisar se um investimento está, de fato, seguindo os princípios da multiplicação, da vantagem comparativa e da materialidade. Esses princípios ressaltam que os líderes não têm "responsabilidade para com todos", mas responsabilidade em abordar as questões relacionada aos stakeholders que são mais relevantes para a empresa, além de questões relacionadas ao impacto multiplicativo e à vantagem comparativa. Conselhos, investidores e stakeholders também podem desafiar um líder por omissão, se empresas semelhantes tiverem tomado iniciativas que satisfaçam a esses princípios, mas sua empresa não. Os princípios da Pieconomics são um meio termo entre o cálculo objetivo, porém inviável, do ESV, e o julgamento flexível, porém arbitrário, do capitalismo de stakeholders.

Além disso, a responsabilização pode ser mais *robusta* sob a Pieconomics. O valor para os acionistas só pode ser medido ao se olhar para trás. Consiste em todos os lucros futuros de um projeto, alguns dos quais podem não se manifestar antes do longo prazo. Assim, talvez seja preciso esperar muitos anos antes de avaliar uma decisão — tornando inviável a justificativa do líder. Além disso, é difícil separar quanto dos lucros futuros foi impulsionado pelo novo projeto, em vez dos negócios ou dos fatores externos existentes. Em teoria, é possível fazer uma análise de VPL no momento em que o novo projeto é lançado. Mas o Capítulo 2 mostrou como é difícil, até mesmo para os *insiders*, calcular os retornos futuros do investimento intangível; fazer isso é ainda mais difícil para os *outsiders*. Qualquer cálculo será altamente sensível às premissas estipuladas, e estas, muitas vezes, serão elaboradas com base nas previsões dos executivos – permitindo que eles escolham a dedo as premissas que justifiquem o projeto. Na época em que trabalhei no banco de investimento, a piada interna era a de que o cliente nos pedia para aconselhá-lo sobre quanto pagar por uma aquisição, e nós responderíamos: "Bem, quanto você quer pagar?" – porque sempre poderíamos formar uma justificativa para qualquer preço de compra. Por outro lado, muito menos premissas são necessárias para avaliar se um investimento satisfaz os três princípios, dando aos líderes menos espaço para elaborar uma justificativa mediante a engenharia reversa.

Em Poucas Palavras

- Fazer o bolo crescer não significa ignorar o lucro, porque o lucro desempenha um papel importantíssimo na sociedade. Dentre os investidores, incluem-se aposentados e poupadores (ou fundos mútuos que investem em seu nome), companhias de seguros e entidades beneficentes. Sem a perspectiva de lucros, uma empresa não consegue atrair financiamento; sem gerar lucros, uma empresa não consegue financiar seus investimentos futuros.
- Fazer o bolo crescer não significa fazer a empresa aumentar em tamanho. Uma empresa criará valor apenas se gerar mais valor do que o custo de oportunidade dos recursos que usar. O investimento não deve ser irrestrito e envolve considerar custos, bem como seus benefícios – porém seu impacto social, e não privado. Sob a Pieconomics, a lente é a sociedade. Não investir pode permitir que outra empresa dentro da sociedade crie mais valor com os mesmos recursos.
- Avaliar se a criação de valor para a sociedade também gerará lucro não pode ser algo feito por meio de cálculo, mas mediante exercício da capacidade decisória. Oferecemos três princípios para orientar o exercício da capacidade decisória dos líderes:

    * O princípio de *multiplicação* questiona se uma atividade cria mais valor para os stakeholders (não mais lucro para os investidores) do que custa à empresa.
    * O princípio da *vantagem comparativa* questiona se a empresa cria mais valor por meio da atividade do que outras empresas criariam.
    * O princípio da *materialidade* questiona se os stakeholders são materiais para uma empresa, seja ao afetar seus negócios (*materialidade empresarial*), seja a a empresa se preocupando com eles (*materialidade intrínseca*).

- Esses três princípios também permitem que conselhos, investidores e stakeholders responsabilizem os líderes. De fato, eles podem levar a ainda mais responsabilização do que o valor para os acionistas esclarecidos – o ESV, uma vez que são menos dependentes de premissas.

4

A PIECONOMICS FUNCIONA?

Os dados — não o pensamento desejoso — mostram que as empresas podem praticar o bem e fazer bem-feito

Mesmo que a Pieconomics faça sentido como um conceito, ela parece boa demais para ser verdade no mundo real. Seria conveniente se as empresas que fazem o bolo crescer se importassem com o lucro como um subproduto. Mas o fato de que muitas empresas parecem ignorar os stakeholders sugere que a Pieconomics não funciona na prática. Mesmo que seja possível fazer o bolo crescer, talvez isso exija um investimento tão alto que faça o lucro diminuir. A Figura 2.2 poderia ser a regra, em vez de a exceção.

A história da Merck apresentada no Capítulo 1 pode parecer uma evidência em favor da Pieconomics. Mas não é. Eu poderia ter pesquisado milhares de empresas e, então, escolhido o melhor exemplo de uma empresa que faz o bolo crescer e que também é lucrativa. Conforme apontado na Introdução, sempre é possível encontrar uma história para fundamentar qualquer ponto de vista. E talvez a Merck pudesse ter se tornado ainda mais lucrativa se não tivesse lançado o Programa de Doação Mectizan.

Dessa forma – algo que se tornará um mantra ao longo deste livro –, olharemos para as evidências! Fazer o bolo crescer acaba beneficiando os investidores? Em outras palavras, o valor para os stakeholders (também conhecido como "desempenho social") aumenta o valor para os acionistas (também conhecido como "desempenho financeiro")? É isso que exploraremos neste capítulo, utilizando pesquisas rigorosas de diversas disciplinas – não apenas finanças e economia, mas também estratégia, marketing, comportamento organizacional e contabilidade.

O ponto de partida para qualquer estudo é decidir como medir o desempenho social. A sociedade inclui muitos stakeholders, por isso normalmente se escolhe um destes para analisar, por exemplo, o meio ambiente. Em seguida, seleciona-se uma *entrada* como medida de desempenho (quanto a empresa gasta em iniciativas ambientais ou se a empresa tem uma política de redução de energia) ou uma *saída* (quanto é o consumo de energia reduzido pela empresa ou a avaliação de uma agência externa de seu registro ambiental). O segundo passo é decidir como medir o desempenho financeiro — participação de mercado, receita ou lucro. Por fim, calcula-se a correlação entre desempenho social e financeiro.

Essa correlação é tão importante, que centenas de estudos a investigaram. Diferentes pesquisadores encontrarão resultados diferentes, então, como se chega a um consenso? Mediante uma *meta-análise*. Trata-se de um "estudo de estudos" que agrega os achados de trabalhos individuais. Joshua Margolis e James Walsh analisaram 127 estudos entre 1972 e 2002 e concluíram: "Um sinal claro emerge... há uma associação positiva, e certamente muito pouca evidência de uma associação negativa, entre o desempenho social de uma empresa e seu desempenho financeiro." Uma meta-análise independente de Marc Orlitzky, Frank Schmidt e Sara Rynes chegou à mesma conclusão.

Mas os estudos que são objeto da meta-análise tratam apenas de correlação, não de causalidade. Pode haver *causalidade reversa* — uma alta participação de mercado, receita ou lucro, pode ser causa do desempenho social, pois isso dá à empresa recursos para investir em stakeholders. Ou pode haver *variáveis omitidas* — um terceiro fator, como uma boa gestão, que melhora tanto o desempenho social quanto o financeiro. E há muitas outras preocupações, além de correlação *versus* causalidade:

- Alguns estudos utilizam medidas questionáveis de desempenho social. Pesquisas iniciais perguntaram à gerência que importância eles dão a determinados stakeholders, mas eles podem dizer que se importam, mesmo que isso não seja verdade. Outros usam as próprias divulgações de determinada empresa, no entanto, esta pode fingir ser virtuosa quando, na verdade, não é — uma prática conhecida como "greenwashing". Outras, ainda, usam medidas de insumos, como gastos com stakeholders, mas isso diz pouco sobre o resultado dessas despesas. Conforme discutido no Capítulo 3, simplesmente gastar dinheiro não faz o bolo crescer.
- Alguns estudos utilizam medidas questionáveis de desempenho financeiro. Participação no mercado, receita e lucro não levam em conta o risco. Uma estratégia focada no capital para os stakeholders é arriscada porque, se o empreendimento estiver passando por dificuldade financeira, não poderá utilizar seu histórico ambiental para levantar dinheiro. Os investidores se preocupam com o risco, e é por isso que eles exigem um retorno maior para investir em ações, em vez de deixar o dinheiro no banco.
- Alguns estudos consideram períodos curtos, assim é possível retratar apenas um período bom, de sorte — da mesma forma como um defensor do investimento em títulos poderia argumentar que eles bateram as ações entre 1999 e 2009, mesmo que, geralmente, o rendimento das ações supere o dos títulos.
- Alguns estudos consideram apenas um único setor produtivo, e não fica claro se os resultados podem valer para outros setores.

Explorando Mais a Fundo

Como não havia estudos taxativos sobre o efeito do desempenho social no desempenho financeiro, eu decidi estudá-lo. Minha primeira decisão foi sobre como medir o desempenho social. Escolhi a satisfação dos trabalhadoress — quão bem uma empresa trata seus colegas —, porque existe uma medida de boa qualidade disponível. Trata-se da lista das 100 Melhores Empresas para se Trabalhar na América do Norte, produzida pelo Great Place to Work Institute, na Califórnia, que é publicada todos os anos, desde 1998, na revista *Fortune*. Essa lista é supercompleta e representa o levantamento mais recente do instituto. Ele pesquisa 250 trabalhadores em todos os níveis de hierarquia, fazendo a eles 57 perguntas sobre credibilidade, equidade, respeito, orgulho e camaradagem da empresa. As Melhores Empresas estão espalhadas por diferentes tipos de setores produtivos — em 1998, os setores mais representados foram serviços financeiros (serviços), bens de consumo (fabricação de baixa tecnologia) e farmacêuticos (fabricação de alta tecnologia).

E a lista está disponível desde 1984 — foi publicada em um livro (mais tarde atualizado, em 1993) antes de ser destaque na revista *Fortune*. Assim, minha pesquisa original, que incluiu dados até 2009, contemplou 26 anos de dados. Mais tarde, estendi a pesquisa até 2011. Esse período inclui duas grandes crises: o colapso da bolha da internet, em 2001, e a crise financeira de 2007. Como o investimento denominado ESG só se tornou popular mais recentemente, a maioria das outras medidas de produção de desempenho social só passou a existir na década de 2010 — o maior período de mercado aquecido da história. Assim, mostrar que o desempenho social melhorou o desempenho financeiro na década de 2010 pode não ser convincente, pois pode sugerir que a Pieconomics só funciona em ascensões econômicas. Quando os tempos estão difíceis, como durante uma pandemia, talvez as empresas precisem economizar cada centavo.

Mineração de Dados e Falsas Correlações

Há um segundo motivo para estudar a satisfação dos trabalhadores — há uma lógica clara para que isso possa se traduzir em desempenho financeiro. Os trabalhadores são o ativo mais importante em muitas empresas modernas — são eles que conquistam relacionamentos com clientes e inventam novos produtos. Uma maior satisfação dos trabalhadores permite que a empresa recrute e retenha colegas de alta qualidade e faz com que eles se sintam mais motivados e produtivos. Para outras dimensões do desempenho social, o vínculo com o desempenho financeiro é menos claro, especialmente se o princípio da materialidade não for satisfeito. Por exemplo, em muitos setores, os direitos dos animais podem não ser materiais.

Ter um motivo lógico de por que podemos esperar um vínculo é importante para evitar o problema de mineração de dados. Um estudo que mostre resultados significativos geralmente é bem recompensado. Um professor que encontre uma variável que preveja os retornos de ações terá uma grande chance de publicar seu artigo. Um novo fundo mútuo que afirme ter feito isso em seu prospecto de lançamento certamente atrairá investidores. Então, há um incentivo para a mineração de dados. Executar centenas de regressões, relacionando o desempenho das ações a diversas variáveis, e tentar encontrar algo que seja significativo.

Algumas dessas variáveis podem ser sensíveis, como incentivos ou investimentos na educação do CEO. Mas mesmo que você tenha realizado cem regressões com variáveis sem sentido, como o número do sapato que o CEO calça, o número de letras em seu sobrenome ou sua cor favorita, 5 serão significativas no nível de 5%, totalmente por acaso. Esses resultados são conhecidos como *falsas correlações*. Você pode achar que os CEOs que gostam de vermelho têm melhor desempenho – uma falsa correlação, porque não há motivo para que o gosto pela cor vermelha melhore o desempenho. Mas *após* ter descoberto uma correlação, você sempre poderá elaborar uma história para explicá-la. Você poderia pesquisar a literatura de psicologia e encontrar um estudo mostrando que o vermelho está relacionado a domínio e, portanto, pode melhorar o desempenho do CEO – e, de fato, esse estudo existe, ele foi feito por Russell Hill e Robert Barton. Ou, ao procurar um estudo que mostre que o vermelho está associado ao perigo do fracasso e leva ao medo, você poderia descobrir que os CEOs que gostam de vermelho têm um pior desempenho – e, de fato, esse estudo existe, ele foi feito por Andrew Elliot, Markus Maier, Arlen Moller e Jorg Meinhardt. Várias falsas correlações ficaram muito conhecidas, como o Efeito Superbowl. Se um time da American Football Conference vence o Superbowl, o mercado tende a cair em seguida; se um time da Conference National vence, o mercado sobe. Alguns conselheiros, inclusive, recomendam investir nesse efeito. Mas não há motivo para o vencedor do Superbowl afetar o mercado de ações.

A capacidade de mineração de dados é uma preocupação particular no mundo atual do "big data", no qual as fontes de dados e o poder computacional estão se tornando ilimitados. O professor de finanças Robert Novy-Marx parodiava essa habilidade quando conseguia prever o desempenho das estratégias comerciais usando o clima em Manhattan, o aquecimento global, o fenômeno El Niño (a temperatura no Oceano Pacífico), as manchas solares e o alinhamento dos planetas. Ele observou com sagacidade: "Parece provável que outros possam replicar meu sucesso, especialmente dado... o crescimento exponencial em dados facilmente obtidos, legíveis à máquina sobre candidatas a variáveis explicativas, e a facilidade de executar esse tipo de regressão."

Por isso, é importante escolher uma medida de desempenho social em que haja uma correlação plausível com o desempenho financeiro *antes* de olhar para os dados, a fim de reduzir a chance de que qualquer correlação seja falsa.

Após definir como medir o desempenho social, minha segunda resolução foi decidir como medir o desempenho financeiro. Estudos anteriores analisaram a participação de mercado – receitas ou lucros – que esbarram nos problemas de causalidade descritos anteriormente. Então busquei estudar os retornos futuros de ações. Isso ajuda porque o retorno das ações é a *alteração* do preço das ações entre hoje e o ano seguinte (mais dividendos). Para que o retorno das ações seja alto, o preço delas não deve ser apenas alto no ano seguinte, mas também baixo hoje. O mercado de ações é muito bom em levar em conta o desempenho financeiro – na verdade, uma crítica comum é a de que ele se concentra demais nas finanças. Se o preço das ações está baixo hoje, significa que o desempenho financeiro provavelmente também está baixo hoje.

Como isso nos aproxima da causalidade? Presuma que a empresa fictícia chamada Super Supermercados esteja na lista das Melhores Empresas deste ano e considere um mundo em que a satisfação dos trabalhadores cause maior desempenho financeiro futuro. O desempenho financeiro da Super não é considerável hoje, por isso, o preço de suas ações é de apenas US$100. Ao longo do ano seguinte, os trabalhadores motivados da Super ajudaram a aumentar o lucro da empresa e empurraram o preço das ações para US$120. O retorno das ações foi de 20%. Digamos que o retorno do mercado, hoje, seja de apenas 7%. A Super está superando o mercado.

Agora considere um mundo em que a causalidade reversa se mantenha — em que a satisfação dos trabalhadores seja simplesmente o resultado de o desempenho financeiro já ser forte. Devido aos altos lucros da Super, o preço de suas ações já é de US$112 hoje. Assim, o aumento para US$120 significa um retorno de 7%, não diferente do mercado. Por isso, as Melhores Empresas apenas superarão o mercado se a satisfação dos trabalhadoress melhorar o desempenho financeiro delas, não se o desempenho financeiro melhorar a satisfação dos trabalhadoress.

Olhar para o retorno futuro das ações reduz, assim, o problema de *causalidade reversa*. Mas ainda temos o problema de *variáveis omitidas*. Se o retorno das ações da Super fosse de 20%, isso poderia ocorrer em decorrência de diversos fatores além de trabalhadores motivados. Talvez toda a indústria de supermercados tenha tido um bom desempenho, ou talvez a Super seja uma empresa pequena e haja evidências de que ações de empresas menores normalmente superam o preço das ações de grandes empresas. Ou, ainda, talvez a Super *tenha* tido um bom desempenho recentemente e o mercado tenha demorado a reconhecer isso. Pode ser precipitado presumir que o mercado de ações é bom em incorporar lucros — talvez o preço das ações da Super devesse ser de US$112 hoje, mas o mercado errou e as ofertou por apenas US$100.

Para isolar o efeito da satisfação dos trabalhadores, fiz duas coisas. Primeiro, estudei não só a Super, mas todas as Melhores Empresas negociadas no mercado de ações. Se a Super vencer o mercado, poderá ser devido ao seu pequeno tamanho ou ao seu bom desempenho recente. Mas se muitas Melhores Empresas — com tamanhos diferentes e desempenhos recentes e de diferentes setores produtivos — superarem o mercado, então é provável que seja devido ao seu único fator em comum, a satisfação dos trabalhadores.

Em segundo lugar, controlei as variáveis omitidas. Estudar centenas de Melhores Empresas só funciona se estas estiverem espalhadas por diferentes setores produtivos, forem de tamanhos diferentes e tiverem um desempenho passado diferente. Mas se muitas delas forem empresas de tecnologia, e o setor de tecnologia superar o mercado, então as Melhores Empresas também o superarão, mesmo que a satisfação dos trabalhadores seja irrelevante.

Sendo assim, comparei a Super não só com o mercado de ações global, mas também com outras empresas do setor de supermercados e com outras empresas pequenas com bom desempenho recente. Fiz o mesmo em relação a todas as Melhores Empresas. Se a Automatic Automobiles, uma grande empresa de automóveis que teve um desempenho ruim recentemente, também estivesse na lista, eu a compararia com outras empresas de automóveis ou com outras empresas grandes com baixo desempenho recente. Cada empresa, portanto, se encaixaria no próprio grupo de comparação sugerido. Além do setor produtivo, do tamanho e do desempenho recente, controlei diversos outros fatores, como dividendos, avaliação atual e volume de negociação de ações. E — mais importante — também pude controlar o risco. Não há uma maneira estabelecida de ajustar ações de mercado, receitas ou lucros conforme o risco, mas décadas de pesquisa financeira ajudaram a criar ferramentas para ajustar o retorno das ações. A mais conhecida é o Modelo de Precificação de Ativos de Capital. Usei uma versão mais sofisticada conhecida como Modelo Carhart.

Levei quatro anos para concluir esse estudo, para verificar a robustez dos resultados e descartar explicações alternativas — incluindo diversas outras não consideradas neste livro. Após todo esse esforço, estudando 1.682 anos-empresa, qual foi a conclusão?

Descobri que as 100 Melhores Empresas para se Trabalhar na América do Norte entregaram retornos de ações que bateram seus pares por uma média de 2,3% a 3,8% *ao ano* ao longo de um período de 28 anos. Isso é de 89% a 184% acumulado.

As Magnitudes São Plausíveis?

Os pesquisadores geralmente querem encontrar grandes resultados, pois isso torna sua pesquisa mais interessante. Por exemplo, de 2,3% a 3,8% ao ano em um período de 28 anos não deve nem ser investigado. Mas se um gestor de fundos superar o mercado em 2% ao ano por 5 anos seguidos, ele é considerado altamente qualificado. Do mesmo modo, um desempenho ainda maior em um horizonte muito mais longo é algo impressionante.

No entanto, também devemos verificar se os resultados são grandes demais para serem plausíveis. Um estudo que descobriu uma estratégia de negociação que superava o mercado em 20% ao ano faria com que qualquer investidor deixasse cair sua xícara de café, seria tuitado e compartilhado sem parar. Mas, embora seja razoável acreditar que existem estratégias de negociação que podem gerar retornos de 2,3% a 3,8% — algumas ações são, de fato, subfaturadas pelo mercado de ações —, é muito menos provável que você consiga superar o mercado em 20% ao ano durante qualquer período razoável. O estudo provavelmente considerou apenas um curto período ou não conseguiu controlar outros fatores. E se uma prática empresarial realmente permitir que uma empresa supere seus pares em 20% ao ano, aqueles que não adotarem essa prática serão rapidamente expulsos do mercado.

Esse teste de sanidade do mundo real muito raramente é feito. A maioria das pessoas entende a necessidade de ter cautela com negócios que parecem "bons demais para ser verdade" — descontos de final de ano, de carros ou de televisores. Mas o mesmo cuidado nem sempre se aplica às evidências. Quanto mais impressionante for a descoberta — quanto maior o retorno de uma estratégia de negociação ou prática comercial, ou a quantidade de quilogramas que uma pílula de dieta afirma reduzir —, mais atenção ela chama. Embora *haja* oportunidades de ganhar dinheiro e de perder peso, é improvável que elas atinjam ganhos de 20% ao ano acima do mercado ou reduzam seu peso da noite para o dia.

O Processo de Revisão por Pares

Você pode se perguntar por que levei quatro anos para publicar meu trabalho, já que a mídia, as consultorias e as casas de investimento lançam estudos mostrando o retorno para uma prática empresarial ou estratégia de negociação o tempo todo. Isso se dá em virtude da tensão do processo de revisão por pares, que constantemente forçava o artigo a ser muito mais rigoroso do que teria sido apenas com base em meus esforços. Isso também explica por que este livro se baseia, predominantemente, em estudos publicados nas principais revistas acadêmicas.

O primeiro periódico a que enviei o artigo o rejeitou, alegando que eu tinha um "resultado interessante, porém intrigante". Tanto o editor quanto o revisor crítico não acreditaram que os mercados poderiam ser ineficientes e dar origem a uma estratégia comercial lucrativa. E mesmo se fosse possível vencer o mercado, eles estavam céticos quanto à capacidade de fazer isso com algo fofo como a satisfação dos trabalhadores. Então, tive de explicar muito mais claramente por que a satisfação dos trabalhadores poderia ajudar a aumentar o valor da empresa, em vez de representar gastos desperdiçados. Esclareci por que, mesmo que a satisfação dos trabalhadores fosse valiosa, ela poderia ser ignorada pelo mercado.

Uma vez que um artigo é rejeitado por um periódico, você não pode enviá-lo de volta para esse mesmo periódico. Por isso, submeti o artigo a um segundo periódico, que também o rejeitou. Na época, eu havia estudado apenas a lista das melhores empresas a partir de 1998, quando foi publicada pela revista *Fortune*. O editor associado ficou preocupado, pois o período que estudei era muito curto para gerar conclusões generalizáveis, particularmente porque incluía a bolha da internet. Ele temia que meus resultados pudessem ser impulsionados por alguns *outliers* que tiveram um desempenho excepcionalmente bom e levaram o portfólio das melhores empresas a superar o mercado, mesmo que a maioria de suas ações individuais não o tivesse feito. O revisor crítico disse que eu precisava identificar o mecanismo por meio do qual a satisfação dos trabalhadores levaria a maiores retornos das ações — o que faz com que os preços das ações das Melhores Empresas subam? Talvez a satisfação dos trabalhadores não tenha realmente valor, mas o mercado ache que sim, portanto, dê uma maior avaliação para as empresas amigáveis aos colegas.

Diante disso, voltei à prancheta novamente, estendendo o estudo de 1998 para desde 1984, procurando as listas nos livros de 1984 a 1993 e removendo o efeito de *outliers* para resolver as preocupações do editor associado. Para fornecer mais evidências sobre a metodologia, estudei os lucros futuros das melhores empresas — se a satisfação dos trabalhadores melhorasse o recrutamento, a retenção e a motivação, isso deveria impulsionar o resultado. Mas mesmo estudar lucro não é o suficiente. Se uma empresa entre as melhores empresas anunciar lucro recorde, mas o mercado de ações já esperar por isso, o preço das ações não deve mudar. Assim, comparei os lucros trimestrais das melhores empresas com o que os analistas de ações de empresas como a Goldman Sachs e a Credit Suisse previam.* Descobri que as melhores empresas superam sistematicamente as expectativas dos analistas (conhecidas como uma "surpresa de ganhos" positiva), fazendo com que seus preços subam significativamente. De fato, uma boa parte do desempenho anual de 2,3% a 3,8% ocorreu nas datas de anúncio dos resultados.

Fiz uma última jogada de sorte, uma vez que apenas três periódicos financeiros eram considerados de "elite" e, portanto, teriam validade para o programa de estudos em Wharton. A revisora crítica do terceiro periódico também fez muitas observações, mas pelo menos me deu a oportunidade de "revisar e reenviar" o artigo para tentar abordá-las, em vez de rejeitá-lo imediatamente. Tive de convencê-lo de que a magnitude do desempenho era plausível (ver o boxe "As Magnitudes São Plausíveis?") e refutar três explicações alternativas para o porquê do surgimento do maior retorno das ações. Uma delas era que os fundos teriam comprado ações das melhores empresas porque teriam usado a satisfação dos trabalhadores como critério para seleção de ações, e essas compras teriam aumentado o preço das ações. A segunda foi que as empresas com alta satisfação dos trabalhadores teriam boa governança corporativa, e teria sido esta última que causou o retorno superior. A terceira foi que a satisfação dos trabalhadores poderia não importar de forma nenhuma, mas o mercado erroneamente pensaria que seria um desperdício e valorizaria as ações das melhores empresas com desconto; o retorno subsequente mais alto seria simplesmente o desenrolar do desconto.

Minha forma de abordar essas observações foi fazer grandes mudanças no artigo, escrevendo uma carta de dezessete páginas para a revisora e explicando como eu havia respondido a cada pergunta dela. Mas ela ainda não ficou satisfeita e solicitou outra revisão. Eu precisava comparar as empresas que permaneceram na lista em relação às empresas recém-adicionadas e recém-abandonadas, para garantir que os resultados não fossem impulsionados principalmente pela lista original de 1984. Se assim fosse, não só os resultados poderiam não ser generalizáveis, como também seria intrigante, porque a lista das melhores empresas ainda gerou maior retorno duas décadas depois. Também tive de estudar quanto tempo durou o desempenho das melhores empresas – um tema a que voltarei mais tarde. Além de todas essas observações específicas da revisora, como quatro anos se passaram desde que eu iniciara o artigo, precisei atualizar os dados para esses quatro anos adicionais, cruzando os dedos e torcendo para que os resultados se mantivessem os mesmos.

Por fim, o artigo foi aceito.

O que Tudo Isso Significa?

Após todos esses anos sendo (legitimamente) barrado por editores e revisores críticos céticos, finalmente publiquei um estudo mostrando que as empresas que tratam bem seus trabalhadores também apresentam um bom desempenho. Isso parece um pouco desanimador. É quase óbvio que os trabalhadores mais felizes seriam mais produtivos do que os infelizes. Era realmente necessário perder quatro anos tentando provar algo que poderíamos ter adivinhado com base no senso comum?

* Analistas de ações, também conhecidos como analistas de mercado, escrevem avaliações sobre ações. Eles normalmente incluem uma recomendação sobre a compra, venda ou retenção, e previsões de ganhos futuros.

Na verdade, o resultado é menos óbvio do que parece. Pegue o exemplo do supermercado Costco. Em 2014, o Costco pagou US$20 por hora aos trabalhadores, quase o dobro da média nacional de US$11,39 para um trabalhador de vendas no varejo. A empresa ofereceu, ainda, cuidados de saúde a 90% deles — em parte devido a tornar os trabalhadores de meio período elegíveis após apenas seis meses de serviço, em comparação com os dois anos de seu rival Walmart. O Costco permanece fechado em todos os principais feriados dos Estados Unidos, embora sejam dias particularmente lucrativos para abrir as portas, porque os clientes estão de folga do trabalho e podem ir às compras. Mas o Costco fecha para permitir que os trabalhadores passem esses feriados com a família. Todas essas políticas custam caro e enlouquecem alguns analistas de ações e investidores. Um analista de ações, citado na *Business Week*, lamentou: "[A gestão do Costco] foca... trabalhadores, em detrimento de acionistas. Por que eu iria querer comprar uma ação de uma empresa como essa? Outro reclamou: "O que vai para os trabalhadoress sai do bolso dos acionistas."

Essa é a mentalidade de repartir o bolo. Ela assume que o valor que o Costco pode gerar é fixo, então qualquer fatia que vá para os trabalhadores será às custas dos investidores. O título de um artigo publicado no *Wall Street Journal* também transmite essa mentalidade: "Dilema do Costco: seja gentil com seus trabalhadores ou com Wall Street?" A palavra crucial aqui é "ou".

Mas o bolo não é fixo. Dar US$1 aos trabalhadores na forma de salário, assistência médica ou folgas em feriados melhora a produtividade e a moral deles e aumenta a probabilidade de permanecerem na empresa. O resultado disso é que eles podem fazer o bolo crescer em US$2, para que os investidores ganhem, em vez de perder US$1. O diretor financeiro do Costco, Richard Galanti, disse no mesmo artigo publicado no *Wall Street Journal*: "Desde o primeiro dia, administramos a empresa com a filosofia de que, se pagarmos melhor que a média, ofereceremos um salário com que as pessoas possam viver, desfrutar de um ambiente positivo e de bons benefícios, poderemos contratar pessoas melhores, que ficarão mais tempo na empresa e serão mais eficientes." De fato, os estudiosos de comportamento organizacional Ingrid Smithey Fulmer, Barry Gerhart e Kimberley Scott descobriram que os trabalhadores de uma empresa que está entre as melhores empresas estão mais dispostos a permanecer com seu empregador. Na época em que comecei meu estudo, a taxa de rotatividade de colegas do Costco era de 17% (e apenas 6% após o primeiro ano), em contraste com 44% do Walmart. Uma vez que o custo de substituição de um trabalhador é em torno de 1,5 a 2,5 vezes seu salário anual, reduzir custos com isso é bom para os acionistas. Conforme disse o CEO da Costco, Jim Sinegal: "Pagamos muito melhor do que o Walmart. Isso não é altruísmo, é um bom negócio."

Voltando-se para a produtividade e para a moral, os economistas organizacionais Daniel Simon e Jed DeVaro descobriram que a satisfação do cliente também é maior, em grande parte porque trabalhadoress motivados projetam produtos melhores e são mais positivos em suas interações com os clientes. Isso pode explicar por que descobri que o retorno de ser uma entre as melhores empresas eram semelhantes entre os setores de produção e de serviços e indústrias de alta e baixa tecnologia. Inicialmente, pensei que a satisfação dos trabalhadores seria mais importante em empresas como a Apple, cujos colegas podem afetar significativamente o desempenho da empresa por meio da inovação. No entanto, é igualmente valioso em setores como o varejo, no qual os colegas são cruciais para uma experiência positiva do cliente.

Assim, podemos substituir a palavra "ou" por "e". Tratar os colegas como parceiros na empresa, em vez de um recurso a ser explorado ou um custo a ser minimizado, beneficia tanto os trabalhadoress quanto Wall Street. Fazer o bolo crescer não é jogar o bolo para o alto — investir em trabalhadores funciona para investidores.

Além dos Colegas

Meu estudo mostrou que tratar bem os trabalhadores beneficia os investidores no longo prazo, mas não diz nada sobre os outros stakeholders. Felizmente, há estudos que os analisam usando uma metodologia semelhante. Os pesquisadores de marketing Claes Fornell, Sunil Mithas, Forrest Morgeson e M. S. Krishnan investigaram a relação entre a satisfação do cliente e o retorno das ações. As empresas no top 20% do Índice de Satisfação do Cliente Americano (ACSI) ganharam pouco menos do que o dobro do retorno da média Dow Jones do setor produtivo entre 1997 e 2003. Mais uma vez, esse resultado não é óbvio. A satisfação do cliente melhoraria se fossem oferecidos preços mais baixos, produtos mais personalizados e serviço pós-venda gratuito, mas todas essas medidas poderiam reduzir os lucros. Na verdade, agora vamos preencher as lacunas da citação anterior da *Business Week*. A queixa completa do analista foi a de que a gestão do Costco focava *clientes e* trabalhadores em detrimento dos acionistas."

Voltando-se para o meio ambiente, uma medida de "ecoeficiência" da Innovest Strategic Value Advisors mede o valor dos bens e serviços de uma empresa em relação ao desperdício que ela gera. Jeroen Derwall, Nadja Guenster, Rob Bauer e Kees Koedijk descobriram que as ações mais bem classificadas superaram as de classificação mais baixa em 5% ao ano entre 1995 e 2003.

Em vez de focar um grupo de stakeholders, outra abordagem é agregar o desempenho de uma empresa entre diversos stakeholders. A KLD, uma das principais provedoras de dados ESG (agora de propriedade da MSCI), pontua empresas em 51 questões de stakeholders organizadas em sete temas: comunidade, governança, diversidade, relações com trabalhadores, produtos, meio ambiente e direitos humanos. Os professores de contabilidade Mozaffar Khan, George Serafeim e Aaron Yoon estudaram 2.396 empresas entre 1992 e 2013. Eles descobriram que aquelas com altas pontuações de KLD superaram o mercado em apenas 1,5%, o que não é estatisticamente significativo (ou seja, é uma porcentagem tão pequena que pode ser produto do acaso). Esse estudo não parece ser um endosso tocante da Pieconomics.

Mas há uma reviravolta. Lembre-se do *princípio da materialidade*, segundo o qual apenas a entrega de valor aos stakeholders materiais beneficiará, em última análise, os investidores. Os autores utilizaram o mapa de materialidade do Conselho de Padrões de Sustentabilidade apresentado no Capítulo 3 para dividir as 51 questões em materiais e imateriais, considerando o setor de cada empresa. As empresas que receberam uma pontuação alta em questões materiais e baixa em questões imateriais superaram o mercado em 4,83%. Então, realmente é melhor para uma empresa fazer bem em apenas alguns itens e praticar a contenção em outros do que fazer bem em todo o espectro. Investir indiscriminadamente em stakeholders não cria valor de longo prazo para os investidores, mas o investimento direcionado a stakeholders materiais, sim.

Vale a pena fazer uma pausa para refletir sobre esse resultado. Alguns investidores avaliam as empresas mediante listas de verificação. Se uma ação produzir mais marcações na lista relacionada a stakeholders, ela será vista como um melhor investimento. Mas, se estiver priorizando todos os stakeholders, poderá estar privando os acionistas. Ao tentar ser tudo para todos, a empresa pode acabar não sendo nada para ninguém.

Enquanto todos os estudos citados anteriormente investigam o retorno para os acionistas, Michael Halling, Jin Yu e Josef Zechner investigaram a taxa de juros que uma empresa paga sobre sua dívida. Um benefício que comumente é associado à responsabilidade é que permitiria que as empresas levantem recursos com menor custo, potencialmente porque empresas guiadas pelo propósito são vistas como investimentos mais seguros. Embora não seja possível analisar os retornos que os acionistas esperam ao investir em uma empresa, é possível observar o retorno que os credores pretendem obter — é a taxa de juros que eles cobram. Michael, Jin e Josef descobriram que um melhor desempenho social global reduz a taxa de juros, o que aparenta ser uma imensa conquista para os negócios responsáveis.

Ao investigar mais a fundo, no entanto, eles descobriram que são as dimensões relacionadas ao produto que mais importam. Os índices de meio ambiente, comunidade e direitos humanos estão, na verdade, atrelados a uma taxa de juros mais elevada, embora os resultados sejam estatisticamente insignificantes. E as características que importam variam ao longo do tempo e entre os setores. Com o tempo, as relações com os trabalhadores serão insignificantes durante recessões. Mas durante os booms, em que é difícil encontrar trabalhadores, ter uma boa relação com eles ajuda a reduzir a taxa de juros — talvez porque isso ajude na retenção e no recrutamento. Entre os setores produtivos, os escores ambientais estão ligados a taxas de juros mais baixas nos setores agrícola, florestal, pesqueiro e de mineração, nos quais provavelmente serão principalmente materiais. Mas no setor de transporte, comunicação e comércio, altas pontuações comunitárias efetivamente aumentam a taxa de juros, talvez porque elas sinalizem que a empresa foca questões sem importância.

Observe que os dois últimos estudos não implicam que as empresas devem se concentrar inteiramente em stakeholders com alta materialidade empresarial. Elas sempre podem optar por priorizar outros stakeholders, como aquelas com alta materialidade intrínseca. A pesquisa apenas sugere que fazer isso pode não melhorar o retorno no longo prazo. Isso será bom se os acionistas estiverem dispostos a negociar retornos de longo prazo para perseguir objetivos sociais — conforme destacado no Capítulo 2, o bem-estar dos acionistas é mais do que apenas valor para os acionistas. No entanto, líderes e investidores devem estar cientes de que há uma troca, ao contrário das alegações comuns de que o desempenho social sempre melhoraria o desempenho financeiro.

Em vez de estudar o resultado de investimentos em benefício dos stakeholders, uma abordagem alternativa é analisar o uso de políticas orientadas aos stakeholders, uma medida de entrada. Exemplos disso são os protocolos para financiar o treinamento de habilidades dos trabalhadoress, melhorar a eficiência hídrica ou usar critérios de direitos humanos ao selecionar fornecedores. Bob Eccles, Ioannis Ioannou e George Serafeim investigaram se as empresas adotaram genuinamente essas políticas (em vez de simplesmente anunciar suas intenções) ao analisar seus relatórios anuais e relatórios de sustentabilidade e ao entrevistar mais de duzentos executivos. As empresas que adotaram muitas dessas políticas até 1992 superaram aquelas que adotaram poucas – à proporção de 2,2% a 4,5% de 1993 a 2010. O que é impressionante é que 1992 foi muito antes de negócios responsáveis se tornarem o *mainstream* – mesmo uma década depois, apenas cerca de uma dúzia de empresas da Fortune 500 emitiram um relatório de sustentabilidade. As empresas não foram forçadas a adotar políticas voltadas para os stakeholders devido à pressão regulatória, de investidores ou pública. Em vez disso, elas fizeram isso voluntariamente, porque queriam que seus negócios trabalhassem em favor da sociedade.

Essa observação é importante. Atualmente, os negócios responsáveis ainda estão em ascensão em alguns países – os investidores locais ignoram o desempenho social e há pouco escrutínio público sobre isso. Esses países são semelhantes atualmente ao que os Estados Unidos eram em 1992. Assim, essas empresas que são particularmente pensadas com vistas ao futuro e que adotam a mentalidade de fazer o bolo crescer voluntariamente podem se tornar as vencedoras do amanhã. Como a maioria das empresas não está focada em valor social, aquelas que estão deveriam desfrutar de uma vantagem competitiva única.

Munidos dessa evidência, revisitaremos um assunto abordado no Capítulo 2, sobre se uma empresa deve buscar o lucro ou o valor social. De fato, existem algumas externalidades reais que, muito provavelmente, não proporcionam lucro. Mas os resultados sugerem que existem menos externalidades reais do que se acreditava. O que as empresas geralmente enxergam como externalidades afeta, de verdade, o lucro no longo prazo. Em geral, os estudos chegam à seguinte conclusão: para chegar à terra do lucro, siga o caminho do propósito.

Pensando em Longo Prazo

A primeira implicação dos estudos citados anteriormente é a de que o sucesso de uma empresa está relacionado ao valor que ela entrega a seus stakeholders. Assim, trabalhar em favor da sociedade é uma questão fundamental sobre como um negócio é executado, a ser tratado no nível do CEO, e que não é um extra opcional para ser delegado a um departamento de RSE (responsabilidade social empresarial).

A segunda implicação é mais profunda e proporciona uma mudança de cultura importante. Fazer o bolo crescer beneficia os investidores, mas apenas em longo prazo. Todos os dados utilizados nesses estudos são informações públicas. Por exemplo, a lista de melhores empresas é publicada com muito alvoroço na edição de fevereiro da revista *Fortune*, que tem quase 20 milhões de leitores em suas versões impressa e online. Se o mercado de ações fosse eficiente – se fizesse um bom trabalho levando em conta as informações –, os preços de todas as melhores empresas deveriam aumentar assim que o assunto chegasse às bancas de jornais, em meados de janeiro. Então eles já deveriam estar altos em 1º de fevereiro, que é quando se começa a calcular os retornos de ações. Assim, as melhores empresas não deveriam superar as expectativas dali em diante. Isso sugere que o mercado não responde de maneira totalmente efetiva à publicação da lista.

E a lentidão do mercado não dura apenas o período de duas semanas entre meados de janeiro e 1º de fevereiro. Descobri que vai *além de quatro anos*. O resultado surpreendente sugere que apenas quando as melhores empresas anunciam maiores ganhos trimestrais é que o mercado começa a notar. E mostra, ainda, que mesmo os analistas profissionais de investimentos em ações não percebem que a satisfação dos trabalhadores melhora a produtividade — por isso subestimam os ganhos das melhores empresas.

Esse resultado evidencia o que o mercado de ações valoriza e o que ele não valoriza. O mercado não valoriza muitos ativos intangíveis diretamente, apenas quando eles aparecem mais tarde em resultados tangíveis, como lucro. Portanto, uma mentalidade de fazer o bolo crescer exige horizontes distantes — tratar bem os outros stakeholders beneficia os investidores, mas apenas no longo prazo. Isso também vale para outras medidas de desempenho social. Satisfação do cliente, ecoeficiência e políticas orientadas para os stakeholders são todas informações públicas, mas levam muito tempo para afetar o preço das ações. No Capítulo 2, enfatizamos que maximizar o valor para os acionistas não significa maximizar os lucros no curto prazo. Neste capítulo, enfatizamos que maximizar o valor para os acionistas não significa maximizar o preço das ações no curto prazo — uma vez que os mercados são ineficientes, o preço das ações ignora alguns fatores que importam para o lucro em longo prazo e, portanto, o valor para os acionistas. Como Warren Buffett disse: "Preço é o que você paga. Valor é o que você recebe". Esse é outro motivo pela qual é impossível "maximizar" o valor para os acionistas — podemos estudar como uma decisão afeta o preço das ações, mas isso não reflete como ela afeta o valor para os acionistas.

A lentidão do mercado é frustrante para as empresas. Um líder pode fazer o bolo crescer sem qualquer recompensa imediata do mercado de ações. Mas essa lentidão é atraente para investidores inteligentes. Boas empresas nem sempre são bons investimentos. Se uma empresa é boa, e todos sabem que ela é, um investidor paga pelo que recebe. Não faz sentido comprar ações do Facebook porque é uma empresa líder nas mídias sociais. Todos sabem disso, então suas ações são caras. Um bom investimento é uma empresa melhor do que todos pensam que é. O capital dos stakeholders é um exemplo primordial desse tesouro oculto: em última análise, leva a lucros, mas o mercado não percebe isso. De acordo com o analista da *Business Week*, alguns investidores estão presos na mentalidade de repartir o bolo, que o valor para os stakeholders existirá à custa do retorno; ou eles entendem a importância do valor para os stakeholders, mas acham difícil levá-lo em conta. Você pode saber que uma empresa tem uma força de trabalho engajada, mas não como essas informações deverão mudar a célula C23 em sua planilha de avaliação.

Esse resultado tem implicações profundas para a relevância das medidas de desempenho social. A visão tradicional é que os critérios sociais e financeiros entram em atrito. Para perseguir objetivos sociais, como melhorar as práticas no local de trabalho, o acionista precisaria sacrificar o retorno financeiro. Assim, apenas "investidores socialmente responsáveis", com objetivos sociais e financeiros, deveriam considerar critérios sociais. No entanto, os resultados sugerem que, mesmo um investidor com objetivos puramente financeiros, deverá fazer isso — o desempenho social é tipicamente rotulado como um "fator não financeiro", mas, muitas vezes, se transforma em financeiro de longo prazo. Os Princípios da ONU para o Investimento Responsável contrastam, assim, o "investimento socialmente responsável" com o "investimento responsável" – este último utiliza critérios sociais para atingir objetivos puramente financeiros.

Mas eu iria mais longe do que a ONU. Podemos deixar cair não só o advérbio "socialmente", mas também o adjetivo "responsável". Considerar um fator financeiramente relevante, como o desempenho social, não é de domínio exclusivo do investimento "responsável" – é um investimento puro e simples. De fato, os Princípios do Investimento – não apenas o Investimento Responsável – informam que você só consegue superar o mercado selecionando fatores que não são totalmente precificados por ele. Os critérios sociais podem, portanto, ser superiores aos critérios financeiros, pois são mais propensos a serem negligenciados.

Essa observação também tem implicações para a formação de investidores. Empresas de gestão de ativos, escolas de negócios e órgãos profissionais geralmente focam em ensinar os investidores a analisar balanços e demonstrativos de resultados. Mas eles têm a responsabilidade de estender esse treinamento para o desempenho social – ou, então, seus trabalhadoress, ex-alunos e membros ficarão desempregados. Os fundos "smart beta", em que um computador escolhe ações com base no desempenho financeiro da empresa, cresceram substancialmente nos últimos anos e superaram US$1 trilhão em dezembro de 2017. Se gestores de fundos e analistas de investimento querem evitar ser substituídos pela inteligência artificial, eles precisam desenvolver a capacidade de analisar o que as máquinas não conseguem.

Para evitar confusão, este livro ainda se referirá ao uso de critérios sociais como "investimento responsável", pois essa é a terminologia padrão. Mas espero que os livros futuros não precisem fazê-lo – somente quando o termo desaparecer poderemos afirmar que o investimento responsável se tornou *mainstream*. Não existe um termo como "investimento financeiro", porque é dado como certo que as decisões de investimento devem considerar o desempenho financeiro de uma empresa. Um dia, ele também valerá para seu desempenho social.

Um exemplo de investimento responsável na prática é o Parnassus Endeavor Fund (anteriormente chamado de Fundo de Trabalho Parnassus). Começou em 2005 com um único critério de investimento: a satisfação dos trabalhadoress. Um de seus conselheiros foi Milt Moskowitz, que foi coautor das listas originais de 1984 e 1993 das melhores empresas. Em 2017, havia dado um retorno de 12,2% ao ano, em comparação a 8,5% para o S&P 500. Naquele ano, o provedor de pesquisa de investimentos Morningstar descobriu que, de todos os fundos que investem em grandes ações de crescimento, o Endeavor Fund foi o que obteve o melhor desempenho em cada período, de um a dez anos.

Investimento Responsável em uma Crise

Uma preocupação comum com relação ao investimento responsável é que ele só poderia ser compensado com crescimento econômico – quando os tempos são difíceis, o dinheiro é apertado, e as empresas devem focar a sobrevivência em curto prazo. Mas uma visão alternativa é a de que a responsabilidade pode ser ainda mais valiosa em crises, em que a confiança nos negócios é baixa, de modo que as empresas que construíram confiança por meio do serviço para a sociedade podem se posicionar de um modo único para enfrentar a tempestade.

Para analisar qual ponto de vista está correto, vamos olhar novamente as evidências. Karl Lins, Henri Servaes e Ane Tamayo estudaram 1.673 empresas de 2007 a 2013. Como Mozaffar Khan e o estudo de materialidade de coautores, eles descobriram que empresas com altas pontuações de KLD não costumam superar o mercado. Mas quando a crise financeira passou, eles descobriram que as empresas com alta pontuação superaram seus pares de baixa pontuação em 4 a 7 pontos percentuais. Curiosamente, o efeito do valor para os stakeholders foi metade do tamanho do efeito das participações em dinheiro e alavancagem, indiscutivelmente os determinantes mais importantes para analisar se uma empresa sobreviverá a uma crise. As empresas com pontuação alta também tiveram uma melhor rentabilidade, crescimento de vendas e vendas por trabalhador. Elas também superaram períodos de crise muito distantes no tempo — os escândalos de fraude da Enron e da Worldcom.

E a pandemia? Pouco depois de estourar, diversos estudos anunciaram como os fundos IR ou empresas com alto ESG haviam desempenhado bem. Esses estudos foram amplamente abordados pela mídia e aceitos com entusiasmo pelos leitores — mas o viés de confirmação pode ter produzido efeito. Um estudo descobriu que as empresas responsáveis tiveram um desempenho superior ao do mercado entre o final de fevereiro e final de março de 2020, algo que foi amplamente disseminado. No entanto, se o resultado encontrado tivesse sido o oposto, os defensores dos negócios responsáveis teriam atacado o estudo, por ser muito curto — um mês seria um período muito breve para avaliar o desempenho de uma empresa. Então eles deveriam ter empregado o mesmo ceticismo, embora os resultados fossem favoráveis. Outras análises descobriram que o forte desempenho do ESG foi inteiramente devido a um efeito do setor — um portfólio ESG era de alta tecnologia e curto de energia — ou a uma falha no controle de outras variáveis.

No momento da escrita deste livro, é muito cedo para concluir se os negócios responsáveis superaram o desempenho dos demais negócios durante a pandemia. Alguns acadêmicos argumentam que sim, mas outros concluem o contrário. Sabemos que o valor dos stakeholders valeu a pena em recessões anteriores, inconsistente com a visão de que seria um luxo que só importaria nos tempos bons. Mas a crise financeira e os escândalos da Enron e da Worldcom representaram um choque para a confiança pública nos negócios, por isso faz sentido que as empresas confiáveis tenham melhores resultados. Por outro lado, a pandemia de covid-19 não foi causada pelas empresas, por isso não deve levar a uma perda de confiança nos negócios. Certamente, algumas empresas reagiram de maneira irresponsável, mas outras responderam heroicamente. Embora seja prematuro dizer que o desempenho social definitivamente ajudou o desempenho financeiro durante a pandemia de covid-19, ainda não há evidências de que prejudicou.

Explorando a Causalidade Mais a Fundo

Vincular o desempenho social a retorno futuro de ações, em vez de à participação de mercado, receitas ou lucro, nos aproxima da causalidade. Mas isso não é o suficiente para prová-la completamente. Embora seja possível controlar muitos outros fatores, como o setor produtivo, o tamanho da empresa e seu desempenho recente, só se pode controlar o que é observável. Algo inobservável, como a qualidade da gestão, não pode ser controlado. Mas o teste surpresa de ganhos ajuda. É razoável supor que os analistas levem em conta a qualidade da gestão ao prever ganhos – eles conversam com os líderes da empresa o tempo todo e os avaliam constantemente. Como as melhores empresas superam essas previsões, deve ser algo acima e além da qualidade de gestão que impulsiona a rentabilidade da empresa. Mas isso ainda é uma suposição, e não há como testá-la diretamente.

Uma maneira diferente de entender a causalidade é estudar o que acontece com o preço das ações de uma empresa quando notícias sobre seu desempenho social são publicadas. Essas notícias constituem uma mudança repentina para o desempenho social da empresa, portanto, é improvável que esteja correlacionada a mudanças na qualidade da gestão, ao desempenho financeiro ou a qualquer outra coisa. Outra vantagem da análise dos eventos é que eles podem ser tanto positivos quanto negativos, enquanto os estudos apresentados na seção anterior geralmente usam medidas somente positivas de desempenho social (como a lista das melhores empresas) – eles mostram que o bom desempenho ajuda, mas não que o desempenho ruim atrapalha.

Philipp Krüger estudou 1.542 eventos negativos de stakeholders e descobriu que eles reduzem o preço das ações em uma média de 1,31%, ou US$90 milhões. Eventos negativos relacionados à comunidade ou ao meio ambiente têm um maior impacto, com uma queda superior a 3%. A professora de estratégia Caroline Flammer focou os eventos ambientais. Notícias positivas, como a introdução de um programa de reciclagem em uma empresa, impulsionaram o preço de suas ações, em média, em 0,84%, mas notícias negativas, como a liberação de resíduos perigosos, reduziram-no em 0,65%. De fato, há inúmeros exemplos de como eventos negativos para stakeholders podem prejudicar a reputação até mesmo de empresas líderes mundiais que pareciam inabaláveis, o que, por sua vez, prejudica os investidores: notícias de que a Volkswagen fraudou testes de emissões, que o Facebook compartilhou dados de usuários com a Cambridge Analytica e que a Wells Fargo criou contas bancárias falsas que fizeram 28 bilhões de euros, US$95 bilhões e US$35 bilhões (respectivamente) de seus valores de mercado desaparecer.

Mas estudar eventos ainda não revela a causalidade. Mesmo que a notícia seja explicitamente sobre desempenho social, pode ser um sinal da competência da administração de modo mais geral, e o mercado pode estar reagindo a isso. Se determinada empresa libera resíduos perigosos, isso mostra que o CEO tem pouco controle sobre o que está acontecendo na empresa de maneira geral. Em um artigo, Caroline Flammer investigou isso mais a fundo, usando uma abordagem muito diferente. Ela estudou propostas de investidores em que um acionista pede à empresa para escolher determinado curso de ação. Essa ação pode ser financeira – por exemplo, para pagar mais dividendos –, mas Caroline focou propostas relacionadas ao desempenho social. Em 2018, 43% das decisões de acionistas dos EUA se referiam a essas questões. Todos os investidores votam as propostas na assembleia geral anual da empresa. Uma proposta não é vinculante, então a empresa pode optar por ignorá-la mesmo que ela seja aprovada. No entanto, 52% das propostas aprovadas são implementadas.

Aqui estão dois exemplos recentes. A seguinte proposta foi feita à Lear, fornecedora de assentos de carro e sistemas elétricos:

Os acionistas solicitam que a empresa se comprometa com a implementação de um código de conduta baseado nas Normas Internacionais de Trabalho da OIT e nas Normas sobre Responsabilidades em Direitos Humanos das Empresas Transnacionais das Nações Unidas, por seus fornecedores internacionais e nas próprias instalações internacionais de produção, e com um programa de monitoramento externo independente do cumprimento dessas normas.

Outra proposta foi feita à HCC Insurance:

Os acionistas solicitam que a administração implemente políticas de igualdade de oportunidades de emprego com base nos princípios anteriormente mencionados que proíbem a discriminação com base na orientação sexual e na identidade de gênero.

As propostas são mudanças bruscas na orientação social de uma empresa, que dificilmente coincidirão com (digamos) mudanças bruscas na qualidade da gestão. Mas só isso não resolverá a questão da causalidade. Pode ser que a proposta tenha vindo de um grande investidor engajado — e que seja o engajamento desse investidor de maneira geral, além da proposta, que melhore o desempenho. Então Caroline usou uma metodologia conhecida como *regressão descontínua*. Ela comparou propostas que foram aprovadas por uma pequena margem (com pouco mais de 50% dos votos) com aquelas que não foram aprovadas por pouco (com pouco menos de 50% dos votos). A proposta da Lear não foi aprovada, pois recebeu 49,8% dos votos, e a proposta da HCC Insurance foi aprovada com 52,2% dos votos. Se uma proposta é ou não aprovada, então é algo virtualmente aleatório. É improvável que isso seja causado por um investidor engajado, porque este teria aumentado a votação de 49,8% para (digamos) 70%, e não 52,2%.

Caroline estudou 2.729 propostas entre 1997 e 2012 e descobriu que se a proposta for aprovada por um percentual pequeno, ela ajuda a aumentar o retorno das ações em 0,92%, em comparação com uma rejeição por um percentual pequeno. Como uma proposta aprovada vem a ser implementada em 52% das vezes, sua adoção aumenta o valor para os acionistas, em média, em 0,92% / 52% = 1,77%. É importante ressaltar que o aumento vem da mentalidade de fazer o bolo crescer, e não da mentalidade de dividir o bolo — o desempenho operacional, a produtividade do trabalho e o crescimento das vendas também aumentam, sugerindo que uma orientação social inspira tanto colegas quanto clientes.

A Importância do Investimento Baseado em Princípios

Embora a Pieconomics argumente que investir em stakeholders pode, em última análise, beneficiar os acionistas, ela também enfatiza a necessidade de que esses investimentos sejam disciplinados. O Capítulo 3 apresentou três princípios para orientar um líder sobre quais investimentos realizar e quais recusar.

Qual é a evidência de que esses princípios importam? Os estudos de Mozaffar Khan e coautores e de Michael Halling e coautores destacaram a importância do princípio da materialidade. Investigar os princípios da multiplicação e da vantagem comparativa é complicado, porque é muito difícil para um pesquisador externo estimar o valor social criado por um investimento. No entanto, podemos estudar o efeito de um investimento comum que claramente viola o princípio da vantagem comparativa — doação a uma instituição de caridade.

No Capítulo 2, discutimos como as doações a entidades sem fins lucrativos permitem que um líder apoie as próprias causas sociais preferidas, em vez daquelas escolhidas pelos investidores, colegas ou clientes. De fato, Ron Masulis e Walid Reza descobriram que 62% das empresas doam para entidades sem fins lucrativos das quais seu CEO é o administrador, o diretor ou o conselheiro. Além disso, as empresas norte-americanas são obrigadas a divulgar as doações feitas em nome de seus executivos ou conselheiros de administração, pois as consideram uma forma de remuneração. Isso permitiu que Ron e Walid estudassem as implicações dessas doações na criação de valor. Quando uma empresa anuncia uma doação pela primeira vez, se for para uma instituição de caridade afiliada aos diretores da empresa, o preço das ações cai 0,87%. São US$90 milhões, quando aplicados ao tamanho médio da empresa de US$10,4 bilhões. Curiosamente, a doação média está na ordem de US$1 milhão. Mesmo que os investidores esperem que essa doação seja repetida todos os anos até que o CEO se desligue, isso não chegará perto de US$90 milhões. Então por que o valor das ações cai tanto? Porque a doação é apenas a ponta do iceberg. Se o CEO está fazendo doações a entidades sem fins lucrativos afiliadas, ele pode estar gastando dinheiro de muitas outras maneiras que não atendam aos princípios, portanto, é possível que isso esteja destruindo o valor das ações da empresa.

Ye Cai, Jin Xu e Jun Yang focaram doações a entidades sem fins lucrativos afiliadas aos conselheiros de administração independentes da empresa. Eles deveriam responsabilizar o líder pelo desempenho, mas uma doação para uma instituição de caridade deles pode comprar sua complacência. De fato, Ye, Jin e Jun revelam que isso resulta em 9,4% a mais para o CEO. Esse aumento é ainda maior quando a instituição de caridade é afiliada a um membro do comitê de remuneração — o comitê ligado ao conselho de administração que define a remuneração —, e mais alto ainda quando a doação está vinculada à presidência desse comitê. Pior, é menos provável que um líder seja demitido por mau desempenho se doar para entidades sem fins lucrativos afiliadas a uma grande fração do conselho. Esse comportamento de autosserviço se dá às custas dos investidores — o retorno das ações será 2,4% menor ao ano.

Esses estudos destacam a importância de conselhos e acionistas analisarem cuidadosamente os investimentos de uma empresa voltada para stakeholders — em particular, se eles estão sendo feitos de acordo com os três princípios. Ao fazer determinados investimentos, os líderes têm incentivos egoístas, independentemente de os princípios serem ou não respeitados, e fazer isso faz o bolo murchar.

O Outro Lado da Moeda

Então por que a Pieconomics não foi mais amplamente adotada? Porque é importante reconhecer que as evidências não são todas unidirecionais.

Anteriormente, mencionei o Parnassus Endeavor Fund como um exemplo do sucesso do investimento responsável. Mas um único fundo não é evidência. Uma das partes mais desafiadoras de contraevidência é que os fundos ESG, em geral, não superam no mercado. Luc Renneboog, Jenke Ter Horst e Chendi Zhang descobriram que nos EUA, no Reino Unido e em diversos outros países europeus e asiáticos, os fundos ESG não se sustentam em 2,2% a 6,5% ao ano – embora essas diferenças se tornem insignificantes após o controle do risco. Os mesmos pesquisadores conduziram uma meta-análise separada que concluiu que os fundos ESG apresentam desempenho semelhante aos fundos não ESG no Reino Unido e nos EUA, mas têm um baixo desempenho na Europa e na Ásia. Saindo do investimento público e voltando para o privado, os "fundos de impacto" são aqueles com objetivos sociais e financeiros. Brad Barber, Adair Morse e Ayako Yasuda estudaram 159 desses fundos ao longo de 20 anos e descobriram que eles ficam abaixo dos fundos tradicionais de capital de risco em 3,4% ao ano.

Alguns defensores do ESG varrem essas descobertas para debaixo do tapete. Uma manchete do *Financial Times* diz: "O desempenho das estratégias de ESG é inquestionável." Essa alegação infelizmente não é verdadeira, mas, muitas vezes, é aceita acriticamente, dado o viés de confirmação. Gostaríamos de viver em um mundo no qual o investimento ético funcionasse – queremos que os mocinhos ganhem e podemos fingir que não precisamos lidar com nenhuma das alternativas embaraçosas discutidas nos Capítulos 2 e 3.* Um artigo da *Forbes* anuncia uma meta-análise inédita que descobriu que o ESG desempenha melhor,† e explica: "Essa é a premissa de um novo relatório, e ele é preciso, a julgar por muitas conversas com os interessados em melhores negócios, melhor governança corporativa e um futuro sustentável." Mas se um relatório "é preciso", ele depende de seu rigor científico, em vez de ser considerado preciso por aqueles que estão "interessados em melhores negócios" – e, portanto, predispostos a gostar de seus resultados. De acordo com Mandy Rice-Davis, que, no julgamento de 1963, revelou provas que causaram descrédito ao governo do primeiro-ministro do Reino Unido, Harold Macmillan e que é bastante parafraseada: "Eles diriam isso, não é?"

Portanto, devemos levar a sério o fato de que a maioria dos fundos ESG não tem um desempenho melhor. Mas a maioria dos fundos ESG pode não estar praticando a Pieconomics de verdade. Muitos fundos usam listas de verificação para avaliar se uma empresa cria valor para a sociedade. Elas perderão pontos se um item não for marcado (por exemplo, diversidade insuficiente no conselho de administração) ou se for marcado um item "errado" (por exemplo, está na indústria de petróleo e gás). De fato, dos US$30,7 trilhões investidos em estratégias de ESG que mencionamos no Capítulo 2, a abordagem mais popular (contabilizando US$19,8 trilhões) foi a triagem. Esse método tem três deficiências, o que pode explicar o fraco desempenho do fundo ESG.

Em primeiro lugar, as mensurações das listas de verificação são superficiais, portanto incompletas, na melhor das hipóteses, ou propensas à manipulação, na pior. Como exemplo de incompletude, a proporção de minorias no conselho às vezes é usada como medida de diversidade, mas diz pouco sobre a diversidade de pensamento ou a cultura de dissidência do conselho, sequer até que ponto elas permeiam toda a

* Visando resguardar sua credibilidade, o *Financial Times* posteriormente publicou uma carta destacando a ambiguidade das evidências: David Tuckwell, "O estudo de caso sobre investimento ESG está longe de ser conclusivo", *Financial Times* (28 de novembro de 2017).

† Essa meta-análise estuda a relação entre o desempenho social e o retorno de ações, ao contrário das meta-análises de Margolis e Walsh (2003) e Orlitzky, Schmidt e Rynes (2003), mencionadas anteriormente neste capítulo, que estudam outras medidas de desempenho financeiro.

empresa. Como exemplo de manipulação, uma empresa poderia se importar pouco com a diversidade, mas nomear uma minoria para o conselho apenas para manipular a lista de verificação.

Em segundo lugar, a lista de verificação é absoluta. Ela presume que um melhor desempenho social é sempre benéfico para os investidores, mas isso ignora o princípio da materialidade, que é crucial para a Pieconomics. Quais stakeholders são materiais varia de empresa para empresa, e o estudo de Mozaffar Khan e coautores mostrou que investir em questões de stakeholders imateriais não melhora o retorno financeiro.

Talvez a desvantagem mais importante seja que a lista de verificação é fragmentada, em vez de holística — se uma empresa não marcar um item, ela será automaticamente descartada, não importando o desempenho em outros níveis. Em particular, a maioria dos itens se concentra em "não praticar o mal", em vez de "fazer o bem de maneira ativa", o que pode levar à exclusão de setores produtivos inteiros. Um cenário comum é excluir ações de empresas de energia, mas Lauren Cohen, Umit Gurun e Quoc Nguyen revelam que elas produzem mais "patentes verdes" (inovações que resolvem problemas ambientais) e patentes verdes de maior qualidade do que empresas de quase todos os outros setores. Em uma empresa de energia em cujo portfólio de ativos haja combustíveis fósseis "marrons" e projetos de investimento renováveis "verdes", a promessa destes poderá superar as desvantagens dos primeiros.

Mesmo que seu setor produtivo não seja excluído, itens "não praticar o mal" podem levar uma empresa a ser excluída mesmo que ela crie um valor substancial. No Capítulo 2, falamos sobre como a Apple fornece um ambiente de trabalho estimulante com oportunidades de crescimento e desenvolvimento, mas isso não é capturado por muitas medidas de desempenho social. Em vez disso, essas medidas geralmente focam problemas com os trabalhadores, item no qual a Apple se saiu pior. Ela tem sido criticada por fazer os trabalhadores cumprirem longas jornadas e por adotar uma cultura de trabalho intenso, ao mesmo tempo em que paga baixos salários aos trabalhadores do balcão Genius, além de serem adotadas práticas trabalhistas ruins em sua cadeia de fornecedores, o que supostamente levou alguns trabalhadores ao suicídio. É claro que esses problemas causam sérias preocupações, às quais um investidor responsável deve prestar bastante atenção. No entanto, ele não deve avaliá-las sem considerar simultaneamente os pontos positivos. Nenhuma empresa será perfeita em todos os níveis de avaliação — o que pode ser uma cultura de superação e motivação para alguns colegas pode ser uma panela de pressão para outros. A complexidade de avaliar a satisfação dos trabalhadores significa que ela não pode ser reduzida a um único item em uma lista de verificação. Conforme discutiremos no Capítulo 6, avaliar corretamente o desempenho social envolve colocar a mão na massa — se a empresa for uma rede varejista, você precisa visitar suas lojas. Mas alguns investidores retêm ações de tantas empresas que não têm a capacidade de fazer isso e, em vez disso, fazem essas avaliações de sua mesa de trabalho.

Não só é difícil medir a contribuição de uma empresa para um stakeholder, mas também o bolo contém muitos stakeholders. A Amazon é uma empresa que faz o bolo crescer? Ela traz benefício para os clientes, disponibilizando milhares de produtos a preços baixos, e sua plataforma online permite comparar as especificações dos produtos e as avaliações dos clientes. Seu Relatório Anual de 2020 estimou que o tempo economizado nas compras online valia US$126 bilhões para seus 200 milhões de clientes da Amazon Prime, após subtrair o custo do Prime e calcular o valor do tempo em US$10 por hora, de maneira conservadora. Ela colabora com o meio ambiente ao economizar em lojas físicas em localizações privilegiadas (tendo, em vez disso, armazéns onde os terrenos são menos disputados) e permitir que os clientes revendam, em vez de descartar mercadorias usadas. Mas seu tratamento com relação aos colegas é muito mais do que isso. O trabalho nos armazéns da Amazon envolve jornadas longas e intensas de trabalho, alta frequência de acidentes e pouco desenvolvimento de habilidades. Alguns trabalhadores supostamente têm medo de usar o banheiro porque ele é longe, e isso pode levá-los a serem punidos por ociosidade, então eles usam garrafas. Por outro lado, uma pesquisa do LinkedIn de 2021 classificou a Amazon como o empregador mais procurado nos EUA. O efeito global da Amazon sobre o meio ambiente não é igualmente claro, pois os benefícios citados devem ser sopesados com o grande uso de embalagens de papelão e de outras matérias-primas.

A Pieconomics envolve escolhas. Assim como fazê-las exige uma tomada de decisão dos líderes, avaliá-las exige uma tomada de decisão dos investidores. Fundos rotulados como "responsáveis" podem ter um desempenho inferior, não porque o desempenho social prejudique o desempenho financeiro, mas porque o desempenho social não é avaliado adequadamente. De modo conceitual, uma abordagem de *triagem* ou *exclusão* para IR nunca será capaz de superar o mercado, pois simplesmente restringe o conjunto de possibilidades de escolha de um investidor. Em vez disso, no Capítulo 9, discutiremos uma nova abordagem para o IR — a *integração* — que considera o desempenho social ao lado do desempenho financeiro. Uma vez que a integração amplia o conjunto de informações que um investidor pode usar — em particular, para incluir informações tipicamente negligenciadas pelo mercado —, ela tem o potencial de gerar desempenho significativo.

Assim, o desempenho dos *investidores* responsáveis nos diz pouco sobre o desempenho do *investimento* responsável, porque muitos investidores podem não o estar implementando corretamente. Afirmações como "o IR funciona" ou "o IR não funciona" não fazem muito sentido, já que IR significa muitas coisas diferentes — assim como "comer é bom para você" e "comer é ruim para você" significa pouco, pois depende do tipo de alimento que você come. Da mesma forma, o desempenho dos *investidores* responsáveis nos diz pouco sobre o desempenho das *empresas* responsáveis. Os fundos de ESG não avaliam apenas o desempenho social. Eles também analisam critérios convencionais, como liderança e estratégia, conforme deveriam, mas podem errar nessas avaliações, como os fundos convencionais costumam fazer. De fato, os fundos convencionais também têm um desempenho inferior ao mercado, mas isso não significa que os investidores devem ignorar a liderança e a estratégia ao escolher as ações.

Outra verdade inconveniente é o desempenho das empresas "do pecado". Harrison Hong e Marcin Kacperczyk descobriram que, durante um período de 42 anos, os setores de álcool, tabaco e jogos superaram os setores não pecaminosos mais intimamente relacionados (refrigerante, comida, entretenimento e refeições) em 3,2% ao ano. Mas isso não ocorreu devido à divisão do bolo, ou seja, esses setores roubando clientes por meio da venda de produtos viciantes. Se assim fosse, eles deveriam alferir maior lucro, e não foi isso que os autores da pesquisa mostraram. Em vez disso, eles descobriram que as ações de empresas "do pecado" são evitadas por investidores institucionais, como fundos de previdência e universidades, que não conseguem mantê-las em virtude de normas sociais. Uma vez que apenas um conjunto limitado de investidores (não vinculados às normas sociais) pode comprar ações de empresas "do pecado", aqueles que o fazem assumem posições de risco. Assim, os maiores retornos são basicamente um compensação pelo risco.

Por fim, mesmo os estudos que apoiam a Pieconomics podem não ser generalizáveis. Todos os trabalhos apresentados neste capítulo estudam empresas de capital aberto, porque estas geram retorno de ações — elas reduzem as preocupações de causalidade reversa e podem ser ajustadas ao risco. No entanto, a maioria dos estudos também mostra que a rentabilidade aumenta, por isso é provável que os resultados também se estendam para empresas cujas ações não sejam negociadas na bolsa de valores (empresas de capital fechado). Além disso, os argumentos conceituais para a Pieconomics não são específicos para as empresas de capital aberto, como a forma com que permite investimentos de longo prazo que, se não fosse a Pieconomics, não perdurariam tanto. Mas a relação entre o desempenho social e o desempenho financeiro em empresas de capital fechado ainda não foi rigorosamente demonstrada, e esperamos que os futuros conjuntos de dados permitam isso.

Além disso, os resultados podem não se estender a outros países. Juntamente com Lucius Li e Chendi Zhang, estendi meu estudo das Melhores Empresas para se Trabalhar na América do Norte para um cenário global. A lista de melhores empresas existe em 45 países em todo o mundo. Encontramos 17 outros países com melhores empresas independentes para escolhermos como objeto de nosso estudo, as quais eram sediadas e negociadas localmente (ou seja, não eram apenas subsidiárias de uma empresa dos EUA). Os resultados originais dos EUA geralmente se sustentaram — em 12 dos 17, o retorno das melhores empresas foi ainda maior do que nos EUA.

Mas os resultados *nem sempre* se sustentam. As melhores empresas não superam o mercado em países com mercados de trabalho fortemente regulamentados, como França e Alemanha. E isso faz sentido. Nesses países, a lei já garante aos trabalhadores um nível razoável de bem-estar, por exemplo, proporcionando proteção contra demissão. Quando a empresa média já está tratando bem seus colegas, uma empresa que esteja no topo poderá estar investindo excessivamente na satisfação dos trabalhadores.

Esse resultado é importante por dois motivos. Primeiro porque destaca que até mesmo a evidência — o foco deste livro — tem limitações. Evidências não são provas. Uma prova é *universal*. Quando Arquimedes mostrou que a área de um círculo é Pi vezes o quadrado de seu raio, ele provou isso não apenas para círculos na Grécia Antiga no século III a.C., mas para círculos na Grécia Moderna atual e para círculos em todo o mundo. Mas as evidências só podem se aplicar ao país ou ao setor produtivo em que foi colhida — as evidências de que as melhores empresas superam o mercado nos EUA não valem para as empresas da França. E podem, ainda, se aplicar só a determinado período. No futuro, talvez o mercado de ações seja mais rápido ao reconhecer os benefícios da satisfação dos trabalhadores, e assim, os investidores poderão obter maior retorno sem comprá-las depois que a satisfação dos trabalhadoress seja revelada. O segundo motivo é que os resultados mostram como a busca do valor social não deve ser irrestrita, conforme enfatizado no Capítulo 3. Investir além do ponto em que o benefício social justifica seu custo fará o bolo murchar, em vez de fazê-lo crescer.

Então a que conclusão essa pesquisa chegou? A Pieconomics não é algo bom demais para ser verdade — trabalhar em favor dos stakeholders pode, de fato, oferecer um maior retorno aos investidores no longo prazo. Mas isso não acontece em todas as situações. Portanto, enquanto o principal objetivo de uma empresa deve ser criar valor para a sociedade, é importante que ela o faça de maneira criteriosa. Fundamentais para essa abordagem são os conceitos e os princípios introduzidos anteriormente, na Parte I do livro, as reformas baseadas em evidências, que discutiremos na Parte II, e o plano de ação, que será mencionado na Parte III.

Em Poucas Palavras

- Muitos estudos encontram uma correlação positiva entre o desempenho social e o desempenho financeiro. No entanto, poderia haver *causalidade reversa* — o último causa o primeiro. Estudar as mudanças futuras no preço das ações atenua a causalidade reversa, pois o desempenho financeiro já deve ser incorporado no preço atual das ações.
- As "100 Melhores Empresas para se Trabalhar na América" entregaram retorno de ações que superaram seus pares entre 2,3% e 3,8% ao ano em um período de 28 anos (entre 89% e 184% compostos). Elas também geraram lucro futuro que superou as expectativas dos analistas.
- A satisfação do cliente, a ecoeficiência, as políticas orientadas para os stakeholders e o desempenho em questões relevantes para os stakeholders também estão correlacionados, no longo prazo, com um retorno superior de ações. No entanto, ter um bom desempenho em todas as questões para os stakeholders, independentemente da materialidade, não está correlacionado com um retorno superior.
- Mesmo que o valor que uma empresa gera para os stakeholders possa ser medido atualmente, levará muitos anos para que esse valor apareça no preço das ações. Como resultado, os investidores e a sociedade devem usar horizontes longos na avaliação dos líderes.
- O retorno das ações aumenta quando as propostas dos acionistas para melhorar o desempenho social são aprovadas. Ao comparar propostas que passam por pouco com aquelas que não são aprovadas por pouco, é possível detectar *variáveis omitidas* — fatores que impulsionam tanto as propostas dos acionistas quanto o desempenho social.
- Fundos de investimento responsáveis geralmente não superam o mercado, mas isso ocorre, provavelmente, porque o desempenho social é muito difícil de medir, e não por ser um critério de investimento ruim. Isso destaca os perigos de uma abordagem de lista de verificação para avaliar o desempenho social.
- Mesmo que o desempenho social esteja correlacionado com o desempenho financeiro em um setor produtivo ou um país, isso pode não se aplicar a outros. Também não significa que o aumento do desempenho social sem limite sempre aumente o desempenho financeiro.

PARTE II

O QUE FAZ O BOLO CRESCER?

Explorando as evidências

Nesta parte do livro, serão estudadas as evidências quanto ao que faz o bolo crescer. É preciso ter em mente que há uma variedade praticamente ilimitada de práticas que aumentam o valor que uma empresa cria para a sociedade. Melhor liderança, técnicas de produção de última geração e marketing incisivo são mecanismos, sem dúvida, vantajosos. Não estudaremos esses mecanismos aqui porque a Pieconomics não os enxerga de uma única perspectiva. Antes de ler este livro, você já sabia que boa liderança, produção e marketing eram práticas desejáveis, uma vez que criam valor tanto para investidores quanto para stakeholders; você não precisa da mentalidade de fazer o bolo crescer para entender o valor dessas práticas.

Em vez disso, focamos três determinantes do bolo — a remuneração executiva, a stewardship de investidores e a recompra de ações — que são particularmente controversas, pois são vistas como vantajosas para os líderes e os investidores às custas dos stakeholders. E é por isso que são objeto de grandes propostas de reforma em todo o mundo. No entanto, veremos que enxergar esses determinantes através da lente da Pieconomics — reconhecendo que o bolo não é fixo — muda a mentalidade sobre eles. Os ganhos para líderes e investidores não precisam ocorrer às custas dos stakeholders, mas podem resultar do crescimento do bolo em benefício de todos. Isso não se trata apenas de uma ilusão, mas é algo corroborado por evidências rigorosas e em grande escala. Uma análise cuidadosa dos dados também mostrará que muitas crenças a respeito de remuneração, investidores e recompras, que atualmente estão formando a base do pensamento influente sobre projetos de reforma, na realidade, não são verdadeiras.

O Capítulo 5 considera a remuneração executiva, que é vista como um enriquecimento dos gestores às custas dos demais trabalhadores. O Capítulo 6 discute a *stewardship* — o monitoramento e o engajamento de investidores —, que alguns argumentam que pressiona as empresas a priorizar o lucro de curto prazo em relação ao crescimento em longo prazo. E o Capítulo 7 analisa recompras de ações, que os acionistas supostamente usam para extrair dinheiro que poderia ser investido em benefício de stakeholders.

Reconheço que algumas dessas preocupações têm fundamento e que esses mecanismos podem ser usados indevidamente. Mas também apresentarei evidências de que, se corretamente elaborados e executados, eles podem fazer o bolo crescer. As palavras-chave são "corretamente elaborados e executados" — que nem sempre são observadas. Proporei maneiras de melhorar significativamente a remuneração, a *stewardship* e as recompras em relação às práticas atuais. Concordo com o senso comum, no sentido de que é preciso haver uma correção. Mas as reformas que devemos empreender são muito diferentes quando percebemos que é possível fazer o bolo crescer.

5

INCENTIVOS

Incentivar a criação de valor em longo prazo ao mesmo tempo em que se evitam apostas de curto prazo

Em abril de 2010, Bart Becht tornou-se o inimigo público número um do Reino Unido. Não por causa de qualquer fraude, dano ao cliente ou maus tratos aos trabalhadores que ele tenha cometido como CEO da Reckitt Benckiser. Aos olhos de muitas pessoas, seu crime foi muito pior. Apareceram notícias de que, no ano anterior, ele recebera 92 milhões de libras, quebrando recordes britânicos de remuneração dada a executivos.

A mídia foi rápida em expressar sua indignação. Um jornal argumentou que a remuneração de Bart era "tão chocante que talvez fosse necessário considerar como insulto". Se o alto salário faz de você um alienígena, então "Bart Becht é o Imperador Dalek". O trunfo do jornal era vincular a remuneração de Bart aos bônus bancários que supostamente causaram a crise financeira de 2007 — algo que certamente incitaria o ódio dos leitores —, expressando preocupação de que o "excesso desfrutado pelos banqueiros... está se espalhando para outros setores". O jornal sugeriu que a remuneração dos banqueiros pode até ser *mais* justificada do que a de Bart, porque "pelo menos os banqueiros fazem algo que é difícil de compreender". Reckitt não vendeu CDOs (obrigações de dívida colateralizada) ou LYONs (notas de opção de rendimento líquido), mas produtos domésticos que tinham nomes reais, em vez de siglas — antissépticos Dettol, pastilhas para tosse Strepsils e removedor de manchas Vanish. Então, executar a tarefa dele "não é algo tão complexo assim".

Bart, um viciado em trabalho tímido e avesso à publicidade, detestava passar vergonha. Um ano depois, em 14 de abril de 2011, ele pediu demissão do cargo sem aviso prévio. No entanto, sua saída não foi motivo de comemorações. Os mesmos jornalistas que o haviam criticado um ano antes por ser um alienígena inatingível não reivindicaram crédito pela humilhação que o fez sair do cargo. Também não comemoraram um passo de 92 milhões de libras rumo à maior igualdade de renda.

Porque os fatos eram indiscutíveis. A saída de Bart provocou a queda em 1,8 bilhão de libras no valor de mercado da Reckitt, quase 20 vezes o que ele recebera em 2009. O murchamento do bolo decorrente da saída de Bart foi muitas ordens de magnitude maior do que a fatia do bolo que poderia ser redistribuída para outros stakeholders. Alguns analistas de ações, então, sugeriram a venda das ações da Reckitt, com a Investec, chamando a renúncia de Bart de um "evento fortemente negativo" porque "é difícil exagerar seu impacto e achamos que a Reckitt agora enfrenta um futuro incerto".

O temor, expresso explicitamente pelos analistas e implicitamente pela queda de 1,8 bilhão de libras no valor das ações da Reckitt, não evidencia o valor de Bart. Talvez o enorme salário dele tenha induzido o mercado a pensar que ele era especial. Mas o desempenho subsequente da Reckitt justificou esse temor. Nos 5 anos anteriores a 2011, as vendas, o lucro operacional e o lucro líquido aumentaram 14%, 21,4% e 21% ao ano, respectivamente. Nos 5 anos seguintes, esses números caíram para 0%, -1,1% e -0,2%. Do ponto de vista humano, a queda foi ainda mais tangível — a cada ano, o número de trabalhadores foi menor do que em 2011.

Bart viveu e respirou a Reckitt Benckiser. Ele estava no comando havia quinze anos, tornou-se CEO da empresa em 1995 e liderou a empresa que resultou da fusão de 1999: Reckitt & Colman. Ele não era um CEO "torre de marfim", mas um CEO "mãos na massa" — literalmente, assim como ele ainda limpava a própria casa, razão pela qual foi apelidado de "Becht, o servente", e metaforicamente, por se envolver com clientes no nível mais basilar. Como Bart explicou: "Eu falo com os compradores na loja. Pergunto a eles por que estão adquirindo o produto, depois vou até a casa deles e descubro por que eles mesmos lavam suas roupas e como o fazem. Se você não gosta de fazer isso, não deveria estar nesse negócio."

Sua liderança havia sido um sucesso bastante óbvio. Desde a fusão de 1999, as ações da Reckitt subiram de 7 libras para mais de 36 libras no dia em que seu salário foi anunciado. Isso representou 22 bilhões de libras de valor criados para investidores, mesmo excluindo dividendos, e fez da Reckitt a quarta empresa com melhor desempenho no FTSE 100 na última década. Mais importante do que isso, Bart era um produtor de bolos. Esses ganhos para os acionistas não foram provenientes de um aumento de preços, mas da criação de valor para todos os stakeholders.

Os clientes se beneficiaram com Bart. Embora os produtos domésticos possam parecer algo banal, a Reckitt tornou-se amplamente reconhecida por causa da inovação. Ela ganhou o Prêmio de Inovação da revista *The Economist* em 2009 e é tema de estudos de caso sobre inovação em Harvard e no INSEAD. A Reckitt não esbanjou dinheiro: ela de fato gastou menos em P&D do que seus rivais Henkel, Procter & Gamble e Unilever. A empresa também não fez estardalhaço com grandes novos lançamentos — os produtos de limpeza Cillit Bang compõem a única marca nova lançada durante o mandato de Bart. Ele preferiu realizar melhorias incrementais, porém contínuas, nos produtos existentes. E comparou sua abordagem ao beisebol, jogo em que os times raramente vencem apenas com "home runs", mas, em vez disso, juntando uma série de "hits" (rebatidas).

Bart concentrou a inovação da Reckitt em dezenove "supermarcas" — que incluíam Dettol, Strepsils e Vanish — cujo potencial de crescimento era alto, mesmo que o mercado não fosse grande naquele momento. Teria sido fácil depender apenas do sabão para roupas já muito testado e aprovado. Mas esse mercado já estava saturado, portanto, não havia uma nova necessidade a ser atendida. Então Bart mudou para produtos usados em máquinas de lavar louça automáticas e conseguiu fazer avanços ao simplificar a vida dos clientes. Eles já haviam usado três produtos diferentes em suas lava-louças — sabão em pó, em grãos e um líquido para enxágue. Em 2000, a Reckitt lançou a Finish Powerball 2-em-1, que integrava o agente de enxágue ao detergente em pó. No ano seguinte, revelou o Finish 3-em-1 Brilliant, que incluía grãos. Em 2005, adicionou um protetor de vidro com acabamento 4-em-1. Nenhuma dessas inovações produziu um efeito de magnitude comparável à da cura da cegueira do rio, como a ivermectina, mas elas tornaram uma tarefa doméstica cotidiana um pouco mais agradável, como também esse aspecto cotidiano da vida de milhões de pessoas.

Enquanto a inovação beneficiava os clientes, o processo de inovação capacitava os colegas. As invenções da Reckitt vieram não só do laboratório, mas de toda a empresa, devido à cultura empreendedora e à "hierarquia plana" que Bart criou. Como os trabalhadore disseram ao *Financial Times*, "é como dirigir a própria empresa". Os trabalhadores de todos os níveis foram encorajados a elaborar ideias, e para testá-las, eram exigidas relativamente poucas aprovações do comitê. Bart queria que seus colegas se arriscassem e entendia que isso exigia tolerância ao fracasso. Mesmo o executivo que liderou o fracassado Dettol Easy Mop veio a ser bem-sucedido na empresa mais adiante. Bart investiu em seu pessoal tanto por meio do aumento do número de colegas (que aumentou 50% ao longo dos anos 2000) como mediante investimento no desenvolvimento de suas habilidades (incentivar executivos juniores a mudar de país e de função com frequência, para desenvolver uma mentalidade empreendedora). Ele enxergava o poder gerado pela diversidade de pontos de vista — em 2008, as nove pessoas do comitê executivo global da Reckitt vieram de sete países, assim como os dez maiores gestores dos EUA.

O meio ambiente também se beneficiou. A Reckitt lançou o Vanish Eco Pack em 2008, que reduziu as embalagens plásticas em 70%, passando de um recipiente redondo para uma bolsa que podia ser aberta e depois fechada novamente. Entre 2000 e 2011, a Reckitt plantou 5,4 milhões de árvores no Canadá, reduziu suas emissões de gases de efeito estufa em 48% e o uso de energia por unidade de produção em 43%. Durante a liderança de Bart, a Reckitt liderou o Índice de Responsabilidade Corporativa da Comunidade do Reino Unido e foi premiada com o status de melhor na Iniciativa de Administração de Saneantes Mais Seguros (SDSI) da Agência de Proteção Ambiental dos EUA.

Então a fatia do bolo destinada a Bart não foi determinada às custas da fatia destinada à sociedade. Foi o subproduto de mais de uma década de criação de valor. No entanto, apenas alguns dos artigos sobre a remuneração de Bart mencionavam tudo o que ele havia feito para o bolo crescer. E a quantia que foi destinada a ele foi muito menor do que a alegada. Enquanto as manchetes declaravam que ele teria recebido 92 milhões de libras em um único ano, apenas 5 milhões de libras foram a título de "compensação" pelo trabalho realizado em 2009. Os 87 milhões de libras restantes vieram da venda de ações e de opções de compra de ações, que ele recebera em 1999. A valorização dessas ações e dessas opções foram resultado de dez anos de trabalho, não de um único ano — e estaria relacionada ao trabalho dele, mesmo se ele tivesse deixado a Reckitt no início de 2009. Assim como sacar dinheiro de sua conta bancária não lhe resulta em ganho de dinheiro nem o torna mais rico, Bart simplesmente vendeu o que ele possuía. Na verdade, Bart poderia ter feito isso desde 2003. Se o tivesse feito, teria evitado receber uma grande quantia em um único ano. Em vez disso, ele segurou suas ações por muito mais tempo do que precisava, mantendo-se como responsável pelo desempenho em longo prazo da Reckitt.

Dos 87 milhões de libras em dinheiro, 80 milhões eram referentes ao preço das ações da Reckitt, que disparou depois que as ações e as opções foram concedidas a Bart. Não só Bart teve de trabalhar por uma década para ganhar as ações e as opções, como a empresa teve de ser extremamente bem-sucedida durante esse período, para que elas valessem tanto. Se a Reckitt tivesse tido um desempenho inferior, Bart teria recebido muito menos — evitando qualquer clamor público, mas às custas da sociedade. O aumento no preço das ações, no entanto, não foi inteiramente devido a Bart — colegas contribuíram substancialmente para o sucesso da Reckitt, e o mercado global de ações também aumentou. Discutiremos essas complexidades importantes mais tarde. Por enquanto, o principal ponto é que não podemos rotular a remuneração de um líder como excessiva sem avaliar quanto ele fez o bolo da empresa crescer.

Ao mesmo tempo em que efetuou o saque, Bart também doou uma quantia ainda maior (110 milhões de libras) para seu fundo de caridade, que apoiava organizações como Save the Children e Médecins Sans Frontières. Então, até a fatia que foi para Bart foi reinjetada em benefício para a sociedade, mas isso foi muitas vezes excluído da cobertura feita pela mídia. Esse não é um caso isolado: 211 indivíduos e casais assinaram o Giving Pledge, um compromisso de doar mais da metade de sua riqueza. Os compromissos, atualmente, somam mais de US$500 bilhões.

A saída de Bart foi um prejuízo para a empresa e a sociedade. Não é à toa que, durante o clamor público, Bart "foi criticado por políticos, mas não por nenhum de seus principais acionistas". Mesmo que tivessem sido os investidores que tivessem arcado com o custo de 92 milhões de libras, eles reconheceram que Bart ajudou a criar 22 bilhões de libras em valor. A crítica pesada, que pode ter contribuído para sua saída, é um exemplo importante de como uma mentalidade de repartir o bolo pode obstruir seu crescimento.

A história de Bart é consistente com a visão de muitas pessoas sobre a remuneração de executivos. O nível de remuneração talvez seja a única evidência mais citada de que os negócios estariam desconectados da sociedade. Nos EUA, o CEO mediano do S&P 500 ganhou (em média) US$18,3 milhões em 2021, ou seja, 324 vezes a média do ganho dos trabalhadores — uma proporção que aumentou 8 vezes desde 1980, quando foi de 42 vezes. No Reino Unido, o CEO mediano da FTSE 100 ganhou 3,4 milhões de libras em 2021, 109 vezes mais do que o trabalhador mediano — uma razão que aumentou 7 vezes desde 1980, quando foi de 15 vezes. O *High Pay Centre*, um *think tank* do Reino Unido, celebra o 4 de janeiro de cada ano como o "Fat Cat Day" — o dia em que a renumeração a um CEO supera o que um colega mediano ganha em um ano inteiro. Essa alta remuneração é um fenômeno recente e parece refutar imediatamente qualquer argumento de que a remuneração se justificaria dado o talento de um CEO.

Os líderes não são, obviamente, mais talentosos atualmente do que o eram em 1980. Então por que a relação salarial aumentou na ordem de sete a oito vezes?

Nenhuma outra decisão da empresa, como lançamentos de produtos, estratégia de preços ou mesmo a pegada de carbono, atrai tanta atenção — e fúria — quanto o valor da remuneração de seus executivos. No passado, os políticos buscavam a aprovação dos eleitores prometendo reformas na saúde e na educação. Agora eles também prometem reformas na remuneração aos executivos de empresas. Na campanha eleitoral presidencial dos EUA em 2016, uma das poucas questões em que Donald Trump e Hillary Clinton concordaram foi que a remuneração dos executivos era muito alta. Clinton lamentou: "Há algo de errado quando o CEO norte-americano ganha trezentas vezes mais, em média, do que um típico trabalhador norte-americano." Trump, mais francamente, chamou a remuneração a determinado CEO de "uma piada total e completa" e "vergonhosa". Conforme mencionado na Introdução, o 46º presidente dos EUA, Joe Biden, destacou a necessidade urgente de uma reforma em relação ao aumento do nível de remuneração de CEOs. Jean-Luc Mélenchon, líder do Partido de Esquerda na França, quer limitar a vinte a relação entre a maior e a menor remuneração em uma organização. Da mesma forma, em janeiro de 2017, Jeremy Corbyn, então líder do Partido Trabalhista no Reino Unido, sugeriu uma remuneração máxima aos CEOs.

As reformas não só foram propostas, como também aprovadas. Em 2013, o público suíço votou por uma reforma na Constituição suíça "*gegen die Abzockerei*" (contra remunerações retroativas). Isso proibiu bônus de assinatura e indenização e deu aos investidores a possibilidade de voto vinculante sobre a remuneração ("say-on-pay"), que lhes permite vetar pacotes de remuneração de executivos. E a violação dessa norma é punível com até três anos de prisão. Em 2014, a União Europeia limitou os bônus aos banqueiros seniores para o dobro de seu salário. Em 2016, Israel retirou a dedutibilidade fiscal da remuneração dos banqueiros superior a 35 vezes o salário do trabalhador mais mal pago (ou 2,5 milhões de shekels, se for menor).

Há muitas razões pelas quais a remuneração ao CEO gera controvérsia. Ao pagar milhões a si mesmo, um líder dispõe de recursos que poderiam ser usados para pagar colegas ou investir em P&D. Pior ainda, o CEO pode cortar remunerações ou investimentos para atingir metas que lhe geram bônus. E os milhões que ele recebe contribuem diretamente para a desigualdade de renda, que vem aumentando quase constantemente desde meados da década de 1970.

Cada uma dessas preocupações é séria. Portanto, elas precisam ser avaliadas de maneira séria, com evidências de alta qualidade. Vamos começar pela primeira preocupação, de que a remuneração de um líder seria paga às custas dos stakeholders. A AFL-CIO, a maior federação de sindicatos dos EUA, divulga seus dados do Executive Paywatch sob o título "Mais para eles, menos para nós". A revista *Forbes* publicou um artigo argumentando que "os CEOs estão se apropriando de uma fatia muito grande do bolo às custas dos trabalhadores".

Esse argumento, no entanto, é baseado na mentalidade de repartir o bolo. O valor que pode ser realocado por meio da redistribuição das fatias do bolo é pequeno. O valor médio do patrimônio líquido no S&P 500 é de US$30 bilhões. Mesmo que um CEO estivesse disposto a trabalhar de graça, realocar seus US$18,3 milhões liberaria, no máximo, 0,06% do bolo.* (No Reino Unido, a remuneração do CEO da FTSE 100, de 3,4 milhões de libras, é 0,04% o tamanho médio da empresa, de 8,3 bilhões de libras.) Mesmo se agregássemos isso em todo o C-suite e contabilizarmos o efeito de queda no nível imediatamente abaixo, ainda assim seria ofuscado pelo aumento de valor desempenho social, que atinge muitos pontos percentuais, conforme discutido no capítulo anterior. Como os autores Yaron Brook e Don Watkins apontam, a mentalidade de repartir o bolo fazia sentido séculos atrás, quando a maior parte da riqueza estava na forma de imóveis – havia uma quantia fixa de retorno. Atualmente, a maior parte da riqueza é financeira, e a riqueza financeira pode ser gerada. Para que um líder seja mais bem pago, não é imprescindível que os colegas sejam mais mal pagos. Fatores não financeiros que afetam o bem-estar dos cidadãos podem ser melhorados da mesma maneira – reduzir as mudanças climáticas beneficia tanto os CEOs quanto os trabalhadores.

Isso não quer dizer que devemos ser indiferentes ao nível de remuneração. Quase toda a economia potencial (como a redução do uso de energia) se torna pequena quando você a divide por US$30 bilhões. Eles destacam, entretanto, que o valor da remuneração (seu *patamar*) é menos importante do que o modo como ela afeta o comportamento (que depende de sua *estrutura*). Ao contrário de Robin Hood, você não precisa roubar dos ricos para dar aos pobres. Como na história "O Sapateiro e os Elfos", a melhor maneira de dar aos pobres é criar valor diretamente.

A estrutura (dos modelos) de remuneração podem incentivar ou dificultar a criação de valor, de modo que a segunda preocupação – que os pacotes de remuneração possam distorcer o comportamento do CEO – é inteiramente válida. Como Michael Jensen e Kevin Murphy destacam em seu influente artigo publicado em 1990 na *Harvard Business Review*: "não é quanto você paga, mas como." Então, nossa linha de pensamento é a seguinte: *o objetivo da reforma da remuneração deve ser incentivar os líderes a criar valor de longo prazo para a sociedade, em vez de reduzir o nível de sua remuneração.*

Três dimensões da estrutura de remuneração são particularmente importantes, e cada uma leva a um resultado social desejável. *Sensibilidade* leva a *responsabilidade*; *simplicidade* leva a *simetria*; e *horizonte* leva a *sustentabilidade*. Discutiremos, a seguir, cada um desses elementos.

Sensibilidade

A remuneração ao CEO deve ser *sensível* ao desempenho – os líderes não devem receber milhões simplesmente por aparecerem no escritório. É por isso que nos referimos à remuneração como uma recompensa, em vez de uma compensação. O termo "compensação" transmite a ideia de que o duro trabalho do líder é tão desagradável que ele precisa ser compensado por isso. Essa diferença não é apenas semântica, tem a ver com a filosofia por trás do projeto de remuneração. Compensação é para *esforço*. Não está claro que o trabalho de um CEO, que alguns veem como alguém que vive ocupado, voando em jatos particulares e frequentando reuniões, despende mais esforço do que (digamos) o de um mergulhador de uma plataforma de petróleo. Dessa forma, um

* O 0,06% é uma superestimação significativa, pois é uma proporção do valor para os acionistas. O bolo inclui o valor para os acionistas e o valor para os stakeholders.

critério de compensação nunca poderia justificar o nível de remuneração do CEO. A recompensa, por outro lado, é pela *criação de valor*. A remuneração deve corresponder à *criação de valor recompensada*, em vez de ao *esforço compensado*.

Mensurar a criação de valor é difícil porque o bolo é composto por muitas fatias, e não está claro como podemos medi-las. A evidência indicada no Capítulo 4 mostra que o retorno *duradouro* das ações captura não apenas o valor para os acionistas, mas também diversas medidas de valor dos stakeholders. É reduzido pela divisão do bolo, como o corte de P&D ou o treinamento de trabalhadores, mesmo que essas ações ajudem a aumentar o preço delas no curto prazo. Consistente com o princípio da materialidade (empresarial), o retorno das ações em longo prazo coloca um peso maior sobre os stakeholders mais materiais. Por isso, é a melhor forma de medir o tamanho do bolo disponível, mesmo que não seja perfeito devido às externalidades.

A melhor maneira de *responsabilizar* um líder pelo retorno das ações em longo prazo é cortar sua remuneração, que ele recebe independentemente de seu desempenho, e lhe pagar mais em ações. Observe que esse remédio seria ignorado se adotado o critério padrão consistente no patamar da remuneração. Um patamar de US$18,3 milhões não revela se são US$18 milhões em dinheiro e US$0,3 milhão de ações ou US$18 milhões em ações e US$0,3 milhão em dinheiro. No entanto, esses dois esquemas têm efeitos consideravelmente diferentes sobre o quanto o CEO é responsabilizado por seu desempenho. Sob o primeiro ponto de vista, o CEO é um burocrata assalariado. Já por meio do último, é um proprietário que investiu — literalmente — em seu sucesso futuro, semelhante ao fundador de uma startup. Ele não consegue ganhar mais a menos que faça o bolo crescer; se o bolo murchar, sua fatia será menor. *Sensibilidade* leva a *responsabilização*.

Os líderes, na verdade, são pagos como donos? O conhecimento geral indica que não são. Um relatório de 2016 de Chris Philp, membro do Parlamento britânico, argumentou que "há evidências claras de que a alta remuneração do CEO não está mais fortemente associada ao desempenho, e dois estudos acadêmicos mostram claramente que a alta remuneração do CEO se correlaciona negativamente com o desempenho". Esses estudos usam dados dos EUA. O Relatório da Câmara dos Comuns de 2019 sobre a remuneração para executivos declarou que "não há nenhuma ligação perceptível entre o desempenho financeiro corporativo e as quantias pagas aos CEOs. Há evidências acadêmicas que sugerem que esse elo é, em qualquer caso, estatisticamente fraco ou inexistente", citando um terceiro artigo que utiliza dados do Reino Unido. Fora esses relatórios, os três estudos têm sido amplamente citados por profissionais da área, talvez porque confirmam crenças populares de que os CEOs não merecem a quantia que recebem.

Mas, conforme discutimos na Introdução, se determinado estudo indica um resultado, isso não significa automaticamente que este seja verdadeiro, porque existe uma enorme variação na qualidade dos estudos. De fato, nenhum desses três artigos foi publicado porque todos cometem um erro básico. Ao mensurar o vínculo entre remuneração e desempenho, eles consideraram somente o valor do *novo* subsídio que um CEO recebe em determinado ano. Isso não muda muito de ano para ano, é verdade — Steve Jobs era conhecido por receber US$1 por ano na Apple, independentemente de seu desempenho. Mas novos subsídios ignoram a principal fonte de incentivo de um líder — sua participação *atual* na empresa, que pode ser substancial. Apesar de sua remuneração fixa, Jobs se preocupava com o desempenho porque, além da motivação intrínseca, ele tinha mais de US$2 bilhões de sua riqueza investida em ações da Apple quando morreu, em outubro de 2011. De modo geral, o CEO médio da Fortune 500 detém US$67 milhões em patrimônio líquido. Portanto, uma queda de 10% no preço das ações lhe custaria US$6,7 milhões. Isso equivale a um corte salarial de US$10 milhões, sem os impostos (se o CEO não tiver ganhos de capital com os quais possa compensar essa perda). Para o Reino Unido, esses valores equivalem a 660 mil libras e 1,2 milhões de libras. Conforme observado pela PwC: "Analisar a remuneração usando apenas os valores pagos em um ano e ignorar o patrimônio líquido anteriormente concedido é como analisar o retorno de investimento com base em dividendos e ignorar o ganho de capital. Ou seja, não faz sentido."

A omissão também é cometida em muitos pronunciamentos. O senador norte-americano Bernie Sanders afirmou: "Os CEOs de Wall Street, que ajudaram a destruir a economia, não são objeto de registros policiais. Eles recebem aumento de remuneração." Embora esse pronunciamento tenha valor ultrajante, ele simplesmente não expressa a verdade, e nenhuma evidência que o confirme foi citada. O CEO da Bear Stearns, Jimmy Cayne, já teve uma participação de US$1 bilhão em sua empresa, que acabou sendo vendida por US$60 milhões. O CEO da Lehman, Dick Fuld, tinha mais de US$900 milhões em ações, que acabaram perdendo o valor quando a Lehman faliu. Certamente, esses CEOs permaneceram ricos, e é justo questionar se os reguladores devem ou não ter o poder de impor sanções (voltaremos a essa questão no Capítulo 10). Mas a alegação de que eles se beneficiaram da crise financeira é falsa.

Então a maioria dos CEOs tem uma grande participação nas ações da empresa que eles lideram. Será que isso, de fato, melhora o desempenho deles? Analisemos as evidências. Ulf von Lilienfeld-Toal e Stefan Ruenzi estudaram a relação entre a propriedade voluntária de ações do CEO e o retorno das ações em longo prazo ao longo de 23 anos. Empresas com grandes participações de CEOs superam de 4% a 10% ao ano aquelas com pequenas participações, muito acima do ganho máximo de 0,06% resultante da divisão do bolo de maneira diferente. Muito mais valor é criado incentivando-se adequadamente o CEO do que é economizado ao cortar sua remuneração. As empresas também tiveram um maior retorno sobre os ativos, a produtividade no trabalho, a eficiência de custos e investimento, tudo consistente com o crescimento do bolo.

É claro que a correlação não implica causalidade. Uma interpretação é a de que o incentivo funciona — a posse de muitas ações hoje faz com que os CEOs melhorem o preço das ações futuramente. Mas talvez a causalidade ocorra de maneira oposta. Quando os líderes esperam que o preço das ações esteja alto amanhã, eles pedem ao conselho para pagá-los em ações, em vez de dinheiro, ou eles mesmos compram ações. De qualquer forma, o fato é que eles detêm mais ações hoje.

Para testar se a primeira explicação é verdadeira, Ulf e Stefan estudaram se o efeito é maior em ambientes nos quais os líderes são mais propensos a se importar com incentivos, porque, assim, não seriam responsabilizados pelo desempenho ruim. Esses são os casos em que poucas instituições têm ações da empresa, existem poucos concorrentes no setor, as defesas contra a aquisição involuntária são fortes, o CEO fundou a empresa e o crescimento recente das vendas é alto. (Os dois últimos fatores tornam menos provável que o conselho demita o CEO.) Em todos os cinco casos, a relação entre a posse das ações e o retorno em longo prazo é mais forte, sugerindo que a primeira causa o segundo.

Não é óbvio que os incentivos melhoram o desempenho. Um argumento comum é o de que eles são irrelevantes, porque os líderes devem ter motivação intrínseca suficiente. Um CEO farmacêutico deve inventar novos medicamentos para transformar a saúde dos cidadãos, em vez de encher seu bolso. Quando John Cryan se tornou CEO do Deutsche Bank, em julho de 2015, ele disse: "Não faço ideia de por que me ofereceram um contrato com um bônus, porque prometo que não trabalharei mais ou menos em qualquer ano e qualquer dia porque alguém me pagará mais ou menos por isso." Esse pronunciamento é frequentemente citado como "evidência" de que os incentivos são desnecessários, mas a alegação de Cryan de que ele trabalharia tão duro sem responsabilidade financeira não é passível de verificação. Apesar de seu pronunciamento, Cryan aceitou o componente bônus de seu contrato, mas o Deutsche Bank acabou realizando perdas a cada ano de seu mandato, então ele se sentiu pressionado a pedir demissão.

Não há dúvida de que a motivação intrínseca é importante. Se sua empresa tem um CEO para quem a motivação intrínseca não é suficiente, então você escolheu o CEO errado. A solução é demiti-lo, e não lhe conceder mais participação em ações. Mas os resultados de Ulf e Stefan sugerem que os incentivos ainda podem ter um efeito incremental, além da motivação intrínseca, que já deve ser abundante.

As pessoas agem de maneira diferente quando são proprietárias. Os inquilinos deveriam cuidar da propriedade, mas mesmo um inquilino honesto e consciente cuidaria ainda mais de uma casa se ele fosse o dono. A motivação intrínseca deve impulsionar o líder para garantir um bom desempenho. Mas, muitas vezes, isso envolve decisões muito difíceis, como admitir um erro passado e reverter uma estratégia que o próprio CEO elaborou. É possível que mesmo líderes honestos nem sempre tomem essas iniciativas complicadas. Complementar a motivação intrínseca, colocando uma quantia substancial de riqueza em jogo, pode fazer com que o desempenho vá de bom para ótimo, que é o que Ulf e Stefan descobriram.

Além de impulsionar a criação de valor, os incentivos também restringem a destruição de valor. Na Parte I deste livro, vimos que as doações para instituições de caridade não satisfazem o princípio da vantagem comparativa, mas um CEO tem incentivos privados para fazê-las. O estudo de Ron Masulis e Walid Reza, que se encontra no Capítulo 4, descobriu que um aumento de 10% na participação do CEO nas ações reduz a probabilidade de doação corporativa em 40%. Quando o CEO é acionista, ele pensa duas vezes antes de gastar o dinheiro dos acionistas.

Outro argumento contra incentivos é o de que, embora não sejam irrelevantes, eles afetam o desempenho, mas de maneira negativa. Muitos estudos mostram que os incentivos são um tiro no pé, porque o trabalhador foca apenas na medida de desempenho que está sendo recompensada. Em 1902, o governo colonial francês que governava o Vietnã queria incentivar caçadores de ratos a matar mais ratos. Para que o local não ficasse inundado de cadáveres de ratos, o governo pediu aos caçadores que trouxessem as caudas dos ratos para serem pagos. Mas isso incentivou os caçadores a apenas cortar as caudas dos ratos enquanto os mantinham vivos, para que pudessem continuar a procriar e, assim, ter mais caudas a serem cortadas. Em um exemplo mais moderno, pagar professores com base nas notas das provas poderá incentivá-los a ensinar apenas o que será cobrado na prova, em vez de incutir amor pela aprendizagem e respeito pela autoridade. Todos esses problemas são resumidos de modo sucinto no título do artigo clássico de Steven Kerr, "Sobre a loucura de se recompensar A enquanto se espera por B".

Mas esses estudos geralmente investigam trabalhadores, e não CEOs, para os quais não há uma medida de desempenho abrangente. Os resultados dos testes capturam apenas uma pequena proporção do que a sociedade espera de um professor. Mas para os CEOs, há uma medida razoavelmente abrangente — o preço das ações no longo prazo, que incorpora tanto o valor para os stakeholders como o valor para os acionistas.

Além de mostrar que os incentivos são importantes, o estudo de Ulf e Stefan mostra que os CEOs também o são. Uma crítica comum às altas remunerações, mesmo em empresas bem-sucedidas, consiste em dizer que o líder só desempenha um papel pequeno. Há milhares de outros trabalhadores, e a empresa pode já ter prosperado antes de o CEO ter assumido. Esses outros fatores são claramente importantes — mas Ulf e Stefan mostram que os líderes também o são. Eles compararam as empresas apenas por seu nível de participação acionária do CEO e mantiveram o maior número possível de fatores. O fato de o CEO deter mais ações, por si só, levou a um maior retorno em longo prazo — assim como mudar o treinador de uma equipe desportiva poderá melhorar drasticamente o desempenho dos jogadores, mesmo que estes permaneçam os mesmos.

Outras evidências também apontam para a importância dos CEOs. Quando Tidjane Thiam anunciou sua saída da Prudential para o Credit Suisse, as ações da Prudential caíram 3,1% (1,3 bilhão de libras), e as do Credit Suisse subiram 7,8% (2 bilhões de libras). Mas isso é só uma história, e talvez as ações da Prudential tenham caído não porque Tidjane criou valor, mas porque sua saída sinalizou problemas ocultos dentro da empresa (uma *variável omitida*). Para passar da correlação para a causalidade, Dirk Jenter, Egor Matveyev e Lukas Roth investigaram o que acontece quando os CEOs morrem. Ao contrário de uma demissão, a morte não é voluntária, então é improvável que se deva a problemas dentro da empresa. Quando os CEOs mais jovens morrem, o preço das ações cai 4,2%, enquanto as mortes de CEOs mais velhos provocam um aumento na ordem de 3,6%. A principal mensagem para nossos propósitos não é tanto que os CEOs mais jovens tendem a ser melhores do que os CEOs mais velhos, mas que a escolha do CEO importa. A diferença entre um CEO bom e um ruim é de cerca de 7,8% (4,2% + 3,6%), o que é muito maior do que o nível de remuneração do CEO. *É caro contratar um bom CEO — mas é ainda mais caro contratar um ruim.*

Você ainda pode ser cético. Eu informei que é improvável que a morte do CEO se deva a problemas dentro da empresa. Mas talvez esses problemas o tenham levado a sofrer um ataque cardíaco. Então, o desempenho fraco da empresa causou sua morte, em vez de a morte causar o baixo desempenho. Nessa linha, Morten Bennedsen, Francisco Pérez González e Daniel Wolfenzon investigaram a morte de membros da família de um CEO, que provavelmente não são causadas por estresse relacionado aos problemas da empresa. Se o cônjuge do CEO, pais, filhos ou irmãos morrem, isso desvia a atenção dele. Se o CEO não importasse, outros executivos poderiam substituí-lo. Em contrapartida, o estudo constatou que a rentabilidade cai em 12% de seu nível médio. A exceção é que, se a sogra do CEO morrer, os lucros aumentarão (embora o efeito seja estatisticamente insignificante).

Mesmo que o líder seja um contribuinte significativo, ele não é o único responsável pelo desempenho em longo prazo da empresa. De fato, os esquemas de pagamento atuais reconhecem isso — os CEOs das grandes empresas norte-americanas recebem menos de 0,4% de qualquer aumento no valor da empresa. E os colegas também devem ser recompensados por melhorias de desempenho, conforme enfatizarei em breve.

Simplicidade

Em 2015, a BP sofreu a maior perda de sua história — US$6,5 bilhões. Essa foi uma grande reviravolta, em comparação com seu lucro de US$3,8 bilhões em 2014. A BP argumentou que uma medida diferente, o "lucro subjacente ao custo de reposição", era mais relevante, pois excluía itens pontuais como o Deepwater Horizon e a queda nos preços do petróleo e do gás. Mas mesmo essa fração caiu de 66 para 32 centavos por ação. Os investidores sofreram com uma queda de 14% no preço das ações, e 5.400 colegas perderam o emprego.

No entanto, a BP aumentou a remuneração do CEO, Bob Dudley, de US$16,4 milhões para US$19,6 milhões. E os investidores não podiam fazer nada sobre isso. Embora 59% tenham votado contra o pacote de remuneração, a votação foi apenas consultiva, e não vinculante. A BP prosseguiu com o valor e informou que estava simplesmente seguindo a política de remuneração que 96% dos investidores haviam aprovado no ano anterior.* E a BP estava certa.

Parecia muito simples enxergar que Dudley havia tido um desempenho abaixo do esperado, então, como a aplicação da política de remuneração resultou em um aumento alarial de 20%? Isso aconteceu porque o pacote de remuneração dele não era simples, mas muito complexo. Havia seis componentes para a remuneração total de Dudley; visando brevidade, focaremos em apenas dois. Um deles era *ações de desempenho*. Ao contrário das ações-padrão consideradas até agora, nesse caso, a quantidade de ações em que Dudley "investiu" — que ele recebeu — dependia de diversas medidas de desempenho diferentes: retorno total para os acionistas (TSR — aumento do preço das ações mais dividendos), fluxo de caixa operacional, segurança e risco operacional, relação de reposição de reservas relativas e entrega de grandes projetos. Cada medida de desempenho tinha uma meta própria, e as diferentes mensurações foram combinadas e calculadas por meio de uma fórmula. Essa fórmula resultou em um valor de US$7,1 milhões em ações, 78% do máximo a que Dudley tinha direito — apesar de seu fracasso em dimensões-chave.

---

* No Reino Unido, os investidores têm dois votos sobre remuneração. Um deles está no relatório de política prospectiva, que estipula como a empresa determinará o pagamento no futuro — por exemplo, como o pagamento será vinculado a métricas de desempenho e à existência de quaisquer pagamentos de saída. Aqui, as empresas são obrigadas a adotar um voto vinculante pelo menos uma vez a cada três anos. Esse é o relatório para o qual a BP teve 96% de apoio em 2014. O segundo está no relatório de implementação retrospectiva, que descreve como o conselho determinou o pagamento realizado ao longo do ano anterior, para o qual a votação é anual e consultiva. Esse é o relatório para o qual a BP teve 59% de oposição em 2015.

O segundo foi o bônus em dinheiro de Dudley, que dependia de ainda mais medidas. Era tão complexo, que a sociedade, a mídia e até mesmo grandes investidores não conseguiam entender por que Dudley ganhou tanto. Ashley Hamilton Claxton, chefe de Investimento Responsável da Royal London Asset Management, foi uma das investidoras. Conforme ela explicou: "Esse aumento proposto é, ao mesmo tempo, irracional e insensível. Em um ano em que a BP reportou sua pior perda anual, ela decidiu aumentar drasticamente a remuneração do Sr. Dudley... Isso mostra que o conselho de administração está alienado."

Mas como ocorre em muitos problemas, os argumentos não são todos unidirecionais. Embora a BP tenha tido um desempenho inferior em algumas dimensões, em outras, seu desempenho foi superior ao esperado. Os acidentes com trabalhadores caíram 23% em relação ao tempo trabalhado, e a segurança foi uma prioridade estratégica fundamental depois do Deepwater Horizon. A queda de 14% no preço das ações da BP foi menor do que a queda sofrida por seus pares, de 18%. Isso mostra quanto da queda da BP foi devido à queda do preço do petróleo, que estava fora do controle de Dudley.

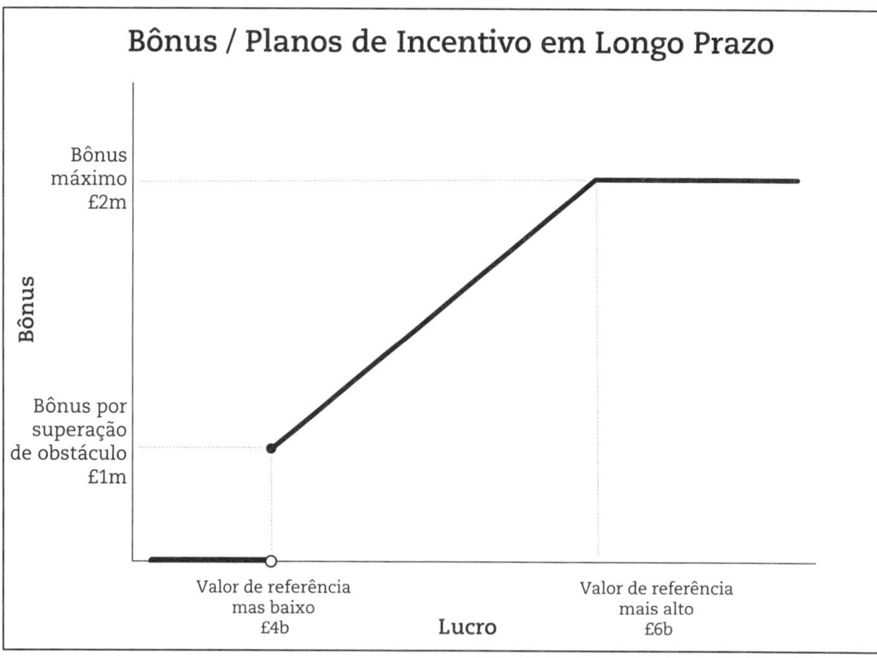

Figura 5.1*

Pessoas razoáveis podem discordar com relação a se os US$19,6 milhões de Dudley foram justificados. Em vez disso, focaremos a complexidade de sua estrutura salarial – que é compartilhada por muitas empresas, não apenas pela BP. Um bônus normalmente remunera o CEO de acordo com diversas medidas de desempenho. Às vezes,

* O eixo horizontal não está em escala.

essas medidas podem ser calculadas ao longo de muitos anos; nesse caso, o bônus é conhecido como um *plano de incentivo de longo prazo* (ILP). Para cada medida (por exemplo, lucro), há um limite menor (por exemplo, 4 bilhões de libras), que o líder deve superar para receber qualquer bônus; se ele fizer isso, vamos supor que ele receba 1 milhão de libras. Como queremos que o desempenho dele seja ótimo, e não apenas bom, o bônus aumentará se os lucros ficarem acima de 4 bilhões de libras. Mas não queremos que ele seja remunerado em demasia, então limitamos o bônus a 2 milhões de libras quando os lucros atingirem 6 bilhões de libras. A Figura 5.1 ilustra isso.

As ações de desempenho funcionam de maneira semelhante. Na Figura 5.2, o CEO recebe 100 mil ações no valor de 1 milhão de libras a um preço de 10 libras por ação, se o lucro for de 4 bilhões de libras. À medida que o lucro aumentar, ele receberá mais ações, até um máximo de 280 mil ações, se o lucro for de 6 bilhões de libras. Acima dos 6 bilhões de libras, o número de ações não aumentará, mas seu valor sim (uma vez que o lucro mais elevado aumenta o preço das ações).

Parece justificável que essas estruturas sejam complexas, porque precisam ponderar muitas considerações. Um limite mais baixo parece perigoso para fornecer incentivos, de modo que o CEO seja recompensado apenas pelo bom desempenho. O limite também garante a equidade – os trabalhadores comuns não recebem um bônus por resultados médios, então os líderes também não devem recebê-lo. Precisamos ajustar a meta inferior para que seja ambiciosa, mas também alcançável; caso contrário, não daria nenhuma motivação. Uma queda de 23% nos acidentes com lesões foi uma melhora suficiente para fazer com que Dudley merecesse um bônus? Isso não está claro, então talvez precisemos de uma análise detalhada.

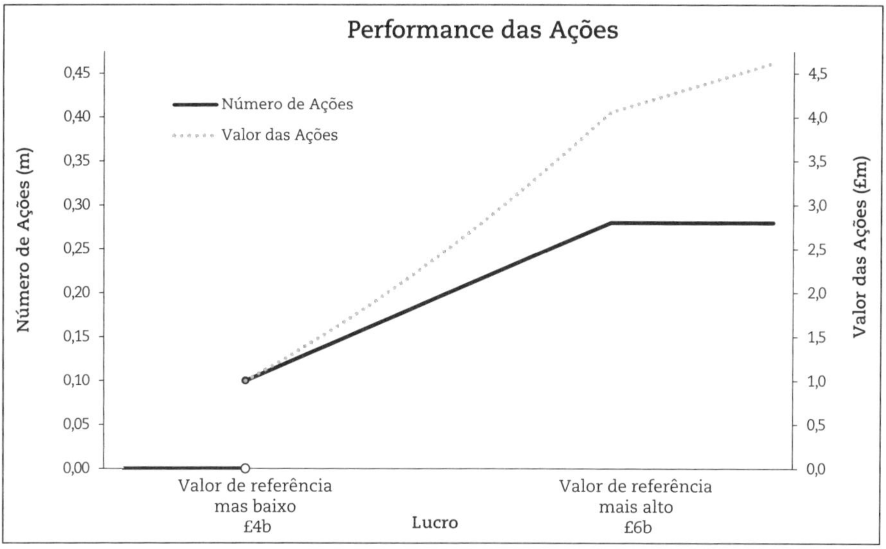

Figura 5.2

A inclinação da linha após a meta de 4 bilhões de libras deve ser alta o suficiente para incentivar melhorias adicionais, mas não muito íngreme, caso contrário, o CEO capturará muito dos ganhos. Além disso, precisamos de um limite superior, para evitar que a remuneração se torne ilimitada. Assim, para uma única dimensão de desempenho, precisaremos decidir dois limiares e uma inclinação.

Mas a complexidade não para por aí. Uma vez que o trabalho do CEO é multifacetado, seu desempenho não poderá ser reduzido a uma única medida, como o lucro. O lucro pode ser inflado por meio de ações em curto prazo, por isso, queremos medidas financeiras em longo prazo, como a relação de reposição de reservas relativas.* Uma empresa que faça o bolo crescer deverá trabalhar em favor da sociedade de modo abrangente, então precisaremos de métricas não financeiras, como a segurança. Assim, uma vez que decidimos sobre um conjunto abrangente de medidas financeiras e não financeiras, precisamos calculá-las. Deve ser 52% sobre o lucro, 27% sobre segurança e 21% na relação de reposição, ou alguma outra fórmula? Mais uma vez, talvez uma planilha gigantesca possa nos dar a resposta.

Esse problema é tão intrincado, que os conselhos de administração têm um "comitê de remuneração" que se empenha para chegar a uma solução. Esses comitês, por sua vez, contratam consultores de remuneração para aconselhá-los, custando a uma empresa típica da Fortune 100 US$250 mil por ano. De acordo com o que foi discutido, o efeito dos incentivos em relação ao valor em longo prazo é tão grande, que esse tempo e dinheiro serão bem gastos se a complexidade realmente melhorar a eficácia do CEO. E os argumentos anteriores sugerem que ela deveria melhorar.

Mas será mesmo que vai? Vamos às evidências. Ben Bennett, Carr Bettis, Radha Gopalan e Todd Milbourn estudaram 974 empresas ao longo de 15 anos e descobriram que as elas eram significativamente mais propensas a atingir apenas o limite mais baixo do que deixar de atingi-lo por pouco. Isso parece sugerir que os incentivos funcionam — talvez, sem surpresa, as metas de desempenho encorajem os líderes a atingi-las.

Mas elas não os encorajam a criar valor. Parafraseando Steven Kerr, elas recompensam A, mas a sociedade e os investidores querem B. Os pesquisadores estudaram quais atitudes os CEOs tomaram para atingir as metas. Os líderes que apenas cumprem a meta investem significativamente menos em P&D do que aqueles que deixaram de alcançá-la, sugerindo que, para atingir as metas, houve um corte em P&D. Os líderes que atingem a meta também realizam mais acréscimos discricionários, uma forma de usar políticas contábeis para aumentar os ganhos reportados.† Assim, planos de incentivo "de longo prazo", de fato, levam ao foco no curto prazo, à medida que o fim do período de avaliação se aproxima. Isso destaca um problema fundamental de qualquer abordagem baseada em metas: dimensões que não sejam objeto de metas não são priorizadas. Mesmo que um bônus inclua fatores não financeiros, como a segurança, ele pode incentivar o baixo desempenho em outras áreas que não a financeira, como a cultura corporativa.

---

* Isso mede a quantidade de novas reservas de petróleo e de gás descobertas em relação à quantidade de petróleo e de gás extraída das reservas existentes.

† Os acréscimos surgem quando existe uma diferença temporal entre a receita e a realização do caixa — por exemplo, uma revista que recebe dinheiro de assinaturas antecipadamente, mas apenas "ganha" o dinheiro quando envia futuras edições mensais da revista. Existem muitas razões legítimas para justificar os acréscimos, mas elas não explicam por que eles devem ser significativamente mais altos para empresas que apenas cumprem metas de rentabilidade do que as empresas que deixam de atingi-las por pouco.

Outro problema, ainda, é que o CEO pode correr riscos excessivos. Digamos que os lucros estejam abaixo de 4 bilhões de libras, então ele não espera nenhum bônus. Se ele realizar um projeto arriscado, há 50% de chance de lucro, em vez de 3 bilhões de libras ou 4,5 bilhões de libras. O lucro esperado com o projeto é de 3,75 bilhões de libras, em comparação com pouco menos de 4 bilhões de libras sem ele, de modo que o projeto é ruim para a empresa, mas é bom para o líder. Se o projeto for bem-sucedido e o lucro for de 4,5 bilhões de libras, ele receberá um bônus de 1,25 milhão de libras. Se o projeto falhar, ele não receberá nada, mas também não teria recebido nada sem o projeto. O bônus dá ao CEO uma chance de aposta unidirecional — incentivando a tomada de risco, mesmo que seja para fazer o bolo murchar. Isso leva à *assimetria*.

E os problemas não se limitam à porção inferior das metas. Se os lucros forem um pouco acima de 6 bilhões de libras, não haverá mais vantagens. Em vez de inovar, o CEO poderá ser excessivamente conservador. Se o líder tiver um projeto arriscado com 50% de chance de lucro de 7 bilhões de libras e 50% de chance de lucro de 5,5 bilhões de libras, o lucro esperado será de 6,25 bilhões de libras, então o projeto será considerado bom. Se for exitoso, o CEO receberá o bônus máximo (2 milhões de libras), mas ele o teria recebido de qualquer maneira. Se o projeto falhar, o bônus cairá. Então o CEO é incentivado a realizar uma aposta unidirecional em outra direção — desencorajando a tomada de decisão de risco, mesmo que esta fosse fazer o bolo crescer. De fato, Ben, Carr, Radha e Todd descobriram que, em situações em que a remuneração se afunila além de determinada meta, os líderes entregarão resultados atingindo a meta ou apenas um pouco acima dela, em vez de atingirem muito além dela.

Esses limiares não fazem sentido. Se o desempenho em longo prazo for ruim (3 bilhões de libras), em vez de medíocre (4 bilhões de libras), quem perde é a sociedade. E a sociedade ganha se o desempenho em longo prazo for ótimo (7 bilhões de libras), em vez de bom (6 bilhões de libras). Mas para o bônus, não haverá diferença entre ruim e medíocre ou entre ótimo e bom.

Todos os problemas descritos surgem mesmo que um bônus tenha uma única medida de desempenho. Se as empresas tiverem múltiplas medidas de desempenho, porque não há clareza sobre como ponderá-las, maior será a complexidade. Adair Morse, Vikram Nanda e Amit Seru descobriram que as ponderações podem mudar após o fato, para conferir equilíbrio à dimensão em que o líder se saiu melhor. Quanto mais complexo é um sistema, mais fácil será manipulá-lo, porque haverá mais dimensões para manipular.

Qual é a solução? É a simplicidade — substituir bônus orientados por fórmulas por ações-padrão que o CEO não poderá vender por muitos anos (conhecidas como "ações restritas"). O valor dessas ações é *automaticamente* sensível ao desempenho. Como depende do preço das ações ao longo de muitos anos, então não há necessidade de estabelecer condições complexas de desempenho ou escolher medidas, ponderações ou limiares específicos.

Ações restritas levam a *simetria* ao longo de três dimensões. Em primeiro lugar, o efeito do desempenho sobre a remuneração será consistente para todos os níveis de desempenho. Isso é mostrado pela inclinação constante da linha pontilhada na Figura 5.3, que ilustra o que acontece se removermos a meta de lucro de 4 bilhões de libras e, em vez disso, reduzirmos pela metade o número de ações. O líder ganha com o aumento do lucro em todos os níveis e perde em todos se houver uma redução do lucro. Não há saltos salariais ao atingir uma meta, removendo incentivos para cortar P&D e correr mais riscos de fazê-lo. O CEO será recompensado por entregar um fluxo de desempenho, em vez de simplesmente cumprir metas de desempenho.

Em segundo lugar, as ações restritas evitam as assimetrias associadas à ênfase em medidas específicas de desempenho. O retorno das ações em longo prazo captura quase todas as ações que afetam o valor em longo prazo, incluindo as que impactam os stakeholders, e as equilibra de acordo com sua materialidade, por isso não precisamos de um esquema de cálculo arbitrário. A avaliação ainda será necessária para determinar quanto em ações deve ser concedido, e é aqui que o conselho de administração pode considerar externalidades que mesmo o retorno das ações em longo prazo não levaria em conta. Também é necessária uma avaliação para determinar por quanto tempo as ações devem ficar presas (sem possibilidade de o CEO as vender), conforme discutiremos em breve. Mas um problema que antes era considerado complexo passa a ser reduzido a duas dimensões: quantas ações conceder ao CEO e por quanto tempo impedi-lo de vendê-las.

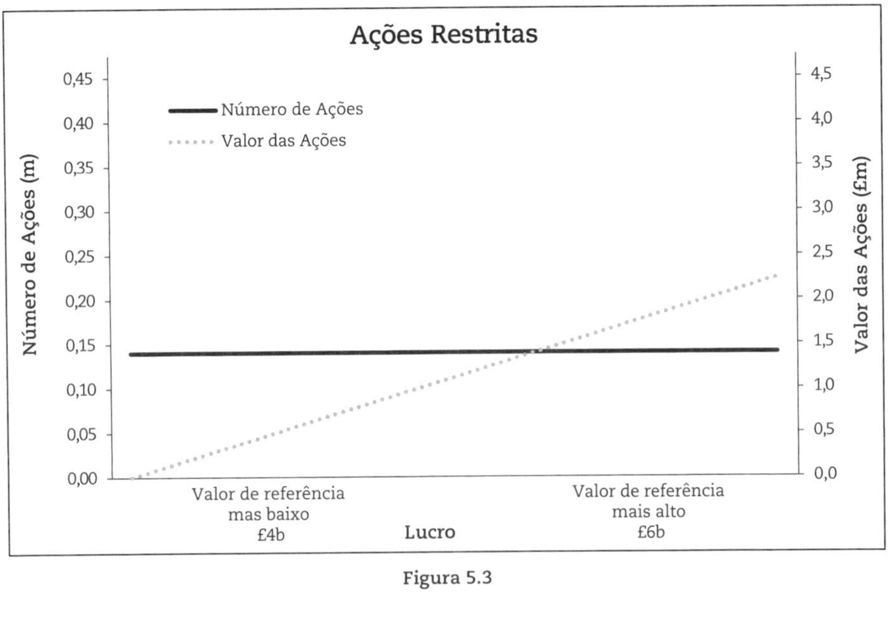

Figura 5.3

Uma terceira dimensão da simetria consiste no fato de as ações restritas também poderem ser concedidas a trabalhadores. Isso garante que o sucesso da empresa que ajudaram a alcançar seja compartilhado com eles. Quando a empresa de engenharia The Weir Group introduziu ações restritas para seus executivos em 2018, ela lançou simultaneamente um plano de participação de todos os trabalhadores para seus colegas. Se uma empresa for bem-sucedida, ela nunca dependerá apenas do CEO. Enquanto Bart Becht criou uma cultura inovadora, foram os trabalhadores que projetaram os novos produtos Finish e reduziram as embalagens plásticas do Vanish. Se tanto os líderes quanto os trabalhadores receberem ações, os líderes não ganharão sem que os trabalhadores também ganhem. Mas se os líderes receberem bônus e os trabalhadores receberem ações, o bônus poderá ser pago mesmo que o preço das ações caia, levando a preocupações a respeito de "uma regra para eles, outra para nós".

De fato, as evidências mostram que os esquemas de remuneração em ações não executivos geralmente estão associados a um maior desempenho das empresas. Han Kim e Paige Ouimet mostram que esse vínculo é maior quando o esquema é motivado pelo desejo de compartilhar sucesso com os colegas, em vez de defender a empresa contra aquisições hostis ou economizar dinheiro (já que as ações podem substituir os salários). Yael Hochberg e Laura Lindsey descobriram que o efeito é mais forte em empresas com mais oportunidades de crescimento, em que as ideias ou os esforços de um trabalhador tenham um efeito particularmente grande. É importante ressaltar que os benefícios só surgem quando o patrimônio líquido é amplamente distribuído por toda a empresa, em vez de direcionado a determinados grupos (como a equipe de P&D). Isso é consistente com a ideia de que conceder ações a um trabalhador o encoraja não só a trabalhar duro nas próprias tarefas, como também a ajudar os colegas, mantê-los com o padrão elevado e promover uma cultura de desempenho em toda a organização. Fundamentando essa ideia, os efeitos da remuneração em ações de base ampla são mais fortes em pequenas empresas, nas quais tanto o esforço individual quanto a ajuda ou o monitoramento de outras pessoas têm um efeito maior no desempenho geral.

Existem algumas possíveis preocupações com relação ao pagamento de executivos por meio de ações. De fato, nenhum plano de remuneração será perfeito — mas, conforme observou o filósofo Voltaire, o perfeito é inimigo do bom. E muitas das preocupações frequentemente expressadas, na verdade, são muito menos graves do que aparentam. Vamos discutir algumas delas:

- *Mesmo o retorno das ações em longo prazo depende de fatores fora do controle do executivo, como a alta do mercado de ações. Então o executivo recebe um montante inesperado.*

A ascensão do mercado beneficia a todos. As empresas compram mais insumos de fornecedores e contratam novos trabalhadores; os trabalhadores existentes se beneficiam se receberem ações, e os investidores também ganham. O alto valor das ações dos líderes não se deve à retirada de fatias do bolo de outros membros, já que todo o bolo cresce durante uma ascensão do mercado. Se um CEO fosse pago em dinheiro, em vez de em ações, ela provavelmente investiria no mercado de ações mais amplo, portanto, ainda se beneficiaria de qualquer ascensão do mercado. É muito melhor para um CEO investir na própria empresa, cujo valor está parcialmente sob seu controle, do que em empresas que ele não controla.

O efeito funciona para os dois lados. Se houver um declínio no mercado de ações, investidores e stakeholders sofrerão — e o líder também sofrerá se tiver valores substanciais investidos na empresa. Mas se ele foi pago em dinheiro, isso não acontecerá.

Apesar dos argumentos, a ascensão inesperada do mercado ainda pode ser uma preocupação devido à visibilidade. Em dezembro de 2017, a construtora britânica Persimmon anunciou que as opções de ações do CEO Jeff Fairburn valiam 110 milhões de libras — fazendo com que o presidente Nicholas Wrigley renunciasse, pois ele foi culpado pela alta remuneração de Fairburn. Embora o valor de mercado da Persimmon tenha subido 8 bilhões de libras desde que as opções haviam sido concedidas, em fevereiro de 2012, grande parte disso foi em virtude das baixas taxas de juros e do esquema "Help to Buy" do governo britânico, que haviam impulsionado o mercado imobiliário. É verdade que, se Fairburn tivesse recebido dinheiro, em vez de opções em 2012 e investido na Persimmon, teria ganho uma quantia semelhante. Também é verdade que, se as taxas de juros tivessem subido e o mercado imobiliário entrado em colapso, essas opções não valeriam nada. Mas esses argumentos não foram considerados — o que poderia ter acontecido em circunstâncias diferentes é muito menos visível do que aquilo que, de fato, aconteceu.

Se a visibilidade for uma grande preocupação, outra solução será usar ações indexadas cujo valor seja dependente da TSR em relação aos pares do setor. Isso garantirá que o CEO não seja recompensado por condições favoráveis do setor produtivo fora de seu controle. A desvantagem é que ele será blindado em relação a crises, o que parece injusto se os colegas estiverem perdendo seus empregos, e os investidores, suas economias.

- *Com bônus, está claro o que o executivo deve fazer para ser pago: atingir uma meta de lucro de 4 bilhões de libras ou uma meta de crescimento de vendas de 5%. O retorno das ações em longo prazo está tão distante, que o executivo não sabe como atingi-lo.*

Isso é verdade — *e é precisamente o cerne da questão.* É tão claro quanto cumprir metas de curto prazo, e é por isso que elas incentivam a manipulação. É muito mais difícil melhorar o retorno das ações em longo prazo de modo instrumental — porém isso é um subproduto do crescimento do bolo. Remover metas liberta o líder de tentar atingi-las e, em vez disso, deixa seu caminho livre para criar valor. Ele fará isso com a garantia de que será recompensado após o acontecido, uma vez que criar valor geralmente melhora o retorno em longo prazo. Com ações, o CEO é dono da empresa; ele pensa e age como um proprietário, em vez de como um forasteiro contratado que está focado em maximizar seu bônus.

- *Com a remuneração para o executivo baseada em ações, ela é ilimitada. Como o valor em longo prazo pode subir sem limites, o valor das ações do executivo também pode subir do mesmo modo.*

A Pieconomics ressalta que o principal problema não é remunerar generosamente um líder — dando-lhe uma grande fatia do bolo —, mas, sim, não fazer o bolo crescer. Com a remuneração baseada em ações, o líder receberá mais *somente* se o valor vier a ser criado. Seu ganho não se dará às custas da sociedade; será um resultado da criação de valor. Se houver um limite superior, o CEO poderá se aproximar dele — conforme o estudo de Ben Bennett e coautores descobriu.

- *Se retirássemos o limite de ações de desempenho, o executivo receberia suas ações independentemente do desempenho. A relação entre riqueza e desempenho seria substancialmente mais fraca – ele efetivamente receberia ações gratuitamente.*

Remunerar um executivo com ações não significa simplesmente remunerar mais – a empresa deverá baixar as outras formas de remuneração do CEO para que seu pacote total não seja alterado. Essa observação é comumente negligenciada. O salário de Bart Becht foi criticado por ter origem "de esquemas de ações baratos e gratuitos entregues a ele desde que a empresa foi criada, em 1999". Mas as ações conferidas a Bart não eram uma esmola grátis. Em vez de remunerá-lo apenas em dinheiro, em 1999, a Reckitt Benckiser reduziu sua remuneração em dinheiro e passou a pagar metade do valor em ações. Na verdade, fazer isso é como pagar o salário inteiro do CEO com dinheiro e, depois, fazê-lo comprar ações. Essa é uma reforma frequentemente sugerida e que permite que o líder programe suas compras de ações para coincidir com as baixas no preço. Essa possibilidade não existirá se ele for pago apenas em ações.

E não é necessário ter metas para vincular a riqueza ao desempenho. Ouvi alguns investidores argumentarem contra ações restritas, chamando-as de pagamento fixo porque o número não dependeria do desempenho. Isso não faz sentido, porque seu valor depende muito do desempenho. Lembre-se de que um CEO nos Estados Unidos sofre o equivalente a um corte salarial de US$6,7 a US$10 milhões a cada queda de 10% no preço das ações, mesmo sem condicionamento ao desempenho. As metas só o responsabilizam por medidas de desempenho com que investidores orientados em longo prazo não deveriam se importar. Gerar uma queda repentina na remuneração se o CEO deixar de atingir uma meta simplesmente dá incentivos de curto prazo para atingi-la.

De fato, ações não condicionadas ao desempenho são exatamente o que os investidores detêm – outra dimensão de *simetria*; portanto, conceder ações aos CEOs promove um alinhamento total entre eles e os investidores. Eles serão pagos exatamente da mesma forma que os investidores. O retorno para os investidores aumentará e diminuirá com o preço das ações, em vez de depender de fórmulas complicadas. Os investidores não receberão mais ações de repente se os lucros ultrapassarem um limite, nem perderão suas ações se eles caírem abaixo do limite, então o mesmo deve ocorrer com o CEO.

Assim como as ações não são gratuitas, as metas não deverão ser removidas gratuitamente. Uma vez que a remoção elimina o risco de perda de ações, os CEOs deverão aceitar menos ações em troca. Quando o Grupo Weir passou de LTIPs para ações restritas, em 2018, ele aplicou um desconto de 50%. Mas uma alternativa melhor seria o *aumento* em ações e o corte nas demais formas de remuneração. Na Figura 5.4, a linha sólida representa um pacote composto por 1,2 milhão de libras de remuneração em dinheiro, mais as ações de desempenho mostradas na Figura 5.2. A linha pontilhada representa um novo pacote que consiste em 0,5 milhões de libras de remuneração em dinheiro, mais um nível aumentado de remuneração em ações, indicado na Figura 5.3.

Um CEO aceitaria isso? Ele deveria – particularmente se observar a perspectiva de reformas alternativas que visam reduzir a renumeração total. Em primeiro lugar, a remuneração esperada não cairá, porque a remuneração mais baixa será compensada por mais ações não atreladas a condições de desempenho. A linha é mais alta em alguns lugares e mais baixa em outros. Em segundo lugar, o risco em relação à sua riqueza global (a inclinação da linha) não subirá. O risco substancial que o CEO costumava suportar a um único limite arbitrário (4 bilhões de libras) estará espalhado por todos os níveis de desempenho.

Ações Restritas com Medidas Mínimas de Desempenho

Se as metas forem removidas, o CEO ainda receberá ações, mesmo se o desempenho for ruim. As ações valerão pouco, e a Figura 5.4 mostra que a remuneração total será menor do que se ele tivesse recebido, em vez disso, uma renumeração em dinheiro maior, atrelada a condições de desempenho. Mas a visibilidade de um CEO manter suas ações mesmo que haja baixo desempenho pode ser uma preocupação. Os críticos podem não reconhecer que ele teria recebido uma remuneração mais alta se as condições de desempenho tivessem sido impostas. Assim como acontece com os ganhos inesperados, a alternativa do que poderia ter acontecido de outra forma é muito menos visível.

Se essa visibilidade for uma preocupação, a remuneração em ações poderá ser combinada com um mecanismo de medidas mínimas de desempenho, por meio das quais ela será reduzida se houver uma falha grave de desempenho. É um mecanismo semelhante à meta, porém muito menor. As metas devem estimular a melhoria de desempenho e recompensar apenas o bom desempenho, no entanto, isso incentiva a manipulação para atingi-las se o desempenho for médio. As medidas mínimas de desempenho naturalmente deverão ser cumpridas, exceto se o desempenho for ruim, por isso não deverá haver necessidade de manipulação. Por exemplo, as medidas mínimas de desempenho do Grupo Weir não incluem falhas materiais de governança nem o descumprimento de obrigações financeiras acordadas. É claro que, como uma medida mínima de desempenho é fácil de atingir, o CEO deverá aceitar uma remuneração menor se atingir somente essas medidas.

A ideia de remunerar executivos com ações restritas, em vez de bônus ou LTIPs, está ganhando força. O relatório de governança corporativa de abril de 2017 da Câmara dos Comuns do Reino Unido concluiu que o impacto dos “LTIPs no incentivo ao desempenho não é comprovado na melhor das hipóteses e, na pior, podem criar incentivos ruins e incentivar a tomada de decisões tendo em mente apenas o curto prazo”. Foi recomendado que fossem substituídos por “ações que somente poderão ser vendidas após períodos de tempo definidos”. No mesmo mês, o Fundo Soberano norueguês emitiu um documento de posição sobre a remuneração a CEOs, propondo que “uma proporção substancial da remuneração anual total deve ser realizada na forma de ações... As condições de desempenho dos chamados planos de incentivo de longo prazo são, muitas vezes, ineficazes e poderão obter resultados desequilibrados”. Em setembro de 2019, o Conselho de Investidores Institucionais dos EUA revisou sua política de remuneração executiva, destacando os méritos de ações simples. Diversas empresas britânicas adotaram ações restritas recentemente.

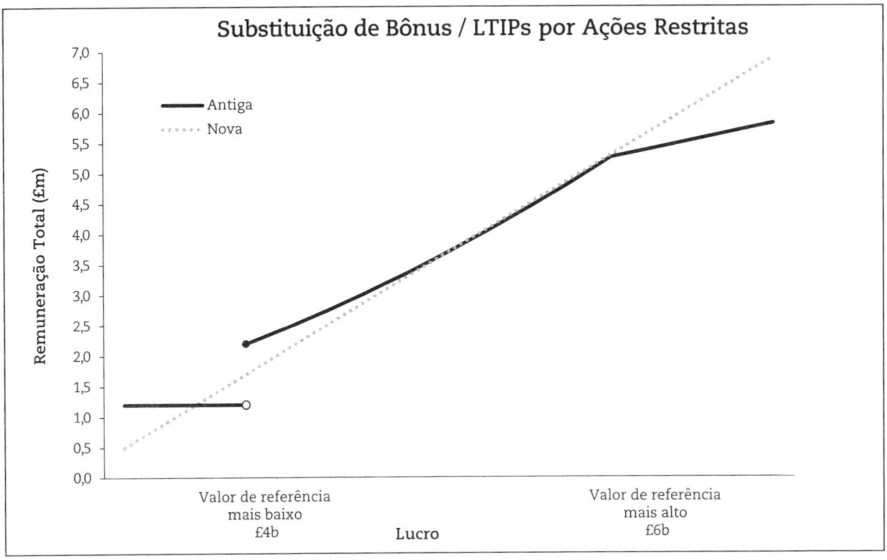

Figura 5.4

No entanto, a maioria das empresas ainda não adota esse tipo de remuneração. Isso se deve, em parte, a mal-entendidos em relação tanto aos argumentos conceituais quanto às evidências sobre ações restritas — o que esta seção tenta esclarecer. De fato, apesar desses mal-entendidos, os desafios de implementação não são insuperáveis. Quando Clare Chapman, presidente do comitê de remuneração do Grupo Weir, iniciou consultas para substituir os LTIPs por ações restritas, em 2018, ela sabia que muitos investidores seriam céticos. Então ela se reuniu ou realizou conferências com quase todos os investidores-âncora da Weir, além da ISS e da Glass Lewis (que assessoram investidores sobre como votar), para explicar a lógica, sempre baseada em evidências. De acordo com um estudo de caso da Harvard Business School: "Ao longo das discussões, Chapman enfatizou a importância dos dados e das evidências: 'Não poderíamos nos dar ao luxo de trabalhar sem nos basearmos nas opiniões das pessoas — nós realmente precisávamos trabalhar com uma base de fatos bastante sólida; caso contrário, teríamos poucas chances de ser estrategicamente coerentes com nossos acionistas'."

No entanto, essas reuniões não foram apenas para persuadir os investidores, mas também para ouvir. Clare e os colegas da Weir ouviram as preocupações deles e revisaram sua proposta inicial. Eles tiveram uma segunda rodada de consultas com investidores, ouviram seu feedback e modificaram ainda mais a proposta. Como resultado, a Weir tornou-se a primeira empresa do Reino Unido a obter uma recomendação de voto positiva para ações restritas de ambos os consultores de voto. A proposta foi aprovada em abril de 2018 com 92% de apoio.

Horizonte

O principal argumento em prol das ações restritas é que, no longo prazo, o preço das ações incorporará o valor para os stakeholders e o valor para os acionistas. As palavras importantes são "no longo prazo". No curto prazo, o preço das ações pode ser manipulado – cortar P&D aumenta o lucro no curto prazo e, portanto, o preço das ações. O mercado não deveria enxergar além e não visar lucro apenas pelo valor nominal? Sanjeev Bhojraj, Paul Hribar, Marc Picconi e John McInnis compararam empresas que acabaram de superar as previsões dos analistas devido a um baixo P&D, baixa publicidade ou distribuição de rendimentos significativa a investidores, com aquelas que acabaram de perder devido ao alto investimento em P&D, alta publicidade ou distribuição de rendimentos moderada a investidores. As empresas que superaram o mercado ficaram acima daquelas que não o superaram de 2% a 4% no curto prazo, o que significa que o mercado reagiu, observando apenas a elevação do valor nominal. No entanto, nos três anos seguintes, elas experimentaram um desempenho inferior ao do mercado na ordem de 15% a 41%, sugerindo que esses truques prejudicam o valor no longo prazo.

Para prevenir esses erros comissivos e garantir *sustentabilidade* no desempenho, as ações concedidas deverão ter sua venda impedida. Relembre o caso de Angelo Mozilo no Capítulo 3, que deixou de perceber o mergulho da Countrywide em empréstimos subprime. Essa expansão não só ajudou a alcançar os objetivos de participação de mercado da Mozilo, mas também gerou receita de curto prazo, impulsionando o preço das ações e, portanto, sua riqueza. Ele, então, vendeu US$140 milhões nos nove meses seguintes até agosto de 2007, início da crise financeira. O preço das ações da Countrywide caiu 70% nos cinco meses seguintes, e a empresa teve de ser assumida pelo Bank of America. Embora Mozilo tenha reconhecido, de maneira privada, que esses empréstimos poderiam, por fim, ser considerados ilícitos, ele também sabia que havia a possibilidade de vender antecipadamente.

O bloqueio da venda de ações também deve prevenir os erros por omissão – não investir porque os benefícios levarão tempo para aparecer. No Capítulo 4, vimos que leva cinco anos para a satisfação dos trabalhadores influenciar totalmente o preço das ações. Um CEO que pode vender suas ações em três anos talvez não se preocupe em melhorar a satisfação dos trabalhadores.

O período ideal de proibição de venda não compreende uma única dimensão, depende da empresa. Ele deve ser maior quando as ações de um CEO produzirem efeitos particularmente em longo prazo, como em uma empresa farmacêutica. Também deve durar pelo menos um ciclo do setor, de modo que um líder não possa sacar quando o preço das ações for temporariamente alto. Em relação às ações conferidas aos executivos da Exxon, metade pode ser vendida apenas após cinco anos, e a outra metade, somente após dez anos, o que faz com que eles detenham ações durante o ciclo de preços do petróleo.

É importante ressaltar que prevenir erros tanto comissivos quanto por omissão exige que as empresas bloqueiem a venda das ações de um líder além da época em que ocorre sua saída. Caso contrário, ela poderá tomar ações de curto prazo, cujo dano que venham a acarretar será problema de seu sucessor, ou não fará investimentos cujo fruto significará o sucesso de seu sucessor. Jim Collins, em seu livro *Bom a Excelente*, distingue bons líderes, que fazem com que a empresa seja bem-sucedida apenas sob seu controle (como Stanley Gault da Rubbermaid), de ótimos líderes, que fazem com que a empresa continue a florescer muito depois de eles saírem (como George Merck).

Queremos esta última espécie de líder, mas a forma como reverenciamos os líderes recompensa o bom — se uma empresa tiver baixo desempenho após a saída de um CEO, acharemos que seu brilho foi essencial para a empresa. Exigir que um líder mantenha o valor da empresa após sua saída motiva a grandeza. Mas pode ser que isso imponha muito risco ao líder. Porém, isso o encorajará a reduzir esse risco, garantindo que a empresa mantenha fundamentos tão fortes em longo prazo — incluindo um plano de sucessão —, que não fique vulnerável à sua saída. Além disso, se o CEO fosse autorizado a vender as ações da empresa que liderou, ele investiria a maior parte dos lucros no mercado de ações, cujo desempenho está totalmente fora de seu controle.

As empresas têm, cada vez mais, adotado restrições à venda de ações pelo CEO após sua saída. O ex-CEO da Unilever, Paul Polman, teve de manter ações no valor de 5 vezes sua remuneração-base anual para o primeiro ano após sua saída, em 2019 — um requisito de participação acionária superior a 5 milhões de libras — e 2,5 vezes sua remuneração-base anual para o segundo ano após sua saída. Após a revisão de 2018 do Código de Governança Corporativa do Reino Unido, passou a ser exigido que as empresas desenvolvam uma política formal de participação acionária pós-saída.

Clawbacks

Outra maneira de responsabilizar um líder em longo prazo é adotar a chamada cláusula *clawback*, que obriga o ex-CEO a devolver parte da remuneração em determinadas condições. Ocorre de os líderes serem remunerados por atingirem metas de curto prazo — e descobrir, mais tarde, que eles o fizeram realizando medidas ruins. Se isso acontecer, a empresa poderá recuperar parte da remuneração paga ao ex-CEO. O primeiro acordo dessa espécie nos EUA forçou o ex-CEO da UnitedHealth William McGuire a pagar US$468 milhões à empresa em 2007, por inflar sua remuneração por meio de um processo conhecido como *backdating*. No Reino Unido, a Barclays recuperou 300 milhões de libras em remuneração após ser multada por fixar as taxas de juros e vender seguros de proteção de pagamentos indevidamente.

A retórica da cláusula *clawback* é atraente — parece que estamos punindo líderes por atitudes ruins. Mas é como fechar a porta do celeiro depois que o cavalo fugiu. Cláusulas *clawback* envolvem remunerar o líder prematuramente — por um bom desempenho de curto prazo sem esperar para ver o que o causou — e, em seguida, tentar pegar o dinheiro de volta se descobrir que a causa do bom desempenho em curto prazo foi manipulação. É muito melhor não abrir a porteira em primeiro lugar: não permitir que o líder venda suas ações por muitos anos. Uma cláusula *clawback* é cara para ser implementada porque exige medidas jurídicas. E um problema muito maior é que seu escopo é bastante limitado. Pode ser aplicada em casos claros de fraude, como a *backdating*, mas as linhas são muito mais tênues para ações de curto prazo, como o corte de P&D, que está longe de ser fraudulento: conforme discutido no Capítulo 3, reduzir o investimento às vezes cria valor. E quase certamente não pode ser aplicada a erros de omissão, como não melhorar a cultura no local de trabalho.

Qual é a evidência de que a variação do valor das ações no curto prazo faz com que os líderes tomem atitudes de curto prazo? Encontrar evidências convincentes é difícil em virtude do desafio de distinguir causalidade comum de correlação. Você pode mostrar que, quando um executivo vende ações, ele corta o investimento. Mas uma *variável omitida* pode direcionar tanto a venda de ações como o corte de investimento. Se as perspectivas parecerem nebulosas, isso pode fazer com que o CEO reduza racionalmente o investimento e, separadamente, venda suas ações.

Vivian Fang, Katharina Lewellen e eu adotamos uma abordagem diferente. Medimos incentivos de curto prazo não pela quantidade de ações que o CEO realmente vende, mas pelo valor que está programado para a compra (ou seja, o preço das ações cujos *lock-ups* estão prestes a expirar). Após o vencimento, os CEOs normalmente vendem suas ações, para diversificar. Então, pouco antes da venda, um CEO pode fazer com que o preço das ações aumente, para que ele possa vender suas ações por um valor maior. É importante ressaltar que o valor das ações do CEO na atualidade depende de quantas ações lhe foram conferidas há muitos anos, por isso não está associado às perspectivas atuais.

Estudando mais de 2 mil empresas, descobrimos que quanto mais ações estiverem com seu prazo de impedimento de venda vencendo em um trimestre, mais lentamente o investimento aumentará. Esse resultado foi notavelmente robusto — manteve-se durante cinco medidas diferentes de investimento e também se forem excluídas as ações de desempenho, onde a retirada do impedimento de venda depende de atingir metas de desempenho, em vez do decurso do tempo.

O que esses resultados significam? Uma interpretação é a de que o CEO corta bons projetos de modo ineficiente, para inflar os ganhos de curto prazo. Mas uma segunda interpretação é a de que ele corta projetos ruins de modo eficiente. É preciso esforço para identificar projetos desperdiçados e desativá-los, e fazer isso pode tornar o CEO impopular. Quando ele estiver prestes a vender suas ações, estará disposto a tomar decisões difíceis. Se isso for verdade, então significa que pressões de curto prazo são motivadoras, em vez de uma distração — assim como um prazo curto para entregar uma redação força os alunos a parar de procrastinar.

Se o vencimento do prazo de impedimento de venda das ações faz com que o CEO aja, você espera que ele melhore o desempenho não apenas cortando investimentos ruins, mas também cortando outras despesas ou aumentando as vendas. Não encontramos nenhuma evidência disso, sugerindo que os declínios dos investimentos são míopes, em vez de fazerem parte de um programa global de eficiência. Também apoiando essa interpretação, o CEO reduzirá mais o investimento quando tiver mais chances de se safar — por exemplo, se ele estiver mais próximo da aposentadoria e, portanto, estiver menos preocupado com danos de reputação por cancelar bons investimentos.

Tomislav Ladika e Zach Sautner encontraram uma evidência independente de que a venda de ações no curto prazo causa comportamento de curto prazo em um cenário diferente. Para identificar causalidade, estudaram o efeito da norma de contabilidade norte-americana FAS 123R. Essa mudança contábil, efetiva a partir de junho de 2005, reduziu os lucros das empresas pelo valor de quaisquer opções de venda de ações não exercidas por executivos. Para evitar isso, muitas empresas permitiram que suas opções fossem adquiridas antecipadamente — dando ao CEO incentivos para aumentar o preço das ações por meio do corte de investimentos. Uma possível preocupação é que outros eventos em 2005 possam ter afetado os incentivos das empresas para investir. Assim, Tomislav e Zach compararam as empresas cujos exercícios terminavam entre junho e dezembro e que precisaram cumprir a nova norma em 2005 com aquelas cujos anos fiscais terminaram entre janeiro e maio e que não precisaram cumprir essa nova norma antes de 2006. Eles descobriram que a opção de venda após o prazo de impedimento de venda levou as empresas a reduzir o investimento.

Além de estudar o valor das ações no curto prazo, como nos dois artigos citados, podemos também estudar os benefícios da manutenção do investimento nas ações no longo prazo. Caroline Flammer, que escreveu o artigo citado no Capítulo 4 sobre as propostas de acionistas para melhorar o desempenho social, juntou-se a Tima Bansal para estudar um assunto relacionado — as propostas dos acionistas para aumentar os incentivos de longo prazo. Elas usaram uma abordagem semelhante à "descontinuidade de regressão", comparando propostas que passaram com pouco mais de 50% dos votos com aquelas que foram rejeitadas por pouco. Após investigar mais de oitocentas propostas entre 1997 e 2012, elas descobriram que aquelas que acabaram de ser aprovadas melhoram a rentabilidade e o crescimento das vendas no longo prazo. O curioso é que o desempenho diminui ligeiramente no curto prazo, destacando que o pensamento no longo prazo exige sacrifícios no curto prazo. Mas os benefícios superam os sacrifícios — o valor da empresa aumenta de modo geral.

Até agora, usamos o retorno em longo prazo das ações como um indicador para o tamanho do bolo. No entanto, ele não leva em conta as verdadeiras externalidades, por isso só está correlacionado com o bolo, e não é idêntico a ele. Caroline e Tima também investigaram medidas de valor para os stakeholders. As medidas para o meio ambiente, clientes, comunidades e, especialmente, colegas melhoraram. Elas também estudaram a inovação, que beneficia tanto os stakeholders quanto os investidores. Incentivos de longo prazo fazem com que as empresas gerem mais patentes, de maior qualidade e mais inovadoras.

Esses três estudos destacam a importância dos horizontes de remuneração. Cortar o nível remuneração provoca mais manchetes em jornais, mas estender seu horizonte tem um efeito muito maior na sociedade, pois afeta os incentivos do CEO para investir. De fato, o Código de Governança Corporativa do Reino Unido de 2018 ampliou o horizonte mínimo de três para cinco anos. Lembre-se dos princípios de remuneração do Fundo Soberano norueguês, que indicam que os CEOs deverão ter um patrimônio significativo investido nas empresas onde trabalhem. Esses princípios também recomendam que essas "ações fiquem presas por pelo menos cinco e preferencialmente dez anos, independentemente de demissão ou aposentadoria". Da mesma forma, quando o Conselho de Investidores Institucionais revisou sua política de remuneração em setembro de 2019, para defender ações restritas, foi sugerido que elas "poderiam começar a poder ser vendidas após cinco anos e só poderiam ser vendidas em sua totalidade após mais de dez anos (incluindo além da rescisão do contrato de trabalho)".

A tabela a seguir destaca um resumo das três dimensões-chave das ações de longo prazo e os resultados positivos que elas geram:

DIMENSÃO SALARIAL	RESULTADO SALARIAL
Sensibilidade	Responsabilização
Simplicidade	Simetria
Horizonte	Sustentabilidade

Índice de Remuneração

Falamos sobre as três formas de reformar a remuneração: tornar o líder um acionista significativo, simplificar a remuneração removendo bônus complexos e aumentar o horizonte de remuneração. Recorremos agora a uma reforma frequentemente proposta que, embora bem-intencionada, pode ser um tiro no pé, porque é baseada em repartir o bolo.

Essa medida diz respeito à relação entre a remuneração do CEO e a remuneração média dos trabalhadores. A forma básica da medida é forçar as empresas a divulgar essa proporção, como os EUA e o Reino Unido passaram a exigir a partir de 2018 e 2019, respectivamente. Em 2020, o Fórum Econômico Mundial, em conjunto com as quatro grandes empresas de auditoria contábil ("Big Four" — Deloitte, EY, KPMG e PwC), lançou um conjunto de métricas de capitalismo stakeholder recomendando que os relatórios das empresas incluam a relação entre a remuneração ao CEO e a remuneração média dos trabalhadores como uma mensuração "central". Alguns investidores levam isso além, usando a relação entre a remuneração ao CEO e a remuneração média dos trabalhadores como critério de investimento, ou tentam reduzi-la ativamente. Em 2017, a Black-Rock escreveu para mais de trezentas empresas britânicas, afirmando que só aprovaria aumentos de remuneração a CEOs se a remuneração dos trabalhadores aumentasse em uma proporção semelhante. A mídia tem frequentemente buscado envergonhar as empresas por manterem uma alta remuneração aos CEOs, e os formuladores de políticas também começaram a penalizá-las por isso. Em 2016, o conselho da cidade de Portland, no Oregon, impôs um imposto extra de 10% sobre empresas com diferença entre a remuneração do CEO e a média remuneratória dos trabalhadores superior a 100, e 25% se exceder em 250. San Francisco aprovou uma lei semelhante em 2020.

A ideia por trás da divulgação da diferença entre a remuneração do CEO e a média remuneratória dos trabalhadores é que uma diferença muito grande seria injusta. O Capítulo 4 destacou a importância de tratar os colegas de maneira justa. Pagar a eles 264 vezes menos do que ao líder é a antítese da justiça? Uma divisão injusta do bolo pode, por sua vez, diminuir seu tamanho, desmotivando a força de trabalho e prejudicando a cultura da empresa. Portanto, parece prudente não só para os governos, mas também para os investidores, monitorar de perto a diferença entre a remuneração do CEO e a média remuneratória dos trabalhadores.

Mas justiça não é o mesmo que igualdade. O que é justo é o que recompensa desempenho. Se eu desse a todos meus alunos a mesma nota, independentemente do desempenho deles, isso seria igual, porém injusto. Uma meta-análise abrangente dos psicólogos de Yale Christina Starmans, Mark Sheskin e Paul Bloom, intitulada "Por que as pessoas preferem sociedades desiguais", concluiu que não é que os cidadãos não gostam da desigualdade, mas eles não gostam da injustiça. Em um contexto de CEO, a equidade é a remuneração proporcional à sua contribuição — ela deve recompensar a *criação de valor*.

É isso que a equidade de longo prazo alcança. O *benchmark* correto não é quanto está sendo pago aos colegas da empresa deste CEO, mas quanto fez o bolo crescer. De fato, a vergonha das empresas consiste em não perguntarem se a alta remuneração do líder é merecida por seu desempenho ou não. Em 2017, o CEO do JP Morgan, Jamie Dimon, foi criticado por receber uma remuneração 364 vezes maior do que a dos colegas — mas o preço das ações havia subido 62% nos últimos dois anos.

A relação entre a remuneração paga ao CEO e a média da remuneração paga aos trabalhadores mede como o bolo é repartido entre o CEO e eles, ignorando outros stakeholders. Mas o mais grave é ignorar o tamanho do bolo e, portanto, a principal maneira como os líderes podem criar valor para a sociedade — fazer o bolo crescer. A proporção pode parecer pior mesmo se houver uma melhora de Pareto, em que todos ficam em situação melhor. Se uma empresa gerar 8 bilhões de libras de valor, o CEO receberá 4 milhões de libras, e o trabalhador médio ganhará 32 mil libras, portanto, a proporção será de 125:1. Se o CEO inovar para que a empresa gere 12 bilhões de libras de valor, ele receberá 6 milhões de libras, e os trabalhadores ganharão 40 mil libras — todos se beneficiarão —, mas a proporção da diferença aumentará para 150:1. A Pieconomics responsabiliza um líder por cuidar da criação de valor, mas uma relação entre a remuneração do CEO e a média da remuneração dos trabalhadores, em vez disso, o responsabiliza por cuidar para que não receba muito mais do que os colegas.

Esse não é apenas um exemplo hipotético. Sabrina Howell e David Brown descobriram que, quando as empresas dos EUA ganham subsídios governamentais de P&D, elas compartilham uma quantidade significativa desse sucesso com os trabalhadores. Eles desfrutam de um aumento salarial médio de 16%, mas os fundadores da empresa ganham mais — uma vez que eles produzem um efeito maior sobre a empresa, sua remuneração é mais sensível tanto ao aumento quanto à diminuição do desempenho. Assim, a relação entre a remuneração dos fundadores e a média da remuneração dos trabalhadores aumenta, mesmo que todos passem a ficar em melhor situação. Na Introdução, mencionamos pesquisas que constataram que, quando a relação entre a remuneração do CEO e a média da remuneração dos trabalhadores é maior, as empresas são mais valiosas e têm melhor desempenho. Esse artigo, de Olubunmi Faleye, Ebru Reis e Anand Venkateswaran, usou dados dos EUA. Outro estudo, de Holger Mueller, Paige Ouimet e Elena Simintzi, mostrou que, no Reino Unido, taxas mais altas estão associadas a avaliações mais positivas, rentabilidade, retorno das ações em longo prazo e ganhos imprevistos. Por exemplo, as empresas com uma relação entre a remuneração do CEO e a média da remuneração dos trabalhadores no terço superior superam as do terço inferior de 9,7% a 11,8% ao ano, após controlarem outros determinantes de retorno de ações. Curiosamente, Ingolf Dittmann, Maurizio Montone e Yuhao Zhu também documentaram uma ligação positiva entre a remuneração do

CEO e a média da remuneração dos trabalhadores e o desempenho na Alemanha, embora suas normas sociais sejam diferentes daquelas do Reino Unido e dos EUA.

Outra questão, ainda, é que a relação entre a remuneração do CEO e a média da remuneração dos trabalhadores é incomparável entre as empresas. É menor no Goldman Sachs (238:1 para 2021) do que no Walmart (1.031:1) — não porque o CEO da Goldman seja modestamente remunerado, mas porque seus colegas são mais bem pagos. Mesmo dentro de um setor produtivo, dependerá do modelo de negócio de cada empresa. É mais baixo na Goldman Sachs do que na JP Morgan (917:1) porque esta última possui um banco de varejo, o Chase. Em 2019, era mais baixo na Dunkin' Brands* (42:1) do que na Chipotle (1.136:1) porque a Dunkin' adota o sistema de franquia para todos seus restaurantes, exceto Dunkin' Donuts e Baskin-Robbins; já a Chipotle não adota o sistema de franquia e, assim, emprega diretamente os prestadores de serviços, que são mais bem pagos. Uma empresa que contrata mais trabalhadores de meio período, terceiriza ou automatiza empregos de baixa remuneração ou paga mais em salário do que em treinamento, dias de férias e condições de trabalho, reporta uma remuneração média mais alta para os trabalhadores em tempo integral e, portanto, uma relação menor entre a remuneração do CEO e a média da remuneração dos trabalhadores. De fato, os líderes podem tomar essas atitudes para manipular essa proporção.

Em vez de assumir que as altas proporções seriam boas ou ruins, Ethan Rouen estudou qual a relação entre a remuneração do CEO e a média da remuneração dos trabalhadores *deveria* ser praticada, dadas as circunstâncias de determinada empresa. Ele calculou o nível adequado de remuneração dos trabalhadores dadas as condições econômicas locais (por exemplo, salário médio local no setor), características firmes (por exemplo, rentabilidade e crescimento de vendas) e composição da força de trabalho (por exemplo, o percentual de trabalhadores que trabalham em P&D) e, da mesma forma, o nível adequado de remuneração do CEO dadas as características da empresa. Isso permitiu que ele decompusesse a relação real entre a remuneração do CEO e a média dos salários dos trabalhadores de determinada empresa em um componente explicado e outro inexplicável. O desempenho da empresa diminui conforme seja adotado o componente inexplicável, o que destaca como a desigualdade injustificada é destrutiva. Mas o desempenho da empresa melhora conforme seja adotado o componente explicado — ou seja, disparidades justificadas amparam o valor da empresa, ecoando os três estudos anteriores sobre as proporções totais. O estudo de Ethan destaca o perigo de comparar a relação entre a remuneração do CEO e a média da remuneração dos trabalhadores entre as empresas ou mesmo dentro de uma única empresa ao longo do tempo sem levar em conta as circunstâncias.

E a desigualdade? O bem-estar social depende não apenas do tamanho do bolo, mas de sua distribuição. A remuneração dos 500 CEOs do S&P 500, no entanto, tem muito pouco efeito sobre a desigualdade entre os 250 milhões de adultos nos EUA. Steve Kaplan e Josh Rauh mostram que a remuneração em *private equity*, capital de risco, fundos de hedge e direito aumentou mais rápido do que a remuneração dos CEOs. A lista de quatrocentos dos residentes norte-americanos mais ricos da revista

* A Dunkin' Brands foi adquirida em 2020.

Forbes contém muito mais investidores em fundos de hedge, *private equity* e imóveis do que líderes de empresas de capital aberto.

As remunerações aumentaram mesmo em ambientes não corporativos. Veja Lionel Messi, jogador nos times de futebol da Argentina e do Paris Saint-German. Mesmo que Messi seja um jogador brilhante, é difícil argumentar que seja muito melhor do que Johan Cruyff. Cruyff é amplamente considerado um dos maiores jogadores de futebol de todos os tempos e ganhou a Bola de Ouro como melhor jogador do mundo três vezes na década de 1970. No entanto, Messi ganhou 41 milhões de euros em 2021, mesmo excluindo direitos relacionados a marcas. Sua remuneração é muito maior do que os US$600 mil por ano que Cruyff ganhava em seu auge. Ajustando à inflação, são 2,7 milhões de euros em 2018. Essa diferença é porque o futebol é, atualmente, um setor multibilionário devido à publicidade na TV e a um mercado global. Mesmo que Messi seja apenas um pouco melhor do que o próximo melhor meio-campista, essas pequenas diferenças de talento podem ter um grande efeito nos lucros do Paris Saint-German. Se os gols de Messi levarem o Paris Saint-German para a Liga dos Campeões, isso valerá centenas de milhões. Então vale a pena pagar caro por grandes talentos. De fato, vemos que as remunerações vêm aumentando em quase todas as profissões em que a remuneração não está atrelada apenas ao número de horas trabalhadas. J. K. Rowling não é claramente mais talentosa do que Lygia Fagundes Telles, mas recebe muito mais devido ao fato de seus livros poderem ser vendidos em todo o mundo, ser adaptados para filmes e usados para criar mercadorias. Atores, músicos e, inclusive, estrelas de reality shows têm um alcance muito maior, por isso são muito mais bem remunerados do que no passado.

Essa observação pode explicar por que a remuneração aumentou tanto para os CEOs. É difícil argumentar que os CEOs seriam mais talentosos hoje do que foram no passado. Em vez disso, o talento tornou-se mais importante. Assim como o ramo do futebol se tornou muito maior, as empresas também. Elas também competem em um mercado global, e a tecnologia muda tão rapidamente, que a incapacidade de se manter atualizado pode fazer com que as empresas praticamente desapareçam — por exemplo, compare a Blackberry à Apple. Assim como no futebol, vale a pena pagar caro por grandes talentos. O tamanho médio da empresa no S&P 500 é, atualmente, de US$30 bilhões. Então, mesmo que um CEO seja apenas um pouco mais talentoso do que a próxima melhor alternativa e contribua apenas 1% a mais para o valor da empresa, são US$300 milhões. De repente, a remuneração de US$18,3 milhões não parece tão fora de propósito.

Esse é o argumento de um dos mais influentes artigos financeiros até agora neste século, escrito pelos economistas Xavier Gabaix e Augustin Landier. Foi citado como uma razão para Xavier ter sido premiado com o Prêmio Fischer Black por uma pesquisa de destaque realizada por um economista financeiro com menos de 40 anos (semelhante a uma Medalha Fields de matemática). Além disso, não é apenas uma teoria abstrata; é possível testá-la. Os autores mostram que o aumento da remuneração de CEO nos EUA entre 1980 e 2003 pode ser totalmente explicado pelo aumento do tamanho da empresa ao longo desse período. Uma atualização com Julien Sauvagnat, estudando de 2004 a 2011, mostra que as mudanças subsequentes também estavam ligadas ao tamanho da empresa — de 2007 a 2009, o tamanho da empresa caiu 17%, e a remuneração do CEO foi reduzido em 28%.

O mercado global para CEOs significa que, às vezes, eles deixarão as empresas por não serem pagos à taxa de mercado, mesmo que sua remuneração pareça generosa pela perspectiva do cidadão comum. Em 21 de outubro de 2019, Namal Nawana demitiu-se da empresa britânica de dispositivos médicos Smith & Nephew por ser mal pago. Sua remuneração-base de US$1,5 milhão, e que poderia subir para US$6 milhões se todas as metas fossem alcançadas, foi muito maior do que a média de seus colegas, de US$55 mil. Mas essa não é a comparação correta. Nawana dirigiu a empresa de diagnósticos norte-americana Alere anteriormente, onde ganhava US$11,1 milhões em 2015 e US$8,6 milhões em 2016. Ele juntou-se à S&N sabendo que receberia menos, porque — em suas palavras — "eu genuinamente gosto dessa oportunidade". Então, os CEOs estão dispostos a ter sua remuneração reduzida para passarem a realizar um trabalho que os incentive. Mas, como qualquer outro profissional, há um limite para o tamanho da redução na remuneração que o CEO estará disposto a aceitar. No caso de Nawana, o corte que o conselho de administração insistiu que fosse realizado era muito grande. O preço das ações da S&N subiu 40% em seus 18 meses no comando. Sua saída fez com que o bolo murchasse — o preço das ações caiu 9% no anúncio de sua saída, traduzindo-se em 1,4 bilhão de libras de perda de valor.

Por que essa lógica se aplica apenas aos CEOs, e não aos demais trabalhadores? Porque as medidas que um CEO toma são escaláveis. Se ele implementar uma nova tecnologia de produção ou melhorar a cultura corporativa, isso pode ser implementado em toda a empresa, portanto, tem um efeito maior em uma empresa maior. O valor de 1% equivale a US$30 milhões em uma empresa de US$3 bilhões, mas equivale a US$300 milhões em uma empresa de US$30 bilhões. A maioria das ações dos demais trabalhadores é menos escalável. Um engenheiro que tenha capacidade de supervisionar dez máquinas criará US$80 mil de valor, independentemente de a empresa ter cem ou mil máquinas.

Podemos tirar duas conclusões dessa observação. Por um lado, significa que a alta remuneração dos CEOs é parte de uma tendência geral em toda a sociedade, e não necessariamente implica que o aumento da remuneração executiva seja um trabalho interno simplesmente carimbado por conselhos de administração manipulados pelo CEO — não importa quão atraente essa história soe. Por outro lado, sugere que o problema da desigualdade é muito mais sério e generalizado do que o que é sinalizado pelo aumento da remuneração dos CEOs. Houve um aumento de remuneração em qualquer profissão escalável, portanto, abordar a desigualdade de renda *dentro das empresas* é uma maneira ineficaz de lidar com a desigualdade de renda *dentro da sociedade*. A desigualdade na sociedade deve ser tratada de maneira mais sistemática do que apenas focar nos CEOs, por exemplo, mediante a criação de uma taxa mais alta de imposto sobre renda acima de 1 milhão de libras, ou um imposto sobre grandes heranças (sem que os impostos se tornem tão altos a ponto de corroer os incentivos). Isso aborda a desigualdade de renda de todas as profissões escaláveis, não apenas dos CEOs das empresas de capital aberto.

Essa escalabilidade — e a consequente desigualdade — só aumentará no pós-pandemia, dado o aumento do trabalho remoto. Banqueiros, advogados e consultores podem assessorar mais clientes, uma vez que há menos necessidade de se deslocar até eles. Professores de escolas de negócios podem alcançar milhares de alunos por meio de cursos online, não sendo mais limitados pela capacidade de um recinto destinado a palestras. Os melhores instrutores de fitness não são limitados pelo tamanho da academia; na pandemia, o coach de celebridades Joe Wicks passou uma sessão de exercícios para um milhão de espectadores. Embora este último exemplo tenha ocorrido de maneira gratuita, a escalabilidade destaca as oportunidades de monetização para superestrelas e a potencial canibalização dos colegas da mesma profissão.

Resumindo todas as evidências, o que elas significam para a reforma da remuneração dos executivos? As reformas atuais tentam reprimir o nível de remuneração, mas fazer isso só faz com que o bolo tenha que ser repartido de maneira diferente, e não tenho notícia de nenhuma evidência de que cortar a remuneração do CEO melhore o valor para o investidor ou para os stakeholders. A estrutura de remuneração — sua sensibilidade, simplicidade e horizonte — é mais importante e garante que um líder seja recompensado apenas por fazer o bolo crescer em benefício tanto de investidores quanto de stakeholders. Em vez de reduzir a fatia do CEO, as reformas deveriam encorajá-lo a engordar as fatias de outros stakeholders.

Quando os Níveis Importam

Ao longo deste capítulo, argumentamos que a estrutura da remuneração é mais importante do que seu nível, pois a primeira fornece incentivos para fazer o bolo crescer, enquanto o segundo está focado em sua divisão. Argumentamos que não é necessário haver uma troca entre o nível de remuneração e o valor para os stakeholders, uma vez que um CEO talentoso pode criar substancialmente mais valor do que sua remuneração.

Mas há um caso importante em que o nível da remuneração do CEO importa — uma queda quando o bolo está murchando. Essa é uma situação em que a divisão do bolo afetará seu tamanho por dois motivos. Primeiro, se o CEO aceitar um corte em sua remuneração, isso reduzirá o número de trabalhadores que terão de ser demitidos ou afastados. Embora a remuneração do CEO seja muito pequena em comparação com o valor da empresa, em uma recessão, ela pode ser considerável em comparação com as reservas de caixa da empresa, de modo que um corte pode, de fato, proporcionar sobrevida aos colegas. No Capítulo 1, vimos como a Barry-Wehmiller cortou o salário de todos os trabalhadores, de secretário(a) a CEO, após a crise financeira; ao fazer isso, nenhum colega perdeu o emprego. Em segundo lugar, um corte salarial sinaliza que o CEO está lado a lado aos stakeholders e investidores e disposto a sofrer quando todos os outros também estiverem sofrendo — melhorando a moral e fomentando uma mentalidade de equipe. Durante a pandemia de covid-19, muitos líderes trabalharam de graça por meses; um quarto dos CEOs do FTSE 100 aceitou cortes em sua remuneração de pelo menos 20%. É importante ressaltar que esse corte foi na parcela em dinheiro da remuneração, e não na parcela em ações, para que não afetasse os incentivos ao líder.

O argumento comum, contrário à ideia da redução da remuneração, é o de que um executivo poderia sair, mas pouquíssimas empresas contrataram na pandemia — faltava dinheiro para isso, e as empresas não queriam agravar a instabilidade mudando o CEO. Assim, embora um negócio responsável deva reconhecer a importância de manter um grande líder, ele também deve reconhecer quando essas preocupações com a retenção de talentos devem diminuir e a manutenção de outros investimentos deve se tornar mais fundamental.

Em Poucas Palavras

- Críticas comuns e medidas propostas em torno da remuneração dos líderes costumam ter foco sobre o nível da remuneração. Isso é baseado na mentalidade de repartir o bolo. O valor que poderia ser redistribuído para outros stakeholders, reduzindo a remuneração ao CEO, é muito pequeno: a remuneração do CEO, embora grande em comparação com os salários médios, é pequena em comparação com o valor da empresa.
- Muito mais importante do que quanto custa pagar (o *nível*) a remuneração são seus efeitos — seja incentivando os líderes a fazer o bolo crescer, criando valor em longo prazo, ou a fazer o bolo murchar, perseguindo metas de curto prazo. O objetivo da reforma da remuneração dos CEOs deve ser incentivar a criação de valor, em vez de reduzir o nível de remuneração.
- Os efeitos da remuneração dependem de sua *estrutura*, que compreende três dimensões:

  * A *sensibilidade* da riqueza em relação ao desempenho leva à *responsabilização*. A sensibilidade é muito maior do que se acreditava, devido à considerável participação acionária de um líder. Essa participação está significativamente correlacionada com o retorno futuro das ações, e a relação provavelmente é causal.
  * A *simplicidade* da remuneração leva à *simetria*. Bônus complexos baseados em metas encorajam um líder a focar apenas as medidas de desempenho direcionadas e podem incentivar a tomada excessiva de riscos perto do limiar inferior ou a acomodação próxima do limiar superior.
  * O *horizonte* de remuneração leva à *sustentabilidade*. O alongamento do horizonte do líder pode prevenir tanto erros comissivos (tomar ações de curto prazo que destruam valor) quanto erros por omissão (não investir no longo prazo).

- A relação entre a remuneração do CEO e a remuneração média dos trabalhadores é baseada na mentalidade de repartir o bolo e compara dois valores que não são passíveis de comparação. A remuneração do líder deve estar ligada a seu desempenho, não à remuneração dos trabalhadores. E os colegas devem ser pagos de maneira justa, independentemente da remuneração do CEO. A relação entre a remuneração do CEO e a remuneração média dos trabalhadores é incomparável entre as empresas, mesmo dentro do mesmo setor produtivo, e um foco na proporção pode incentivar a manipulação.
- A justiça pode ser alcançada conferindo ações a todos os colegas, não apenas aos executivos, o que permite que eles compartilhem qualquer aumento de valor que ajudem a criar.

- A remuneração aumentou consideravelmente em todas as profissões escaláveis, não apenas a dos CEOs, e por motivos indiscutivelmente justificáveis — sua potencial criação de valor aumentou. A mudança para um mundo virtual pós-pandemia aumentará ainda mais a escalabilidade de talentos escassos. Assim, a desigualdade deve ser tratada de maneira sistemática, por exemplo, mediante imposto de renda elevado sobre os ganhos acima de R$5 milhões, em vez de tentar regular apenas a remuneração dos CEOs.
- O nível de remuneração importa em uma recessão. As restrições financeiras se ligam, de modo que um corte da remuneração do CEO pode salvar o emprego de outros colegas. Além disso, cortar a remuneração quando outros colegas estiverem sofrendo ajuda a promover uma mentalidade de equipe.

6

STEWARDSHIP

O valor dos investidores engajados que apoiam e desafiam a gestão

Em 1995, o Fidelity Value Fund era um lugar privilegiado para os norte-americanos investirem seu dinheiro. Seu desempenho superou seus pares ao longo dos cinco anos desde que o gerente Jeff Ubben assumiu, atraindo uma multidão de novos poupadores que queriam começar a investir. Esse montante que entrou deveria ter sido considerado uma bênção para Jeff, pois aumentou o fundo para US$5 bilhões.

Mas há um porém. Um fundo não pode manter uma posição muito grande em qualquer ação, caso contrário, ele corre muito risco. E se sua participação exceder 10%, a lei dos Estados Unidos o classifica como um "insider", o que o impede de vender suas ações — então você fica preso se os próprios investidores precisarem se retirar. Portanto, Jeff precisou investir esse novo montante em outras ações, que ele e sua equipe escolheram com muita atenção. Jeff contou: "Todos os dias, eu recebia um montante novo, o que diluiria meu fundo, e eu acabaria com 120 posições, em vez de focar minhas melhores ideias. E toda vez que eu conseguia reduzi-lo, o fundo crescia e eu acabava ficando, novamente, com 120 posições."

Para focar suas melhores ideias, Jeff cofundou o fundo ativista ValueAct, que detém um portfólio concentrado de apenas dez a quinze ações. Um fundo *ativista* não compra uma ação e simplesmente espera que o preço dela suba. Em vez disso, ele tenta influenciar como a empresa é gerida, o que é conhecido como *engajamento* ou *ativismo*.* O ativismo dos investidores é muito mal retratado, pois é feito com base em histórias escolhidas a dedo. O livro e o filme de sucesso *Bárbaros no Portão* dramatizam a aquisição da RJR Nabisco pela KKR como uma batalha sanguinária, como invasores bárbaros saqueando uma cidade civilizada. Histórias como essas promovem uma imagem popular de ativistas como saqueadores de empresas, que causam a demissão de trabalhadores, manipuladores de preços em detrimento de clientes e redutores de investimento em P&D.

* Este último termo é mais comumente usado para engajamento de confronto, mas usaremos ambos neste livro de modo intercambiável.

Em resposta, executivos e políticos pressionam por defesas contra esses bárbaros. Em 2014, a França promulgou a Loi Florange, uma lei que reduz pela metade os direitos de voto de um investidor até que ele tenha sua participação por pelo menos dois anos. Algumas empresas, particularmente empresas de tecnologia jovens como Facebook, Google e Snap, possuem ações de duas classes diferentes: as ações vendidas a investidores externos dão apenas um décimo dos direitos de voto das ações detidas pelos fundadores — ou, no caso da Snap, nenhum direito de voto.

Alguns casos de ativismo representam, de fato, batalhas contundentes, mas essas batalhas, muitas vezes, criam valor, em vez de destruí-lo. Em *Bárbaros no Portão*, os verdadeiros bárbaros estavam dentro do portão — executivos da RJR Nabisco que desperdiçavam dinheiro em projetos como o cigarro sem fumo premier, um empreendimento que foi mantido em segredo do conselho de administração por muitos anos e fez a empresa desperdiçar mais de US$800 milhões. Particularmente notórios foram seus gastos supérfluos. A empresa era dona de 10 jatos particulares e tinha na equipe 36 pilotos que transportavam não apenas executivos, mas também o cão do CEO (identificado como passageiro "Pastor G") para torneios de golfe. Os jatos ficavam alojados em um hangar que continha US$600 mil em móveis e era cercado por US$250 mil em paisagismo. A KKR criou um valor substancial simplesmente ao acabar com esse abuso dos recursos dos investidores — e da sociedade.

Mas a maioria dos compromissos é muito mais enfadonha, e muito mais colaborativa, do que comumente se acreditava. Como salienta a Pieconomics, investidores e líderes fazem parte do mesmo time. Jeff e seus colegas do ValueAct devem fazer o bolo crescer. As ações que eles escolhem comprar, de dez a quinze, são aquelas em cujo potencial de crescimento do bolo eles acreditam. Então eles se envolvem com cada uma dessas empresas para ajudá-las a usar esse potencial.

Um exemplo importante é como o ValueAct ajudou a Adobe a dar uma guinada. Ex-colegas da Xerox, John Warnock e Charles Gerschke, fundaram a Adobe em 1982 para desenvolver o PostScript, uma maneira de as impressoras lidarem com diferentes fontes e objetos geométricos. Tamanha foi a promessa de sucesso, que o CEO da Apple, Steve Jobs, ofereceu US$5 milhões para comprar a Adobe após apenas um ano de empresa. John e Charles recusaram e, em vez disso, venderam para a Apple uma participação de 19% e uma licença de cinco anos para o PostScript. Graças, em parte, à Apple usá-lo em suas impressoras Laser Writer, em 1987, o PostScript tornou-se o primeiro padrão do setor de informática para impressão por meio de computadores. Dois anos depois, a Adobe lançou o Photoshop, um software de edição de imagens, e em 1993, lançou seu Formato de Documento Portátil (PDF), que converte planilhas, apresentações e documentos em um formato universal para fácil compartilhamento. O incentivo continuou, e um momento de coroação foi a compra, em 2005, da rival Macromedia. Isso deu à Adobe um conjunto de novos produtos, como o Dreamweaver para design de sites e o Flash para streaming de vídeo e áudio. O preço de suas ações subiu 584% do início de 1999 até o final de 2007.

Após esse período, a Adobe começou a se perder. As vendas de seus produtos Creative Suite, nos quais a empresa havia integrado a Macromedia, só alcançaram um nível baixo. Em 2010, a Apple, que anteriormente havia catalisado o crescimento do PostScript, desferiu um golpe duro na Adobe, recusando-se a permitir o uso do Flash em seus produtos – e preferiu seu rival, o HTML5. O resultado disso foi que a Adobe teve de demitir 2 mil trabalhadores em três rodadas de cortes em 2008, 2009 e 2011.

O ValueAct estava muito ciente de todos esses problemas, e de muitos outros. Ele considerou a Adobe como uma empresa ultrapassada que focou demais produtos de desktop, deixando de aproveitar a revolução móvel e se apegando ao modelo arcaico de vender, em vez de licenciar, seu software. No entanto, ele também viu na Adobe um potencial que o restante do mercado não viu, por isso investiu na empresa. Entre setembro e dezembro de 2011, o ValueAct acumulou uma participação de 5% na Adobe. A administração da empresa afirmou que "conversou com frequência" com a administração do ValueAct depois que este se tornou um grande investidor e encontrou "sua contribuição para nosso negócio, e nossa estratégia, úteis". Em dezembro de 2012, com o ValueAct, que então tinha 6,3% da Adobe, a empresa nomeou Kelly Barlow, sócio da ValueAct, para seu conselho de administração.

Com sua participação interna assegurada, o ValueAct começou a fazer o que seu nome prometia: agir para criar valor. Longe do retrato comum de ir atrás de dinheiro rápido, essa era uma jogada de longo prazo. De acordo com Jeff: "Eu não preciso de um golpe rápido... Você não pode simplesmente sair fazendo proposições e jogá-las ao vento; é preciso entrar lá, obter a informação e trabalhar em um plano de longo prazo que seja sustentável."

Se tivesse sido deixada à própria sorte, a Adobe poderia ter tentado reativar o Flash. Tendo pago US$3,4 bilhões pela Macromedia, estava relutante em realizar suas perdas e admitir que comprar a Macromedia havia sido um erro – assim como a Daewoo recusou-se a sair do mercado de carros vietnamitas. O ValueAct não estava envolvido na compra da Macromedia, não estava emocionalmente ligado a ela, e, assim, poderia fornecer uma perspectiva externa. Ele encorajou a Adobe a deixar o Flash de lado e adotar o HTML5, em vez de vê-lo como o inimigo. Dessa maneira, a Adobe começou a criar conteúdo usando HTML5 e outras tecnologias abertas e encerrou o Flash de maneira definitiva no último dia de 2020.

As transformações se estenderam muito além do Flash. Após ter ficado para trás na revolução móvel, a Adobe começou a desenvolver novos e melhores aplicativos móveis. Passou para um modelo de receita baseado em assinatura, o que reduziu a pirataria e deu à Adobe uma renda mais estável do que as compras pontuais proporcionavam. Isso não só agradou o departamento financeiro da Adobe, como também incentivou a inovação – como a remoção de metas de curto prazo discutidas no Capítulo 5. O criador do Photoshop, Thomas Knoll, explicou: "Os engenheiros eram muito a favor da transição. Anteriormente, eles tinham de apresentar novos recursos a cada dois anos, e esses recursos tinham de se sair bem em demonstrações, porque você tinha de convencer alguém a comprar uma nova versão baseada neles... Agora o incentivo é criar recursos que as pessoas realmente usam e não querem ficar sem. Acredito que é um incentivo melhor ter engenheiros fazendo um produto mais valioso para os usuários do que criar recursos que façam bonito em uma demonstração."

A receita da Adobe foi de US$4,2 bilhões em 2011 para US$7,3 bilhões em 2017. Como a Figura 6.1 mostra, após sete anos de estagnação, o preço das ações mais do que triplicou, entre a entrada inicial do ValueAct em dezembro de 2011 e sua saída em março de 2016. Os stakeholders também se beneficiaram. A expansão para o HTML5 permitiu que os clientes integrassem os produtos da Adobe com os da Apple, e os aplicativos móveis permitiram que eles passassem a usar os produtos da Adobe em diferentes dispositivos. Entre 2011 e 2017, o número de trabalhadores da empresa foi de 10 mil para 18 mil, e seus pagamentos de impostos subiu de US$202 milhões para US$443 milhões.

E o ValueAct não focou apenas as reviravoltas que valeriam a pena durante o próprio horizonte de investimentos, mas além disso — o preço das ações da Adobe dobrou nos dois anos desde a saída do ValueAct. Por que o ValueAct vendeu as ações da Abobe? Porque já havia colocado a Adobe de volta nos trilhos e encontrou oportunidades de fazer o bolo crescer em outras empresas. Em setembro de 2016, ele comprou 4% da Seagate Technology. Ao contrário da visão comum de que os investidores são o inimigo, a Seagate se aproximou do ValueAct para que esta comprasse uma participação e lhe concedeu um assento de "observador" no conselho de administração (permitindo a participação em todas as discussões, mas sem direito a voto). Como o CEO Steve Luczo explicou: "A Seagate se aproximou do ValueAct para... que se tornasse um investidor em nossa empresa, dado seu compromisso e sucesso na criação de valor em longo prazo para as empresas em que investe."

Figura 6.1

A reviravolta do ValueAct com a Adobe é apenas uma história escolhida a dedo. Há outros casos em que ativistas aumentam os lucros em curto prazo em detrimento do valor em longo prazo. Carl Icahn teve uma participação de 20% na Trans World Airlines e vendeu seus ativos rentáveis, fazendo com que a empresa falisse. Então, o que geralmente acontece, o ValueAct é uma exceção ou é a regra? Por que alguns investidores conseguem fazer crescer as empresas em que investem e outros falham? E os acionistas podem melhorar o desempenho de uma empresa mesmo sem influenciar sua gestão? Essas são algumas das perguntas que exploraremos neste capítulo.

Os Benefícios em Longo Prazo do Ativismo de Fundos de Hedge

Vamos começar com a primeira pergunta: o fundo ativista ValueAct é um ponto fora da curva (*outlier*)? Para responder a essa pergunta, primeiro precisamos entender que tipo de investidor é o ValueAct. É um tipo particular de investidor ativista — um fundo de hedge ativista. Um *fundo de hedge* pode vender ações de curto prazo, bem como comprá-las, enquanto *fundos mútuos* geralmente só podem comprar ações de curto prazo. Mas, embora os fundos de hedge sejam mais conhecidos — e mais notórios — por vender a descoberto, essa não é sua característica mais importante para a Pieconomics. Duas outras características são mais importantes. A primeira é que, enquanto um fundo mútuo cobra de seus clientes cerca de 1% ao ano do valor que administra, um fundo de hedge cobra 2%, mais — o que é importante — uma taxa de desempenho de 20% dos lucros do fundo. A segunda é que, enquanto os fundos mútuos visam superar o mercado, os fundos de hedge não são avaliados tendo em vista o mercado, mas isoladamente. Assim, eles se esforçam para gerar um retorno positivo mesmo em um mercado em baixa.

Se os investidores ativistas são vistos como a pior espécie de acionistas, os fundos de hedge ativistas são vistos como uma raça particularmente maligna. Talvez seus fortes incentivos de desempenho e a necessidade de gerar retorno em todas as condições os estimulem a inflar os lucros no curto prazo. Como o autor Peter Georgescu escreve: "Acionistas ativistas... são mais como terroristas que gerenciam com base no medo e tiram a empresa de seus ativos importantes mais básicos... retirando dinheiro de tudo o que geraria valor em longo prazo." Em 2016, os senadores norte-americanos Tammy Baldwin e Jeff Merkley propuseram a Lei Brokaw, a fim de reprimir os fundos de hedge ativistas, alegando: "Os fundos de hedge ativistas estão liderando a taxa de curto prazo em nossa economia. Eles abusam de leis de valores mobiliários frouxas para ganhar grandes participações em empresas de capital aberto... Não podemos permitir que nossa economia seja sequestrada por um pequeno grupo de investidores que só buscam enriquecer às custas dos trabalhadores, das comunidades e dos contribuintes." Essas preocupações são sérias e, se verdadeiras, devem ser urgentemente sanadas.

Mas isso é, de fato, uma verdade? Vamos analisar as evidências. Os professores de finanças Alon Brav e Wei Jiang passaram mais de uma década estudando os efeitos do ativismo de fundos de hedge em uma série de artigos com diversos coautores. Essa pesquisa é importante, embora os fundos de hedge ativistas sejam apenas uma pequena parte do setor de investimentos, portanto, estão longe de ser o único foco deste capítulo, porque eles são vistos como a epítome de um investidor que reparte o bolo. Mas as evidências mostram que, muitas vezes, eles fazem o bolo crescer.

Quando um investidor compra uma participação de 5% em uma empresa norte-americana e pretende alterar algo em sua gestão, ele precisa apresentar um formulário "Agenda 13D", indicando, no item 4 desse formulário, as mudanças que deseja realizar. Alon, Wei e os juristas Frank Partnoy e Randall Thomas analisaram mais de mil arquivos 13D apresentados por fundos de hedge ativistas. Eles descobriram que um 13D aumenta o preço das ações em uma média de 7%, sem reversão de longo prazo. Em outro estudo, Alon, Wei e Lucian Bebchuk descobriram que, mesmo após a saída dos fundos de hedge da empresa, os preços das ações continuam subindo pelos três anos seguintes – como o caso da Adobe, e contradizendo preocupações comuns de que os fundos de hedge "bombeiam e despejam". Como Paul Singer, fundador do fundo de investimentos ativista Elliott, argumenta: "Os benefícios de consertar uma estratégia errada, livrar-se de uma aquisição ruim, reimplantar um ativo de baixo desempenho ou substituir uma equipe de gestão ou um conselho de administração ineficaz pode refletir imediatamente no preço das ações de uma empresa, mas esse resultado imediato não diminui os benefícios em longo prazo." Além disso, os fundos de hedge geralmente mantêm investimentos em uma empresa por dois anos, atenuando as preocupações de que não estariam perto o suficiente para implementar melhorias de longo prazo.

Mas o aumento dos preços das ações pode ocorrer simplesmente devido aos fundos de hedge extraírem dividendos ou acumularem dívidas para economizar impostos, em vez de melhorar o desempenho real. Diante disso, juntamente com Hyunseob Kim, Alon e Wei investigaram o impacto dos fundos de hedge na rentabilidade. A Figura 6.2 vale por mil palavras.

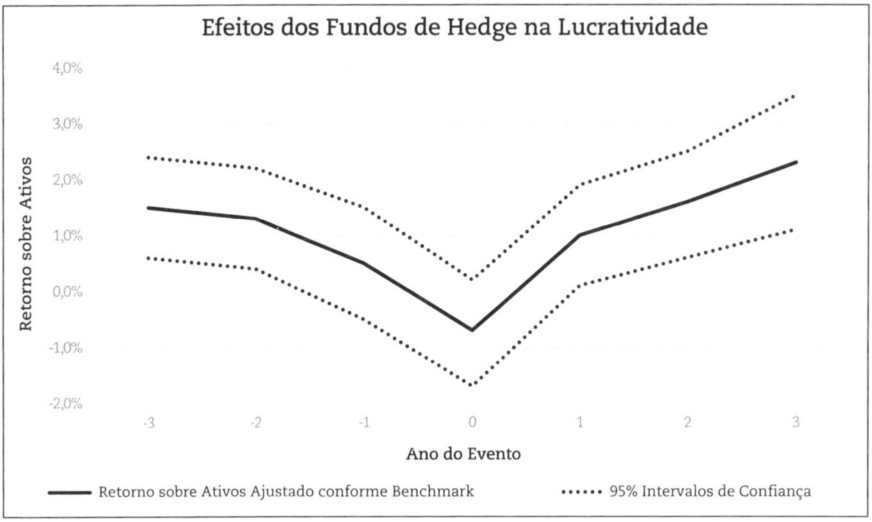

Figura 6.2

O "Ano do Evento" é quando o investidor arquiva o 13D, e a linha sólida é o retorno sobre investimentos (ROI) em relação ao setor. O ROI cairá significativamente antes da entrada de fundos de hedge, sugerindo que estes visam fazer com que a empresa passe a ter um baixo desempenho. Depois do 13D, o ROI se recupera – e isso não ocorre por apenas um breve espaço de tempo. A melhoria se tornará mais acentuada ano após ano, e os resultados continuarão a se manter mesmo se olharmos cinco anos adiante.

Ainda assim, uma maior rentabilidade não é uma evidência conclusiva do crescimento do bolo – pode se dar às custas de outros stakeholders. Talvez, ao ser estimulada pela demanda de curto prazo do fundo de hedge, a empresa tenha passado a sobrecarregar os trabalhadores, comprometer a qualidade do produto ou pressionar os fornecedores. Para se aprofundar e descobrir as causas raiz da maior rentabilidade, seria necessário obter informações individualizadas sobre a produtividade de cada "instalação" de fabricação. Mas esses dados não estão disponíveis em nenhum relatório anual ou arquivo público — são confidenciais e arquivadas pelo Censo dos EUA.

Então, Hyunseob transpôs muitos obstáculos para conseguir acesso. Primeiro ele escreveu uma proposta detalhada ao Census Bureau, para convencê-lo dos benefícios dessa pesquisa. Isso envolveu muitas rodadas de revisão e submissão antes de a proposta ser finalmente aprovada. Em seguida, ele se candidatou a uma vaga de pesquisador especial de "status juramentado" no Census Bureau, que exigiu uma verificação de antecedentes e uma entrevista com um agente do governo federal.

Após finalmente obter acesso aos dados, Alon, Wei e Hyunseob descobriram que as instalações visadas por fundos de hedge desfrutavam de um aumento no fator total de produtividade, mas não houve recuperação nos casos de instalações de baixo desempenho similares, mas que não foram escolhidas pelos fundos de hedge. A recuperação não é somente um retorno à condição normal que teria acontecido de qualquer maneira. Na Figura 6.3, a linha sólida indica a produtividade de uma instalação escolhida por um fundo de hedge, e a linha pontilhada indica a produtividade de uma instalação semelhante não escolhida.*

Mas você pode ainda não acreditar. A produtividade de fator total mede a produção em relação aos salários (e outros insumos). Talvez o fundo de hedge transforme uma instalação em uma "fábrica clandestina", cortando salários ou aumentando as jornadas de trabalho. Frente a isso, Alon, Wei e Hyunseob foram mais a fundo e estudaram a produtividade do trabalho — produção por hora de trabalho. Ela aumentou de 8,4% para 9,2% nos três anos após o 13D. De fato, as horas de trabalho não aumentaram e os salários não caíram.

Então isso significa que as preocupações comuns sobre fundos de hedge são todas falsas? Na verdade, não. Os pesquisadores descobriram que os fundos de hedge levam as empresas a vender algumas instalações. Quando se trata da acusação de serem destruidores de ativos, eles são culpados.

Mas há outro aspecto. Os dados do censo permitiram aos pesquisadores acompanhar a produtividade das instalações após serem adquiridas seus novos proprietários. Ela melhorou — mas não quando as instalações foram desinvestidas sem o envolvimento de fundos de hedge. Dessa forma, as alienações lideradas por fundos de hedge não são míopes, elas tendem a realocar ativos para compradores que podem fazer melhor uso deles. Isso é consistente com o princípio da vantagem comparativa e reconhece os custos de oportunidade social de manter uma instalação — o que impede que outra empresa a use para entregar valor. Sabe-se que é um desperdício de talento um atleta promissor não poder estar no time titular de sua equipe, então ele precisa ser transferido — mas esse raciocínio, muitas vezes, não é aplicado à venda de ativos ou aos negócios.

* Pode ser que as mudanças na produtividade tenham sido causadas por outros fatores além do ativismo de fundos de hedge. Os intervalos de confiança de 95% mostram o intervalo para o possível impacto do ativismo após considerar a variação aleatória. Uma vez que mesmo a linha pontilhada é superior a zero a partir do primeiro ano, isso mostra que o ativismo aumentou a rentabilidade mesmo após a variação aleatória ser contabilizada.

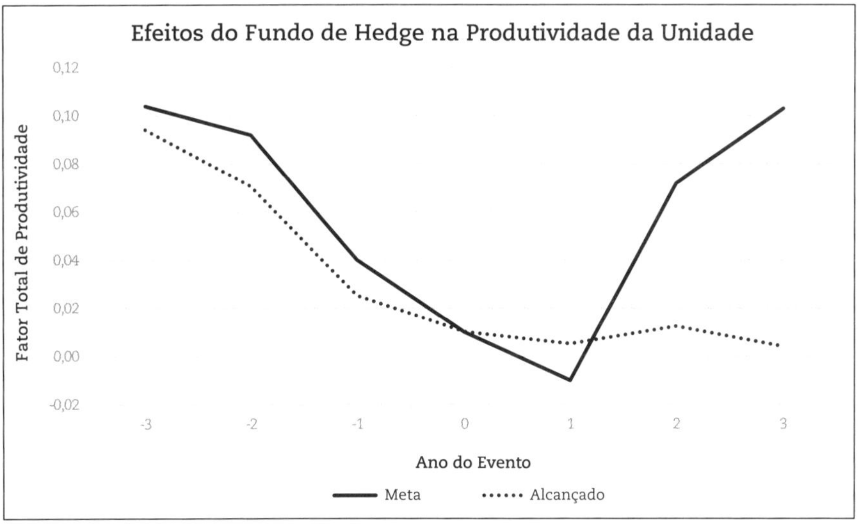

Figura 6.3

O que acontece com o investimento? Inconsistente com as preocupações de curto prazo, os gastos com TI aumentam, o que pode ser um motivo para os ganhos de produtividade. Mas ainda mais importante para a sociedade é a inovação, por causa de sua repercussão. Em um novo estudo, Alon, Wei, Song Ma e Xuan Tian descobriram que quando uma empresa é alvo de investimento de um fundo de hedge, seu P&D cai, em média, 20% em comparação com empresas não procuradas por fundos de hedge.

Isso aparenta ser uma prova irrefutável. E confirma um dos piores temores sobre o ativismo. Ao editarem a Lei Brokaw, os senadores Baldwin e Merkley alegaram que "empresas alvo de ativistas experimentam menor investimento e P&D". Mesmo sem terem citado nenhum estudo, eles acertaram na mosca.

No entanto, aqui novamente há outro aspecto a ser percebido. Embora o investimento em P&D caia, a produção de P&D sobe — as empresas registram 15% mais patentes, sendo que cada uma gera 15% mais citações (uma medida de qualidade de patentes). A empresa produz mais por menos — o investidor impede que se desperdice a farinha, jogando-a fora da assadeira.

Esse é um ponto importante. Investidores, stakeholders e formuladores de políticas, muitas vezes, usam o nível de investimento para medir o curto prazo. Por exemplo, as métricas do capitalismo de stakeholder do Fórum Econômico Mundial (apresentadas no Capítulo 5) incluem tanto o investimento de capital quanto o investimento em P&D como duas de suas métricas "centrais", que as empresas devem relatar. Mas o investimento só mede quanto você gasta (a *entrada*), não o que você gera com o que você gasta (a *saída*). Não é preciso habilidade para simplesmente gastar dinheiro. Lembre-se do que vimos no Capítulo 5 como Bart Becht transformou a inovação da Reckitt Benckiser sem desperdiçar dinheiro — o gasto em P&D foi menor do que o dos concorrentes —, mas focando as Powerbrands.

Assim como o remanejamento de instalações, Alon, Wei, Song e Xuan descobriram que o engajamento incentiva a realocação de patentes e inventores. A empresa vende patentes, particularmente aquelas menos relacionadas à sua expertise tecnológica — sua vantagem comparativa. Após a venda, a patente se torna mais impactante, ou seja, gera mais citações. Inventores que deixem a empresa produzirão mais e melhores patentes em seu novo empregador. Aqueles que ficam também se tornarão mais produtivos em comparação com inventores que permanecem em empresas não procuradas por fundos de hedge.

Como essas empresas magicamente se tornam mais produtivas e inovadoras? A mudança começa pelo topo. Alguns CEOs deixam a empresa; para aqueles que ficam, a participação acionária aumenta significativamente, conforme vimos no Capítulo 5. Novos conselheiros são adicionados aos conselhos de administração e têm melhores credenciais e mais conhecimento técnico ou experiência no setor.*

E os benefícios sociais do ativismo são mais amplos do que apenas o âmbito da empresa em questão. Eles vão além dos limites da empresa e alcançam os concorrentes — Hadiye Aslan e Praveen Kumar descobriram que as empresas rivais tomam medidas para se manter competitivas, e Nick Gantchev, Oleg Gredil e Pab Jotikasthira mostram que elas o fazem para prevenir que fundos de hedge adquiram participação nelas. As empresas pares melhoram a própria produtividade, a eficiência de custos e a alocação de capital, além de reduzirem os preços e aumentarem a diferenciação de produtos para beneficiar os clientes.

O Valor do Engajamento

Os estudos sobre ativismo viram a visão tradicional a respeito dos investidores de ponta-cabeça. Como os investidores precisam gerar lucros para os poupadores, o medo é o de que isso ocorra em detrimento dos stakeholders. Mas, conforme mostrado na Figura 2.1, há um limite para quanto lucro pode ser gerado mediante a divisão do bolo. A maioria dos investidores reconhece que a única maneira de gerar retorno no longo prazo é garantir que as empresas em que eles investem criem valor em longo prazo — por isso, eles estão muito mais alinhados com os stakeholders do que se imagina. De fato, a pesquisa de Caroline Flammer, apresentada no Capítulo 4, mostrou como os acionistas tomam decisões para que as empresas tratem melhor os stakeholders. Um estudo mais recente concluiu que a maioria dessas propostas é feita por gestores de ativos, em vez de instituições religiosas ou sem fins lucrativos. Da mesma maneira, depois que a Business Roundtable divulgou sua declaração revisado do propósito da empresa, muitos acionistas propuseram medidas para forçar os signatários a explicar como eles colocariam sua promessa em prática.

* Isso é correlação ou causalidade? Talvez o investidor tenha previsto que uma empresa melhoraria seu desempenho e, assim, tenha comprado grandes participações antecipadamente. Isso é difícil de conciliar com a amplitude das evidências — o investidor teria de prever melhorias na produtividade do trabalho e a eficiência da inovação, na venda de instalações de baixo desempenho e nas patentes não essenciais, que alguns inventores deixariam a empresa, mas aqueles que ficassem se tornariam mais produtivos, que o CEO mudaria e que seriam nomeados novos conselheiros de administração. Além disso, em seus diferentes trabalhos, os pesquisadores realizaram uma bateria de testes adicionais para sugerir causalidade. Por exemplo, os aumentos de produtividade são mais acentuados quando o engajamento é mais assertivo ou foca questões operacionais (como estratégia ou venda de ativos) no Item 4, em vez de desvalorização ou estrutura de capital. As melhorias surgem mesmo quando o investidor já tinha uma posição significativa antes do 13D — de modo que o fundo não aumentou muito sua participação, mas o 13D alertou para sua intenção de se engajar. Quando o fundo de hedge sair, a resposta do mercado será pior se ele não tiver conseguido implementar as alterações do Item 4, sugerindo que essas mudanças teriam valor agregado.

No entanto, os CEOs e seus conselheiros costumam ver os ativistas como inimigos que atacam a empresa. O advogado Marty Lipton, um proeminente oponente de ativistas citado na Introdução deste livro, escreveu um projeto sobre como lidar com o que ele denomina "ataque" ou dezoito variantes disso. Porém, o engajamento melhora o retorno das ações em longo prazo, a rentabilidade, a produtividade e a inovação — exatamente o que os líderes (e a sociedade) querem que aconteça. Em vez de enxergar as sugestões de reestruturação como um "ataque" e imediatamente se colocar na defensiva, argumentando que eles estão errados, a primeira reação dos executivos deveria ser considerar a possibilidade de que eles podem estar certos. Pode ser difícil ouvir os desafios colocados pelos ativistas, mas isso não deve prejudicar o valor destes. Parece que o principal alvo que os ativistas estão atacando é o baixo desempenho, e as empresas devem se aliar a eles nesse ataque.

Em 2014, os investidores levantaram algumas preocupações sobre a alta dívida da empresa de serviços terceirizados britânica Carillion, além da ampliação do déficit previdenciário e da fraca geração de fluxo de caixa. Eles sugeriram uma mudança de estratégia, mas a gerência considerou isso um ataque e os ignorou. A Carillion faliu em janeiro de 2018, prejudicando não só os investidores, mas a sociedade — seu fracasso causou a perda de 3 mil empregos, comprometeu as previdência de 27 mil aposentados e empurrou alguns de seus fornecedores para a falência. Um relatório do governo britânico concluiu que "se tivesse sido mais receptiva ao conselho dos principais investidores em um estágio anterior, essa tempestade e o posterior colapso da empresa poderiam ter sido evitados".

Como os investidores podem fornecer perspectivas úteis quando não têm conhecimento interno do negócio? Ao dar um conselho sobre administração de maneira independente, pensar em uma nova ideia estratégica ou falar sobre potenciais ameaças competitivas. Embora os investidores não trabalhem para a empresa no dia a dia, essa visão de pessoas de fora ajuda a superar o apego de um CEO ao status quo — uma estratégia que ele projetou ou um negócio que comprou. Como diz o ditado, o sapo colocado em uma panela cheia de água não notará quando a água começar a ferver. Mas um estranho pode notar ao ver as bolhas se formarem. O ativista Bill Ackman explica: "O valor agregado de um ativista... é que podemos ajudar a evitar que a próxima Kodak desapareça e que dezenas de milhares de empregos sejam perdidos, despertando a empresa complacente para as ameaças competitivas que ela enfrenta e para a ineficiência que se instalou em seus negócios em virtude dessa complacência."

Agora os formuladores de políticas estão percebendo o valor dos investidores engajados. Desde o início da década de 1990, o Japão sofreu uma prolongada estagnação econômica — inicialmente apelidada de "Década Perdida", atualmente conhecida como "Vinte Anos Perdidos" devido ao tempo que ela durou. A rentabilidade tem sido muito baixa, em parte porque as empresas preferem guardar o dinheiro em um cofre, em vez de encontrar oportunidades inovadoras de investimento. O ex-primeiro-ministro Shinzo Abe viu o maior engajamento dos investidores como uma solução e trabalhou para fortalecer os direitos dos investidores. Um exemplo é a criação do Código de Governança Corporativa japonês em 2015.

No entanto, como na maioria dos problemas, a evidência não tem apenas um lado. Enquanto Alon e Wei estudam os fundos de hedge em tempo integral, lembre-se de que as evidências não são *universais*. Os resultados são mais variados para o ativismo por investidores de fundos não hedge, como fundos de previdência e fundos mútuos. O trabalho de 2010 de David Yermack sobre a pesquisa a respeito de ativismo, até o momento (escrita antes dos estudos sobre fundos de hedge), descobriu que "o sucesso do ativismo institucional de investidores até agora parece limitado".

Portanto, assim como o investimento em ESG nem sempre compensa, conforme discutido no Capítulo 4, o engajamento com ativistas também nem sempre compensa. Os motivos são semelhantes. O ESG pode ser implementado sob a forma de uma lista de verificação — por exemplo, escolher ações com base em taxas salariais sem considerar horizontes salariais. Da mesma forma, o engajamento também pode ser implementado por meio de listas e verificação — propiciando conquistas rápidas em proporções, em vez de analisar questões mais profundas, como os horizontes. O que importa é a qualidade do engajamento, em vez de simplesmente olhar a atividade de engajamento.

O que Fortalece o Engajamento?

Há três motivos pelos quais os fundos de hedge ativistas são particularmente eficazes em compromissos semelhantes aos ocorridos na Adobe. É importante ressaltar que nenhum é exclusivo para fundos de hedge, portanto, outros investidores podem adotá-los também. O primeiro é a *concentração de portfólio*. Como o ValueAct possui de dez a quinze ações, ele tem uma participação substancial em cada uma das empresas. Isso dá incentivos ao fundo para conhecer cada canto de todas essas empresas.

Esse não é o caso para muitos fundos mútuos. Existem dois tipos principais. Os *fundos de índice* apresentam um índice — por exemplo, o Índice Russell 1000 das mil maiores empresas dos EUA. Como não há um gestor de fundos que escolha ativamente as ações, esses fundos são tipicamente muito baratos, com uma taxa de administração anual de cerca de 0,1% (em setembro de 2018, a Fidelity lançou fundos de índice cuja taxa era zero). O segundo tipo são os *fundos ativamente gerenciados*, ou *fundos ativos*. Um fundo ativo especifica um índice de referência que pretende superar, escolhendo diferentes ações dele. Para pagar o gestor do fundo e sua equipe de analistas, a taxa de administração pode chegar a 1%.

Embora, em teoria, os fundos ativos sejam livres para selecionar as ações que quiserem, na realidade, muitos possuem centenas de ações com o intuito de ficar próximos do índice e reduzir o risco de baixo desempenho. Essa "indexação índice" significa que um fundo ativo acaba se tornando diversificado demais para se envolver de verdade com cada empresa de que detém ações — no mercado, é conhecido como fundo pseudoativo (*closet indexers*). A Morningstar descobriu que 20% dos fundos europeus de grande capitalização poderiam ser classificados como indexadores. Além disso, um fundo disperso pode ter incentivos negativos para se engajar. Se uma empresa representa 2% do fundo, mas 3% do *benchmark*, melhorar seu valor fará com que o fundo tenha um desempenho ruim.

Problemas semelhantes surgem com os fundos de previdência. Nos EUA, os fundos de previdência devem seguir regras de "homem prudente", o que exige diversificação. A diversificação poderá ser prudente se tudo o que importar forem erros comissivos — investir em ações ruins. Mas a Pieconomics é mais sobre evitar erros por omissão; nessa perspectiva, a diversificação excessiva é imprudente. Se um fundo detém ações de centenas de empresas, é improvável que ele tenha um conhecimento profundo de cada uma, e isso fará com que perca muitas oportunidades de criar valor. A diversificação excessiva é prudente em muito poucas áreas da vida. Sabemos que assumir centenas de compromissos impede que dediquemos tempo suficiente para cada um — mas, às vezes, essa percepção é negligenciada pelos investidores.

Um fundo de hedge apresenta uma carteira concentrada porque não é avaliada em relação a um índice. Se perder 10%, não poderá usar a desculpa de que o índice perdeu 15%, pois a missão que ele declarou é gerar retornos independentemente das condições do mercado. Então, cada ação que o fundo possui é um *investimento de convicção* — uma escolha deliberada, porque o fundo acredita em seu potencial de longo prazo, em vez de uma escolha padronizada, porque faz parte do *benchmark*. Essa grande participação, portanto, dá ao fundo os incentivos para ele se engajar.

Um segundo motivo para a eficácia dos fundos de hedge ativistas são os fortes *incentivos* financeiros. Considere um fundo de hedge e um fundo mútuo, ambos com uma participação de US$100 milhões. Se o engajamento de um fundo de hedge aumentar o valor da empresa em 5%, sua participação aumentará em US$5 milhões. No primeiro ano, o fundo manterá US$1,1 milhão desse aumento (US$1 milhão por meio da taxa de desempenho de 20% e US$0,1 milhão por meio da taxa anual de 2%). Um fundo mútuo com uma taxa anual de 1% manterá US$50 mil, então seus incentivos serão 22 vezes menores. Esses incentivos são importantes, porque o engajamento custa dinheiro e tempo — Nick Gantchev estimou que uma disputa por um lugar no conselho de administração custa mais de US$10 milhões. Os engajamentos devem começar de maneira colaborativa, mas o confronto é um mecanismo útil — porém caro — de escalonamento se a gestão for intransigente.

Alguns poupadores podem recusar uma taxa de desempenho de 20% de um fundo de hedge, assim como os cidadãos podem se opor à alta remuneração do CEO. Mas a taxa de desempenho não ocorre às custas de ninguém — só é ganho se o fundo de hedge tiver feito o bolo crescer. Além disso, consistente com os incentivos de longo prazo defendidos no Capítulo 5, o pagamento aos trabalhadores de fundos de hedge geralmente é diferido por muitos anos.

Um terceiro motivo é o montante substancial de *recursos* que fundos de hedge ativistas gastam com o engajamento — é uma parte central do processo de investimento. Alguns fundos mútuos fazem marketing baseados principalmente em seu custo e consideram o engajamento uma atividade desperdiçada, que simplesmente gera despesas. Mas o engajamento é um centro de lucro, não um centro de custos.

Além dos Fundos de Hedge

O lado bom é que nenhuma dessas três características é exclusiva dos fundos de hedge. Outros investidores podem adotar essas mesmas práticas — e muitos dos melhores o fazem. Como vamos discutir no Capítulo 9, os investidores devem pagar seus gestores de fundos de acordo com o desempenho em longo prazo e dedicar recursos significativos ao engajamento. Os fundos ativos devem manter participações concentradas, em vez de diversificar em torno do índice. Não há nada de especial nos fundos de hedge; eles são apenas um exemplo de um investidor concentrado, incentivado e com recursos.

De fato, análises de investidores de fundos não hedge com as características descritas encontram resultados mais positivos. O investidor britânico Hermes gerencia os fundos de previdência britânicos Telecom e Correios, bem como o dinheiro dos clientes. Em 1998, ele criou o UK Focus Fund, em resposta a preocupações de que seus principais fundos eram muito diversificados. Como o nome sugere, ele detinha ações em um pequeno número de empresas — não mais do que treze a qualquer momento. Era dedicado ao engajamento, comprando ações somente de empresas de baixo desempenho que acreditava que poderiam crescer. Os trabalhadores tinham um salário-base baixo, mas um forte esquema de incentivo que poderia render um bônus de sete dígitos após um desempenho excepcional.

Os compromissos do fundo envolviam aplicar o princípio da vantagem comparativa e vender ativos não essenciais. Marco Becht, Julian Franks, Colin Mayer e Stefano Rossi descobriram que o retorno das ações aumentava, em média, 5,3% se os objetivos do engajamento fossem atingidos. O retorno era maior nos casos de confrontos do que nos casos de compromissos colaborativos, sugerindo que Hermes estava anulando decisões ruins de uma gestão entrincheirada. A rentabilidade, que havia diminuído nos dois anos anteriores ao engajamento, foi recuperada nos dois anos seguintes.

Outro estudo realizado por Elroy Dimson, Oğuzhan Karakaş e Xi Li investigou um grande investidor anônimo com especialização em engajamento ambiental e social. Embora esse ativismo visasse beneficiar os stakeholders, os investidores também ganhavam. O preço das ações subiu 2,3% no ano seguinte e aumentaria 7,1% se o engajamento atingisse suas metas. O lucro também aumentou.

Os investidores de *private equity* têm características semelhantes aos fundos de hedge, mas em um grau ainda maior. Eles geralmente têm participação majoritária, não apenas uma grande participação, e lugares garantidos no conselho de administração, o que lhes permite uma maior influência sobre a gestão. Eles são quase tão abominados pelo público quanto os fundos de hedge. Mas diversos estudos mostram que, quando assumem uma empresa, os lucros aumentam, a produtividade aumenta e a qualidade das patentes melhora.

E os stakeholders também se beneficiam. Jonathan Cohn, Nicole Nestoriak e Malcolm Wardlaw estudaram acidentes no local de trabalho, obtendo dados de nível chão de fábrica da Pesquisa de Doenças e Lesões Ocupacionais do Bureau of Labor Statistics. Em média, 6,7% dos trabalhadores se machucam a cada ano; após uma compra de *private equity*, houve uma queda de 0,74% a 1%. Se essa redução ocorresse em todo o território dos EUA, as lesões no local de trabalho cairiam entre 650 mil e 880 mil. Shai Bernstein e Albert Sheen obtiveram os registros de inspeção sanitária de restaurantes da Food and Drug Administration dos EUA e descobriram que, após uma compra, os restaurantes passam a se manter mais limpos, seguros e com o estoque em dia. Os efeitos são mais fortes em lojas próprias do que nas franqueadas, sobre as quais o investidor de *private equity* tem mais controle — sugerindo que isso causou as melhorias, e não a compra dos restaurantes, porque eles previram que as melhorias ocorreriam de qualquer maneira.

Ao passar de "não praticar o mal" para "fazer o bem de maneira ativa", Ashwini Agrawal e Prasanna Tambe mostraram que os investidores de *private equity* aumentam o investimento em TI, o que dá aos trabalhadores habilidades transferíveis, como o design auxiliado por computador. Os autores obtiveram dados proprietários de um dos maiores sites online de busca de emprego nos EUA, para rastrear os futuros caminhos na carreira desses trabalhadores. Eles desfrutam de aumentos tanto na empregabilidade de longo prazo quanto nos salários, que persistiram mesmo após deixarem a empresa. Os efeitos são maiores quanto maior for o investimento em TI após a compra e mais intensos para os trabalhadores em funções relacionadas à TI.

Da mesma forma, os clientes se beneficiam. Cesare Fracassi, Alessandro Previtero e Albert Sheen estudaram o setor varejista, obtendo dados sobre os preços mensais de armazenamento e vendas unitárias para 2 milhões de mercadorias. Após uma compra, as vendas aumentam 50%, em comparação com varejistas similares sem investimentos. Esse aumento não se deve à subida nos preços — estes foram muito pouco alterados. Em vez disso, o aumento se deve ao lançamento de novos produtos e à expansão geográfica do setor.

Engajamento Generalizado

O ativismo que o ValueAct empreendeu na Adobe, e os que os artigos citados estudaram, é o *engajamento especializado*. Aqui, o melhor curso de ação é específico para a situação. O ValueAct precisou entender profundamente os problemas específicos da Adobe e avaliar soluções personalizadas, como alterar o modelo de receita da empresa.

Mas esse não é o único tipo de engajamento que cria valor. Algumas melhorias podem ser implementadas em todo o conselho de administração, que chamaremos de *engajamento generalizado*. Aumentar os horizontes salariais ou incentivar a divulgação das emissões de carbono é geralmente desejável, para que os investidores possam pressionar por essas mudanças sem a necessidade de análises profundas. Embora o engajamento especializado seja "de baixo para cima", por meio da estratégia e das operações da empresa, o engajamento generalizado é "de cima para baixo", tratando de um tema amplo em relação a diversas empresas.

O engajamento especializado é mais difícil para os fundos de índice, uma vez que eles detêm todas as ações em um índice e podem ser muito diversificados para se concentrar em determinada empresa. Mas eles estão bem posicionados para empreender um engajamento generalizado, porque os gestores de ativos que os oferecem (como Vanguard, Blackrock, State Street e Legal & General) são, muitas vezes, os maiores acionistas de uma empresa e, portanto, têm forte poder de voto. Em agosto de 2019, o tamanho total dos fundos de índice dos EUA superou os fundos ativos pela primeira vez; dez anos antes, os fundos de índice eram apenas um terço do tamanho dos fundos ativos.

Os fundos de índice realmente exercem governança? Ian Appel, Todd Gormley e Don Keim usam a abordagem de regressão para mostrar causalidade. O Índice Russell 1000 possui ações das maiores mil empresas de capital aberto dos EUA, e o Russell 2000, das próximas 2 mil. Se uma ação está na parte inferior do Russell 1000 ou no topo do Russell 2000 é basicamente algo aleatório, mas tem um grande efeito sobre a participação em seu fundo de índice. A milésima maior empresa terá pouca participação de fundos de índice que acompanham o Russell 1000, porque é a menor em seu índice. A empresa 1.001 terá uma alta participação dos rastreadores do fundo Russell 2000, porque é a maior em seu índice.

Ian, Todd e Don mostram que a taxa de participação por fundos de índice é 66% maior para as ações no topo do Russell 2000 do que para aquelas que estão posicionadas na parte inferior do Russell 1000. Esse aumento está associado a uma melhor governança, maior rentabilidade e maior valorização. Colabora, ainda, para um menor apoio à votação de propostas de gestão e um maior apoio às propostas de acionistas relacionadas à governança — consistente com os fundos de índice que melhoram o engajamento generalizado por meio de seu poder de voto. Outro estudo realizado por Fátima Filali Adib mostra que o apoio ao voto é maior para propostas que criam mais valor, sugerindo que os fundos de índice são, de fato, mais qualificados para votar.

Esses resultados são importantes. Apesar de alguns analistas gostarem de classificar os fundos ativos como "bons" e os fundos de índice como "ruins", esse pensamento binário é impreciso. Diferentes investidores especializam-se em tipos distintos de engajamento. Nem os formuladores de políticas nem os poupadores devem esperar que os investidores assumam todos os tipos de administração, mas que foquem os mecanismos em que mais têm experiência. Retomaremos esse ponto no Capítulo 9, que fala sobre como os investidores podem colocar a administração em prática.

Direitos do Investidor

Outra forma de lançar luz sobre o valor do engajamento é estudar os direitos dos investidores — a capacidade dos acionistas de influenciar como uma empresa é gerida —, em vez de casos reais de ativismo.

As empresas podem usar diversos mecanismos para reduzir a influência dos investidores. Um deles é o conselho de administração escalonado. Digamos que Paolo é o presidente. Ele é corrupto, gasta dinheiro da empresa com aquisições ruins, escritórios cheios de pompa e, é claro, com uma alta remuneração para si mesmo. E é também desonesto. Ele escolheu seus amigos da escola de negócios, Amit, Sarah e Delphine, para serem seus conselheiros de administração, os quais apoiam seu plano pessoal de autoenriquecimento. E adotou eleições escalonadas. Ou seja, Amit concorrerá no primeiro ano, Sarah no segundo e Delphine após dois anos. Um ativista poderá tentar fazer com que os próprios conselheiros de administração sejam eleitos para o conselho e demitam Paolo. Mas como apenas um terço do conselho concorrerá à eleição em qualquer ano, o ativista não poderá obter a maioria, a menos que espere mais um ano e ganhe uma segunda eleição. Paolo é protegido de investidores e pode continuar a destruir valor.

No entanto, os conselhos de administração escalonados não são apenas ruins. Em vez de apoiar um líder que faz o bolo murchar, eles podem proteger um líder que faz o bolo crescer de ser demitido por perdas no curto prazo, dando espaço para que ele se concentre em investimentos de longo prazo.* Então, como saber se será bom ou

* Se o isolamento das pressões de curto prazo é uma preocupação, uma abordagem melhor pode ser ter mandatos de três anos, mas todos os conselheiros irão para a eleição no mesmo ano — nos anos três, seis, nove, e assim por diante. Os conselheiros, então, tornam-se responsáveis pelo desempenho de três anos, em vez de um ano, reduzindo as pressões de curto prazo. Mas se o desempenho continuar fraco após três anos, todo o conselho de administração poderá ser substituído.

ruim? Vamos às evidências. Um artigo seminal de Paul Gompers, Joy Ishii e Andrew Metrick reuniu dados não apenas de conselhos de administração escalonados, mas também de 23 outros mecanismos de proteção da gestão em relação aos acionistas. Os resultados foram impressionantes. As empresas com menos mecanismos de proteção e, portanto, cujos direitos dos investidores eram os mais fortes superam as demais em 8,5% ao ano. Elas também tiveram um maior crescimento de vendas e rentabilidade.

Paul, Joy e Andrew realizaram outro estudo sobre ações de classe dupla e descobriram que o valor da empresa é significativamente menor. Ron Masulis, Cong Wang e Fei Xie, então, descobriram as fontes desse declínio. As ações de classe dupla estão associadas a uma maior remuneração do CEO, a aquisições ruins e a decisões de investimento também ruins — sugerindo que elas permitam à gestão entrincheirar-se e pratica a "construção de império".

Essas descobertas são importantes e vão contra o pensamento que prevalece na atualidade. Há muitos apelos para restringir os direitos dos investidores com base na alegação de que os acionistas extraem valor dos stakeholders ou interferem na visão do CEO, pressionando pelo lucro em curto prazo. Essa narrativa é bastante popular, dadas as diferentes percepções dos CEOs — particularmente dos fundadores — e dos investidores. Empreendedores elaboram ideias; investidores ganham dinheiro escorados nas ideias de outra pessoa.

Os empreendedores, sem dúvida, fazem o bolo crescer mais do que qualquer outro membro da sociedade. Mas assim como os carros têm acelerador e freios, a Pieconomics ressalta a importância do equilíbrio entre a visão do empreendedor e a fiscalização pelos investidores. Esse equilíbrio é fundamental, pois há muitas histórias de negócios promissores em declínio devido a um fundador intocável. A revista *The Economist* descreveu assim o fundador da Daewoo: "Kim está acostumado a tomar decisões de investimento de última hora com base em palpites", em vez de consultar outras pessoas da gestão. Jerry Yang, da Yahoo, rejeitou uma oferta de aquisição de US$47,5 bilhões da Microsoft em fevereiro de 2008 porque não queria ceder o controle do que via como sua empresa — mas quem investia nela eram os acionistas. Em novembro, o valor da Yahoo havia caído para um terço do valor da oferta da Microsoft, e dois fundos de previdência de Detroit processaram a Yahoo por violar seu dever fiduciário para com os investidores ao rejeitar a oferta da Microsoft. O estilo de liderança intransigente e do tipo "faço o que eu quiser" de Travis Kalanick contribuiu para a cultura de trabalho supostamente machista da Uber, para a saída de executivos-chave, as multas regulatórias e a má reputação da empresa. O cofundador da Groupon, Andrew Mason, recusou uma oferta de US$6 bilhões da Google em 2010. O crescimento fraco das vendas, os problemas contábeis e o comportamento antiprofissional — como usar fantasias de gorila no escritório e lançar um olhar fuzilante quando questionado sobre por que ele não vendeu a empresa para a Google — levou Herb Greenberg, da CNBC, a nomeá-lo como "pior CEO do ano", em dezembro de 2012, e fez com que o valor da Groupon despencasse abaixo de US$3 bilhões. Ele foi demitido em 28 de fevereiro de 2013, fazendo com que o valor do Groupon saltasse 4%, terminando o ano em US$8 bilhões.

Os estudos sobre os direitos dos investidores que identificam correlações estão apenas no início. Dois trabalhos subsequentes avançaram em direção à causalidade.

Vicente Cuñat, Mireia Giné e Maria Guadalupe usam a mesma abordagem de descontinuidade de regressão que o estudo de Caroline Flammer, mencionado no Capítulo 4, mas analisam propostas para fortalecer a governança, e não o desempenho social. A implementação de uma proposta faz com que o preço da ação aumente, em média, em 2,8%. Aquisições e investimentos costumam cair, mas o valor das empresas no longo prazo aumenta — sugerindo que os cortes são em relação a projetos de construção de impérios, em vez de projetos de criação de valor. Jonathan Cohn, Stu Gillan e Jay Hartzell investigaram a regra de "acesso por procuração", aprovada pela Comissão de Valores Mobiliários dos EUA (SEC) em agosto de 2010 (mas derrubada pelo Tribunal de Apelações em julho de 2011). Essa regra teria ajudado os investidores a apresentar seus próprios candidatos nas eleições para conselheiros de administração. Os preços das ações subiram após eventos que aumentaram a probabilidade de entrada em vigor da regra e caíram após eventos que a reduziram. As reações foram mais fortes em empresas de baixo desempenho, sugerindo que o poder dos investidores traz disciplina ao baixo desempenho.

Agora falaremos sobre como os investidores afetam a sociedade mais amplamente. Alan Ferrell, Hao Liang e Luc Renneboog estudaram 37 países e descobriram que as leis pró-investidores correlacionam-se positivamente com onze medidas diferentes de valor para os stakeholders, incluindo relações de trabalho, envolvimento comunitário e orientação ambiental. Alexander Dyck, Karl Lins, Lukas Roth e Hannes Wagner analisaram 41 países e concluíram que a propriedade de ações por investidores institucionais está associada a melhorias em diversas medidas ambientais e sociais, como uso de energia renovável, qualidade do ambiente de trabalho e direitos humanos. O efeito é maior quando os investidores são de países com rígidas normas sociais, como Alemanha, Holanda e países nórdicos, sugerindo que eles exportam suas normas para as empresas em que investem.

Muitos analistas argumentam que os direitos dos acionistas serão sufocados se os negócios trabalharam em favor da sociedade, portanto, a constatação de que os investidores fazem o bolo crescer para si e para os stakeholders é impactante. De fato, o termo "investimento ESG" pode parecer um paradoxo. Fatores de governança medem se uma empresa opera com base nos interesses dos acionistas; já os fatores ambientais e sociais medem se ela opera com base nos interesses dos stakeholders. De acordo com a mentalidade de repartir o bolo, esses fatores trabalham em direções opostas. Mas não é um paradoxo segundo a mentalidade de fazer o bolo crescer — todos os três fatores (o E, o S e o G) podem causar isso. O único paradoxo é que alguns defensores do investimento ESG também pedem que os direitos dos acionistas sejam suprimidos.

No entanto, as evidências não seguem todas uma única direção. Os estudos citados investigam o que acontece em geral, mas as evidências não são universais — limitar o poder dos acionistas pode ser valioso em determinados casos. William Johnson, Jon Karpoff e Sangho Yi sugerem que as defesas contra aquisição hostil podem consolidar relações de longo prazo com os stakeholders. Em 2000, a IBM foi o maior cliente da fabricante Pemstar. A IBM se uniu à Pemstar para abrir uma operação de fabricação no Brasil e compartilhar seu conhecimento especializado em fabricação. Essa relação exigiu confiança de que a Pemstar não fugiria com o conhecimento compartilhado ou aumentaria os preços de repente.

Depois que a Pemstar se tornou uma empresa de capital aberto naquele ano, ela correu o risco de ser comprada. Um novo proprietário pode tentar estragar o relacionamento entre as duas empresas ao cobrar preços mais altos da IBM.* A Pemstar, então, passou a empregar cinco defesas contra uma aquisição hostil. William, Jon e Sangho descobriram que, se, e somente se, uma empresa tiver um grande cliente, um fornecedor dependente ou uma aliança estratégica, as defesas contra uma aquisição hostil aumentarão seu valor quando ela abrir seu capital. Martijn Cremers, Lubo Litov e Simone Sepe mostraram que, quando uma empresa adota um conselho de administração escalonado, seu valor aumenta se, e somente se, ela tiver as relações comerciais citadas.

As defesas contra uma aquisição hostil não são a única maneira de preservar as relações de longo prazo — conforme veremos mais tarde, os investidores informados são, muitas vezes, suficientes. Ainda assim, esses artigos são consistentes com a ideia de que investidores desinformados podem ignorar o valor das relações com os stakeholders de uma empresa e intervir de maneira destrutiva. Por isso, o design ideal dos direitos dos investidores não é de tamanho único, o que explica a variedade entre empresas e países que costumamos ver. Alem disso, ele pode variar ao longo do tempo para determinada empresa, com as defesas preservando as relações com os stakeholders para uma empresa que acabou de abrir seu capital, mas levando a se firmar quando mais madura. O desafio para os reguladores é garantir que a proteção aos investidores, que pode ser justificada em determinadas circunstâncias, não seja usada de maneira abusiva por líderes de baixo desempenho, consolidando-se.

Monitoramento

O engajamento é uma forma de *stewardship*. A definição do Dicionário Merriam de *stewardship* é "a gestão cuidadosa e responsável de algo confiado ao seu cuidado". Ao investidor, é confiado o dinheiro dos poupadores. Gerenciar esse dinheiro de maneira responsável envolve melhorar o desempenho no longo prazo das empresas em que ele investe. Assim, passaremos de uma definição de *stewardship* que olha para trás, para os poupadores, para uma que olha para o futuro e para as empresas, conforme ilustra a Figura 6.4. A *stewardship é uma abordagem de investimento que melhora o valor que uma empresa cria para a sociedade.* Ela busca fazer o bolo crescer e melhorar o desempenho da empresa, em vez de considerar o tamanho do bolo como fixo e buscar lucrar apenas encontrando bolos subvalorados.

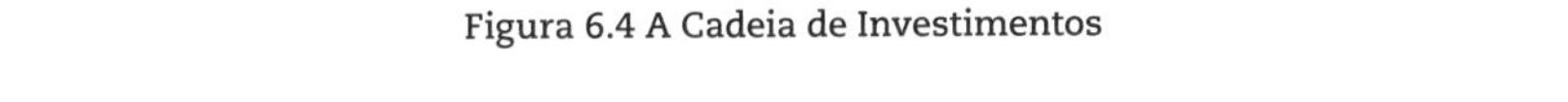

Figura 6.4 A Cadeia de Investimentos

Embora o engajamento seja a forma mais conhecida de *stewardship*, não é a única. Os investidores também podem fazer *stewardship* ao examinar com atenção o valor de longo prazo de uma empresa — olhando além de seu lucro de curto prazo para seus ati-

* Note que essa preocupação exige que o novo proprietário seja "irracional". Um proprietário novo racional entenderia o valor das relações com os stakeholders e as preservaria — na verdade, os adquirentes, muitas vezes, pagam um preço a mais por essas relações.

vos, sua estratégia e seu propósito intangíveis. Chamaremos esse comportamento de *monitoramento*. Conforme explicarei em breve, essa análise fará o bolo crescer mesmo que o investidor somente a use para decidir se compra, retém ou vende ações de uma empresa, em vez de influenciar como ela é gerida.

O lendário investidor Peter Lynch, um dos mentores de Jeff Ubben, foi um monitor extremamente bem-sucedido. Ele comandou o Fundo Fidelity Magalhães entre 1977 e 1990, registrando um retorno anual médio de 29% e superando o S&P 500 por onze anos, durante seus treze anos de gestão. Em seu livro *Beating the Street*, Peter escreveu: "Por trás de cada ação, está uma empresa. Descubra o que ela está fazendo... muitas vezes, não há correlação entre o sucesso das operações de uma empresa e o sucesso de suas ações ao longo de alguns meses, ou mesmo de alguns anos. No longo prazo, há uma correlação de 100% entre o sucesso da empresa e o sucesso de suas ações."

Se Peter estivesse pensando em comprar uma ação de uma varejista, ele visitaria suas lojas para ver de perto como clientes e colegas estavam sendo tratados. Sua fonte favorita de ideias de investimento era o Burlington Mall, que apresentava "perspectivas mais prováveis do que você poderia descobrir em um mês de conferências de investimento", e ele se reunia com mais de duzentas empresas por ano. Em uma visita, a esposa e os filhos de Peter o arrastaram para uma loja The Body Shop, uma varejista de cosméticos socialmente responsável. Peter ficou imediatamente impressionado com quão bem ela era gerenciada, com o entusiasmo de seus colegas e a multidão de clientes. Isso lhe rendeu meses de análises adicionais que o levaram a comprar uma grande participação na empresa.

Talvez o investimento mais famoso de Peter, e um exemplo brilhante de sua abordagem de investimento, tenha sido na Chrysler. Em 1982, ele decidiu comprar ações da indústria automobilística — ele queria um setor cíclico, enquanto os EUA se recuperavam de uma recessão. Havia três agentes principais na época. A tabela a seguir mostra suas estatísticas financeiras.

	GENERAL MOTORS	VAU	CHRYSLER
Fatia do mercado em 1982	44%	17%	9%
Lucro em 1981	US$333 milhões	-US$1,1 bilhão	-US$476 milhões
Lucro em 1982	US$963 milhões	-US$658 milhões	-US$69 milhões*

*** Excluindo um ganho único de US$239 milhões com as vendas de ativos.**

Qual você escolheria? Parece uma decisão fácil — a General Motors era a líder clara do mercado, gerando lucro mesmo durante a recessão de 1981 e triplicando-o quando a recessão chegou ao fim. Mas as ações da GM eram precisamente aquelas a que Peter atribuiu menor peso (embora ele ainda tenha comprado algumas, uma vez que estava investindo bastante na indústria automobilística), ao mesmo tempo em que atribuiu muito maior peso aos dois fabricantes que estavam experimentando perdas. Peter olhou para a estratégia e liderança além dos lucros. Ele concluiu que a GM era "arrogante, míope e estava descansando em seus louros".

Embora Peter tenha comprado uma grande posição na Ford, sua melhor escolha foi a Chrysler. Ele começou a comprar ações dessa empresa na primavera de 1982, embora o consenso de Wall Street fosse o de que ela iria à falência após as perdas de 1981. Em junho daquele mesmo ano, no que Peter, mais tarde, descreveu como "o dia mais importante de minha carreira de investimento de 21 anos", ele visitou a sede da Chrysler e viu os novos carros que a empresa estava se preparando para lançar. Um acabou se tornando a primeira minivan com presença significativa no mercado. Esse potencial convenceu Peter a entrar com tudo, e em julho de 1982, a Chrysler representava 5% dos ativos da Fidelity Magalhães — o máximo permitido pela SEC.

A história provou que Peter estava certo. Sua aposta no setor valeu a pena, com a GM triplicando de valor nos cinco anos seguintes. Mas sua aposta específica de ações valeu muito, muito mais — o preço das ações da Ford aumentou dezessete vezes no mesmo período, enquanto o preço das ações Chrysler aumentou quase cinquenta vezes.

Como o monitoramento ajuda as empresas a fazer o bolo crescer? A compra de ações da Chrysler não rendeu lucros para Peter às custas dos acionistas que lhe venderam suas ações? Na verdade, o monitoramento é fundamental para a Pieconomics. Sem entender de verdade o valor a longo prazo de uma empresa, um investidor não pode fazer parceria com ela para fazer o bolo crescer.

Discutimos o problema do curto prazo diversas vezes até agora. O cerne do problema é a *assimetria de informações*. Os investidores têm informações sobre o desempenho de curto prazo de uma empresa porque é simples de juntá-las — no Yahoo Finance, eles têm facilidade em encontrar informações sobre dividendos, lucros e receitas de diversas empresas. Eles têm menos informações sobre o desempenho em longo prazo porque essa coleta leva tempo — Peter teve de colocar as mãos na massa para descobrir sobre o relacionamento com o cliente, a cultura corporativa e o pipeline de produtos de determinadas empresas.

Um investidor que não faz o monitoramento pode vender uma ação que sofreu resultados ruins de curto prazo sem perguntar se esses baixos ganhos são mesmo devido ao investimento de longo prazo. Isso faz com que o preço das ações seja puxado para baixo, reduzindo o valor das ações detidas pelo CEO e aumentando o risco de ele ser demitido. Ao saber que os investidores avaliarão a empresa com base no lucro em curto prazo, em vez do valor em longo prazo, um líder priorizará o primeiro. Uma pesquisa influente realizada com 401 diretores financeiros, de John Graham, Cam Harvey e Shiva Rajgopal, descobriu que 80% deles cortariam despesas discricionárias (como P&D e publicidade) para atender a um *benchmark* de ganhos. De acordo com um desses CFOs, o mercado "vende primeiro e faz perguntas depois".

É por isso que o monitoramento é importante. Ao se dar ao trabalho de fazer perguntas primeiro — entender se os ganhos baixos são devido à má gestão ou ao investimento —, os investidores protegem um líder de pressões de curto prazo. A Chrysler não se preocupou com o fato de os *preditores de desastres* de Wall Street estarem prevendo sua falência. Eles não detinham ações da empresa — Peter sim —, e o que importava era como Peter dava seu voto e se ele manteria ou venderia sua participação na empresa. Eles sabiam que Peter se importava com o pipeline da Chrysler, em vez de com suas perdas.

Ainda mais importante do que proteger o preço das ações, o monitoramento pode proteger o futuro de uma empresa. Quando a Kraft fez uma oferta para a aquisição da Unilever, em fevereiro de 2017, oferecendo aos investidores um prêmio de 18% sobre seu valor atualizado, a maioria não ficou interessada. Eles examinaram a fundo a estratégia de longo prazo da Unilever, incluindo seu Plano de Vida Sustentável para reduzir pela metade sua pegada ambiental e melhorar o bem-estar dos clientes, e perceberam que este não foi capturado no preço das ações. A resposta dos investidores à Kraft foi alta e clara. Mike Fox, o chefe de investimentos sustentáveis da Royal London Asset Management, disse: "Para um negócio de menor qualidade, seria aceitável, mas para um negócio da qualidade da Unilever, não está nem perto do preço certo." A Kraft foi embora dois dias depois sem fechar o negócio.

A Paciência nem Sempre É uma Virtude

Você pode pensar que o investidor ideal é aquele que detém suas ações em longo prazo e nunca as vende. Esses investidores são conhecidos como "capital paciente" — linguagem carregada, pois a paciência é vista como uma virtude, por isso as políticas visam incentivá-la. Já falamos sobre a lei a francesa Loi Florange, que dobra os votos dos investidores que detêm suas ações por dois anos. Da mesma forma, a Toyota introduziu uma classe de ações que pagam "dividendos de lealdade" se forem detidas por cinco anos. E Hillary Clinton, durante sua campanha eleitoral presidencial de 2016, propôs um imposto sobre ganhos de capital significativamente maior sobre as ações vendidas após pelo menos dois anos. Além dos incentivos explícitos para ser paciente, há também uma forte pressão política e midiática. Durante a pandemia, muitos analistas pediram que os investidores "apoiassem os negócios de seus respectivos países", comprometendo-se a não vender suas ações. Fazer isso seria antipatriótico.

Mas paciência nem sempre é desejável. O elogio aos investidores pacientes é fundamentalmente falho porque confunde o *período de retenção* das ações de um investidor com sua *orientação*. O primeiro trata-se de por quanto tempo um investidor detém ações de determinada empresa antes de vendê-las. E a última é a base — valor no longo prazo ou lucro no curto prazo — que desencadeia a venda realizada por um investidor.

O ex-CEO do Vanguard Group, Inc., Bill McNabb, defendeu a paciência, argumentando: "Nosso período de exploração favorito é para sempre. Vamos manter suas ações quando atingirem sua meta de lucro trimestral. E vamos retê-las quando você não fizer isso. Vamos reter suas ações se gostarmos de você e também se não gostarmos de você. Vamos reter suas ações quando todos estiverem comprando. E quando todos os outros estiverem vendendo." Isso faz sentido para os fundos de índice, o tipo de fundo que o Vanguard, predominantemente, administra. Mas um investidor ativo que detém suas ações em longo prazo, independentemente de como a empresa está se comportando — seja criando valor para a sociedade ou explorando-a, ou, ainda, adotando o critério "gostamos de você" ou "não" —, não deve ser chamado de investidor paciente. Ele é um investidor irresponsável, que não está monitorando a empresa na qual investe. Da mesma forma, um investidor não deve automaticamente "reter suas ações quando você atingir sua meta de ganhos trimestrais". Ele deve investigar como a empresa atingiu o alvo e tomar medidas se ela tiver feito isso eliminando bons investimentos.

Os acionistas "pacientes" da Volkswagen, como a família Porsche e o Estado da Baixa Saxônia, estavam dormindo ao volante, sem fazer nada para impedir a empresa de fraudar os testes de emissões. Os investidores da Kodak se sentaram e desfrutaram de seus altos lucros nas décadas de 1980 e 1990, alheios ao fato de que a empresa não estava conseguindo investir em inovação digital. De fato, seu valor de mercado atingiu um alto recorde de US$31 bilhões em 1997, dezesseis anos depois que a Sony revelou a Mavica, em 1981, apesar de a Kodak ter feito pouco para reagir.* Assim como uma das piores coisas que um líder pode fazer é se acomodar e não conseguir fazer o bolo crescer, uma das piores coisas que um investidor pode fazer é se acomodar e não realizar o monitoramento.

A maioria das pessoas concorda que os clientes devem se afastar de uma empresa que esteja fornecendo produtos de baixa qualidade, poluindo o meio ambiente ou maltratando seus trabalhadores. Da mesma forma, a maioria vê o desinvestimento como uma maneira legítima de os investidores responsabilizarem as empresas, razão pela qual o elogio à paciência não faz sentido. O *desinvestimento generalizado* envolve a venda de uma empresa devido ao setor produtivo ou país em que ela está localizada, ou outro critério que possa ser aplicado a todas as empresas, como a diversidade insuficiente do conselho de administração. A campanha dos anos 1980 para que houvesse desinvestimento em empresas da África do Sul procurou influenciar seu governo a acabar com o apartheid. Mas pode haver uma necessidade ainda maior de os investidores se engajarem em *desinvestimento especializado,* com base em fatores específicos da empresa, como a contribuição para a sociedade, ativos intangíveis e direcionamento estratégico. Os clientes conhecem o setor produtivo ou o país em que a empresa está localizada e podem boicotá-la com base nisso, mas são menos capazes de avaliar essas questões mais complexas. Grandes investidores têm uma vantagem comparativa nessas avaliações, em virtude de seu acesso à gestão da empresa e dos fortes incentivos financeiros para monitorar.

Vender ações pode, portanto, não ser uma atitude de curto prazo, mas uma atitude disciplinada. Os economistas chamam isso de "governança por meio da saída" (enquanto rotulam o engajamento de "governança com base na voz"). Para que a saída seja eficaz, o que importa é a informação em que ela se baseia, que é o que queremos dizer com a *orientação* do investidor. Se ele vender com base em ganho de curto prazo, isso será muito prejudicial, porque o líder, então, priorizará o ganho de curto prazo. Mas se ele vender com base no valor de longo prazo, o CEO saberá que ele será responsabilizado pelo valor no longo prazo. Por exemplo, a Ford anunciou lucro recorde em 2015, seguido por seu segundo maior lucro em 2016. No entanto, o preço das ações caiu 21% nesses dois anos, devido a preocupações de que a empresa não estaria investindo o suficiente em carros elétricos ou autônomos. A queda do preço das ações, apesar do lucro crescente da empresa, levou o CEO, Mark Fields, a ser demitido em maio de 2017. Da mesma forma, em uma pandemia, não queremos que os investi-

* Em vez disso, a Kodak tomou muitas ações, sugerindo que não levava a sério a ameaça da tecnologia digital. Em 1989, quando o CEO Colby Chandler se aposentou, ele escolheu Kay Whitmore como sua sucessora, que representava o negócio tradicional do cinema, em vez de Phil Sampler, um forte cético em tecnologia digital que, mais tarde, tornou-se presidente da Sun Microsystems. Em 1996, ele gastou US$500 milhões para lançar o sistema de filmagens e câmeras Advantix Preview, que permitiu que os usuários visualizassem suas fotos antes de imprimi-las em filmes regulares. Embora tenha usado a tecnologia digital para fazer isso, a Kodak viu a tecnologia digital como uma forma de melhorar seu negócio tradicional de filmes, em vez de substituí-lo.

dores vendam ações de empresas que estejam priorizando os stakeholders materiais sobre o lucro trimestral. Mas vender ações daquelas que estão fazendo o inverso é socialmente desejável, e não antipatriótico, além de permitir que esses investidores realoquem seu capital em setores em crescimento, como setores de tecnologia e de produtos farmacêuticos.

Portanto, a questão mais importante não é se os investidores se apegam ao longo prazo, mas se eles negociam com informações sobre o longo prazo. Como podemos garantir que eles negociam com esse tipo de informações? Da mesma forma que promovemos o engajamento: fazendo com que eles tenham grande participação acionária. Um de meus artigos mostrou que grandes investidores, também conhecidos como *blockholders*, têm o incentivo para olhar além do ganho e investir o tempo que for necessário para entender a fundo uma empresa. Enquanto o tamanho da participação incentiva o monitoramento, dividendos de fidelidade e impostos sobre a venda o desencorajam, tornando caro vender se o investidor descobrir algo negativo.

Outro aspecto relacionado ao monitoramento é que queremos que os investidores sejam leais. Mas lealdade *incondicional* — manter as ações de uma empresa independentemente de ela estar criando valor de longo prazo — simplesmente protege a gestão. Muito melhor é lealdade *condicional*: permanecer com as ações de uma empresa apesar do ganho baixo de curto prazo se, e somente se, ela estiver fazendo o bolo crescer. Os acionistas da Unilever rejeitaram a oferta da Kraft porque sabiam que seu ganho estava abaixo do potencial, devido ao investimento no Plano de Vida Sustentável — mas poderiam ter vendido se o ganho modesto resultasse da má gestão. É a combinação de lealdade, se a empresa investir para o futuro, e de sair se ela não o fizer. Isso representa uma boa *stewardship*. Essa também é a principal diferença entre os *blockholders* e as proteções incondicionais, como ações de classe dupla, conselhos de administração escalonados e ações de fidelidade, que protegem um líder independentemente de seu desempenho. Por exemplo, a Loi Florange permitiu que Vincent Bolloré conquistasse o controle da empresa de mídia Vivendi apesar de ter uma participação de apenas 14,5%. Além disso, permitiu que ele se envolvesse em compras visando à construção de impérios e que ficasse imune a uma supervisão externa.

O valor das decisões de curto prazo baseadas em preocupações de longo prazo se aplica tanto ao engajamento quanto à negociação. Usaremos a expressão "orientados a longo prazo" para descrever os investidores que se envolvem e negociam com base em fatores de longo prazo, em contraste com o "longo prazo", que geralmente se refere a investidores que retiveram suas ações por um longo período. Em vez disso, vamos nos referir ao último como *investidores de baixo volume de negócios*.

Warren Buffett é um investidor orientado a longo prazo. Ele compra uma grande participação para proteger uma empresa das demandas de curto prazo de acionistas desinformados, dando-lhe liberdade para construir sua marca. Mas ele não é cegamente leal — ele toma decisões difíceis se um líder agir de maneira míope. Em 2000, a holding de investimentos de Buffett, a Berkshire Hathaway, comprou o fabricante de tintas Benjamin Moore, que vendia quase exclusivamente por meio de revendedores independentes. Desde sua fundação, em 1883, a Moore costumava ser dirigida por um membro da família Moore. Buffett sabia que seus revendedores estavam preocupados com sua mudança para a Home Depot e a Lowe's — cadeias gigantes que ofereciam um maior potencial de lucro. Então ele lhes enviou um vídeo prometendo ficar com suas ações.

Doze anos depois, o CEO da Benjamin Moore, Denis Abrams, estava perto de fazer um acordo de distribuição com a Lowe's. Buffett o demitiu e barrou o acordo, embora tivesse aumentado o lucro no curto prazo, e mesmo a despeito de Abrams ter apresentado resultados sólidos em seus cinco anos de mandato e ter sido elogiado por Buffett no relatório anual de 2009 da Berkshire. A demissão é vista como uma tomada de decisão de curto prazo, mas, assim como a venda, ela pode ser baseada em fatores de longo prazo. Esse exemplo mostra também como as defesas contra uma aquisição hostil não são necessárias para preservar as relações de longo prazo — investidores informados são, muitas vezes, suficientes.

Os formuladores de políticas devem promover o engajamento de todos os investidores, assim como as empresas devem incentivar o engajamento de todos os trabalhadores. A exclusão de novas contratações de consultas a trabalhadores não só deixaria de considerar uma fonte valiosa de ideias, mas também impediria mentes criativas de ingressar na empresa. Da mesma forma, exigir que os investidores esperem muitos anos antes de terem o direito de voto total os impedirá tanto de melhorar uma ação que já detêm quanto de comprar ações de uma empresa problemática. E o monitoramento e o engajamento não são mecanismos separados de *stewardship*, são complementares. Ser ouvido, muitas vezes, depende da ameaça de sair. Os líderes intransigentes ouvirão os investidores se eles forem vender suas ações na hipótese de o baixo desempenho continuar; assim como as empresas ouvirão o feedback dos clientes se eles, caso contrário, vierem a se afastar.

O Papel Informativo dos Preços das Ações

A negociação de ações pelos investidores, que faz com que seus preços reflitam o valor em longo prazo, em vez de ganhos em curto prazo, tem benefícios além do incentivo aos líderes, para que priorizem o primeiro. Quando os preços refletem o valor em longo prazo, eles se tornam *sinais* valiosos, assim como o lucro também pode ser, conforme discutido no Capítulo 3. Os preços altos das ações de empresas do Vale do Silício encorajam graduandos brilhantes a aprender ciência da computação e a explorar a tecnologia, em vez de a mineração de carvão. Os fornecedores estão dispostos a realizar grandes investimentos para fabricar insumos para empresas altamente valorizadas, pois estão confiantes de que elas durarão décadas. Os conselhos de administração podem usar preços prospectivos para orientar se devem demitir o CEO.

E os próprios líderes podem usar os preços das ações para orientar as decisões de investimento — evidências mostram que, quando os preços das ações estão altos, os CEOs inferem que suas oportunidades de investimento são boas e investem mais. Mas quando os investidores não conseguem reunir informações de longo prazo e negociar com base nelas, os preços das ações são sinais ruins e podem levar a decisões equivocadas. Ao reter as ações da Kodak apesar de a empresa não investir em câmeras digitais, os investidores mantiveram o preço das ações elevado. Isso pode ter encorajado a Kodak a continuar com sua estratégia cinematográfica, os fornecedores a continuar fabricando os insumos para filmes e os trabalhadores a se empregar ou a permanecer na empresa. Se os investidores tivessem vendido e reduzido o preço das ações, eles poderiam ter demovido a administração de sua inércia.

Não discutiremos isso mais adiante neste livro porque esse é um tema vasto por si só. Em vez disso, encaminho o leitor interessado para o capítulo de um livro que escrevi com Philip Bond e Itay Goldstein, intitulado *The Real Effects of Financial Markets*, que analisa a extensa literatura sobre como a negociação do mercado financeiro pode melhorar as decisões da empresa.

O Valor do Monitoramento: As Evidências

Vamos voltar para as evidências. Uma vertente da pesquisa estuda o valor da gestão de reuniões. Marco Becht, Julian Franks e Hannes Wagner obtiveram dados proprietários de um gestor global de ativos (Standard Life) sobre as reuniões privadas realizadas com empresas entre 2007 e 2015.* Essas reuniões foram informativas — muitas vezes, levando os analistas de ações a mudar suas classificações internas. Um rebaixamento de uma ação (de "comprar" para "reter" ou de "reter" para "vender") previu uma queda de 3,5% no preço das ações desde o dia anterior ao rebaixamento até cinco dias depois — a mudança foi justificada. E isso foi valioso, porque levou a Standard Life a vender algumas ações, reduzindo sua perda em 0,3% a 0,4%. Os resultados são semelhantes, embora menores, para upgrades.

Um exemplo proeminente é uma reunião de dezembro de 2015 com o presidente da Carillion — empresa da qual a Standard Life era a maior acionista (10%). O especialista em *stewardship* não ficou impressionado, observando que o presidente estava indiferente sobre o fraco desempenho de Carillion naquele ano: "Ele estava super em forma. Aparentava estar muito bronzeado para a época do ano, ele... tinha acabado de voltar de Lesoto e feito uma pausa em um spa na Tailândia. Ele tinha estado no sul da África como presidente de... [uma] instituição de caridade infantil." O analista mencionou outros múltiplos compromissos externos do presidente — combinados com seu conhecimento limitado do que realmente estava acontecendo na Carillion. Duas semanas depois, o analista interno da Standard Life rebaixou a Carillion de "reter" para "vender", e a maioria dos fundos que tinham ações da empresa cortou suas posições em uma média de 26%. Essas vendas previram o futuro porque, conforme vimos anteriormente neste capítulo, a Carillion faliu em janeiro de 2018.

Enquanto Marco, Julian e Hannes estudaram as reuniões que um único investidor realizou com diversas empresas, David Solomon e Eugene Soltes obtiveram dados proprietários sobre as reuniões que uma única empresa (anônima) realizou com diversos investidores — na verdade, 340 investidores diferentes ao longo de 6 anos. Eles também descobriram que as reuniões eram informativas — se um investidor comprasse

* Em 2017, a Standard Life se fundiu com a Aberdeen Asset Management. Após essa fusão, agora é denominada Aberdeen Standard Investments.

ações no mesmo trimestre em que se reuniu com o representante da empresa, o preço das ações subiria no mês seguinte; e após as vendas, viriam as quedas de preços.

Se os investidores se beneficiam da negociação informada, isso leva a uma prática de curto prazo entre as empresas? A crítica à negociação de curto prazo não é uma novidade. Um influente artigo de 1992 do guru da estratégia Michael Porter apresentou a estrutura de propriedade japonesa em que os investidores detêm participações de longo prazo que raramente vendem. Mas os "Vinte anos perdidos" desde então sugerem que o Japão não é o modelo de economia que se imaginava. O desempenho medíocre do Japão pode ter ocorrido por diversos motivos, mas há evidências diretas quanto aos benefícios da liquidez — a facilidade com que os investidores podem negociar suas ações. Para identificar causalidade, uma série de estudos utiliza a decimalização — a conversão (como de uma moeda) para um sistema decimal — das principais bolsas de valores dos EUA.

Eis como a decimalização funciona. Todos os mercados de ações têm um "tick size" — a variação mínima do preço das ações. Antes de 2000, todas as três bolsas dos EUA (NYSE, AMEX e NASDAQ) tinham um "tick size" de 1/16 de dólar. Se o preço das ações da IBM for de US$20 e um investidor vender uma ação, ele só pode conseguir US$19, 15/16 (US$19,9375), o que faz com que a venda seja cara. Entre agosto de 2000 e abril de 2001, as três bolsas reduziram o "tick size" para um centavo de dólar. Assim, uma venda que pode baixar o preço somente para US$19,99 será menos cara. Vivian Fang, Tom Noe e Sheri Tice mostraram que a decimalização melhorou o valor da empresa. Sreedhar Bharath, Sudarshan Jayaraman e Venky Nagar documentaram que essa melhoria foi mais significativa em empresas com *blockholders* e aquelas nas quais o CEO detém uma participação acionária maior — sugerindo que a governança por meio da venda foi um dos principais impulsionadores do ganho. Vivian Fang, Emanuel Zur e eu descobrimos que a decimalização, antes de tudo, facilitou a aquisição de grandes participações.

Em vez de estudar a liquidez, o que facilita a negociação, outros pesquisadores investigam negócios reais. Uma pergunta importante é: o que os impulsiona — uma reação às informações públicas, como ganho, ou uma análise sob medida de um acionista? Sterling Yan e Zhe Zhang mostraram que os investidores de alto volume de negócios negociam com as próprias informações e são, de fato, mais bem informados do que os investidores de baixo volume de negócios. Embora contrários à crítica comum aos acionistas de alto volume de negócios (ou "de curto prazo"), esses resultados fazem sentido. O alto volume de negócios poderá surgir quando um acionista tem muitos insights não capturados pelo mercado e age baseado neles. Lubos Pastor, Luke Taylor e Rob Stambaugh revelaram que fundos mútuos são mais rentáveis em períodos em que eles negociam mais, e inúmeros estudos mostraram que as negociações realizadas por grandes investidores são particularmente mais bem informadas. Voltando-se para as consequências da negociação, David Gallagher, Peter Gardner e Peter Swan descobriram que as negociações de curto prazo aumentam o grau de informação sobre o preço das ações e, em última instância, o desempenho da empresa.

Uma vertente final da pesquisa investiga como as empresas agem de maneira diferente quando há detentores de blocos de ações (*blockholders*) envolvidos. Elas manipulam menos os ganhos e são menos propensas a anunciar ganhos que, mais tarde, precisam ser corrigidos — muito possivelmente porque sabem que os *blockholders* enxergam além da inflação dos ganhos. Elas também investem mais em P&D e produzem mais patentes. Os *blockholders* impedem que as empresas cortem recursos de P&D para atender às previsões de ganhos dos analistas, enquanto investidores fragmentados incentivam esse comportamento.

Os resultados mostrados podem acontecer porque a *stewardship* do *blockholder* permite que as empresas pensem em longo prazo. Mas também pode ser que as empresas que pensem assim atraiam os *blockholders*. Philippe Aghion, John Van Reenen e Luigi Zingales sugerem que a causalidade está na primeira direção, investigando o que acontece quando uma empresa é adicionada ao índice S&P 500. Isso faz com que as instituições mantenham mais ações, o que leva a empresa a gerar mais e melhores patentes de qualidade.

Embora os estudos citados neste capítulo tenham descobertas individuais, se os observamos em conjunto, poderemos tirar duas conclusões gerais. Primeiro, enquanto os defensores da primazia dos acionistas afirmam que os investidores são inequivocamente bons e os oponentes afirmam que eles são muito ruins, não se pode juntar todos os investidores em um só bloco. Um indexador que ocupa o *benchmark* e retém suas ações independentemente do desempenho estará a um mundo de um investidor que entende profundamente cada holding e parceiros com a gestão voltada à criação de valor. Em segundo lugar, enquanto os investidores são frequentemente vistos como inimigos dos stakeholders, as evidências sugerem que grandes investidores orientados a longo prazo fazem o bolo crescer em benefício de todos. Em vez de anunciar investidores pacientes, que podem reter ações apenas de maneira passiva, a sociedade deveria promover investidores que levam seus papéis de *stewardship* a sério. Ao fazer isso, eles ajudam a construir os grandes empreendimentos do futuro.

Em Poucas Palavras

- Investidores se engajam em *stewardship* — em melhorar o valor que uma empresa cria para a sociedade — por meio de qualquer *engajamento/ativismo* ou *monitoramento*.
- Críticas comuns ao investidor *engajado* baseiam-se na prática de repartir o bolo — a ideia de que os investidores enriquecem às custas dos stakeholders. Em vez disso, diversas evidências sugerem que o ativismo de fundos de hedge faz o bolo crescer, afastando líderes com baixo desempenho, aumentando a produtividade do trabalho e melhorando a eficiência da inovação.
- Fundos de hedge são eficazes em *engajamento especializado* porque têm posições concentradas, fortes incentivos financeiros e dedicam muitos recursos ao engajamento. Essas características podem ser adotadas por outros investidores. O *private equity* é um exemplo disso e geralmente cria valor tanto para os stakeholders quanto para os acionistas.
- Os fundos de índice são eficazes em *engajamento generalizado*, uma vez que geralmente têm um poder de voto considerável e podem aplicar as melhores práticas a centenas de empresas das quais detêm ações.

- Direitos mais amplos para os investidores, que facilitem o ativismo, geralmente estarão ligados a um maior desempenho em longo prazo. A proteção contra investidores pode agregar valor em situações específicas, por exemplo, em que a relação com os stakeholders seja particularmente importante.
- Por meio de *monitoramento* – olhar para além do lucro de curto prazo para entender o potencial de uma empresa –, os investidores poderão proteger um líder da pressão para atingir metas de ganhos e abrir espaço para que ele crie valor a longo prazo. O monitoramento envolve uma combinação de lealdade, se a empresa investir para o futuro, e venda, se ela buscar lucros em curto prazo ou se ela se acomodar.
- É fundamental distinguir o *período de retenção* das ações de um investidor de sua *orientação*. Se for baseada em uma análise de perspectivas de longo prazo, a venda de ações não precisa ser de curto prazo. O investidor ideal é *orientado a longo prazo*, em vez de simplesmente manter as ações em longo prazo. As evidências sugerem que uma maior liquidez das ações, facilitando a negociação pelos investidores, está associada a um maior valor da empresa e a uma melhor gestão. Os *blockholders* – grandes acionistas – estão associados a maiores investimentos e a uma menor manipulação do ganho.

7

RECOMPRAS

Investir com moderação, liberar recursos para gerar valor em outras partes da sociedade

O ano de 2014 foi decepcionante para a seguradora de saúde Humana. Seu lucro por ação (EPS) estava a caminho de US$7,34, abaixo dos US$7,73 de 2013. Isso custou caro não só para os investidores, mas especialmente para o CEO, Bruce Broussard, que tinha a meta de um EPS de US$7,50 em seu bônus. Conforme vimos no Capítulo 5, às vezes os executivos alteram as políticas contábeis para atingir os limites de bônus. E Broussard fez essa jogada. Ele alegou que as despesas nas quais a Humana incorria para pagar a dívida antecipada eram pontuais e deveriam ser excluídas do cálculo do EPS. Mas isso foi suficiente para aumentar o EPS para apenas US$7,49, abaixo da meta.

Broussard tinha mais um truque na manga — uma recompra de ações. Ao comprar de volta 500 milhões de ações no último trimestre de 2014, ele reduziu o número de ações em circulação. Isso, por sua vez, induziu o lucro *por ação* a subir mais dois centavos, para US$7,51, que acabou superando o número mágico de US$7,50, rendendo a Broussard um bônus de US$1,68 milhão — apesar do fraco desempenho da empresa, no que ele deveria focar, de modo a garantir a saúde dos cidadãos.

A história da Humana retrata a visão da maioria das pessoas sobre a recompra de ações. Se a remuneração exagerada do CEO for vista como o auge do comportamento de repartir o bolo, as recompras podem muito bem assumir o segundo lugar. Uma recompra acontece quando uma empresa tem dinheiro sobrando, mas, em vez de investir ou pagar salários mais altos, ela recompra ações de investidores atuais.

Os CEOs têm incentivos para se engajar em recompras, mesmo que isso destrua valor. Muitos esquemas de bônus incluem o EPS como uma métrica de desempenho, porque ele é aumentado por muitas ações que tendem a fazer o bolo crescer, como melhorar a qualidade do produto para aumentar as receitas ou aumentar a eficiência da produção para cortar custos. Mas as recompras permitem que o líder cumpra uma meta de EPS apenas artificialmente, sem de fato elevar o desempenho da empresa, porque a recompra reduz o número de ações — como aconteceu com a Humana.

Parece que as recompras repartem o bolo em favor de investidores e executivos às custas dos stakeholders, por isso não têm lugar na Pieconomics. Um influente artigo de William Lazonick, publicado em 2014 na *Harvard Business Review*, argumentou que, embora o lucro tenha aumentado à medida que a economia dos EUA se recuperava da crise financeira de 2007, os cidadãos comuns não se beneficiaram, porque esse lucro foi utilizado para a recompra de ações. As empresas do S&P 500 gastaram US$2,4 trilhões em recompras entre 2003 e 2012; somando os dividendos, 91% do lucro líquido foi para os investidores. Segundo Lazonick: "Isso deixou muito pouco para investimento na capacidade produtiva ou para um aumento na remuneração dos trabalhadores." Assim, as recompras podem, de fato, fazer mais mal do que repartir o bolo de maneira diferente — elas o reduzem e impedem o investimento.

Muitas vezes, os líderes justificam as recompras alegando que estão sem boas oportunidades de investimento. Mas não é o trabalho de um CEO ter ideias? Não fazer isso parece um erro de omissão. Se ele não consegue pensar em nada melhor para fazer do que comprar ações de volta, está na função errada.

Por todos os motivos citados anteriormente, os políticos — surpreendentemente, de ambos os lados do espectro político — clamam por restrições às recompras. Em fevereiro de 2019, os senadores democratas Chuck Schumer e Bernie Sanders publicaram um plano para limitá-las, e uma semana depois, o senador republicano Marco Rubio anunciou a própria proposta. Em 2017, o governo britânico instaurou um inquérito sobre a recompra, devido a preocupações de que elas "possam estar desviando a alocação de capital excedente do investimento produtivo". Mesmo os investidores que supostamente se beneficiam de recompras parecem estar se sentindo culpados por subtrair de outros stakeholders. O líder da BlackRock, Larry Fink, escreveu em uma carta aberta em março de 2014 aos CEOs de empresas: "Muitas empresas cortaram os investimentos de capital e até aumentaram a dívida para aumentar os dividendos e as recompras de ações."

Este capítulo adota uma visão mais sutil. Vamos nos basear em uma pesquisa acadêmica rigorosa, como de costume, mas também no inquérito sobre as recompras que o governo britânico indicou que a PwC e eu conduzíssemos em conjunto. Sou grato pelos diversos debates que tive com a PwC, aos trabalhadores do governo que trabalharam conosco nesse estudo e a muitas outras pessoas que também forneceram informações. Reconheço que, às vezes, as recompras podem destruir o valor. E concordo com o argumento de que as empresas que fazem o bolo crescer devem se envolver em muito menos recompras do que aquelas que praticam o ESV. Mas também enfatizo que, se forem devidamente executadas, as recompras podem fazer o bolo crescer.

É claro que as palavras problemáticas são "devidamente executadas" e "podem". Por isso, usaremos diversas evidências para mostrar que, na maioria dos casos — mas não em todos —, as recompras criam valor. Isso ainda não significa que os formuladores de políticas não devam tomar nenhuma medida, e concluiremos com sugestões de reforma.

Explicaremos como enxergar as recompras por meio da visão da Pieconomics leva a uma conclusão diferente daquela do conhecimento convencional. Mas primeiro veremos como algumas preocupações vêm de um mal-entendido sobre como as recompras funcionam na realidade e não dependem de ter uma mentalidade de repartir o bolo ou de fazer o bolo crescer. Isso não é uma desculpa para realizar recompras, mas precisamos entender como elas operam antes de sugerir como podem ser reformadas.

Recompra: Corrigindo Algumas Percepções Erradas

As recompras são um presente gratuito para investidores

Os críticos das recompras as veem como um presente gratuito ou uma sorte inesperada para os investidores. Um artigo sobre recompras foi intitulado "O Congresso poderia dar aos acionistas do banco um presente de US$53 bilhões"; outro tinha a manchete "Shell dá início a sorte inesperada no valor de 19 bilhões de libras para acionistas pacientes". Essa percepção pode ser distorcida em virtude da terminologia — as recompras são uma forma de "pagamento". Mas elas não são um brinde por meio do qual os investidores conseguem algo em troca de nada. Eles recebem dinheiro, mas apenas se abrirem mão de suas ações. É como uma empresa que, ao pagar uma dívida, entrega dinheiro ao banco hoje em troca de reduzir a conta de uma futura cobrança feita pelo banco à empresa. Ninguém alegaria que pagar dívidas é um presente gratuito para o banco.

As recompras são necessárias para os investidores venderem suas ações

Outros críticos reconhecem que as recompras não são um brinde, mas afirmam que são um mecanismo de capitalização dos investidores. Um investidor que vende suas ações não está mais interessado no futuro da empresa em longo prazo. Talvez o preço das ações tenha subido nos últimos meses desde que ele comprou e ele queira uma recompra para permitir uma capitalização.

Esse argumento também é equivocado, uma vez que os investidores podem vender suas ações no mercado de ações para outros investidores a qualquer momento. Eles não precisam que a empresa compre de volta suas ações.*

Usar o lucro líquido para recompras acontece às custas da remuneração dos trabalhadores

A estatística de Lazonick de que 91% do lucro líquido é pago aos investidores, o que "deixa muito pouco para investimentos em capacidade produtiva ou para um aumento da remuneração dos trabalhadores", é amplamente citada como uma prova de que as recompras se dariam às custas da remuneração dos empregados. Por exemplo, quando os senadores Schumer e Sanders lançaram sua proposta antirrecompra, eles

* Um argumento com mais sutilezas é o de que as recompras aumentariam temporariamente o preço das ações, permitindo que os investidores vendam a um preço mais alto. Conforme mostraremos, as evidências indicam que as recompras aumentam ainda mais o preço das ações no longo prazo em comparação com o curto prazo. Assim, os acionistas vendedores perdem o ganho de longo prazo, e são os acionistas que retêm ações que mais se beneficiam.

escreveram: "Quando mais de 90% dos lucros corporativos vão para a recompra e os dividendos pagos, há motivo para se preocupar."

Mas essa estatística comete um erro muito básico. O lucro líquido é uma cifra obtida *após* deduzidos a remuneração dos empregados, outros gastos com colegas, como programas de treinamento e bem-estar, e investimentos intangíveis, como P&D e publicidade. De fato, um dos principais motivos para o lucro mais baixo da Humana em 2014 foi seu investimento em planos de saúde, adicionando sutilezas à sua história.

Então o argumento de Lazonick não faz sentido. É como dizer "as crianças não devem ter comido muito porque seus pratos estão vazios" — elas já haviam comido o que estava nos pratos, e é por isso que agora eles estão vazios.

As recompras não são um investimento

É verdade que as recompras não são um investimento *real* — o dinheiro gasto não treina trabalhadores, não anuncia uma marca nem constrói uma fábrica. Mas um investimento é qualquer coisa que custa dinheiro na atualidade para entregar valor no futuro. Uma recompra é um investimento *financeiro*, reduz a quantidade de dividendos que uma empresa tem que pagar no futuro.* Deixar mais dinheiro para investimentos reais futuros — assim como pagar dívidas — reduzirá os pagamentos de juros futuros.

Quando um cidadão economiza para seu futuro, ele considera investimentos reais e financeiros. Se reformar a casa (um investimento real) cria valor, ele deve reformá-la. Depois disso, ele avalia várias aplicações financeiras — contas bancárias, fundos mútuos e ações — e escolhe as melhores.

Isso também acontece nas empresas. Após realizar todos os investimentos reais visando agregar valor, o CEO avalia várias aplicações financeiras — contas bancárias, fundos mútuos e até mesmo ações de outras empresas. O retorno desses investimentos não tem nada a ver com o desempenho do CEO. Então, se ele acredita plenamente em suas habilidades e em sua estratégia para a criação de valor em longo prazo, o investimento financeiro mais atraente são as ações da própria empresa.

Comprar ações de volta é investir nas ações da própria empresa. Isso sinaliza confiança em sua estratégia, e é por isso que é um bom sinal quando um CEO compra ações da empresa com o próprio dinheiro.

Os lucros devem ir para os stakeholders, não para os investidores

Outra acusação contra as recompras é que, se a empresa obteve lucro inesperadamente alto, ele deveria ser destinado aos stakeholders, não apenas aos investidores. Já explicamos como uma recompra não "dá" lucro aos investidores. Além disso, a alegação de que os trabalhadores teriam direitos iguais aos dos investidores sempre que houver qualquer aumento de lucro, na verdade, não é correta.

Os colegas desempenham um papel importante no aumento dos lucros por meio de seu trabalho árduo. Isso vale para fornecedores que fornecem os insumos e para

* Em breve, mencionaremos a pesquisa de Brav, Graham, Harvey e Michaely (2005), que conclui que as empresas usam dinheiro primeiro para manter dividendos e, depois, para investir. Assim, a redução de dividendos libera dinheiro para investimento. Se uma empresa não pagar dividendos, ela precisa propiciar retorno aos investidores por meio de ganhos de capital.

clientes que gastam seu dinheiro. E é verdade para investidores que arriscam seu dinheiro, que poderia ter sido investido em outro lugar.

Muitos membros contribuem para o lucro de uma empresa, por isso todos devem compartilhar de seu sucesso. E eles compartilham — assim como os investidores recebem retornos, os trabalhadores recebem remuneração, os fornecedores recebem receitas e os clientes recebem bens e serviços. A diferença entre investidores e stakeholders não é que apenas os primeiros são remunerados por suas contribuições. Todos são remunerados, mas o investimento dos acionistas é arriscado, enquanto o investimento das stakeholders geralmente é seguro.

Vamos usar a analogia de uma casa. Uma dona de casa está pensando em vender sua casa, mas decide primeiro trocar o telhado, para aumentar o preço de venda. Ela contrata um construtor e lhe paga por seu trabalho. O construtor certamente contribuiu para o preço de venda da casa. Trabalhando mais, ele melhorará a qualidade do telhado e, assim, o lucro da venda.

Mas o preço de venda depende de muitos fatores fora de seu controle — a situação do mercado imobiliário e o proprietário garantir que a casa esteja em boas condições para visitas. Fazer a remuneração ao construtor depender do preço da venda o sujeitaria a diversos riscos. Assim, o construtor normalmente recebe um preço fixo, independentemente do preço de venda da casa, e o proprietário fica com todo o risco. Isso protege o construtor de um colapso no mercado imobiliário — ele ainda será pago, e o proprietário arca com toda a queda do preço da casa. Mas o outro lado é que, se o mercado imobiliário ascender, será o proprietário quem receberá o benefício.

Isso também acontece nas empresas. Os colegas trabalham duro para projetar, fabricar e comercializar bens. Em troca, eles recebem salários. É importante ressaltar que esses salários não serão retomados pela empresa mesmo que a economia entre em crise e as mercadorias passem a ser vendidas por um preço mais baixo ou não sejam vendidas. Os investidores estão no final da cadeia alimentar. O lucro é o que sobrar depois que todos os outros tiverem sido pagos. Em uma recessão, trabalhadores e fornecedores ainda são pagos, mas o retorno aos acionistas, muitas vezes, será negativo. O outro lado da moeda, no entanto, é que eles desfrutam dos benefícios se a economia crescer. É assim que o retorno é dividido — os stakeholders recebem de maneira segura, e os investidores, de maneira arriscada.* É importante ressaltar que *qualquer lucro aumentado vai para os investidores, mesmo sem recompra.* Mesmo que o maior lucro permanecesse dentro da empresa, ele ainda seria de propriedade dos investidores, assim como ocorre com o proprietário que se beneficia de um aumento de preço, mesmo que ele não venda imediatamente a casa. Assim, a recompra não está relacionada com a forma como os aumentos ou as reduções no lucro são divididos.

Agora, dar aos stakeholders uma remuneração fixa não é a única divisão possível. O telhado daquela casa do exemplo dado poderia ser tão material para o preço de venda da casa a ponto de, para incentivar a diligência, o proprietário reduzir a remu-

* É possível argumentar que os trabalhadores ainda correm risco. Se as condições econômicas forem ruins, a empresa pode falir, levando ao desemprego. Mesmo nesse caso, os trabalhadores ainda serão pagos por suas contribuições *passadas* — o trabalho que já fizeram para a empresa —, mas os investidores não terão um retorno sobre o dinheiro que já investiram. Certamente, os trabalhadores ficarão em melhor condição se a empresa permanecer em operação e se os trabalhadores forem preservados, porque assim eles podem fazer contribuições *futuras* e ser pagos por elas. Nesse sentido, eles compartilham do lado positivo, desfrutando de emprego contínuo; ao contrário do construtor, que se envolve em uma transação única.

neração fixa paga à construtora e substituí-la parcialmente por uma fração do preço de venda. Do mesmo modo como no Capítulo 5, em que se defendeu a concessão de ações aos colegas. Mas enquanto essa divisão lhes dá uma parte positiva do bolo, também os expõe a um risco negativo.* Eles ainda podem estar dispostos a aceitar essa divisão arriscada. Mas isso depende de se os trabalhadores receberão ações, não se as empresas recomprarão ações ou, em vez disso, reinvestirão dentro da empresa.

Conforme enfatizamos, a Pieconomics não é sobre uma empresa apenas cumprir com suas obrigações contratuais mínimas. Mesmo que ofereça salários fixos, ela pode optar por compartilhar o lucro com os colegas por meio de aumentos salariais, programas de treinamento e melhores condições de trabalho. De fato, a Pieconomics classifica essa maneira de usar o dinheiro como um "investimento" — o investimento inclui ações que beneficiem os stakeholders, mesmo que não haja uma ligação clara com o lucro. Ao longo deste capítulo, consideraremos a escolha de uma empresa entre recompras e essa ampla definição de investimento.

Outra preocupação seria resolvida com as recompras que saem do lucro. As recompras só são possíveis se a empresa tiver obtido lucro em primeiro lugar. Da mesma forma que a alta remuneração do CEO, as recompras são, muitas vezes, um subproduto de fazer o bolo crescer, em vez de ocorrer às custas dos stakeholders. De fato, conforme discutiremos mais tarde, quando as empresas têm um baixo desempenho, as recompras são uma das primeiras coisas a serem cortadas.

Embora esta seção tenha abordado algumas percepções errôneas sobre as recompras, outras preocupações permanecem verdadeiras. Por exemplo, é realmente o caso de o dinheiro gasto em recompra poder ter sido investido. Agora olharemos através das lentes da Pieconomics para mostrar que, apesar dessas preocupações válidas, as recompras ainda podem ser totalmente consistentes com o crescimento do bolo.

A Visão da Pieconomics sobre as Recompras

É tentador pensar que todo lucro excedente, depois que os stakeholders são pagos, deve ser reinvestido. Lembre-se da preocupação do senador Warren de que "as recompras de ações geram um alto nível de energia para as corporações; elas aumentam os preços no curto prazo. No entanto, a principal maneira de aumentar o valor de uma corporação é investir no futuro, e eles não estão fazendo isso".

Mas, conforme enfatizado no Capítulo 3, *fazer o bolo crescer não significa fazer a empresa crescer*. Qualquer investimento envolve custos de oportunidade para a sociedade porque usa recursos que poderiam ter sido realocados em outros lugares. Em sua busca pelo crescimento, a Daewoo e a Countrywide investiram com pouca atenção ao custo, causando danos críticos à sociedade.

---

* É possível pensar que as empresas poderiam dar aos colegas uma parte do lado positivo sem nenhum risco negativo. Por meio de um contrato, poderiam ser pagos a um trabalhador US$50 mil por ano, mais uma participação em qualquer lucro acima de US$1 bilhão; se os lucros caírem abaixo de US$1 bilhão, ele ainda receberá seus US$50 mil. No entanto, esse contrato ainda terá risco negativo. Digamos que em metade do tempo os lucros caiam abaixo de US$1 bilhão — assim o trabalhador não receberá nada; e em metade do tempo os lucros excedam US$1 bilhão e sua participação nos lucros seja de US$20mil. Desse modo, o valor esperado da participação nos lucros será de US$10mil, e o salário total esperado do trabalhador será de US$60mil. Em vez desse contrato, as empresas poderiam lhe oferecer um salário fixo de US$60 mil. Portanto, o primeiro contrato ainda tem risco negativo, pois, se os lucros forem baixos, o trabalhador receberá US$50mil, em vez de US$60mil.

É importante ressaltar que o número de oportunidades de investimento que uma empresa tem sempre será finito — não importa quanto um líder trabalhe ou quantas ideias ele tenha. O proprietário de uma casa que queira aumentar seu valor de revenda pode trocar o telhado, construir um caramanchão e reformar a cozinha. Mas, depois disso, não há mais investimentos que valham o custo. Então ele investirá o restante de seu dinheiro no mercado de ações. Um diretor de cinema inspirado pode pensar em cenas adicionais para fazer um filme ou em efeitos especiais para usar em uma cena específica — mas há um limite para quanto ele pode fazer antes que outros acréscimos reduzam o valor. Então ele usará o dinheiro restante para pagar dívidas. Isso acontece também com as empresas. Uma rede de varejo pode construir diversas novas lojas, escolhendo primeiro os locais mais atraentes. Mas após certo ponto, outras lojas acabariam ficando em locais pouco atraentes ou tornariam o gerenciamento tão granular, que não poderia mais ser executado de maneira adequada. Então o CEO usa o dinheiro restante para comprar de volta ações da empresa.

Mas existe uma diferença crucial entre uma empresa que pratica a Pieconomics e uma que pratica o valor para acionistas esclarecidos (ESV) — e essa diferença é um dos motivos pelos quais algumas críticas às recompras são justificadas. Sob o ESV, o líder fará investimentos onde puder, pelo menos aproximadamente, prever um aumento do lucro. Essa abordagem pode levá-lo a acreditar que ele só terá alguns bons investimentos, portanto, grandes recompras serão justificáveis. Mas um líder que faça o bolo crescer fará investimentos que criarão valor para a sociedade, mesmo que ele não possa prever um eventual aumento do lucro. Esse tipo de líder geralmente investe mais e compra menos do que aquele que costuma realizar o ESV. Então, um CEO que compra ações de volta, acreditando que não teria mais oportunidades de investimento, *poderia* ser acusado de ficar sem ideias. Ele teria deixado passar alguns projetos que poderiam criar valor para a sociedade, mesmo que sua ligação com o lucro não fosse clara.

No entanto, mesmo sob a perspectiva da Pieconomics, a lista de investimentos para a criação de valor é finita. Existe apenas um número limitado de projetos que satisfazem os princípios da multiplicação, da vantagem comparativa e da materialidade. Portanto, uma recompra não significa que o CEO ficou sem ideias ou que ele está maximizando por pouco o valor dos acionistas. Ele pode já estar fazendo muitos investimentos sem vínculo claro com o retorno futuro, como melhorar os salários e as condições de trabalho. Mas ele reconhece que o aumento de salário pode colocar em risco a viabilidade futura da empresa, principalmente porque é muito difícil, posteriormente, reduzir os salários. Um líder que faça o bolo crescer pode discernir entre projetos que criam valor para a sociedade e aqueles que não criam e demonstrar contenção, a fim de fazer o bolo crescer, recusando-se a fazer com que isso aconteça.

No entanto, muitos CEOs não demonstram essa contenção. Vimos no Capítulo 3 que, mesmo que o crescimento da empresa destrua o valor, um líder pode fazê-la crescer para aumentar seu prestígio e sua remuneração. Da mesma forma, aumentar os salários dos trabalhadores pode ajudar o CEO a justificar a remuneração mais alta para si mesmo, especialmente se a sociedade estiver de olho nas taxas de remuneração. Assim, usar dinheiro para recompra, em vez de usá-lo para fazer um investimento, pode ir contra os interesses pessoais do CEO, ao contrário da percepção popular.

As Evidências

Os argumentos anteriormente citados quanto ao papel das recompras dentro da Pieconomics são conceituais. *Se* os líderes realizarem todos os investimentos de criação de valor, então as recompras podem ser ótimas. Mas isso é um grande "se". Como podemos dizer se essa condição foi satisfeita? Talvez os CEOs estejam desconsiderando bons investimentos para cumprir as metas do EPS.

Talvez o maior problema com relação às recompras seja que elas levariam a uma "alta da energia" temporária, o que faz com que "os preços aumentem no curto prazo", mas destroem o valor no longo prazo. A visão popular é a de que os CEOs enriquecem às custas da sociedade, dada a desconfiança atual nos negócios. Essa crença é plausível também em virtude da evidência do Capítulo 5 de que os executivos às vezes tomam atitudes míopes para aumentar a própria remuneração. Mas quando se trata de recompra, essa afirmação é feita, muitas vez, sem analisar as evidências.

Então faremos isso. As recompras fazem com que o preço das ações aumente em curto prazo — mas que o retorno das ações em longo prazo aumente ainda mais. Um artigo seminal de David Ikenberry, Josef Lakonishok e Theo Vermaelen descobriu que as empresas que compraram ações de volta superaram seus pares em 12,1% nos 4 anos seguintes. Embora esse estudo tenha sido publicado em 1995 e com empresas norte-americanas, uma pesquisa de 2018 realizada por Alberto Manconi, Urs Peyer e Theo Vermaelen sobre 31 países mostrou que esse resultado geralmente se mantém em todo o mundo.

Um exemplo é — surpreendentemente — a Humana. Mesmo que a história dessa empresa possa parecer uma flagrante manipulação, a realidade é mais sutil. A recompra de US$500 milhões foi anunciada em 7 de novembro de 2014, quando o preço das ações era de US$130,56, e foi concluída em 16 de março de 2015, quando o preço estava em US$174,31. O preço médio pago pela Humana era de apenas US$146,21. Então a confiança de Broussard no próprio empreendimento foi justificada. A recompra rendeu a Broussard um bônus de US$1,68 milhão, mas os investidores permanentes ganharam US$96 milhões. O ganho de longo prazo foi ainda maior — o preço das ações, no final de 2020, estava acima de US$400. O bônus de Broussard não foi às custas de investidores permanentes. Os únicos perdedores foram os acionistas que venderam porque não enxergaram potencial na Humana.*

Esse exemplo ilustra novamente a importância da mentalidade de fazer o bolo crescer. Em um debate no *Financial Times* sobre se "os EUA deveriam controlar a recompra de ações", em que me pediram para tomar o lado a favor do "Não", o lado a favor do "Sim" argumentou que "pesquisas mostram que os executivos corporativos que *realizam recompras* muitas vezes se beneficiam pessoalmente disso". Para avaliar esses argumentos, uma regra de ouro útil é "investir em bons projetos", em vez de tomar uma atitude controversa. Se a "pesquisa mostra que os executivos corporativos que *investem em bons projetos* muitas vezes se beneficiam pessoalmente", isso não seria um argumento em favor da ideia de controlá-los. O que importa é se a ação faz o bolo

* Observe que isso não é uma justificativa de que a Humana devesse conceder a Broussard um bônus com uma meta de EPS de US$7,50. Se ele tivesse recebido ações de longo prazo, em vez do bônus, também teria se beneficiado da recompra. O valor correto da recompra dependia da oportunidade de investimento de comprar as ações desvalorizadas da Humana *versus* a oportunidade de investimento de projetos reais. Ao decidir quantas ações comprar de volta, um líder deve considerar essas duas oportunidades de investimento, em vez de comprar de volta apenas o suficiente para cumprir uma meta de EPS.

crescer ou murchar, e não se os líderes compartilharão qualquer crescimento do bolo. Na verdade, um esquema de incentivo justo remunera um CEO por boas ações e o pune por ações ruins.

Outras pesquisas investigam a relação entre a recompra e o investimento. Gustavo Grullon e Roni Michaely mostram que as empresas recompram mais quando as oportunidades de crescimento são poucas, e Amy Dittmar descobriu que elas fazem isso quando têm excesso de capital. Isso é só uma correlação. Para nos aproximarmos da causalidade, precisaremos entrar nas empresas e ver como elas realmente tomam decisões de recompra — as recompras têm prioridade maior ou menor sobre o investimento?

Um estudo influente de Alon Brav, John Graham, Cam Harvey e Roni Michaely fez exatamente isso ao pesquisar 384 diretores financeiros (CFOs) dos EUA sobre como eles tomam decisões de recompra (e de distribuição de dividendos). Há uma preocupação óbvia aqui — eles podem mentir? Talvez, mas os CFOs admitiram que cortariam o investimento para evitar cortar os dividendos, atenuando preocupações de que eles não admitiriam o "curto-prazismo". Surpreendentemente, eles não relataram essa pressão para a recompra. Eles só compram ações de volta se tiverem dinheiro sobrando após aceitarem realizar todos os investimentos desejáveis. *São as baixas oportunidades de investimento que levam a recompras, em vez de as recompras levarem a baixos investimentos.* A PwC e eu realizamos uma pesquisa semelhante com 74 executivos para o governo britânico, que chegou às mesmas conclusões. Apenas um único entrevistado alegou que as recompras impediram a empresa de fazer todos os investimentos que ela queria.

No entanto, essa evidência não prova que as empresas estão empreendendo o nível certo de recompra. Talvez os executivos estejam definindo investimentos "desejáveis" como aqueles que têm uma relação clara com o retorno aos investidores e, portanto, estejam investindo muito pouco. Mesmo que seja verdade, a causa do subinvestimento não são as recompras — são os CEOs que praticam o ESV, em vez de a Pieconomics. Se as recompras fossem proibidas, os gestores do ESV investiriam o mesmo valor e economizariam o dinheiro restante dentro da empresa ou pagariam dívidas — se escolheram uma recompra significa que eles acharam que não havia boas oportunidades de investimento. Assim, as recompras são um sintoma de um problema mais profundo, e não o problema em si. A solução não é encontrar uma solução para o sintoma — tomar qualquer atitude especial em relação às recompras —, mas enfrentar o problema, que está relacionado às empresas que não adotam a mentalidade de fazer o bolo crescer. Isso é o que os capítulos anteriores da Parte II, mais a Parte III, buscam mostrar.

O Cenário Mais Amplo

Os custos de oportunidade social de um investimento são cruciais para a Pieconomics, já que nossa perspectiva é a sociedade, e não apenas a empresa que faz o investimento. Se uma empresa não usar recursos reais, como mão de obra e matérias-primas, outras podem usá-los para criar valor. E o mesmo acontece com os recursos financeiros. Mesmo que uma recompra envolva dinheiro saindo da empresa, esse dinheiro não sairá da economia — ele será investido em outro lugar. A principal diferença é que são os acionistas, e não o CEO da empresa, que decidem onde investir o dinheiro. Os acionistas têm uma variedade muito maior de oportunidades de investimento para escolher, uma vez que podem investir fora da empresa. De fato, os cidadãos que economizam para a aposentadoria usando uma conta bancária ou fundos mútuos não são criticados por não criarem empregos, mas, sim, por reformarem sua casa. O dinheiro que eles economizam não desaparece — o banco ou o fundo mútuo investe.

Os investidores não vendem ações em uma recompra para nadar em dinheiro, então eles somente vendem se tiverem melhores oportunidades de investimento em outros lugares. As startups são financiadas por capitalistas de risco, que recebem seu dinheiro de investidores institucionais, os quais, por sua vez, também detêm ações em empresas de capital aberto. São empresas maduras mostrando retenção e recompra de ações (ou distribuição de dividendos), o que permite a esses investidores colocar dinheiro em capital de risco para financiar as empresas do futuro. Diante do primeiro lucro gerado como subproduto da criação de valor para a sociedade, após investir em todos os projetos que fazem o bolo crescer e, por fim, pagar o dinheiro restante, uma empresa inicia um círculo virtuoso, permitindo que outras empresas criem valor. Em contraste, quando os líderes acumulam dinheiro, pensando que é deles, em vez de ser dos investidores, eles impedem essa realocação. Esse acúmulo contribuiu para a estagnação do Japão, mencionada no Capítulo 6. O capital é um recurso escasso, e um sistema que aloque capital para seu uso mais eficaz constitui uma vantagem competitiva nacional.

Os fundos pagos em recompras não são reciclados apenas em pequenas empresas de capital fechado, mas também em empresas de capital aberto de médio porte. Huaizhi Chen segue o dinheiro e mostra que, quando uma empresa paga dividendos ou se envolve em uma recompra, o dinheiro é realocado para outras ações detidas por seus investidores. Esse remanejamento aumenta o preço de suas ações e as torna mais propensas a emitir ações no futuro. Jesse Fried e Charles Wang revelam que, embora as empresas do S&P 500 dos EUA comprem mais ações do que emitem, as empresas que não estão sendo negociadas no índice S&P 500 (que são menores e, geralmente, têm melhores oportunidades de investimento) fazem o oposto.

Essa observação aborda uma preocupação além das recompras: a de que o setor financeiro cria pouco valor para a sociedade. Esse setor é enorme e valia US$1,5 trilhão nos EUA em 2018. Paga algumas das maiores remunerações, gera lucro substancial e se beneficia de subsídios governamentais, mas não produz bens. Os defensores do setor financeiro argumentam que ele provê fundos, o que permite que outras empresas produzam bens. Mas nos EUA e (mais recentemente) no Reino Unido, o montante arrecadado nos mercados de ações é aproximadamente igual ao valor gasto em recompras. Então o mercado de ações, de fato, não é um fornecedor líquido de financiamento.

No entanto, é incorreto olhar para a *rede* de fluxos de financiamento. O papel do mercado de ações é alocar fundos escassos para as empresas que mais precisem deles. Isso envolve empresas com oportunidades mais escassas que investem o lucro excedente, o que permitirá que aquelas com melhores oportunidades invistam mais. O financiamento líquido zero é consistente com o levantamento de fundos por algumas empresas e a devolução por outras, assim como uma balança comercial líquida zero não sugere que um país esteja falhando em negociar; algumas empresas nesse país podem estar importando muito, e outras, exportando. Na verdade, em nível nacional, Joseph Gruber e Steven Kamin não encontraram evidências de que economias com altas recompras (ou pagamentos de dividendos) invistam menos.

Recompra *versus* Dividendos

Se uma empresa tiver realizado todos os investimentos para fazer o bolo crescer, as recompras não serão a única opção restante. Ela poderia manter o dinheiro excedente como um *buffer*, para se proteger contra eventos adversos e permitir que ela faça investimentos futuros de maneira ágil, sem perder tempo e dinheiro para levantar novos fundos. Mas o saldo do caixa das empresas norte-americanas era de US$5,2 trilhões em 2019, 58% maior do que em 2007, então as empresas tinham um *buffer* grande o suficiente para suportar a maioria dos eventos adversos. Isso também contradiz a preocupação de que as recompras deixariam as empresas sem dinheiro para investimento. Como Warren Buffett escreveu na carta aos acionistas da Berkshire Hathaway em 2016: "Algumas pessoas chegaram perto de chamar as [recompras] de antiamericanas — caracterizando-as como delitos corporativos que desviariam fundos necessários para esforços produtivos. Isso simplesmente não é verdade: tanto as empresas norte-americanas quanto os investidores privados atualmente estão mergulhados em fundos, que procuram alocar os recursos de maneira sensata. Não conheço *nenhum* projeto atraente que, nos últimos anos, tenha dado errado por falta de capital. (Ligue para nós se você tiver um para indicar.)"

A pandemia provou que a alegação de Buffett de que as empresas estavam "mergulhadas em fundos" estava errada? O setor aéreo dos EUA precisou de uma ajuda de US$50 bilhões, o que os críticos argumentaram que só foi necessário porque as empresas aéreas tinham gasto US$45 bilhões em recompras e em dividendos nos 5 anos anteriores — se elas tivessem economizado esse dinheiro, não precisariam dessa ajuda. Mas quase ninguém previu a pandemia. A retrospectiva é sempre 20/20; a grande questão é se gastar esse dinheiro foi a decisão certa na época. No jogo de cartas blackjack, se você acertar 12, tirar determinada carta e perder, isso não significa que a decisão de acertar foi incorreta na ocasião em que foi tomada.

As empresas, de fato, devem reter uma reserva (*buffer*) de caixa para se proteger contra um nível razoável de risco. Mas elas não devem acumular dinheiro como "vacas satisfeitas" para se resguardar contra cada eventualidade — assim como o objetivo de um jogador de blackjack não deve ser nunca perder. Isso impede que os investidores usem dinheiro para financiar empresas em crescimento. De fato, antes da pandemia, muitos cidadãos estavam pedindo que o setor aéreo reduzisse seu tamanho devido à pegada de carbono. O Extinction Rebellion estava propondo a proibição de voos de curta distância. Os pagamentos aos acionistas facilitam isso, permitindo que o capital escasso da sociedade seja realocado para longe dos setores em declínio e para a expansão de outros.

Além disso, um bolo de dinheiro fazendo volume no bolso do líder pode torná-lo mais propenso e disposto a construir um império, da mesma maneira como ter seu telefone sobre a mesa faz você se sentir mais propenso a checá-lo a todo momento. Durante a maior parte da década de 2010, a Yahoo foi avaliada abaixo do somatório de suas partes, em parte devido a preocupações de que a empresa poderia alocar seu dinheiro em aquisições ruins. Amy Dittmar e Jan Mahrt-Smith descobriram que, em empresas com má governança, US$1 em dinheiro é avaliado em apenas US$0,42 a US$0,88. Isso destaca o valor que pode ser desbloqueado simplesmente mediante o pagamento de dinheiro, em vez de desperdiçá-lo ou, até mesmo, retê-lo.

Uma terceira opção é pagar os fundos como dividendos aos investidores — em quase todos os países, os pagamentos de dividendos excedem substancialmente as recompras. Assim como as recompras, e ao contrário de acumular dinheiro, os dividendos permitem que os fundos sejam investidos em outros lugares. Mas as recompras apresentam diversas vantagens. Primeiro, elas são mais flexíveis. Uma vez que tenha pago dividendos, você está comprometido em mantê-los no futuro — possivelmente restringindo o investimento mais adiante. Wei Li e Erik Lie mostraram que reverter o curso e cortar os dividendos reduz o preço das ações em uma média de 4%, o que explica por que os CFOs pesquisados por Alon Brav e coautores eram tão relutantes em fazer isso. Em contrapartida, a empresa pode cortar ou mudar sua política de recompra dependendo das oportunidades de investimento e não sofrer nenhuma queda no preço de ações — pode recomprar em um ano, mas cortar recompras para zerar no ano seguinte, se os lucros caírem e a empresa precisar de cada dólar para investimento. No segundo trimestre de 2020, com o impacto da pandemia, as empresas do S&P 500 reduziram as recompras em 55%, o que lhes propiciou recursos importantes, mas reduziram os dividendos em apenas 6%. Mais amplamente, Murali Jagannathan, Clifford Stephens e Mike Weisbach descobriram que as recompras são cortadas quando os lucros caem.

Segundo, as recompras têm um objetivo. Em uma recompra, os investidores escolhem vender ou não. Aqueles que o fizerem serão os que têm as melhores oportunidades alternativas de investimento ou os que valorizam menos as ações. Dessa forma, as recompras proporcionam que a empresa se livre de investidores menos propensos a aderir à estratégia de longo prazo da empresa e garantem que os investidores restantes sejam aqueles que acreditam nela. Em contrapartida, os dividendos são pagos para todos os investidores, mesmo para aqueles que não disponham de outra boa utilidade para o dinheiro e que possam permitir que ele fique ocioso.

Em terceiro lugar, as recompras — mas não os dividendos — levam a uma estrutura mais concentrada de propriedade das ações da empresa. Tanto o CEO quanto os investidores que permaneceram terão uma maior participação nas ações da empresa, o que aumenta os incentivos para criar valor (ver Capítulos 5 e 6). Na década de 1980, Warren Buffett realmente usou as recompras na GEICO para concentrar a estrutura de propriedade de suas ações nas próprias mãos.

Por fim, as recompras são um bom investimento se as ações estiverem abaixo do preço. Os Capítulos 4 e 6 explicaram como o mercado de ações pode não avaliar totalmente o valor em longo prazo de uma empresa. Uma solução é o CEO investir seu dinheiro em quem paga sua remuneração, comprando as ações da própria empresa. Não só a compra de ações será lucrativa se elas estiverem desvalorizadas naquele momento, como também sinaliza a desvalorização para o mercado e ajuda a corrigi-lo. Se os líderes podem usar as recompras para corrigir a desvalorização, eles não precisam se preocupar tanto com isso — o que os deixa livres para buscar investimentos cujo retorno surgirá apenas no longo prazo.

Política de Dividendos em Empresas Responsáveis

A inflexibilidade dos dividendos pode ser uma barreira séria para a Pieconomics, uma vez que as empresas podem recusar investimentos crescentes para manter os dividendos. Algumas empresas podem ter pago dividendos altos no passado porque tinham poucos projetos de criação de valor, mas mudanças estruturais significam que agora elas têm muitos. Por exemplo, as empresas de energia têm oportunidades atraentes — e urgentes — para desenvolver energia renovável, mas algumas não podem persegui-las porque precisam manter os dividendos dos acionistas.

Conforme enfatizamos ao longo deste livro, as empresas têm uma responsabilidade para com os acionistas. Mas pagar dividendos pode prejudicar os investidores. Os acionistas se preocupam com o retorno total — dividendos mais ganhos de capital —, e os primeiros ocorrem às custas dos últimos. Dividendos de $1 simplesmente reduzem o preço das ações em $1, assim como sacar de um caixa eletrônico lhe provê dinheiro no bolso, mas menos dinheiro em sua conta. E se os dividendos de $1 tivessem sido investidos em um projeto de criação de valor, teriam gerado mais de $1 em valor, então os investidores realmente saem perdendo.

É verdade que alguns acionistas precisam de liquidez, como fundos de previdência que precisam pagar os aposentados. Mas eles podem criar liquidez ao vender suas ações. Tomemos como exemplo um fundo de previdência que precisa levantar US$100 e detém 100 ações negociadas a US$10 cada, somando um total de US$1.000. Se a empresa pagar dividendos de US$1 por ação, as necessidades do fundo não serão atendidas, mas o preço das ações cairá para US$9. Então, as participações do fundo valerão US$900. Se a empresa deixasse de pagar os dividendos, o preço de cada ação permaneceria sendo de US$10. O fundo poderia vender 10 ações para levantar os US$100, e ele ainda ficaria com 90 ações no valor de US$10 cada — então sua participação seria novamente de US$900.

Contar com dividendos para propiciar liquidez também incentiva os investidores a serem passivos — eles podem se acomodar e pagar suas contas com os dividendos, sem a necessidade de descobrir quais ações podem vender. Quando uma empresa paga dividendos, ela está efetivamente tomando a decisão de venda em nome dos acionistas. Um rendimento de dividendos de 3% significa que, a cada ano, um investidor está vendendo 3% de sua participação, independentemente de como a empresa esteja se saindo. Se eles não fossem tão dependentes do dividendo, os investidores ativos teriam de ser, de fato, ativos — atuar como donos de todas as empresas de que possuem ações. Eles iriam querer descobrir quais empresas estão com ações a preços altos, porém com perspectivas de longo prazo ruins, e garantir que vendam apenas suas ações e mantenham as ações de empresas que estejam investindo pensando no futuro. Conforme discutimos no Capítulo 6, esse monitoramento incentiva os líderes a focarem o longo prazo.

Então qual é a solução? Para que os investidores mostrem a mesma flexibilidade com dividendos que têm com as recompras — permitir que as empresas *primeiro* realizem todos os investimentos de criação de valor para só *então* pagar dinheiro excedente como dividendos ou recompra. Essa flexibilidade já é oferecida a "dividendos especiais", que são vistos como pontuais, por isso é realista pensar que também poderia ser aplicada a dividendos regulares. E os investidores ainda podem decidir que as empresas não paguem dividendos nenhum, como Amazon, Facebook e Tesla, porque estão confiantes de que o dinheiro será reinvestido de maneira lucrativa dentro das empresas. Se estiverem dispostos a permanecer sem receber dividendos, eles devem estar dispostos a aceitar dividendos ocasionais.* Além disso, dividendos flexíveis não necessariamente significam dividendos mais baixos. Sob a atual política rígida de dividendos, se uma empresa tiver dinheiro sobrando, ela pode não aumentar os dividendos, pois será bloqueada no novo nível de dividendos. Se os dividendos forem flexíveis, ela pode estar disposta a pagar o dinheiro excedente como dividendos, sabendo que pode cortá-los no ano seguinte se as condições ficarem mais apertadas ou se surgirem boas oportunidades de investimento.

É claro que isso não significa que os líderes devam ser capazes de cortar os dividendos por capricho, sem qualquer responsabilização. Uma vantagem dos dividendos é que eles forçam a empresa a pagar dinheiro, em vez de desperdiçá-lo em projetos mirabolantes. No entanto, no momento, o mercado "vende primeiro e faz perguntas depois" após um corte de dividendos, sem perguntar se ele é justificado. A quantidade certa de investimento depende de quantos bons projetos existem, não de quanto de dividendos foi pago no ano anterior. Se os dividendos forem cortados, os acionistas devem analisar como a empresa usará o dinheiro economizado, em vez de reagir de maneira impensada. E se eles sentirem que a empresa está sacrificando investimentos para manter os dividendos, podem se envolver proativamente com os líderes, a fim de comunicar sua vontade de aceitar um corte de dividendos.

Como as Recompras Podem Destruir Valor — e como Corrigir isso

Mesmo que as evidências sugiram que a maioria das recompras fazem o bolo crescer, é possível que elas não o façam em todos os casos. E a analogia entre um CEO e um proprietário de uma casa não é perfeita. O proprietário detém todo o patrimônio da casa e, por isso, tem incentivos completos para aumentar seu valor. Mas os líderes geralmente possuem apenas uma fração das ações da empresa, pois são parcialmente pagos com bônus e podem ter metas de EPS que poderão ser cumpridas mediante a

* Outra vantagem dos dividendos é que eles são um fluxo de renda seguro para os investidores. Os preços das ações mudam o tempo todo, mas, se uma empresa estiver pagando dividendos de US$1, um investidor terá um rendimento de US$1 garantido. No entanto, é com o retorno total que o investidor se preocupa, e os dividendos não garantem retorno. Se o preço das ações cair de US$10 para US$6, dividendos de US$1 não atenuam essa perda, pois fariam com que o preço das ações caísse ainda mais, para US$5. O retorno total é independente dos dividendos. Isso também destaca a falácia de regras como "consumir apenas dividendos, não corroer os ganhos de capital". Consumir dividendos corrói os ganhos de capital, pois estes teriam sido ainda maiores se os dividendos não tivessem sido pagos. É o retorno total que determina quanto a riqueza do investidor mudou e, portanto, quanto ele pode "aguentar financeiramente" (*afford*) para consumir. Não importa como é dividido entre dividendos e ganhos de capital.

recompra de ações. Assim, as recompras podem ser usadas para atingir metas de curto prazo, em vez de criar valor a longo prazo.

Isso realmente acontece? Vamos analisar as evidências. Lembre-se do Capítulo 5, no qual foi apresentado o estudo de Ben Bennett e coautores, que comparou os líderes que atingiram por pouco os limites de bônus com aqueles que deixaram de atingi-los por pouco. Os primeiros investiram significativamente menos em P&D do que os últimos, então se concluiu que os CFOs certamente estão dispostos a tomar determinadas ações para cumprir metas. Mas as recompras não são uma delas — o mesmo estudo não encontrou diferença no comportamento de recompra entre os dois grupos de líderes. Parece que a Humana foi uma exceção. Da mesma forma, no estudo que o governo do Reino Unido realizou em conjunto com a PwC, descobrimos que nenhuma empresa do Reino Unido FTSE 350 usou recompras para atingir uma meta de EPS entre 2009 e 2016.

No Capítulo 5, também foi observado que os incentivos remuneratórios de curto prazo decorrem não apenas de bônus, mas também de ações com prazo de venda pelo executivo, que Vivian Fang, Katharina Lewellen e eu mostramos estarem ligados a cortes de investimentos. Em um artigo subsequente, Vivian, Allen Huang e eu descobrimos que ações com prazo de impedimento de venda pelo executivo aumentam a probabilidade de recompra de ações e reduzem o retorno em longo prazo dessas recompras. Embora as recompras em geral estejam associadas a um maior retorno de ações de longo prazo — aquelas induzidas pelas ações de longo prazo —, aquelas induzidas pelas ações com prazo de impedimento de venda pelo executivo não estão. No entanto, mesmo essas recompras não são o problema em si, mas um sintoma do problema subjacente — o patrimônio líquido de curto prazo —, que causa outros comportamentos de curto prazo, como cortes de investimentos.

Então a solução não é restringir as recompras. Isso não faria nada para impedir os cortes de investimento e poderia até mesmo aumentá-los se os CEOs mudarem de recompra para cortes de investimentos como uma maneira de aumentar o preço das ações. Em vez disso, devemos resolver o problema subjacente, alongando o horizonte de retenção das ações ou fazendo com que os conselhos de administração analisem as decisões da empresa mais de perto quando se tratar de concessão de ações com prazo de impedimento de venda pelo executivo.

O estudo de Vivian e Allen descobriu uma prática mais séria. Os CEOs normalmente vendem suas ações com prazo de impedimento de venda pelo executivo no curto prazo após a recompra, aproveitando o aumento de preço no curto prazo que ela causa. Essa constatação foi corroborada de maneira independente pelo comissário da SEC, Robert Jackson. Por exemplo, Angelo Mozilo usou o dinheiro da Countrywide para recomprar US$2,4 bilhões em ações entre novembro de 2006 e agosto de 2007 — mas vendeu US$140 milhões das próprias ações nesse mesmo período. Eu argumentei anteriormente que as recompras sinalizam a confiança do CEO na própria empresa. Mas se ele estiver vendendo suas ações ao mesmo tempo que recompra ações com o dinheiro da empresa, essa afirmação não vale. Se o CEO realmente fosse otimista sobre as perspectivas de sua empresa, ele manteria seu patrimônio, em vez de vendê-lo. Uma possível solução seria proibir os executivos de vender as próprias ações dentro de determinada janela de tempo (digamos, seis meses) após uma recompra.

Os incentivos de curto prazo podem decorrer não apenas do contrato do CEO, mas também do desejo de atender às previsões de ganhos dos analistas. Heitor Almeida, Slava Fos e Mathias Kronlund compararam empresas que tinham cumprido, por pouco, a previsão do EPS sem a recompra de ações (e, portanto, não tinham incentivo para recompra) com empresas que haviam deixado de cumprir essa previsão (e, assim, tiveram fortes incentivos para recompra). Estas últimas recompraram mais ações e reduziram o investimento, em média, em 10%, e o quadro de trabalhadores em 5% ao longo do ano seguinte. Conforme discutido no Capítulo 5, esses cortes podem ser eficientes (a previsão do EPS incentiva o líder a descartar projetos não rentáveis) ou míopes, e os testes não distinguem entre esses casos. Mas os resultados certamente são consistentes com a ideia de que as recompras induzidas pelo EPS podem destruir o valor em longo prazo.

Mesmo que isso seja verdade, observa-se que as recompras novamente são um sintoma de um problema subjacente, o desejo de atender às previsões de EPS dos analistas. Devemos nos lembrar de que Sanjeev Bhojraj e coautores descobriram que esse desejo faz com que os gestores cortem investimentos em P&D e publicidade. As recompras podem ser apenas um subproduto e ser realizadas com o dinheiro que tenha sobrado. Como enfatizarei nos Capítulos 8 e 10, a solução é abordar a principal causa desse comportamento — o desejo das empresas de atender às previsões de EPS —, deixando de relatar lucros trimestrais.

Falamos sobre como as recompras que destroem valor devem ser tratadas por soluções gerais para o subinvestimento. Uma solução geral final também pode ser eficaz aqui: dar aos colegas uma participação nas ações da empresa. Isso permite que eles compartilhem qualquer aumento de valor criado não apenas por meio de seu trabalho árduo (conforme enfatizado no Capítulo 5), mas também por meio de recompras — e significa que as recompras não beneficiam apenas os acionistas, mas também os trabalhadores. Comprar ações de investidores que não valorizam a perspectiva de longo prazo da empresa aumenta a participação dos colegas que o fazem.

Em Poucas Palavras

- As recompras de ações são frequentemente vistas como medidas de repartir o bolo em favor de líderes e de investidores. Pode ser o caso, mas muitas críticas comuns são baseadas em percepções erradas. As recompras não são um presente gratuito para os investidores, nem os investidores exigem a recompra.
- As empresas que fazem o bolo crescer devem abraçar projetos que dão a possibilidade de criar valor para a sociedade, mesmo que não aumentem claramente o lucro em longo prazo. Elas devem investir mais e recomprar menos do que as empresas que buscam o ESV.
- As empresas que fazem o bolo crescer não devem investir todo o dinheiro que esteja sobrando. Elas só devem aceitar investimentos que satisfaçam os princípios da multiplicação, da vantagem comparativa e da materialidade. Se fizerem isso, as recompras serão uma prática alternativa legítima, principalmente se as ações estiverem desvalorizadas.

- As evidências são consistentes com o emprego crescente da recompra de ações. Embora uma recompra aumente o preço das ações no curto prazo, ela aumenta ainda mais o preço das ações no longo prazo. As empresas recompram mais ações quando suas oportunidades de investimento estão baixas e há dinheiro excedente. Elas tomam decisões de investimento antes de decidirem recomprar, portanto, as recompras são o resultado do baixo investimento, não a causa.
- As recompras são uma maneira melhor de empregar o caixa excedente do que os dividendos, porque são flexíveis, direcionadas aos investidores que têm menos entrada na estratégia de longo prazo da empresa, e fazem com que investidores a longo prazo (incluindo os líderes) aumentem sua participação acionária. Elas também criam valor para a empresa, caso suas ações estejam desvalorizadas.
- Há evidências de que as recompras podem destruir o valor quando impulsionadas por ações com prazo de impedimento de venda pelo executivo de analistas, mas não usadas para atingir metas de EPS em planos de bônus.
- Mesmo quando as recompras destroem o valor, elas são sintomas de um problema subjacente — pressões de curto prazo — que levam a outros sintomas, como cortes de investimentos. As soluções devem ser direcionadas ao problema subjacente.

PARTE III

COMO FAZER O BOLO CRESCER?

Colocando em prática

Esta parte do livro ensina como colocar em prática as ideias tratadas nas Partes I e II. Criar valor para a sociedade pode aparentar ser um bom ideal, porém fora da realidade. Quando iniciamos uma semana de trabalho colocando a mão na massa e temos metas de curto prazo para atingir, investir em stakeholders pode parecer inviável. Exploraremos como isso pode ser feito no mundo real.

Existem capítulos voltados para empresas (Capítulo 8), investidores (Capítulo 9) e cidadãos em seus papéis de clientes, influenciadores e eleitores (Capítulo 10). A Parte III espelha vagamente a evidência apresentada na Parte II. No Capítulo 5, foram discutidos incentivos que são implementados pelas empresas; o Capítulo 6 abordou a stewardship, que é realizada pelos investidores; e o Capítulo 7 abordou as recompras, as quais a política do governo pode facilitar ou restringir. A partir daqui, veremos como empresas, investidores e cidadãos podem fazer o bolo crescer.

Mas ainda falta maior clareza. Os incentivos podem ser implementados pelos conselhos de administração, mas são votados por investidores e legislados pelos governos. A stewardship depende da disposição em se engajar não só dos investidores, mas também das empresas, e pode ser regulada. As políticas podem ser impostas por legisladores, mas também podem ser voluntariamente adotadas pelos acionistas ou pelas empresas.

Além disso, não haverá total congruência com a Parte II, uma vez que esta focou práticas de fazer o bolo crescer que a maioria das pessoas acredita ser repartir o bolo. Existem muitos fatores que são amplamente aceitos como tentativas de fazer o bolo crescer, como uma empresa com um propósito (poucos defendem que as empresas não precisam ter propósito). Na Parte III, o principal desafio não está tão voltado para provar que esses fatores são benéficos; o objetivo é mostrar como colocá-los em prática.

A Parte III também amplia as ideias da Parte II. O Capítulo 5 fornece evidências sobre o valor dos incentivos de longo prazo ao CEO; o Capítulo 8 ensina como incorporar o pensamento de longo prazo nas empresas de maneira mais geral. O Capítulo 6 ilustra o valor da *stewardship* pelos gestores de ativos; o Capítulo 9 mostra como a *stewardship* é uma responsabilidade de toda a cadeia de investimentos, que inclui proprietários de ativos, analistas de ações, consultores de voto e consultores de investimento. O Capítulo 7 destaca como as recompras destruidoras de valor são tipicamente um sintoma de um problema subjacente; o Capítulo 10 aborda as falhas mais amplas do mercado que a regulação é capaz de resolver.

8

EMPRESAS

O poder do propósito e como torná-lo real

Excelência

O Grande Vale do Rift estende-se por 6 mil quilômetros e 2 continentes, do Líbano, na Ásia, até Moçambique, na África. Ele é margeado por algumas das montanhas mais altas da África, mas abriga alguns dos lagos mais profundos do mundo. No Quênia, os lagos são mais rasos e não têm saída para o mar. Então, na estação seca, quando a água evapora, eles se tornam particularmente ricos em minerais. No Lago Magadi, o lago mais ao sul do trecho queniano do Grande Vale do Rift, a camada de sal pode ter até quarenta metros de espessura.

Milhões viram o Lago Magadi no filme de suspense *O Jardineiro Fiel*. Mas menos de mil pessoas chamam Magadi, o município na costa leste do lago, de lar. Uma dessas pessoas é Emmanuel Sironga, que ganha a vida comercializando cabras, para cuidar de sua família.

Para Emmanuel — assim como para milhões de africanos —, o dinheiro costumava ser decisivo. É de dinheiro que ele precisava para comprar cabras e equipamentos. É dinheiro que ele recebia pela venda das cabras, o qual primeiro ele verificava, a fim de se prevenir contra falsificação, e, depois, armazenava em um local seguro, a fim de se prevenir contra o risco de roubo. Quando acumulava o suficiente, ele o levava ao banco. Mas o banco mais próximo ficava a horas de distância, então uma ida e volta o privava de quase um dia de comércio. Com isso, Emmanuel ficava restrito com relação aos locais onde poderia colocar suas cabras para pastar, uma vez que não poderia ficar muito longe de um banco. E se quisesse enviar dinheiro para seus parentes, ele o colocaria em um envelope antes de contratar alguém para viajar em um ônibus para entregá-lo. Às vezes o dinheiro poderia não chegar porque o ônibus havia quebrado; outras, porque o mensageiro tinha fugido com o envelope.

Mas tudo isso mudou em 2007, com o lançamento do M-Pesa — um serviço que permitia aos cidadãos depositar, sacar e enviar dinheiro usando apenas o telefone celular. Ao contrário do banco móvel, o M-Pesa não exigia uma conta bancária, o que era fundamental, pois 15 milhões de adultos quenianos não tinham conta bancária naquela época. O M-Pesa mudou a vida de Emmanuel. Ele não sofria mais o risco e o inconveniente de ter de usar dinheiro em espécie. Ele comprava mercadorias e aceitava pagamentos por meio de seu telefone, e os registros eletrônicos do M-Pesa o ajudavam na contabilidade. Ele podia enviar dinheiro para qualquer um, independentemente de onde ele e a outra pessoa estivessem, o que o liberou para se concentrar em sua vocação — cuidar de seu rebanho. Nas palavras de Emmanuel: "Como pastores, precisamos percorrer longas distâncias em busca de pastagens mais verdes. O M-Pesa facilitou nossa vida porque não precisamos viajar longas distâncias para levar dinheiro para os parentes e amigos."

Como essa tecnologia que mudou a vida de Emmanuel foi criada? Uma ideia foi semeada quando pesquisadores financiados pelo Departamento de Desenvolvimento Internacional (DFID), braço de ajuda externa do governo britânico, notaram que os quenianos estavam transferindo créditos de celular uns para os outros como uma opção mais fácil do que enviar dinheiro. Embora tenha sido esse o governo que lançou a ideia inicial, foi preciso uma empresa que faz o bolo crescer para transformá-la em realidade. A DFID apresentou os pesquisadores à Vodafone, a maior empresa de telecomunicações do Reino Unido, que vinha investigando como usar sua plataforma móvel para melhorar o acesso dos quenianos às finanças. As conversas seguintes deram a Nick Hughes, chefe de pagamentos globais da Vodafone, a ideia de usar telefones celulares para transferir não créditos de celular, mas dinheiro. Ali nasceu uma concepção, que foi chamada de M-Pesa — M de telefone móvel, e Pesa porque essa é a palavra que, em suaíli, significa dinheiro.

A Vodafone estava comprometida em fazer do M-Pesa um sucesso. Ela investiu tempo dos colegas e 1 milhão de libras de recursos para superar os obstáculos substanciais antes que o M-Pesa pudesse entrar no ar. Atualmente, aplicativos que transferem dinheiro por meio de smartphones são abundantes, mas o M-Pesa precisava rodar nos celulares simples que os quenianos tinham naquela época (e muitos ainda têm até hoje). A Vodafone teve de estabelecer uma rede nacional de lojas de varejo e treinar uma equipe de vendedores para permitir que os clientes abrissem contas, fizessem depósitos e sacassem dinheiro de qualquer lugar do país. A liberdade fornecida pelo dinheiro móvel também pode facilitar a lavagem de dinheiro, por isso a Vodafone elaborou processos para combater o uso ilegal.

Desde que a Vodafone lançou o M-Pesa, em 2007, ela transformou a vida dos cidadãos. Empreendedores como Emmanuel passaram a conseguir comprar e vender bens, pais passaram a conseguir pagar as mensalidades escolares de seus filhos, adultos passaram a conseguir financiar os cuidados de saúde de seus pais, e todos conseguiram começar a economizar para o futuro. Tavneet Suri e William Jack descobriram que o acesso ao M-Pesa tirou 196 mil famílias quenianas (2% da população) da pobreza até 2014. O maior efeito repercutiu nas famílias chefiadas por mulheres, em grande parte devido às mudanças de carreira que o M-Pesa permitiu; 186 mil mulheres trocaram o trabalho na agricultura por um emprego na área de negócios e varejo. O M-Pesa foi implantado em diversos outros países. Atualmente, é a maior plataforma de pagamentos da África, ajudando 40 milhões de usuários a processar mais de 1 bilhão de transações por mês.

Agora recorreremos a um exemplo muito diferente da Vodafone de trabalho em favor da sociedade. Em 2012, a Vodafone se tornou a primeira empresa do setor de telecomunicações em todo o mundo a divulgar um relatório de transparência fiscal mostrando quanto de impostos eles pagaram aos governos em todo o mundo. Isso é particularmente importante nas telecomunicações, em que você pode evitar pagar impostos ao localizar sua propriedade intelectual em jurisdições que praticam taxas mais baixas.

Qual dessas duas ações — o lançamento do M-Pesa ou a transparência fiscal — criou mais valor para a sociedade? E qual dessas ações, se não tivesse sido tomada, teria levado à maior indignação pública ou piorado as classificações de RSE da Vodafone?

Quase todos a quem fiz essas perguntas deram a mesma resposta. O M-Pesa criou mais valor para a sociedade. Tirou 196 mil famílias quenianas da pobreza e contribuiu significativamente para a igualdade de gênero. Mas, voltando-se para a segunda pergunta, qual teria sido a indignação pública se a Vodafone não tivesse lançado o M-pesa? Nenhuma. Não há motivo para ter vergonha de não inovar. A mídia, os políticos e o público em geral nunca esperariam que a Vodafone lançasse uma ideia tão louca — transações bancárias sem precisar de um banco —, para início de conversa. Isso também se aplica a outras grandes inovações que discutimos neste livro, como a Merck, ao desenvolver a ivermectina para uso humano.

Mas qual é a indignação pública pela falta de transparência fiscal? Possivelmente enorme. De fato, a Vodafone sofreu com essa indignação em setembro de 2010, quando a revista *Private Eye* relatou que a empresa havia (legalmente, mas, de acordo com o ponto de vista do editorial da revista, não moralmente) deixado de pagar 6 bilhões de libras em impostos. Apenas quatro meses antes, o chanceler britânico do Tesouro, George Osborne, anunciou 6 bilhões de libras em cortes de gastos públicos. Alguns cidadãos presumiram que esses eventos estavam relacionados e argumentaram que estavam pagando pelos 6 bilhões de libras, porque essa corporação gananciosa se esquivou de suas obrigações fiscais. Essa fúria deu origem ao grupo de protesto UK Uncut, que organizou boicotes em massa às lojas Vodafone em todo o país.

Uma empresa responsável precisa, sem dúvida, pagar impostos justos. Ao fazer isso, ela financia serviços públicos e ajuda a garantir uma divisão justa do bolo.* De fato, muitos executivos consideram que a responsabilidade está relacionada a "não praticar o mal" — não deixar de pagar impostos, não maltratar os trabalhadores e não poluir o meio ambiente. Isso é claramente importante, mas não é o suficiente. Em virtude dos desafios cada vez maiores que a sociedade enfrenta atualmente, não basta um negócio simplesmente "não praticar o mal". Ele deve "fazer o bem de maneira ativa".

Isso destaca a principal maneira por meio da qual as empresas podem fazer o bolo crescer: a *excelência*. As empresas podem criar ainda mais valor por terem um compromisso intransigente com a excelência em seu negócio principal do que por buscarem atividades sociais acessórias. Reconhecer a importância da excelência é fundamental por três motivos fundamentais.

---

* Embora o relatório de transparência fiscal não tenha afetado a quantidade de impostos pagos pela Vodafone, a transparência é importante para garantir a confiança do público nos negócios.

A Excelência É a Melhor Forma de Serviço

"Trabalhar em favor" da sociedade frequentemente é visto como fazer sacrifícios financeiros ou realizar ações de serviço explícito, como a Apple fez ao construir a academia de ginástica sem realizar um cálculo de custo-benefício. Essas ações são muito valiosas, e nós as enfatizamos ao longo deste livro. Mas, muitas vezes, *a excelência é a melhor forma de serviço*. A melhor maneira de a Vodafone trabalhar em favor da sociedade não é sendo transparente com relação aos impostos que ela paga, mesmo que isso seja importante, mas por ser excelente em entregar seus serviços móveis e aproveitar, de maneira criativa, sua expertise em telecomunicações para resolver outros problemas sociais. Da mesma forma, a fabricação de aparelhos respiratórios CPAP, cujo exemplo vimos no Capítulo 1, foi uma atitude formidável de excelência em engenharia — a equipe da Mercedes e da University College London produziu um protótipo dentro de cem horas após sua primeira reunião.

Essa observação destaca a diferença entre a Pieconomics e a Responsabilidade Social Empresarial (RSE), de que falamos no Capítulo 1. A RSE é, às vezes, sobre a realização de atividades não essenciais para compensar um negócio principal que reparta o bolo. Em contrapartida, a Pieconomics é sobre criar valor por meio da excelência usando a expertise principal.

A Excelência Pode Ser Buscada por Todas as Empresas em Todos os Momentos

Por diversas vezes, pensamos que as empresas serão capazes de transformar a sociedade apenas se estiverem em um setor como o farmacêutico, que tem o poder de curar doenças como a cegueira do rio ou o coronavírus. Mas isso não é verdade. Assim como acontece com os diferentes órgãos do corpo humano, em que cada um desempenha uma função própria, uma empresa cria valor ao cumprir com excelência seu papel único no mundo. Uma empresa não tem a responsabilidade de resolver todos os problemas do mundo, mas pode focar os problemas que estão exclusivamente bem posicionadas para resolver.

A Unilever é amplamente conhecida como o principal exemplo de empresa responsável, embora produza produtos de uso cotidiano. Como Sue Garrard, que liderou o Plano de Vida Sustentável da Unilever, disse: "Fabricamos sopa e sabão." Mas o sabão pode transformar comunidades inteiras ao melhorar a higiene. A cada 23 segundos, uma criança ao redor do mundo morre de pneumonia ou diarreia, mas a lavagem das mãos reduz as infecções por pneumonia em 23% e a diarreia em 45%. Por isso, em 2010, a Unilever lançou uma campanha para ajudar um bilhão de cidadãos a melhorar seus hábitos de higiene das mãos na próxima década — uma meta que eles alcançaram dois anos antes do previsto. Muitos ocidentais consideram um telefone celular uma mercadoria, mas como Matt Peacock, ex-diretor de assuntos corporativos da Vodafone, apontou: "Se você está em um país em desenvolvimento e coloca um celular nas mãos de alguém, você muda a vida dessa pessoa." Assim, uma empresa de telecomunicações pode criar um extraordinário valor social por meio da excelência em sua atividade principal, como a Vodafone fez com o M-Pesa. O deslocamento pode parecer apenas parte da rotina diária, mas uma grande empresa de transporte pode conectar os cidadãos a empregos, permitir que as famílias vivam mais perto das comunidades do que do escritório e também que novas empresas sejam abertas. Uma empresa de brinquedos infantis pode não parecer ser socialmente responsável de maneira óbvia, mas seus brinquedos de alta qualidade podem fazer uma grande diferença na comunidade, fazendo a felicidade das crianças (e a paz de seus pais), educando e entretendo a todas. É claro que existe determinada quantidade de atividades centrais cujo custo social supera seu benefício, como a produção de tabaco, mas o conjunto que cria valor social é muito maior do que se imagina.

Outro motivo pelo qual todas as empresas podem trabalhar em favor da sociedade por meio da excelência é que, muitas vezes, custa pouco financeiramente — você já desenvolveu sua expertise. Portanto, isso pode ser buscado por startups ou grandes corporações quando os tempos estão difíceis; não é somente um luxo para ser entregue quando a empresa estiver com os cofres cheios de dinheiro. Embora a Vodafone tenha investido 1 milhão de libras para desenvolver o M-Pesa, isso representou uma gota no oceano, em comparação com seu orçamento anual de investimento — 4,2 bilhões de libras em 2007. Ainda mais importante para o lançamento do M-Pesa foi a visão de usar a expertise em telecomunicações da empresa de uma nova maneira.

A Excelência É Relevante para Todos os Colegas

A importância da excelência é ainda mais relevante para os colegas, pois muitos empregos podem não ter uma função social explícita — mas esses trabalhos não são menos importantes para a empresa ou para a sociedade. Todos os colegas podem se engajar na excelência, independentemente da descrição de sua função, e fazer isso pode ter um impacto profundo na capacidade da empresa de criar valor. Manter orçamentos financeiros precisos ou atas de reunião permite que outros colegas tomem decisões de maneira informada; a aquisição eficiente de bens ou a gestão de capital de giro permitem que os recursos de uma empresa vão além.

Muitas vezes, as empresas valorizam os trabalhadores cujas funções estão diretamente ligadas à sua visão — e, de fato, Roy Vagelos tirou sua inspiração das conversas na hora do almoço com os cientistas da Merck, não com o pessoal responsável pela folha de pagamento. Mas é fundamental que eles reconheçam o valor extraordinário de trabalhos aparentemente comuns realizados com excelência e também como cada colega é fundamental para o negócio. No Capítulo 5, vimos que a remuneração mediante concessão de ações a trabalhadores fora do alto escalão só melhora o desempenho se ela se estender a toda a organização, em vez de ser direcionada a grupos específicos (como o departamento de P&D). Da mesma forma, uma empresa precisa garantir que sua missão se conecte com as tarefas e as atividades cotidianas da empresa. Caso contrário, mesmo uma declaração visionária não inspirará um trabalhador do setor de folha de pagamento ou de compras.

Não é óbvio que todas as empresas — não apenas as responsáveis — devam se esforçar para serem excelentes? Não necessariamente. Uma empresa focada no valor para os acionistas busca a excelência apenas em áreas claramente relacionadas ao lucro. Uma empresa que faz o bolo crescer deve fazê-lo em atividades que criem valor para a sociedade, mesmo que o vínculo com o lucro seja incerto e distante. Além disso, a importância da excelência, às vezes, é negligenciada por empresas que (corretamente) reconhecem sua necessidade de trabalhar em favor da sociedade, mas (incorretamente) acham que isso significa que elas devem focar atividades explícitas de "servir".

Da mesma forma, um departamento de P&D em uma empresa voltada para o lucro é impulsionado a atender a uma demanda conhecida do cliente; mas, em uma empresa responsável, pode ser inspirado pela emoção de fazer um avanço científico. Muitas inovações acontecem por acidente e atendem a uma necessidade que nunca existiu e sobre a qual nunca houve um pedido de que fosse atendida. Quando Spencer Silver, cientista da 3M, tentou criar um adesivo forte para a construção de aeronaves, ele acidentalmente elaborou um adesivo fraco e o chamou de "solução sem um problema". O colega Art Fry percebeu que isso o ajudaria a não perder mais seu marcador de livro de hinos da igreja, e o adesivo foi desenvolvido e transformado no Post-It. De maneira mais geral, muitas empresas são boas na resolução de problemas — percebendo uma demanda de mercado e descobrindo a melhor forma de atendê-la. Mas a inovação mais radical geralmente envolve a descoberta de problemas — criando um mercado que não existia antes, como o uso do adesivo fraco. Isso envolve excelência, em vez de serviço, e um líder sempre se pergunta o que está em suas mãos — como ele pode usar os recursos e a expertise da empresa de maneira criativa para entregar valor à sociedade. Não encontrar problemas não gera indignação pública, pois ninguém veria problemas não relacionados como sua responsabilidade. Mas a Pieconomics é sobre criar valor de maneira ativa, e não apenas proteger sua reputação corporativa.

O princípio da excelência em áreas não recompensadas também se aplica a colegas individuais. Em minha profissão, os acadêmicos são promovidos e recebem trabalho quase exclusivamente devido à sua pesquisa, e não ao ensino. Em meu primeiro dia como professor, perguntei ao vice-reitor quanto peso foi colocado no ensino nas decisões sobre minha nomeação. Ele respondeu "zero". Se eu fiquei chocado de início, o esclarecimento dele me deixou ainda mais chocado: "Zero ou negativo." O seguinte aviso foi dado: se você ganhar muitos prêmios acadêmicos, o corpo docente sênior se preocupará em não permitir que você gaste tempo em pesquisa. No entanto, um professor responsável leva a academia a sério, apesar da falta de recompensas extrínsecas, uma vez que ele trabalha em favor da sociedade por meio da disseminação de conhecimento. De fato, os docentes criam muito mais valor por meio da excelência nessa atividade principal — garantir que seus materiais didáticos sejam atualizados e práticos, não apenas teóricos — do que ao não produzir nenhum dano em atividades não essenciais, como andar de bicicleta, em vez de dirigir até o trabalho.

Em contrapartida, uma das melhores maneiras pelas quais uma empresa pode destruir valor é tolerar a mediocridade, em vez da excelência — um erro por omissão. Se a Vodafone não tivesse se esforçado pela excelência, explorando a ideia de transferência de dinheiro por meio do uso do celular, não teria havido reação da mídia, mas 196 mil famílias quenianas estariam em pior situação. Às vezes, a busca pela excelência pode envolver decisões difíceis, como demitir um colega que apresenta um baixo desempenho. Um líder pode usar objetivos sociais, como não prejudicar determinado interessado, para justificar uma omissão na tomada de decisões difíceis. No entanto, os danos causados à sociedade por aceitar a mediocridade podem ser muito maiores.

Propósito

Buscar a excelência é um princípio útil, mas é insuficiente por si só. As empresas realizam muitas atividades, e é impossível ser excelente em cada uma delas. Os recursos de uma empresa são limitados, por isso ela deve escolher em quais atividades se destacar. Muitas decisões envolvem escolhas, por isso as empresas precisam escolher a quais stakeholders deverão, especialmente, servir. De modo relacionado, a ideia central deste livro — de que as empresas devem fazer o bolo crescer — soa inspiradora, mas também um tanto ambígua. Uma empresa farmacêutica faz o bolo crescer de maneiras muito diferentes daquelas de uma empresa de transportes. Como uma empresa realmente "faz o bolo crescer"?

Esse é o papel do propósito. O *propósito é por que uma empresa existe – a quem ela serve, sua razão de ser e o papel que ela desempenha no mundo.* É a resposta à pergunta: "Como o mundo é um lugar melhor somente pelo fato de sua empresa existir?" O propósito representa a maneira particular pela qual um empreendimento trabalha em favor da sociedade e, assim, faz o bolo crescer. Um propósito pode ser desenvolver medicamentos que sejam transformadores para a saúde dos cidadãos, fornecer uma rede ferroviária eficiente que conecte as pessoas a seus empregos, familiares e amigos ou fabricar brinquedos para entreter e educar crianças.

É importante ressaltar que o propósito de uma empresa não pode ser obter lucro; em vez disso, o lucro é um subproduto de servir a um propósito. Isso é semelhante ao modo como a vocação de uma pessoa não é ganhar um salário; em vez disso, é escolher uma carreira com que ela se identifique, de modo que ela se desenvolva e acabe sendo bem remunerada. Como o fundador do fornecedor de energia AES, Dennis Bakke escreveu: "O lucro é para os negócios como o ar é para a vida. Respirar é essencial para a vida, mas não é o propósito de viver. Da mesma forma, o lucro é essencial para a existência da empresa, mas não é a razão de sua existência." O CEO da BlackRock, Larry Fink, ressaltou que "o propósito não é unicamente a busca pelo lucro, mas a força animadora para alcançá-lo".

Porém, mesmo que o propósito possa não ser obter lucro, deve ser algo que, em última análise, mesmo que indiretamente, leve ao sucesso da empresa, e todos os trabalhadores devem entender esse vínculo. Caso contrário, eles nunca realmente abraçarão o propósito e o considerarão algo que é feito às custas do retorno financeiro. Por exemplo, a Unilever descobriu que suas Marcas Vivas Sustentáveis, que estão mais alinhadas ao seu propósito de "tornar a vida sustentável comum", cresceram 69% mais rápido em 2018 do que o restante de seus negócios. O propósito é poderoso porque une os stakeholders de uma empresa em uma missão comum. A maneira tradicional de reunir os stakeholders é por meio de contratos. O economista Ronald Coase, cujo teorema introduzimos no Capítulo 2, enxerga uma empresa como um feixe de contratos, em que cada membro responde racionalmente aos incentivos previstos por esses contratos. Por exemplo, um vendedor trabalha duro para fechar negócios porque ele recebe comissão. Mas enquanto os contratos funcionam em modelos econômicos em que a produção é mensurável, muitas vezes são ineficazes na vida real. Primeiro, você não pode medir muitas maneiras como um vendedor cria valor, como orientar subordinados ou ajudar colegas, portanto, você não pode regulá-los por meio de um contrato. Os contratos se tornaram ainda mais ineficazes devido ao trabalho remoto provocado pela pandemia. Os trabalhadores não podem ser monitorados de perto, por isso o esforço é cada vez mais discricionário e precisa ser inspirado pelo propósito. Em segundo lugar, os contratos só podem impor o cumprimento, em vez de o compromisso — os stakeholders apenas podem tomar as ações estipuladas ou recompensadas pelo contrato. De fato, uma maneira comum de os trabalhadores protestarem contra a gestão não é desobedecendo às regras, mas seguindo-as — realizar exatamente as tarefas pelas quais eles foram contratados e durante as horas estipuladas em contrato (prática conhecida como "operação-padrão"). Em terceiro lugar, os líderes não têm o conhecimento necessário para dizer a um stakeholder o que fazer em cada situação. Em vez de escrever no contrato (ou, menos rigorosamente, definir diretrizes), pode ser melhor deixar o stakeholder decidir. Se um grupo de motoqueiros tentar andar em fila indiana de maneira sincronizada, olhando para o líder para garantir que o sigam, eles se acidentarão. Se eles tiverem em mente, e rumarem para, o mesmo destino e forem livres para escolher a velocidade e a rota, chegarão lá com mais segurança.

Esse destino é o propósito da empresa. O propósito tem muito mais poder para inspirar uma ação do que qualquer contrato, porque desencadeia o lado humano da empresa. Em vez de basear as ações em um cálculo instrumental de quanto é recompensada pelo contrato, um stakeholder é inspirado intrinsecamente pelo desejo de contribuir para o propósito da empresa — assim como um líder que é impulsionado pela sociedade, e não pelo valor para os acionistas, fará mais investimentos e, em última instância, trará um lucro maior para a empresa.

Um propósito compartilhado cria um senso de pertencimento, quando os membros escolhem fazer parte da empresa porque são inspirados por sua missão, mesmo que possam obter remuneração, produtos e retorno em outros lugares. O propósito é o que motiva os colegas a ir além do que é visto por seus superiores, os clientes a escolher a empresa, em vez de seus rivais que oferecem produtos mais baratos, e os investidores a permanecer na empresa mesmo quando o lucro for baixo. Eles se tornam stakeholders literalmente, mantendo sua participação — embora pessoal, e não financeira — no sucesso da empresa, contribuindo muito mais do que qualquer contrato poderia impor.

Conforme mencionado no final do Capítulo 1, o propósito é um item particularmente importante para os Millennials. O estudo PwC/AIESEC que mencionamos na época concluiu que "os Millennials querem se orgulhar de seu empregador, sentir que os valores da empresa correspondem aos seus e que o trabalho que eles fazem vale a pena". Em uma pesquisa da Deloitte, apenas 27% dos Millennials responderam que pretendiam permanecer com seu empregador atual por cinco anos, mas 88% disseram que o fariam se "estivessem satisfeitos com o senso de propósito da empresa". As apostas são altas — a Gallup estimou que o volume de negócios do milênio devido à falta de engajamento custa à economia dos EUA mais de US$30 bilhões por ano.

Para ter noção do poder do propósito, voltaremos à Merck. Discutimos sobre como Roy Vagelos doou ivermectina porque enxergou o propósito da Merck de usar a ciência para transformar os meios de subsistência. Mas a empresa não teve apenas sorte em ter um CEO extraordinariamente guiado pelo propósito na hora certa. Esse propósito foi introduzido na Merck desde o princípio, desde que George Merck emigrou da Alemanha para os EUA em 1891 para estabelecer a subsidiária da Merck nos EUA.

A história da ivermectina estava longe de ser única, mas traduz de maneira bastante simples o modo como a Merck conduzia os negócios. Inúmeras outras histórias alimentam a história da Merck. Em 1942, a penicilina ainda era considerada um medicamento novo e não havia sido fabricada fora do laboratório porque era muito cara. Mas George Merck, quando ainda era o presidente da empresa, deu o pontapé inicial, e a Merck se tornou a primeira empresa a fabricar penicilina em larga escala.

Ann Miller era uma mulher de 33 anos que morava em New Haven, Connecticut. Ela era casada com Ogden Miller, diretor de atletismo da Yale University. Em 14 de março de 1942, Ann estava morrendo em uma cama de hospital em virtude de uma septicemia estreptocócica, que ela contraiu após sofrer um aborto espontâneo. Havia onze dias que ela estava com 40°C de febre, e tudo o que os médicos tentaram não tinha funcionado.

Isso antes da penicilina. Graças à Merck, Ann se tornou a primeira norte-americana a ser tratada com penicilina, e isso salvou sua vida. No dia seguinte, a temperatura dela voltou ao normal. Ela teve três filhos e viveu até os 90 anos.

Após descobrir como fabricar um medicamento que salva vidas, a Merck não usou essa descoberta para obter lucro mediante monopólio. O valor número um da empresa era: "Nosso negócio é preservar e melhorar a vida humana." Então ela compartilhou os segredos de fabricação da penicilina com seus concorrentes, para que eles também pudessem produzi-la. Juntas, com um esforço de equipe, essas empresas trataram 100 mil soldados aliados na Segunda Guerra Mundial. Como George Merck disse: "Tentamos nunca esquecer que a medicina é para a população. Não é para o lucro. O lucro virá em seguida, e se nos lembramos disso, ele nunca deixará de vir."

Foi esse compromisso de usar avanços científicos para trabalhar em favor das pessoas, em vez de gerar lucro, que atraiu Roy para a Merck. Após se formar em medicina pela Columbia em 1954, Roy desempenhou diversos papéis de pesquisa científica no National Institute of Health, no Massachusetts General Hospital e na Washington University School of Medicine. Lá, ele fez pesquisas não para desenvolver produtos comerciais, mas para avançar os limites da ciência e gerar insights que pudessem ser compartilhados com o público. Ele publicou mais de cem artigos, e mais tarde, seu trabalho acabou lhe rendendo uma eleição para a Academia de Artes e Ciências dos Estados Unidos e para a Academia Nacional de Ciências dos Estados Unidos. Então, se Roy migrasse para o setor privado, ele só se juntaria a uma empresa que estivesse igualmente comprometida em usar a ciência para o bem social.

E essa empresa era a Merck. Inspirado pelos trabalhadores que conheceu na lanchonete de sua família e pelo histórico passado da Merck de trabalhar em favor da sociedade, ele entrou como vice-presidente sênior de pesquisa em 1975, três anos antes da descoberta de William Campbell. O resto é história. E o mais interessante dessa história é que a visão de William de explorar o uso de ivermectina para humanos e a decisão de Roy de doá-la não eram uma anomalia; elas eram fruto do propósito da Merck que havia sido incorporado em toda a organização desde a época em que George Merck ainda estava na empresa.

Embora o propósito seja poderoso para uma grande corporação como a Merck, é indiscutivelmente ainda mais potente em startups. É mais fácil incutir propósito desde o início do que reorientar uma empresa gigante, e as startups não têm milhões para gastar em iniciativas de RSE. O propósito inspira o empreendedor a abrir um novo empreendimento, assumindo riscos individuais consideráveis – risco de carreira ao largar ou recusar um emprego fixo e risco financeiro ao investir o próprio patrimônio. Os colegas se juntam à empresa inspirados por seu propósito, embora a remuneração das startups seja significativamente mais baixa e as horas de trabalho avancem as noites e os fins de semana. Os investidores não podem avaliar startups por meio de análises financeiras tradicionais, uma vez que não têm histórico, mas baseiam seu investimento, em parte, no propósito da empresa e na paixão dos líderes por esse propósito. Paul Gompers, Will Gornall, Steve Kaplan e Ilya Strebulaev entrevistaram 889 capitalistas de risco e descobriram que apenas 22% usam o VPL para analisar investimentos. Já 54% acreditam que a paixão está entre as qualidades mais importantes em uma equipe de gestão, à frente até mesmo da experiência empreendedora e do trabalho em equipe/coesão.

E uma vez que a startup está estabelecida, seu propósito impulsiona suas ações. No Capítulo 2, falamos sobre como o VPL é complicado para qualquer empresa, mas é ainda mais difícil para ser utilizado como orientação em startups sem histórico. Então, essas empresas avaliam as decisões quanto à sua contribuição para o propósito da empresa. A empresa de óculos online Warby Parker foi fundada em 2010 por quatro estudantes de MBA da Wharton, incluindo um lateral-esquerdo e um defensor direito do time de hóquei no gelo Wharton do qual eu fui capitão. Na época, o preço médio dos óculos da marca era de US$263. Quanto a Warby Parker deveria cobrar? Um cálculo de VPL poderia sugerir US$230, até mesmo US$199, fazendo um esforço – inicialmente, haveria uma perda, porém atrairia clientes, colheria economias de escala e se tornaria lucrativa após alguns anos. Calcular o preço certo seria extremamente difícil, pois seria preciso estimar quantos novos clientes era possível atrair com um preço mais baixo e quantos destes se tornariam clientes da marca.

Mas o propósito da Warby Parker era "oferecer óculos de grife a um preço revolucionário", e esse propósito influenciou a decisão de optar pelos preços mais baixos. Eles cobraram US$95 – um preço verdadeiramente revolucionário, ficando abaixo dos três dígitos quando os preços de algumas marcas não ficavam abaixo de US$300. Se tivessem ficado em US$99, teriam proporcionado uma margem extra de US$4, fundamental para uma startup com pouco dinheiro, mas aparentaria forçar os clientes a pagar muito.

Desde o início, e oito anos antes de obter seu primeiro lucro, para cada par vendido, a Warby Parker doou um par de óculos para países de baixa renda, porque seus fundadores "acreditam que todos têm o direito de ver". Assim como George Merck, eles lideraram com propósito e confiaram que o lucro viria em seguida. Talvez esse programa tenha atraído novos clientes ou trabalhadores, aumentando o lucro – a empresa agora é avaliada em US$3 bilhões. Mas não era possível prever o lucro no início, portanto, a decisão nunca teria sido tomada sem o propósito como uma estrela-guia.

Quando uma startup é bem-sucedida, grandes corporações abrem novos departamentos para tentar reproduzi-la.* No entanto, sem o propósito que impulsionou o

* A líder de mercado Luxottica, dona de marcas de luxo como Ray-Ban, lançou o site glasses.com, no qual os preços começam em US$90. No entanto, o relatório anual mais recente da Luxottica menciona o site glasses.com pelo nome apenas uma vez, potencialmente porque os "preços revolucionários" não são uma parte central de seu propósito.

sucesso da empresa, esses departamentos, muitas vezes, acabam sendo malsucedidos. Fundar uma empresa com propósito inspira o líder a tomar decisões malucas, mas, em última análise, lucrativas, e lhe rende uma vantagem competitiva duradoura que nenhum concorrente consegue reproduzir.

Definindo o Propósito

O propósito é muito mais do que uma declaração. Conforme discutiremos na seção seguinte, uma empresa deve *viver* seu propósito. Mas uma declaração de propósito é um ponto de partida necessário, assim como um alpinista precisa decidir qual montanha ele vai escalar antes de descobrir o melhor caminho. Então, primeiro exploraremos como uma empresa pode definir seu propósito. Alguns dos insights que serão apresentados baseiam-se nas lições aprendidas enquanto eu atuei, entre um grupo de cinco pessoas, na administração da Purposeful Company, um consórcio britânico que visa injetar propósito no coração das empresas e nos insights de diversos executivos, investidores, consultores, representantes de stakeholders e formuladores de políticas que fazem parte de nossa força-tarefa mais ampla.

Um propósito deve ter duas dimensões interligadas — *para quem* ele existe e *por que* ele existe.* O *por que* explica a razão de ser da empresa. Usando exemplos anteriores, a razão pode ser desenvolver medicamentos, conectar cidadãos por meio do transporte ou entreter crianças. Enquanto essa dimensão tem recebido maior atenção, por um bom motivo, a dimensão *para quem* tende a receber menos foco. O *para quem* destaca quais membros uma empresa procura servir particularmente. Está relacionado ao *por que*, uma vez que uma empresa existe para servir a esses membros. Mas o *para quem* tem valor independente por duas razões. Primeiro, o *para quem* garante que o propósito seja servir à sociedade de maneira mais ampla. Caso contrário, um propósito baseado apenas no *por que* poderia ter um foco exclusivamente financeiro — como produzir lucro ou vencer a concorrência. Segundo, o *para quem* é importante porque muitas decisões envolvem trocas. Uma ação pode aumentar algumas fatias do bolo e diminuir outras. O *para quem* ajuda a ponderar essas diferentes fatias e, assim, descobrir se a ação, de modo geral, fará o bolo crescer ou murchar. Na prática, essa dimensão se preocupa com quais membros serão os primeiros entre iguais a navegar por esses dilemas difíceis — embora isso não signifique ignorar completamente os outros nem priorizar esses membros em todas as decisões.

A maioria das declarações de propósito foca os clientes. A visão atual da Merck é: "Fazer a diferença na vida das pessoas em todo o mundo por meio de nossos medicamentos inovadores, vacinas e produtos de saúde animal." A Network Rail "conecta pessoas — com amigos, familiares e empregos, incentivando uma economia próspera". O objetivo da empresa de brinquedos Mattel é "inspirar a maravilha da infância como líder global em aprendizado e desenvolvimento por meio do brincar". Uma declaração

* Algumas empresas podem ter uma definição diferente de propósito e, em vez disso, ter uma declaração de "missão" ou de "visão" que corresponda mais de perto à nossa definição. Ao dar exemplos de propósitos da empresa, usamos as declarações que melhor se encaixam em nossa definição, mesmo que algumas empresas usem terminologia diferente.

do *por que* feita desse modo já lança luz sobre o *para quem* — pacientes e animais, comunidades, viajantes e crianças.*

Mas os clientes não são os únicos stakeholders importantes, então uma declaração de propósito deve ir além deles. O objetivo da Engie "é agir para acelerar a transição para uma economia neutra em carbono por meio da redução do consumo de energia e soluções mais ecológicas", o que destaca o meio ambiente. A empresa agrícola Olam se esforça por "agricultores prósperos e sistemas alimentares, comunidades prósperas [e] regeneração do mundo vivo", enfatizando fornecedores, meio ambiente e comunidades. A Southwest Airlines destaca os colegas com o objetivo de "proporcionar aos nossos trabalhadores um ambiente de trabalho estável, com igualdade de oportunidades de aprendizado e crescimento pessoal. Criatividade e inovação são incentivadas a melhorar a eficácia da Southwest Airlines. Acima de tudo, os trabalhadores terão essa mesma preocupação, respeito e atitude de cuidado dentro da organização, que eles devem compartilhar externamente com todos os clientes da Southwest".

Como uma empresa decide sobre o *por que* e o *para quem* e, assim, define seu propósito? Três pontos podem servir como orientação. Analisaremos um a um.

Um Propósito Deve Ser Direcionado e Seletivo

A primeira orientação é a de que um propósito deve ser direcionado e seletivo. Muitas vezes, a expressão "norteada por propósito" [*purposeful*] é usada como sinônimo de "altruísta" — uma empresa com propósito é aquela que trabalha em favor da sociedade. Mas não é isso que a expressão "com propósito" realmente significa. Uma reunião com propósito é uma reunião com uma agenda clara; se você fizer algo com propósito, fará isso deliberadamente. Assim, enquanto um propósito deve ser socialmente orientado — as armas produzidas em massa são um objetivo claro, mas socialmente prejudicial —, ele também deve ser direcionado. Uma empresa não deve seguir a maré e reagir a toda e qualquer questão social que surge a cada mês, mas focar os problemas sociais em relação aos quais ela está particularmente bem posicionada para resolver (ao mesmo tempo em que reconhece que a gravidade dos problemas pode mudar com o tempo). Por analogia, o propósito do cidadão não pode ser se tornar médico, advogado, professor e empreendedor — ele deve focar uma dessas vocações. Em vez de ser vista como constrangedora, essa observação é, na verdade, libertadora. Conforme mencionado no final do Capítulo 3, alguns líderes podem considerar algo assustador agir com propósito, pois precisam servir a todos os stakeholders para evitar serem chamados de hipócritas, mas não é disso que se trata.

Uma boa regra de ouro é que *um propósito só é significativo se o inverso também for razoável*. Muitas empresas têm declarações de propósito amplas, pensando que, quanto mais stakeholders atenderem, melhor. Mas embora um propósito "para atender a clientes, colegas, fornecedores, meio ambiente e comunidades ao mesmo tempo em que gera retorno aos investidores" possa soar inspirador, isso não faz sentido, pois

* Entre as empresas, pode variar a escolha de qual vem primeiro: o *para quem* ou o *por quê*. Algumas decidirão primeiro por que elas existem, e o *para quem* trabalham fluirá naturalmente dessa razão de ser; outras decidirão primeiro *para quem* elas desejam trabalhar, e, em seguida, a maneira como elas poderão servi-los melhor. É importante ressaltar que essas declarações não contêm o *como* — os bens e serviços específicos que a empresa oferecerá —, pois isso mudará com o tempo à medida que as preferências e os gostos do cliente evoluam.

nenhum propósito desejaria excluir todos esses membros. Quando o inverso — não trabalhar em favor de ninguém — não é razoável, uma declaração de propósito que exclua isso não diz nada. É uma declaração genérica que pode se aplicar a qualquer empresa. Em contrapartida, o propósito da Southwest Airlines que enfatiza os trabalhadores é significativo, pois também seria razoável para a empresa destacar o meio ambiente. Observe que o "contrário" não precisa significar o oposto literalmente (por exemplo, "fornecer aos trabalhadores um ambiente de trabalho instável"), mas outros stakeholders que seja possível priorizar.

Da mesma forma, para determinado stakeholder, um propósito deve destacar as questões específicas que são mais importantes. "Fornecer trabalho gratificante" não tem sentido, pois nenhuma empresa teria como objetivo fornecer trabalho não recompensador; também não especifica se as recompensas financeiras ou intrínsecas são mais importantes. Em contrapartida, a Netflix afirma que: "Como todas as grandes empresas, nos esforçamos para contratar o melhor e valorizamos a integridade, a excelência, o respeito, a inclusão e a colaboração. O que é especial na Netflix, porém, é com relação a nós: incentivamos os trabalhadores a tomar decisões independentes, compartilhar informações de maneira aberta, ampla e deliberada, ser extraordinariamente sinceros uns com os outros, manter apenas nossos colegas altamente eficazes, evitar regras." Isso é significativo porque é exclusivo da Netflix. Outras empresas podem enfatizar a segurança do trabalho, em vez de manter apenas os melhores colegas, administrar por meio de regras claras, em vez de conceder independência, ou, ainda, outras questões, como saúde e segurança ou uma remuneração generosa.

Já com relação à dimensão *por que*, o propósito da Costco de fornecer "bens e serviços de qualidade a preços mais baixos possível" é significativo, porque destaca que o preço é de importância primária, mantendo a qualidade acima de um patamar. Também seria razoável que o propósito de um varejista fosse fornecer "bens e serviços da mais alta qualidade a preços acessíveis". A Rolls Royce, por exemplo, diz: "Nosso esforço pela perfeição é o que nos guia. A Rolls-Royce é uma expressão eterna do excepcional, e tudo o que fazemos reflete nossa persistência e nosso compromisso com o extraordinário."

Uma declaração de propósito seletiva aparenta ser desconfortável, porque destacar determinados membros ou atividades sugere deixar de priorizar outros. Mas as escolhas que as empresas enfrentam são desconfortáveis. Uma declaração de propósito amplo ignora a realidade das escolhas, mas uma declaração direcionada fornece orientação em relação a três problemas importantes. O primeiro é com relação a tomar medidas que ajudam alguns stakeholders e prejudicam outros. A Engie tomou a difícil decisão de fechar a fábrica de Hazelwood, embora tenha levado a perdas de empregos, porque seu propósito priorizava o meio ambiente.

O segundo é onde alocar o tempo e os recursos limitados da empresa. O que uma empresa deixa de fora de seu propósito pode ser tão importante quanto o que ela inclui. O propósito é tanto saber o que não fazer quanto saber o que fazer. Um líder exigente reconhece as restrições de recursos e as capacidades de sua empresa e entende que não pode fazer tudo. Em vez disso, ele os direciona para onde esses recursos possam fazer a maior diferença. Parafraseando o especialista em liderança Craig Groeschel: "Para fazer coisas que ninguém mais está fazendo, você precisa não fazer coisas que todos estão fazendo." Isso é semelhante a uma estratégia eficaz. Reckitt Benckiser só conseguia se concentrar em suas dezenove marcas de energia reduzindo o investimento em seus outros produtos.

O terceiro é quais oportunidades de negócios recusar. O objetivo da farmacêutica CVS é "ajudar as pessoas em seu caminho para uma melhor saúde". Em 2014, pouco antes de passar a se chamar CVS Health, a CVS parou de vender cigarros, embora estes gerassem US$2 bilhões em vendas. O que parecia uma decisão de negócios maluca tinha uma justificativa simples. Como disse o CEO Larry Merlo: "É muito simples, a venda de produtos de tabaco é inconsistente com nosso propósito." As vendas da CVS passaram de US$139 bilhões, em 2014, para US$185 bilhões três anos depois. Embora muitos fatores possam ter causado esse aumento, é consistente com o propósito de não se portar apenas visando ao lucro. Em 2013, o Barclays fechou uma divisão que ajudou os clientes a evitar impostos, sacrificando 1 bilhão de libras em receita e contribuindo para a perda de 2 mil empregos. O CEO Antony Jenkins explicou: "Existem algumas áreas que estavam baseadas em estruturas sofisticadas e complexas, nas quais as transações eram realizadas com o objetivo principal de acessar os benefícios fiscais. Embora isso fosse legal, daqui para a frente, essa atividade será incompatível com nosso propósito. Nós não nos envolveremos nela novamente."

Na Parte I, vimos como as empresas que fazem o bolo crescer tomam decisões por meio de um exercício da capacidade decisória, em vez de um cálculo. Quanto mais claro for o propósito, mais fácil é avaliar se uma ação está de acordo com ele – se a venda de cigarros ajuda as pessoas no processo para ter uma saúde melhor, por exemplo. Um estudo em larga escala realizado por Claudine Gartenberg, Andrea Prat e George Serafeim confirma o valor de um propósito claro. No Capítulo 4, apresentei uma análise da lista das 100 Melhores Empresas para se Trabalhar divulgada publicamente. Claudine, Andrea e George obtiveram acesso privilegiado às respostas individuais da pesquisa utilizadas para a construção da lista. Eles usaram 4 das 57 perguntas da pesquisa para medir a força do propósito de uma empresa – "Meu trabalho tem um significado especial, não é apenas um trabalho"; "Quando olho para o que realizamos, me sinto orgulhoso"; "Eu me sinto bem com a maneira como contribuímos para a comunidade"; "Tenho orgulho de dizer aos outros que trabalho aqui". Os pesquisadores descobriram que essas medidas levaram ao lucro e ao retorno das ações significativamente maiores, mas apenas quando combinadas com a clareza da gestão. As empresas com um propósito firme e claro superaram o mercado entre 5,9% e 7,6% ao ano, controlando o risco.

O "Por que" Deve Ser Baseado em uma Vantagem Comparativa, e o "Para quem", no Princípio da Materialidade

Enquanto a primeira diretriz destaca que uma declaração de propósito deve ser direcionada e seletiva, a segunda ajuda os líderes a decidir o que focar. O *por que* deve ser baseado no princípio da vantagem comparativa, e o *para quem*, no princípio da materialidade. Começando com o *por que*, no Capítulo 3, vimos que a vantagem comparativa surge daquilo em que a empresa é boa. Neste capítulo, ressaltamos que ela também pode derivar de uma paixão da empresa – *a paixão é uma fonte de vantagem comparativa.* A paixão de líderes, colegas, investidores e outros stakeholders é um recurso como a expertise, a propriedade real (imóveis) e o capital, pois permite que a empresa obtenha mais desses outros recursos.

Depois que terminei meu doutorado no MIT, comecei a dar aulas na Wharton como professor assistente. Muitos alunos de MBA sonham em lançar uma startup. Um dos empreendedores mais bem-sucedidos da Wharton nos últimos anos é Will Shu, que fundou a empresa de entrega de alimentos Deliveroo. Ao longo dos dois anos de MBA, um dos colegas de Will teve cerca de cinquenta ideias diferentes para uma startup — como podia ser notado em seu semblante, ele certamente era vidrado na ideia de se tornar um empreendedor. Após se formar, a única ideia que ele acabou perseguindo, dessas cinquenta, foi fabricar brinquedos de alta qualidade, semelhantes a um Etsy para animais de estimação. Pouco tempo depois, Will encontrou esse colega de classe e ficou surpreso ao descobrir que ele tinha desistido de seu sonho de empreender. Will perguntou ao colega por quê. Ele respondeu: "Percebi que eu simplesmente não gosto de cachorros." Ele perseguiu esse insight apenas porque havia um nicho de mercado, uma oportunidade de lucro, não porque se preocupava com a ideia. Na época em que teve aquelas cinquenta ideias diferentes, ele era mais apaixonado pela possibilidade de se apresentar como um empreendedor de sucesso em festas do que com os benefícios que sua startup poderia trazer para a sociedade.

Will fundou a Deliveroo porque ele era apaixonado pela ideia de poder entregar comida na casa das pessoas. Como isso é possível? Você pode ser apaixonado pela ideia de curar doenças, inventar smartphones e, até mesmo, entreter crianças. Mas entregar comida? Na verdade, sim. A paixão de Will veio da época em que ele trabalhou como analista no Morgan Stanley. Will se juntou ao Morgan Stanley no mesmo ano que eu, embora ele estivesse em Nova York, e eu, em Londres; nós nos conhecemos somente nove anos depois, em Wharton. Trabalhando como analista, você pode chegar pela manhã, após ter dormido apenas quatro horas, e saber que vai trabalhar até depois da meia-noite novamente. Mas havia uma coisa boa: o jantar. Se você ficasse após as 20h, o que quase sempre acontecia, você tinha direito a comida grátis. Em Nova York, isso era um benefício, porque você poderia pedir comida da Seamless, uma plataforma baseada na web na qual você pode escolher dentre centenas de restaurantes. E se você tivesse realmente sorte, poderia até mesmo ser capaz de desfrutar de uma pausa de 15 minutos longe de sua mesa para comer junto com outros analistas em uma sala de reuniões, onde reclamariam uns com os outros a respeito de seus chefes.

Mas quando Will se mudou para Londres, em seu terceiro ano como analista (assim como eu fui para o MIT), ele ficou consternado ao saber que todos os estereótipos sobre a má qualidade da comida inglesa eram verdadeiros. E o mais importante: não havia nenhuma plataforma compartilhada para pedir comida. Os analistas passariam menus individuais da Domino's Pizza, do Chili's Bar e do Grill, de um restaurante chinês chamado Good Friend e de uma churrascaria mediterrânea chamada First Edition — mas essas eram suas únicas opções. O único pequeno oásis em seu dia havia secado.

Foi assim que Will se apaixonou pela entrega de comida. Havia milhares de jovens profissionais em Londres trabalhando longas horas e sobrevivendo a noites maldormidas enquanto tentavam não cair do primeiro degrau da escada, no entanto, eles não tinham sequer uma refeição decente. Essa paixão foi o que o levou a rejeitar uma oferta de um fundo de hedge onde ele havia estagiado nas férias de verão de seu MBA. Em vez disso, ele começou uma carreira de entregador de comida. E essa paixão seria sua vantagem comparativa. Isso fez com que ele se dispusesse a, de fato, passar cinco horas por dia durante seus primeiros nove meses de empreendimento carregando a comida ele mesmo — em parte porque a Deliveroo tinha pouco capital enquanto não decolava, mas, o mais importante, porque Will queria entender, em primeira mão, os desafios de ser um entregador. Também colheu outros benefícios inesperados em decorrência de realizar essa função, uma vez que os ex-colegas de turma de Will em Wharton, agora trabalhando como banqueiros e consultores em Londres, pediriam comida por meio da Deliveroo, para que ele a entregasse. Mesmo que agora ele fosse o CEO de um negócio bilionário, Will tentava fazer um turno por semana como entregador da Deliveroo. Quando levei meus alunos de MBA para visitar a empresa dele, ele fez com que todos nós (incluindo eu) trabalhássemos um turno como entregador, porque ele achava que era crucial para nós entendermos como sua empresa funcionava.

Como a maioria das empresas de Gig Economy, a Deliveroo enfrenta grandes desafios para garantir um tratamento justo a seus colegas. Mas a paixão, que se traduz em vontade de trabalhar como entregador, dá a Will uma vantagem comparativa na compreensão desses desafios — enquanto ele reconhece que trabalhar em horários não convencionais está longe de ser sua principal fonte de renda.

O *para quem* do propósito de uma empresa deve ser baseado no *princípio da materialidade* — quais stakeholders são materiais para a empresa (materialidade empresarial) e com quais a empresa está particularmente preocupada (materialidade intrínseca). Uma empresa pode priorizar stakeholders com alta materialidade empresarial, pois isso também faz melhorar o retorno aos investidores, conforme apresentado no Capítulo 4. Ela pode, ainda, focar os stakeholders intrinsecamente materiais simplesmente porque seus líderes, colegas e investidores se preocupam em servi-los — assim como a vantagem comparativa, a paixão é uma fonte de materialidade intrínseca.

Muitas vezes, a materialidade empresarial e a materialidade intrínseca se sobrepõem. Por exemplo, o propósito da IKEA é "oferecer uma ampla variedade de produtos de decoração para a casa bem projetados e funcionais a preços tão baixos que o maior número possível de pessoas consiga adquiri-los", destacando que o seu *para quem* são famílias comuns. Isso pode ser tanto por causa da materialidade intrínseca — uma paixão por servir ao cidadão comum, e não apenas às elites, quanto por permitir que muitos desfrutem do que antes era reservado para poucos — quanto da materialidade empresarial, uma vez que uma ampla base de clientes torna o empreendimento mais resistente a crises. Da mesma forma, discutimos anteriormente como a empresa de agronegócio Olam prioriza os fornecedores, o meio ambiente e as comunidades em seu propósito, e como a Southwestern prioriza seus colegas. Suas respectivas prioridades também podem decorrer tanto de bases intrínsecas quanto de comerciais.

Um Propósito É Deliberado e Emergente

A terceira diretriz é a de que *um propósito é deliberado e emergente*. Os líderes devem estar dispostos a permitir que o propósito evolua de duas maneiras. Uma delas é em resposta às mudanças de condições, como a mudança das necessidades sociais. O propósito de uma empresa de energia enfatiza a urgência da descarbonização muito mais hoje do que no passado. Assim, embora a clareza de propósito seja valiosa, ela não deve vir às custas da flexibilidade. A segunda é em resposta às ações e sugestões dos trabalhadores. Os líderes devem definir o tom desde o início, mas também reconhecer que não têm o monopólio na definição do propósito da empresa. O propósito pode ser uma sugestão dos colegas — quando estes ajudam a elaborar o propósito, eles sentem que fazem parte dele e estão mais propensos a colocá-lo em prática. Isso exige da empresa considerar os trabalhadores como uma fonte de ideias, em vez de apenas um meio de executá-las. Por exemplo, as empresas de consultoria McKinsey e o Disney Institute se unem para ajudar as empresas a definir seu propósito. Isso envolve entrevistar colegas em todos os níveis hierárquicos sobre o que inspira e importa para eles e realizar workshops onde trabalhadores de diferentes departamentos compartilham ideias.

Além disso, o propósito de uma empresa pode ser moldado por meio das ações dos colegas fora das entrevistas formais. Quando Nick Hughes e sua equipe decidiram explorar a ideia que, posteriormente, transformou-se no M-Pesa, as principais prioridades da Vodafone foram o crescimento por meio da aquisição, a vitória em leilões de licenças de espectro e o aumento de sua participação de mercado em países desenvolvidos, nos quais o potencial de receita era mais alto. Mas o sucesso do M-Pesa mostrou à Vodafone quanto valor social eles poderiam criar usando sua tecnologia de forma inovadora, e seu propósito hoje é "construir uma sociedade digital que melhore o progresso socioeconômico".

O propósito pode ser orientado, ainda, por stakeholders externos e internos. A Constituição do Serviço Nacional de Saúde do Reino Unido (NHS) inclui uma declaração de seu propósito. Quando foi inicialmente elaborado, com base em discussões internas, seu foco era um propósito de ajudar as pessoas a se manterem saudáveis e se recuperarem de doenças. Mas então, o NHS se envolveu em uma extensa consulta com uma variedade de atores externos, como representantes de cidadãos, pacientes, instituições de saúde, sindicatos, autoridades de saúde pública e políticos. Um dos muitos insights foi a importância de ter uma morte decente quando chegasse a hora — para um serviço tão focado no bem-estar, essa necessidade poderia ter sido facilmente negligenciada sem a elaboração de testes externos. Esse feedback mudou materialmente o propósito estabelecido na constituição quando foi finalmente publicado: "O NHS pertence ao povo. Está lá para melhorar nossa saúde e nosso bem-estar, nos ajudando a manter a saúde mental e física, a melhorar quando estamos doentes e, quando não conseguimos nos recuperar totalmente, a ficar bem até o fim de nossa vida." Semelhante às consultas com os colegas, a entrada externa não só aguça a declaração de propósito, como também leva os stakeholders a se reunir em torno dela e ajudar a incorporá-la. Os stakeholders externos que se alimentaram da declaração de propósito permaneceram engajados e continuam a responsabilizar o NHS por colocá-la em prática — não apenas a prevenção e a cura de doenças, mas também os cuidados paliativos.

Uma vez decidido o propósito, ele deve ir além de uma declaração e ser absorvido dentro da empresa. Um propósito de vida significa duas coisas: comunicar o propósito externamente e incorporar o propósito internamente. Agora veremos como fazer isso.

Comunicação do Propósito

A comunicação começa com uma empresa informando seu propósito. Isso tem início com uma curta *declaração de propósito*, mas também inclui um mais amplo *roteiro do propósito*, que diz o que essa afirmação significa na prática. Isso pode incluir o motivo de a empresa escolher seu propósito — por que cumprir esse propósito contribuirá tanto para o florescimento de seu capital humano quanto para o próprio sucesso da empresa — e o que decidiu deixar de fora. O roteiro pode definir como a empresa colocará o propósito em prática (discutiremos maneiras de fazer isso mais tarde neste capítulo), os stakeholders e as questões dos stakeholders que considera mais relevantes e como ela tomará decisões, navegará entre as escolhas e alocará recursos.

Uma declaração de propósito não deve ter mais do que duas frases, para garantir que possa ser claramente comunicada e compreendida por seus membros, especialmente os colegas. Mas um roteiro de propósito pode ter algumas páginas e ajudar a empresa a caminhar em sua jornada. A maioria dos exemplos que demos anteriormente são de declarações de propósito, mas alguns deles são de roteiros de propósito — muitas empresas focam os clientes em sua declaração, e outras, os stakeholders em seu roteiro.

Ainda mais importante do que a declaração e o próprio roteiro é comunicar com sucesso quão bem-sucedida tem sido sua implementação. Um ponto de partida é estabelecer diversas metas de longo prazo relevantes para o propósito e, em seguida, relatar seu progresso. Comunicar medidas não financeiras de valor para os stakeholders vai além do relatório tradicional, que foca medidas financeiras de valor para os acionistas. Esse modelo mais completo é conhecido como *relatórios integrados* e é ilustrado na Tabela 8.1.* O International Integrated Reporting Council (IIRC) fornece um modelo de como estruturar um relatório integrado — por exemplo, uma empresa deve divulgar o valor de seis capitais (capital financeiro, capital fabril, capital humano, capital social e de relacionamento, capital intelectual e capital natural). A IIRC fornece padrões para orientar quais informações não financeiras informar e como representá-las. Por exemplo, para a poluição do ar, recomenda a divulgação de óxidos de nitrogênio, óxidos de enxofre e poluentes orgânicos persistentes. O Conselho de Padrões Contábeis de Sustentabilidade (SASB) fornece padrões que diferem de acordo com o setor produtivo. As empresas de vestuário devem informar o consumo e a poluição da cadeia de suprimentos, as condições de trabalho e o fornecimento de materiais; os bancos devem divulgar a segurança de dados, a inclusão financeira e o gerenciamento de riscos.

Todos esses modelos ajudam a aumentar a comparabilidade de relatórios entre as empresas, e a especificidade desses itens aborda preocupações de que os relatórios não financeiros sejam vagos. Em novembro de 2020, a IIRC e a SASB anunciaram que se fundiriam em uma organização unificada, a Value Reporting Foundation, para fortalecer ainda mais a comparabilidade.

* Atualmente, a maioria das empresas que divulgam informações não financeiras o faz por meio de um "Relatório de Sustentabilidade" autônomo — mais tarde mostraremos um trecho do relatório da Marks & Spencer's. Isso vai junto com o relatório anual, que contém informações sobre suas finanças. O "relatório integrado" às vezes é reservado para se referir a um único relatório que combina informações financeiras e não financeiras. Embora a maioria dos Relatórios de Sustentabilidade simplesmente contenha informações não financeiras, um relatório integrado também discute o que implica para a rentabilidade financeira futura — por exemplo, a Nestlé relata como seus alimentos mais saudáveis têm taxas de crescimento e margens mais altas do que suas ofertas-padrão. Aqui, utilizamos "relatórios integrados" para nos referir à combinação de relatórios financeiros e não financeiros, sejam realizados em relatórios separados ou em um único relatório.

RELATÓRIOS TRADICIONAIS		RELATÓRIOS INTEGRADOS	
O QUÊ?	COMO?	O QUÊ?	COMO?
Valor para os acionistas (financeiro)	Quantitativo (números)	Valor para os acionistas (financeiro)	Quantitativo (números)
		Valor para os stakeholders (não financeiro)	Quantitativo (números)
			Qualitativo (narrativas)

Tabela 8.1 – Relatórios tradicionais *vs.* integrados

Historicamente, as medidas não financeiras têm focado "não praticar o mal", como nos exemplos anteriores. Essas métricas são, muitas vezes, genéricas e aplicáveis à maioria das empresas, pelo menos dentro de determinado setor produtivo. Para algumas empresas, "não praticar o mal" pode ser, de fato, a principal maneira de trabalhar em favor da sociedade, como uma empresa de energia descarbonizando. Mas para a maioria das empresas, é mais importante "fazer o bem de maneira ativa" — e as métricas relevantes aqui serão adaptadas para o propósito de uma empresa. No agronegócio, por exemplo, a Olam tem como alvo o número de agricultores familiares que participam de seus programas de sustentabilidade, que proporcionam treinamento e disseminam as melhores práticas. A empresa de jogos Electronic Arts mede não apenas a composição da força de trabalho feminina (como a maioria das empresas), mas a porcentagem de programadoras femininas e desenvolvedoras de software, uma vez que essas são profissões em que as mulheres são particularmente sub-representadas. Excepcionalmente, também visa à diversidade em sua base de clientes historicamente dominada por homens, de acordo com seu propósito de "inspirar o mundo a jogar". Permanecendo no campo dos clientes, o MYBank (primeiro banco digital da China) informa o número de pequenas e microempresas que recebem seus empréstimos — mutuários normalmente não servidos por bancos comerciais — e a proporção desses clientes que nunca obteve um empréstimo bancário.

Os números são valiosos porque são concretos e objetivos, abordando preocupações com relação a como o propósito pode ser nebuloso. Mas os números, por si só, são incompletos, por isso devem ser complementados com narrativas, para fornecer o contexto mais amplo por trás deles. Como a Tabela 8.1 frisa, *informação* não financeira não significa apenas *números*, *medidas* ou *métricas* não financeiras — as dimensões qualitativas são um componente crucial.

Uma fonte de incompletude é que os números só capturam o que é mensurável, então eles se concentram nos resultados, em vez de no processo. Isso, por sua vez, leva a dois problemas. Primeiro, uma empresa pode "alcançar a meta, sem observar o sentido" — tomar decisões estratégicas para aumentar os números. Ela poderia atingir uma meta para o emprego dos jovens, focando na quantidade, mas não na qualidade dos empregos, e segurando os colegas juniores, mesmo que estes estejam subempregados e possam florescer melhor fora da empresa. Como diz a Lei de Goodhart: "Quando uma medida se torna uma meta, ela deixa de ser uma boa medida." As narrativas são valiosas para explicar as ações que a empresa empreendeu para alcançar seu objetivo. Em segundo lugar, mesmo que uma empresa não tente manipular os números, se eles são altos ou baixos, depende muito mais da sorte do que muitas vezes pensamos

— como Nassim Taleb destaca em seu livro *Fooled By Ramdomness* — e muito menos das ações reais da empresa. Focar muito os números pode levar à perspectiva de uma empresa sendo impulsionada, em curto prazo, pela aleatoriedade. Em vez disso, os processos é que determinam o desempenho em longo prazo.

Uma segunda fonte de incompletude é que, se uma empresa atinge suas metas, depende de quão alongadas elas eram em primeiro lugar, não apenas de como a empresa se portou. É esperado que uma empresa *deixe de atingir* algumas de suas metas não financeiras. Se isso não ocorrer, significa que a empresa não está utilizando metas ambiciosas o suficiente. Enquanto os números mostram *se* uma empresa alcançou ou não a meta, as narrativas podem explicar *por que* ela fez isso — se está fora do caminho correto e o que está fazendo para voltar para ele.

Em terceiro lugar, os números só captam o que foi alcançado até agora, mas as narrativas podem ser prospectivas. Para a inovação, os números podem informar quantas patentes foram geradas; as narrativas podem descrever os esforços de uma empresa para recrutar e treinar uma equipe de P&D de alta qualidade e criar uma cultura inovadora que abrace a tomada de riscos e tolere o fracasso. Da mesma forma, as narrativas podem comunicar como o propósito tem impulsionado as decisões estratégicas de uma empresa, mesmo quando os benefícios não possam ser quantificados imediatamente. A M-Pesa aproveitou a tecnologia da Vodafone para resolver um sério problema social, mas somente muitos anos depois Tavneet Suri e William Jack seriam capazes de calcular quantos cidadãos eles tiraram da pobreza. Da mesma forma, o propósito às vezes pode liderar uma empresa a *não* tomar uma decisão lucrativa que prejudique os stakeholders, mas é difícil fornecer números sobre os danos evitados na época em que essa decisão tenha deixado de ser tomada.

A incompletude dos números destaca o perigo de vincular a remuneração às métricas do ESG, como é comumente proposto. Isso pode levar um CEO a focar apenas as métricas de ESG incluídas em seu contrato e dar menos peso tanto às dimensões qualitativas das questões do ESG, como a outras questões de ESG não vinculadas à sua remuneração. No Capítulo 5, o estudo de Ben Bennett e coautores destacou isso, mostrando que *qualquer* meta colocada em uma cláusula contratual de remuneração pode incentivar a manipulação para atingi-la, e isso se aplica independentemente de o objetivo ser financeiro ou social.

Embora as narrativas sejam fundamentais, os investidores e os stakeholders inevitavelmente colocarão um peso menor sobre elas do que sobre os números. Alguns membros não se preocuparão em ler as narrativas, pois é muito mais rápido olhar para os números. Mesmo que o façam, elas ainda poderão ter menos impacto em suas decisões — os números são concretos e comparáveis, enquanto às vezes é difícil saber se uma narrativa é genuína ou se é uma desculpa inventada para metas não alcançadas. Você pode ver qual empresa em determinado setor produtivo criou mais empregos, mas não qual delas tem a cultura corporativa mais forte — nem se as alegações de terem melhorado sua cultura são válidas ou destinadas a mascarar a falta de emprego.

Isso significa que o relatório integrado deve não apenas envolver novas narrativas, mas potencialmente *excluir* determinados números. Muitas vezes, acreditamos que é sempre melhor ter mais informações, por isso, embora os números estejam incompletos, eles ainda são melhores do que nada — portanto, as empresas deveriam divulgar a maior quantidade de números possível. Mas Mirko Heinle, Chong Huang e eu mostramos que esse não é o caso, porque as decisões de uma empresa não dependem da quantidade *total* de informações divulgadas, mas da quantidade *relativa* de informações quantitativas *versus* as qualitativas. Pegue como exemplo uma empresa que tem US$1 milhão para gastar na criação de mais empregos (melhorar informações quantitativas) ou na melhoria da qualidade dos empregos existentes (melhorar as informações qualitativas). Suponha que melhorar a qualidade do trabalho faça o bolo crescer mais, por isso, se a empresa não dissesse nada, a qualidade seria o investimento escolhido. No entanto, se a empresa relatar a criação de empregos, e os investidores e stakeholders prestarem muita atenção nesse valor, eles poderão escolher esse investimento em detrimento do outro. É verdade que a empresa pode tentar comunicar a qualidade do trabalho. O total de informações aumentará, pois tanto as informações quantitativas (de criação de emprego) quanto as qualitativas (qualidade do trabalho) estarão sendo divulgadas. Mas como a informação quantitativa é mais crível e comparável, seu aumento é mais valorizado *em relação ao* aumento da informação qualitativa. Assim, a empresa tomará a decisão que melhore mais a informação quantitativa — criando empregos — mesmo que isso faça o bolo crescer menos.

Essa observação é importante. Alguns reformadores estão exigindo cada vez mais informações sobre o desempenho não financeiro das empresas, baseados em suposição de que quanto mais informações melhor. As informações são tipicamente levadas a números médios, como no conjunto proposto pelo Fórum Econômico Mundial de "Métricas do Capitalismo de Stakeholders".* De fato, o ditado "o que é medido é feito" é frequentemente usado para destacar a importância da medição. Mas, em vez disso, esse ditado deve alertar contra os perigos de depender excessivamente da medição, uma vez que alguns fatores simplesmente não podem ser medidos e, portanto, acabarão tendo menos ações realizadas em relação a eles. Em uma empresa guiada por seu propósito, *o que é monitorado é feito*. O monitoramento certamente envolve a medição, mas também a compreensão do contexto por trás dos números, as dimensões qualitativas de desempenho e as mudanças nas políticas e práticas que podem não estar sendo refletidas em números há algum tempo.

A maioria das pessoas já reconhece a incompletude dos números quando se trata de informações financeiras. Em seu primeiro dia como CEO da Unilever em 2009, Paul Polman decidiu parar de relatar ganhos trimestrais, porque isso poderia pressioná-lo a deixar de priorizar o valor em longo prazo. Embora ele pudesse justificar a falta de uma meta de lucro trimestral explicando que estaria investindo para o longo prazo, essa narrativa é menos saliente do que os números. Mais amplamente, discutimos no Capítulo 6 como 80% dos diretores financeiros (CFOs) admitiram que cortariam o investimento para atender a um *benchmark* de ganhos. Embora seja uma pesquisa baseada no que os CFOs disseram que fariam, dois estudos sobre o que eles de fato fazem confirmam que os relatórios trimestrais reduzem o investimento. Como resultado, a Investment Association (órgão comercial do setor de investimentos do Reino Unido) lançou uma campanha em 2016 para que as empresas parem de emitir relatórios trimestrais, a fim de lhes dar a liberdade de focar o valor em longo prazo.

* Apesar do nome, algumas dessas "métricas" são qualitativas, mas a maioria é quantitativa.

De fato, durante os dez anos da gestão de Paul, as ações da Unilever subiram 150%, o dobro do retorno do FTSE 100.

A maioria das pessoas também reconhece a incompletude dos números quando se trata de informações não financeiras em ambientes não comerciais. As tabelas de classificação escolar com base nos resultados das provas podem transformar as escolas em fábricas de provas, em vez de instituições de ensino mais amplo. No entanto, essa observação não é totalmente reconhecida nos negócios, com uma tendência aparentemente imutável de maior divulgação. Isso certamente não serve como argumento contra a transparência nem minimiza os progressos consideráveis feitos pelos modelos de relatórios. Em vez disso, funciona para destacar que mais informações nem sempre são o melhor, nem que as informações quantitativas são superiores às informações qualitativas. O resultado disso é que os investidores e os stakeholders devem ter cuidado ao solicitar muitas métricas ou ao atribuir um peso excessivo a elas ao avaliar o desempenho social de uma empresa.

Analisemos um exemplo de reporte de propósito. A loja de alimentos e roupas Marks & Spencer incorporou seu propósito a uma iniciativa chamada Plano A, "porque não existe um plano B". O Plano A aspira a "construir um futuro sustentável por ser um negócio que permite aos clientes ter um impacto positivo no bem-estar, nas comunidades e no planeta por meio de tudo o que fazemos". A Marks & Spencer buscou dar concretude a esse propósito, estabelecendo, inicialmente, cem metas específicas (posteriormente expandidas). Por exemplo, suas metas ambientais incluem a diminuição do consumo de energia, do desperdício de alimentos e a reciclagem de embalagens. Todos os anos, a empresa divulga se uma meta já foi "Alcançada" ou "Alcançada com Atraso"; para aquelas que ainda estão em andamento, ela relata se estão "Progredindo" ou "Atrasadas". Esses números são complementados por um relatório narrativo sobre o progresso das metas.

A transparência não financeira não precisa se limitar ao relatório anual de uma empresa, que é lido principalmente pelos investidores, mas pode se estender a formatos vistos por outros stakeholders e focar questões particularmente relevantes para eles. Quando um cliente clica em um produto no site da Nudie Jeans, uma marca sueca de jeans, ele consegue ver quais fornecedores estão envolvidos em todas as etapas da cadeia de valor, como a fiação da linha, o tingimento do tecido e o armazenamento dos produtos em um depósito — incluindo (quando relevante) se o fornecedor cumpre o Padrão Têxtil Orgânico Global. Em alguns casos, o cliente consegue ler a auditoria de fornecedores da Nudie, que aprofunda questões tão detalhadas quanto a limpeza dos banheiros e a frequência com que os horários de trabalho são atualizados. Ainda mais radicalmente, a Nudie divulga, de maneira voluntária, as reclamações que recebe em suas instalações de produção. Embora isso possa arriscar a perda de alguns clientes devido a esses problemas, tranquiliza outros de que a Nudie tem um procedimento de reclamações em que os colegas confiam e está comprometida a tomar conhecimento de suas preocupações.

Há inúmeros benefícios em se fazer relatórios integrados. Um deles é atrair investidores e stakeholders alinhados com o propósito da empresa. Outro é que muitos investidores valorizam diretamente informações não financeiras, pois reconhecem sua relevância para o retorno de longo prazo. Em fevereiro de 2020, a BP anunciou seu plano de ter uma pegada de carbono zero até 2050 — e o preço das ações subiu rapidamente, inconsistente com as preocupações de que os investidores só se preocupariam com os ganhos de curto prazo. Um terceiro benefício é que isso pode fazer com que os investidores coloquem menos ênfase em informações financeiras. Laura Starks, Parth Venkat e Qifei Zhu descobriram que as empresas com as maiores classificações de ESG são menos propensas a experimentar a venda de ações por investidores após perdas surpreendentes. Isso sugere que eles reconhecem que os lucros trimestrais são menos relevantes para empresas que oferecem um forte desempenho, considerando os stakeholders.

Discutivelmente, *o maior papel do relatório integrado é incentivar o pensamento integrado.* Ele desencadeia discussões sobre qual é o propósito da empresa e se ele está sendo cumprido e leva os trabalhadores a analisar decisões importantes considerando seus stakeholders, bem como o impacto aos investidores. Conforme mencionado anteriormente, "o que é monitorado é feito". Lembre-se do Capítulo 2, em que mostramos como a Walkers reduziu a pegada de carbono de suas batatas fritas, beneficiando os investidores. Essa redução foi desencadeada pela adoção da rotulagem de carbono pela Walkers, o que tornou sua pegada de carbono visível e motivou a empresa a reduzi-la. Como o *Economist* observou: "Não é tanto o rótulo em si que importa... mas o processo que deve ser percorrido para criá-lo." Assim como o propósito é o objetivo de uma empresa e lucrar é o subproduto, o pensamento integrado deve ser o modo como uma empresa opera, e o relato integrado, seu subproduto.

Preocupações com Relatórios Integrados

O relatório integrado é frequentemente visto como desejável em teoria, mas irrealista na prática, porque medidas não financeiras não seriam comparáveis entre as empresas. As pontuações de satisfação dos trabalhadores podem ser compiladas usando diferentes metodologias pelas empresas. Mas medidas não financeiras são *inerentemente* incomparáveis, porque elas dependem do propósito único de uma empresa. Mesmo que duas empresas priorizem seus colegas, uma poderá enfatizar a saúde e a segurança, e outra, a independência e o desafio (como a Netflix). Então, a comparabilidade é uma falácia lógica. Convém que Peter Lynch visite cada loja de maneira independente e a avalie sobre as dimensões mais relevantes para sua situação em particular. Ele precisaria fazer uma comparação para decidir em qual empresa investir, mas com base em sua avaliação qualitativa geral, em vez de classificar diretamente métricas individuais. Conforme mencionado no Capítulo 3, as pessoas tomam decisões o tempo todo com base em avaliações gerais que incluem muitas dimensões não comparáveis. Os proprietários escolhem uma casa baseando-se em mais do que sua metragem quadrada; os pais selecionam uma escola para os filhos com base em mais do que seus resultados em provas; e um cidadão aceita um emprego ponderando mais do que o salário oferecido — mesmo que essas métricas sejam comparáveis. Além disso, exigir métricas predominantemente comparáveis pode ser um tiro no pé para os investidores, pois isso os torna substituíveis por computadores, como já discutido no Capítulo 4. Para evitar que sejam substituídos por inteligência artificial, os investidores devem pedir às empresas informações narrativas não comparáveis que só possam ser compreendidas por meio do contexto do propósito da empresa — uma avaliação que só pode ser realizada por humanos.

Do Relatório à Comunicação

O propósito de relatar é um primeiro passo crítico, mas o propósito de comunicar vai além de apenas reportar. Primeiro porque *o relatório é impessoal, enquanto a comunicação é pessoal*. O relato ocorre por meio de documentos como relatórios anuais; a comunicação ocorre melhor por meio de reuniões presenciais — e uma quantidade significativa da comunicação ocorre por meios não verbais. Os investidores podem obter muito mais informações ao participar de uma reunião, em que as respostas vêm do coração e eles conseguem observar como a equipe de liderança da empresa interage, do que ao ler um relatório revisado. O Focusing Capital on the Long Term, um consórcio global de empresas e investidores, fornece um roteiro de dez tópicos em que essas conversas podem ser centradas, para maximizar sua eficácia.

Segundo, porque *um reporte é unidirecional, enquanto a comunicação é bidirecional*. Os membros de uma empresa são aliados na tarefa de fazer o bolo crescer, mas muitas vezes são um recurso inexplorado. Nas grandes reuniões ou nas webinars dos trabalhadores, os colegas podem tirar dúvidas, fazer sugestões e compartilhar as próprias experiências. Os líderes também podem aprender com seus investidores em reuniões privadas. Muitos só alcançam isso quando há uma emergência, como uma oferta de aquisição ou uma próxima votação, mas eles deveriam fazer disso uma rotina. As empresas pagam aos consultores altos valores por uma consultoria sobre questões como estratégia e alocação de capital, mas os investidores e os stakeholders ficam felizes em compartilhar suas ideias e atuar como uma "caixa de ressonância" gratuitamente. Além disso, seus incentivos estão alinhados, pois eles têm interesse no negócio, enquanto os consultores são pagos para concluir uma transação, mesmo que ela destrua o valor da empresa. Da mesma forma, conversar com investidores de forma rotineira é uma das melhores maneiras de antecipar o ativismo de acionistas confrontadores. Isso permite que os líderes notem as preocupações dos investidores e as resolvam antes que a temperatura aumente demais.

O valor obtido por meio da mudança do relatório para a comunicação pode ser considerável. Quando uma empresa recebe uma oferta de aquisição indesejada, ela geralmente precisa agir na defensiva e argumentar por que a oferta é muito baixa. No entanto, quando a Kraft fez a oferta de compra da Unilever, foram os acionistas da Unilever que lideraram a defesa e rapidamente rejeitaram a oferta. Isso porque a Unilever investiu em reuniões regulares com seus principais investidores, explicando como uma parte importante de seu valor era seu Plano de Vida Sustentável e os mantendo informados sobre seu progresso. Como resultado, a empresa manteve os investidores que merecia. Os acionistas que discordavam do propósito da empresa haviam vendido suas ações, e aqueles que permaneceram compraram a visão de longo prazo da Unilever e não se sentiriam tentados pelo ágio de 18% oferecido pela Kraft.

Se a Unilever tivesse esperado até uma emergência acontecer para se reunir com seus investidores, teria sido tarde demais.

O termo *capital social* (ou *capital acionista*) é frequentemente usado para descrever com quanto dinheiro os acionistas inicialmente contribuíram para a empresa. Mas o *capital de stakeholders* descreve o valor do relacionamento de uma empresa com seus stakeholders, não o montante com que os stakeholders contribuíram. Assim, definimos o termo *capital do investidor* como o valor do relacionamento de uma empresa com seus investidores. Isso vai além do dinheiro que eles investiram e, até mesmo, do valor atual desse investimento; inclui em que ponto os investidores "compraram" o propósito da empresa, entenderam as métricas que importam e estão dispostos a se engajar para garantir a excelência.

Um estudo documentou os benefícios de investir nessa relação. O preço das ações de uma empresa sobe, em média, 2% após se apresentar no "CEO Investor Forums" — eventos realizados pela Iniciativa Estratégica de Investidores dos EUA para que os líderes compartilhem seus planos de longo prazo com seus investidores-âncora. As reações foram particularmente positivas quando as empresas divulgaram informações específicas e factíveis relacionadas ao propósito.

Voz sobre o Propósito

Uma maneira de melhorar a comunicação com os investidores é lhes oferecer um voto para exercerem sua voz sobre o propósito (*say-on-purpose*), semelhante ao direito a voto em duas etapas de "voz sobre a remuneração" (*say-on-pay*) que eles têm na União Europeia.* Uma empresa emite uma declaração de propósito que esclarece os princípios que se aplicam às escolhas que ela pode fazer: entre investidores e stakeholders (que sacrificará lucros para reduzir as emissões de carbono) ou entre diferentes stakeholders (a descarbonização pode levar a redundâncias). A cada três anos, os investidores terão uma "votação política" sobre essa declaração, para expressar se concordam e as escolhas que ela implica. Um investidor votará contra se discordar das prioridades, e se absterá se ela for tão vaga a ponto de oferecer pouca orientação sobre o que a empresa defende. Todos os anos, os investidores também terão direito a uma "votação de implementação" sobre se estão satisfeitos com o modo como a declaração está sendo colocada em prática. Ambos os votos serão consultivos, mas uma oposição significativa mostrará aos líderes de uma empresa que eles estão fora do curso esperado, o que pode ocasionar a venda de ações por investidores ou uma mudança na gestão.

O poder da votação política é que ela dá orientações claras aos líderes sobre como tomar decisões que envolvem escolhas, mas com a legitimidade fornecida pelo apoio dos investidores. Em particular, eles saberão se são embasados para escolher o lado direito da Figura 2.2, no qual os investidores têm uma parte menor de um bolo maior. Os economistas Oliver Hart e Luigi Zingales propuseram que os investidores votassem em decisões corporativas importantes, para que pudessem expressar sua opinião sobre as externalidades resultantes. Exercer direito de voto sobre o propósito atinge o mesmo objetivo, mas de maneira mais prática, mantendo o direito de decisão dentro

* Essa é uma ideia que desenvolvi com o ex-sócio da PwC Tom Gosling e abordei em nosso artigo de dezembro de 2020 no *Wall Street Journal*, "Como dar aos acionistas uma palavra sobre a responsabilidade social corporativa".

do conselho de administração. As empresas precisam tomar decisões em tempo hábil, porém, comunicar informações sobre as externalidades, a fim de orientar o voto de investidores, pode ser demorado, além de poder causar a divulgação de segredos da empresa aos concorrentes. É possível mergulhar na informação e tomar a iniciativa. Além disso, os investidores podem não ter a capacidade de votar significativamente sobre múltiplas decisões por ano.

O poder da votação de implementação é que ela responsabiliza a empresa por colocar em prática o propósito. E, assim como no relatório integrado, o que importa não é apenas o resultado — a votação em si —, mas o processo que deve ser submetido para alcançá-la. Para votar de modo mais significativo, os investidores precisam fazer uma análise mais aprofundada do valor em longo prazo de determinada empresa e de sua relação com os stakeholders. Isso, por sua vez, remonta às decisões de gestão. Sabendo que os acionistas avaliarão o desempenho em longo prazo, os líderes terão confiança em fazer escolhas com vistas ao longo prazo. Portanto, exercer o direito de voto sobre o propósito enriquece o diálogo entre investidores e gestores, levando à comunicação bidirecional que defendemos neste livro.

Os investidores já têm direito a voto onde exercem sua "voz sobre a remuneração" na maioria dos países, mas o propósito de uma empresa é mais importante do que sua política de remuneração. Embora uma política de remuneração ruim possa transformar uma empresa boa em ruim, uma ótima política de remuneração não a transformará em uma empresa excelente. Mas o propósito, sim. Exercer direito de voto sobre o propósito permitiria que os investidores votassem no aspecto talvez mais importante de uma empresa para a sociedade. Esses investidores, então, ajudariam a garantir que esse propósito permanecesse incorporado na empresa mesmo se o atual CEO sair.

Exercer direito de voto sobre o propósito pode gerar a preocupação de que os esforços dos investidores sejam dissipados em mais de uma votação, comprimindo o tempo para o engajamento de verdade. A votação, no entanto, aumenta o engajamento, em vez de reduzi-lo, uma vez que os investidores estão mais informados e qualquer engajamento será relativo a questões que digam respeito ao longo prazo. A necessidade de entrar em discussões sobre a empresa impede que os fundos gerenciados ativamente sejam distribuídos de maneira muito dispersa. Eles terão de ser verdadeiramente ativos, mantendo um pequeno número de posições concentradas, para que possam votar de modo relevante.

Em geral, exercer direito de voto sobre o propósito é uma maneira de considerar fatores além do valor para os acionistas, mantendo a responsabilidade dos investidores elevando o diálogo entre empresas e investidores além do lucro em curto prazo. É importante ressaltar que Exercer direito de voto sobre o propósito pode ser uma iniciativa da própria empresa, sem a necessidade de regulamentação. Por exemplo, a Unilever considera seu plano de mudança climática parte fundamental de seu propósito. Assim, em dezembro de 2020, ela anunciou que colocaria esse plano em votação entre os investidores em sua assembleia geral de maio de 2021, relataria sobre o progresso a cada ano a partir de 2022 e realizaria uma votação a cada três anos sobre quaisquer mudanças materiais.

Incorporação do Propósito

Uma declaração de propósito não tem sentido a menos que se converta em ação. Falaremos agora dos cinco meios pelos quais o propósito pode ser incorporado em uma empresa — estratégia, modelo operacional, relatórios internos, cultura e senso de dono por parte do conselho de administração.

Estratégia

Vamos começar com a estratégia. O propósito de uma empresa deve moldar as atividades em que ela está envolvida e, às vezes, levar a decisões que não seriam justificadas nem mesmo pelo valor para os acionistas em longo prazo. O propósito da empresa Patagônia, que fabrica roupas para atividades em meio à natureza, é a renovação ambiental, conforme destacado em sua declaração: "A Patagônia está no negócio para salvar nosso planeta natal." Não são apenas palavras inspiradoras. Na Black Friday — o maior dia de compras nos Estados Unidos — em 2011, ela colocou um anúncio de página inteira no *New York Times* imaginando uma jaqueta da Patagônia com a manchete "Não compre esta jaqueta". O anúncio destacou sua iniciativa Common Threads, incentivando os clientes a consertar e reutilizar suas roupas, em vez de comprar novas. A iniciativa fez o conserto de mais de 30 mil itens em 18 meses — e acabou não prejudicando as vendas, que subiram 30% em 2012. Em 2017, a Patagônia criou seu mercado online Worn Wear para roupas usadas, embora isso tenha reduzido suas vendas de novos itens. Da mesma forma, vimos anteriormente como a CVS não apenas adquiriu um novo nome, CVS Health, como também tomou a decisão estratégica de parar de comercializar cigarros, e como a Barclays fechou seu departamento de elisão fiscal.

O potencial para construir credibilidade por meio da estratégia é outra vantagem do propósito direcionado que defendemos anteriormente. É mais fácil para os stakeholders verificar se uma declaração de propósito direcionada está sendo colocada em prática do que uma declaração de propósito vaga, que tenta fazer tudo e, por isso, quase qualquer estratégia poderia ser consistente com ela.

Modelo Operacional

Uma segunda maneira de incorporar propósito é alinhar o modelo operacional — como uma empresa executa suas operações principais — com ele. Quando a rede de supermercados britânica Tesco definiu seu propósito principal de "criar valor para os clientes ganharem sua lealdade vitalícia", ela precisava garantir que seus processos fossem intransigentemente voltados para os clientes. A empresa já tinha mais de 90% de eficiência na obtenção de produtos nas prateleiras das lojas, mas isso não foi suficiente para um propósito inspirador, como a "lealdade vitalícia". Assim, ela redesenhou seus processos para garantir que os clientes pudessem sempre comprar os produtos que queriam e quando quisessem.* Da mesma forma, fez uma promessa de que todas as lojas teriam "um gerente para me ajudar", mas ainda não tinha um sistema de gestão ou treinamento para cumprir essa promessa. Assim, simplificou suas rotinas nas lojas e modificou sua hierarquia de colegas para dar aos gestores a liberdade para atender aos clientes, em vez de perder tempo com relatórios desnecessários para seus superiores. A Tesco também lançou um grande programa de desenvolvimento de liderança.

Você pode pensar que um modelo operacional com processos eficientes e treinamento gerencial deve ser uma característica de qualquer boa empresa, não apenas de uma empresa norteada por propósito. Mesmo o ESV defenderia a melhoria dos processos e o treinamento de gestores se os benefícios pudessem ser estimados aproximadamente. Mas todas as empresas enfrentam escolhas. Mesmo nas melhores empresas, muitas dimensões de seu modelo operacional podem ser aprimoradas. O alinhamento do modelo operacional envolve priorizar as dimensões que precisam ser melhoradas mais urgentemente, para colocar em prática o propósito — o que novamente destaca a necessidade de direcionamento.

Relatórios Internos

Um líder deve garantir que o relatório integrado ocorra dentro e fora da empresa. Isso envolve reunir um rico conjunto de informações sobre como trabalhadores, equipes e projetos estão se saindo em dimensões relacionadas ao propósito. Um uso para essas informações é a elaboração de uma avaliação de desempenho. Às vezes, um CEO faz um discurso sobre propósito apenas para a alta administração, logo abaixo dos principais executivos, para dizer à sua equipe para ignorá-lo e se concentrar nas metas financeiras de seu departamento. Sue Garrard, que liderou o Plano de Vida Sustentável da Unilever, descreveu essa camada de gestão sênior para mim como a "argila" que bloqueia o propósito de fluir por toda a empresa, assim como a argila bloqueia o fluxo de água. Esse bloqueio não é uma sabotagem deliberada, ele surge da realidade de como os gerentes seniores são avaliados. Uma empresa de serviços profissionais me convidou para falar sobre seu propósito fora do local, mas, em seu briefing, ela admitiu que sua métrica mais importante permaneceu sendo o lucro em curto prazo por sócio. Ao contrário disso, quando a Marks & Spencer lançou o Plano A, ela avaliou os gerentes da unidade de negócios e da loja usando um "scorecard equilibrado". Isso

---

* Como exemplo de melhoria de processo, as embalagens de leite costumavam primeiro ser carregadas em paletes na fábrica de engarrafamento, depois estes eram embrulhados em plástico e, então, carregados em caminhões e transportados para as lojas. Assim que chegassem às lojas, eram desembrulhadas do plástico, as embalagens eram colocadas em gaiolas e, depois, levadas para o chão da loja. Com base em informações prestadas por colegas, que a Tesco procurou ativamente, ela eliminou esse processo ineficiente. Agora ela coloca as embalagens de leite direto nas gaiolas com rodas, na fábrica de engarrafamento. Estas são transportadas para os caminhões usando suas rodas, o que também ocorre ao serem retiradas dos caminhões para o chão da loja, e as embalagens de leite são vendidas diretamente das gaiolas. Isso encurtou significativamente a cadeia de suprimentos, aumentando a disponibilidade do produto, bem como economizando em mão de obra e custos de embalagem. Além disso, a Tesco foi uma das primeiras varejistas do Reino Unido a investir em computadores portáteis para seus controladores de estoque na loja. Isso melhorou a precisão do controle de estoque e, portanto, a disponibilidade do produto, além de dar aos trabalhadores um trabalho mais significativo, já que eles não precisavam mais contar produtos.

combinou métricas financeiras tradicionais com diversas medidas não financeiras adaptadas às metas do Plano A sob seu maior controle.*

O relatório interno integrado permite não apenas que os chefes avaliem seus subordinados, como também que os trabalhadores façam uma autoavaliação, a fim de que saibam como estão se saindo e possam tomar decisões mais informadas. Isso exige a quebra de metas em toda a empresa em um nível de detalhes suficiente para que os trabalhadores possam afetá-las. A Marks & Spencer relata suas emissões globais de gases de efeito estufa e as divide por região, atividade (como refrigeração *vs.* aquecimento) e departamento (como alimentos *vs.* roupas). Mesmo assim, não apresenta o nível de detalhes suficiente para guiar um colega individual, que gerencia uma única loja, em vez de toda uma região. Então, a Marks & Spencer rastreia internamente informações no nível de cada loja, e também mede a atividade emissora (por exemplo, eletricidade, gás e refrigeração), em vez das emissões geradas, porque é o primeiro fator sobre o qual os trabalhadores têm controle direto. Da mesma forma, muitas empresas relatam externamente os escores de satisfação dos trabalhadores, mas uma pontuação de 73% dá pouca orientação aos gestores sobre como melhorá-la. As dimensões específicas da satisfação dos trabalhadores que estão avançando e defasando são mais informativas e podem ajudar a chegar a planos concretos de melhoria.

Uma segunda maneira pela qual os relatórios internos devem ir além da comunicação externa é fornecendo indicadores tendenciais e do passado. Discutimos anteriormente como os números relatados externamente são tipicamente relativos ao passado, focando os resultados alcançados. Os indicadores tendenciais são úteis para que os colegas prevejam esses resultados e tomem medidas em conformidade com eles. Por exemplo, a rotatividade de trabalhadores é um indicador relativo ao passado crucial, que pode ser previsto por indicadores tendenciais como atraso, absenteísmo e desempenho. Uma empresa deve monitorá-los internamente, mas pode não estar disposta a divulgá-los externamente — seja porque são comercialmente sensíveis ou porque são difíceis de interpretar por pessoas que desconhecem todo o contexto. A divulgação pode levar a um foco excessivo de pessoas de fora que, por sua vez, incentiva a manipulação. Por exemplo, se os investidores usarem atraso e absenteísmo para avaliar uma empresa, ela pode procurar baixar esses valores, a fim de punir esse comportamento. Assim, as informações prospectivas são divulgadas principalmente para pessoas de fora na forma de narrativa.

Cultura

Uma quarta maneira de incorporar propósito é alinhando a cultura da empresa com ele. Embora o propósito diga respeito a por que uma empresa existe e a quem ela atende, a cultura captura como ela opera — em termos simples, é "a maneira como fazemos as coisas por aqui". A cultura é fundamental para garantir que o propósito permeie toda a empresa. Relembre o estudo de Claudine Gartenberg e coautores,

---

* Como isso é harmônico com nossa recomendação no Capítulo 5 de que a remuneração de um CEO deve ser baseada principalmente no retorno das ações em longo prazo, e não em outros fatores? O CEO é responsável por toda a empresa, para a qual o retorno das ações em longo prazo é uma medida abrangente — incorpora muitas dimensões do valor para as stakeholders. Uma divisão individual não tem seu próprio preço de ação, e qualquer medida (como lucros divisionais) será muito incompleta. Além disso, os CEOs são provavelmente mais abastados e, portanto, mais capazes de aceitar que a remuneração seja diferida por muitos anos.

que documenta o bom desempenho das empresas percebidas por seus colegas como tendo um propósito claro. Esse liame foi impulsionado pelas percepções dos gestores médios, e não dos líderes seniores, provavelmente porque os primeiros são particularmente importantes para garantir que esse propósito se traduza em ações do dia a dia. Isso destaca um benefício adicional de uma declaração de propósito direcionado: quanto mais simples for, menor a probabilidade de ser perdido na conversão quando disseminado pela organização.

Para que o propósito sobreviva dentro da organização, a cultura certa precisa ser promovida. É importante salientar que não existe uma cultura universalmente correta; em vez disso, a cultura deve estar intimamente alinhada com o propósito da empresa. Por exemplo, um propósito que prioriza a inovação, como o da Reckitt Benckiser ("criar vidas mais saudáveis e casas mais felizes por meio da inovação de nossos produtos"), é mais bem apoiado por uma cultura que enfatiza a autonomia, recompensa a tomada de riscos e tolera falhas construtivas. Por outro lado, um propósito que prioriza o custo (como o do Walmart, "para economizar o dinheiro das pessoas, a fim de que elas possam viver melhor") deve ser acompanhado de uma cultura que enfatiza a eficiência e define claramente os papéis de cada função.

Os líderes moldam a cultura por meio de suas escolhas estratégicas e de seus comportamentos, mas não conseguem mudá-la sozinhos. Algumas empresas, portanto, selecionam trabalhadores a quem atribuem a tarefa de promover a mudança de cultura no nível básico. A empresa de biotecnologia Novo Nordisk desenvolveu um conjunto de princípios culturais conhecido como "Caminho Novo Nordisk", para apoiar seu propósito de "promover mudanças para derrotar o diabetes e outras doenças crônicas graves". Ela conta com uma equipe de "facilitadores" que visita unidades de negócios para ajudá-los a implementar o Caminho Novo Nordisk. A equipe observa uma unidade em funcionamento, entrevista gestores e trabalhadores, analisa suas políticas e, em seguida, reporta à liderança da empresa. A empresa francesa de cuidados pessoais L'Oréal desenvolveu quatro princípios éticos para apoiar seu propósito de "inovação cosmética para todos"* e tem uma rede de 75 correspondentes de ética para incorporá-los em toda a empresa e em todos os países. A empresa adapta esses princípios aos costumes locais, garantindo que os trabalhadores sejam treinados em comportamento ético e atuem como um conselho de análise para consultas éticas.

Outra forma de moldar a cultura é contratando colegas com forte alinhamento cultural. Lembre-se de que o propósito da Patagônia é "salvar nosso planeta natal". Como o fundador e CEO Yvon Chounard explica: "Sempre que tivermos uma vaga de emprego, todas as coisas sendo iguais, contrate a pessoa que esteja comprometida com salvar o planeta, não importa qual seja o trabalho." A fabricante de calçados Zappos dá aos novos contratados um programa de treinamento de um mês, que inclui uma indução sobre os valores da empresa, e lhes oferece US$2 mil para sair se eles não os compartilharem. (Um programa semelhante foi adotado desde então pela Amazon, que comprou a Zappos em 2009.) Herb Kelleher, cofundador da Southwest, posicionou o alinhamento cultural acima da experiência e da educação ao recrutar — conforme exemplificado por seu lema "Contrate pela atitude, treine para a habilidade".

* Por exemplo, um dos princípios éticos é a coragem, que apoia seu propósito de inovação. Outra é a transparência, que é particularmente importante para uma empresa que visa atender a todos os cidadãos.

Senso de Dono por parte do Conselho de Administração

Por fim, incorporar propósito exige que o conselho de administração se apropie dele. Lucian Bebchuk e Roberto Tallarita descobriram que apenas 2% dos líderes que assinaram a declaração da Business Roundtable passaram o assunto por seu conselho de administração. Uma vez que as principais decisões corporativas exigem a aprovação do conselho, isso sugere que poucos CEOs esperavam mudar a forma como administravam a empresa como resultado da assinatura da declaração.* Em contrapartida, em outras empresas, como a EQT Ventures, todo o conselho de administração assina a declaração de propósito.

Alguns analistas sugerem que os conselhos de administração devem criar subcomitês dedicados ao propósito. Um artigo publicado em 2014 na revista *Harvard Business Review* relatou que apenas 10% das empresas de capital aberto dos EUA tinham um comitê ligado ao conselho de administração dedicado ao propósito e defendeu que essa prática se tornasse mais difundida. O estudo da Comissão Europeia de 2020 sobre governança corporativa sustentável propôs a criação de um novo cargo no conselho — o conselheiro de valores. No entanto, o propósito deve ser um dever formal de todo o conselho de administração — é fundamental para os negócios da empresa, em vez de uma atividade auxiliar que pode ser delegada a um subcomitê. Todos os membros do conselho de administração devem ser conselheiros de valores preocupados com o valor da empresa em longo prazo.

Para se apropriar do propósito, o conselho de gestão deve fundamentar suas decisões sobre ele. Por exemplo, o conselho poderia exigir que a administração explicasse se é consistente com o propósito da empresa, como qualquer decisão importante que apresenta para aprovação (como um acordo de fusões e aquisições, uma iniciativa estratégica ou uma proposta de investimento de capital). Da mesma forma, um conselho de administração normalmente dedica dois dias por ano para discutir e acordar sobre a estratégia; essas sessões deveriam ser baseadas no propósito. O conselho de administração também pode garantir que as metas não financeiras da empresa sejam adequadas e inspiradoras, dado seu propósito, e monitorar se ela está alcançando essas metas. A cada três ou cinco anos, o conselho pode rever, ainda, se o propósito da empresa permanece relevante, em virtude da vantagem comparativa da empresa e dos desafios enfrentados pela sociedade.

Como um conselho de administração monitora a entrega do propósito? As atas do conselho de administração conterão números e narrativas. Mas, assim como a comunicação vai além do reporte, o monitoramento vai além da leitura de relatórios. O Conselho de Relatórios Financeiros do Reino Unido recomenda que conselheiros de administração não executivos "visitem o chão de fábrica" para realmente entender a empresa. Atualmente, há propostas no Reino Unido e nos EUA para trazer os trabalhadores para a sala de reuniões; alguns países europeus já fazem isso. Mas uma abordagem mais eficaz é trazer a sala de reuniões até a força de trabalho — para que passe um tempo vendo como o negócio funciona e ouça dos colegas em primeira mão, por meio de visitas estruturadas ao local. Durante três anos, fiz parte da equipe

---

* Uma justificativa pode ser que os signatários já estavam servindo aos stakeholders, bem como aos acionistas e, portanto, nenhuma mudança de direção foi necessária; mas um estudo de Aneesh Raghunandan e Shiva Rajgopal descobriu que eles tinham resultado inferior ao de seus pares no desempenho financeiro e no ESG.

administrativa da London Business School (o equivalente ao nosso conselho) como representante do corpo docente eleito — livre e grosseiramente análogo a um trabalhador conselheiro. Mesmo tendo tentado falar com professores não dedicados a assuntos financeiros e com trabalhadores não acadêmicos, não consegui representar suas opiniões para meus colegas administradores tão precisamente quanto as de outros professores de finanças. Em um Dia do Conselho de Administração Fora da Faculdade, um colega desafiou os administradores externos a passar um tempo no *campus* e entender o "cheiro" da London Business School, para ouvir a voz da força de trabalho mais ampla e do corpo discente.

Embora o propósito deva ser o da responsabilidade de todo o conselho de administração, os comitês podem ser úteis para monitorar dimensões específicas do propósito. A maioria dos conselhos de administração concentra-se exclusivamente no valor para os acionistas e, portanto, têm comitês dedicados à remuneração, às nomeações de conselheiros, ao risco e à auditoria. Os dois últimos são voltados para a proteção contra a desvalorização. Mas a Pieconomics ressalta a importância da criação de valor positivo, portanto, um Comitê de Inovação pode ser valioso para algumas empresas. Além disso, após uma empresa ter decidido o *para quem*, ela pode criar comitês responsáveis pelos principais stakeholders, como um Comitê de Capital Humano ou um Comitê de Meio Ambiente — ou, alternativamente, essas questões devem ser itens importantes da agenda para o conselho como um todo. Definir o tom do topo ajuda a garantir que esse propósito flua por toda a organização.

Stakeholders como Parceiros

O valor para o acionista esclarecido (ESV) considera os stakeholders um meio para atingir um fim — uma empresa só investe neles se puder calcular, pelo menos aproximadamente, o efeito que isso terá sobre o lucro futuro. Por outro lado, uma empresa que faz o bolo crescer reconhece a *mutualidade dos stakeholders* — a relação de longo prazo que tem com seus stakeholders, que são parceiros da empresa e não fatores de produção. Esse reconhecimento transforma a relação ao longo de duas dimensões. Em primeiro lugar, em vez de ver clientes, trabalhadores e fornecedores como fontes apenas de receitas, mão de obra e insumos, a empresa os vê como fontes de ideias e colegas no cumprimento de seu propósito. Em segundo lugar, em vez de apenas extrair dos stakeholders — receber suas receitas, mão de obra e insumos —, ela se esforça para lhes entregar valor no longo prazo, além de suas obrigações contratuais.

Isso destaca a importância de o propósito ter as dimensões *para quem* e *por quê*. Uma empresa é uma rede de relacionamentos, que deve ser nutrida e crescer, e não apenas uma teia de contratos. Esta seção discute o que envolve uma abordagem de parceria com os stakeholders. Visando brevidade, focaremos os colegas, em vez de passar por todos os stakeholders. Os princípios, no entanto, naturalmente se estendem aos demais stakeholders.

Muitos livros influentes já foram escritos sobre a gestão de pessoas, então meu objetivo não é fornecer uma enciclopédia. Em vez disso, focaremos especificamente o que a Pieconomics ensina sobre como liderar uma força de trabalho. Aplicaremos três princípios de Pieconomics aos trabalhadores, e cada um dos quais implica uma mudança de atitude. O primeiro princípio consiste em evitar erros por omissão, e não apenas evitar erros comissivos, concedendo autonomia aos trabalhadores, uma *atitude de empoderamento*. O segundo é investir em colegas mesmo que o vínculo com o lucro não esteja claro, uma *atitude de investimento*. O terceiro é compartilhar os benefícios do crescimento do bolo com os trabalhadores, uma *atitude de recompensa*. (Conforme mencionado, esses princípios podem ser aplicados a outros stakeholders — uma empresa pode capacitar os clientes ao buscar o feedback deles de maneira ativa, garantir que seus produtos melhorem seu bem-estar em longo prazo e compartilhar os benefícios do sucesso da empresa, e não apenas extrair o maior preço possível.)

As três atitudes estão intimamente ligadas não apenas à Pieconomics, mas também ao que é medido pela pesquisa Melhores Empresas, que o Capítulo 4 mostrou estar ligado ao desempenho em longo prazo. Lembre-se de que a pesquisa mede a percepção dos trabalhadores sobre credibilidade, equidade, respeito, orgulho e camaradagem. Essas percepções refletem, em parte, se os líderes exibem as atitudes de empoderamento, investimento e recompensa, como pode ser visto nos itens amostrais da tabela a seguir.

Credibilidade	As pessoas aqui recebem muita responsabilidade.
Justiça	Sinto que recebo uma parte justa dos lucros obtidos por esta empresa.
Respeito	É oferecido treinamento e desenvolvimento para que eu consiga me promover profissionalmente.
Orgulho	Meu trabalho tem um significado especial, não é apenas um trabalho.
Camaradagem	As pessoas se preocupam umas com as outras nesta empresa.

Essas perguntas amostrais destacam como melhorar a satisfação dos trabalhadores envolve uma mudança de atitude, em vez de simplesmente gastar dinheiro, o que dificultaria a replicação. Agora veremos o que sustenta essa vantagem competitiva.

A Atitude do Empoderamento

A *atitude de empoderamento* vê os colegas como fonte de ideias, inspiração e inovação. Não acessar essa fonte é um erro por omissão, mas as práticas tradicionais de gestão baseiam-se em evitar erros comissivos.

Henry Ford é amplamente visto como um dos líderes empresariais mais criativos da história, muitas vezes creditado pela citação: "Se eu tivesse perguntado às pessoas o que elas queriam, elas teriam dito cavalos mais rápidos." Esse é um exemplo da importância de descobrir quais são os problemas, e não apenas a resolução de problemas. Ele não inventou o carro, mas desenvolveu o primeiro carro que os norte-americanos de classe média podiam comprar (o Modelo T), introduzindo a linha de montagem no processo de fabricação.

A linha de montagem foi baseada no livro *Princípios da Gestão Científica*, de Frederick Taylor, publicado em 1911. Taylor enxergava duas características nos trabalhadores de nível básico: a primeira é que eles são avessos ao esforço e, assim, se deixados sozinhos, se esquivarão; a segunda é que eles são pouco inteligentes e incapazes de pensar por si mesmos, como vividamente capturado por sua descrição de Schmidt, um manipulador de ferro gusa na Bethlehem Steel:

Agora, um dos primeiros requisitos para um homem que esteja apto a lidar com ferro gusa como uma ocupação regular é que ele deve ser tão burro e tão fleumático que mais se assemelhe com um boi, em sua conformação mental, do que qualquer outra espécie... Ele é tão burro que a palavra "porcentagem" não tem significado para ele, e ele deve, consequentemente, ser treinado por um homem mais inteligente do que ele mesmo no hábito de trabalhar de acordo com as leis desta ciência antes que possa ser bem-sucedido.

Taylor acreditava que havia uma única melhor maneira de realizar qualquer tarefa, assim, os líderes tinham duas responsabilidades. A primeira era descobrir esse melhor caminho por meio da experimentação científica — quantificar quanto ferro gusa carregar de cada vez e qual a duração das pausas. A segunda era garantir que os trabalhadores seguissem esse melhor caminho. Como Taylor disse a Schmidt:

Você fará exatamente o que este homem lhe diz para fazer amanhã, desde a manhã até a noite. Quando ele lhe disser para pegar um ferro gusa e andar, você pegará e andará, e quando ele lhe disser para se sentar e descansar, você se sentará. Você fará isso direito ao longo do dia. E, além disso, sem conversa fiada.

Taylor admitiu que isso foi uma "conversa bastante áspera", mas, com um homem do tipo "mentalmente lento como Schmidt", foi "apropriada e nada cruel". Essa abordagem de liderança foi eficaz, pelo menos no curto prazo e para trabalhos rotineiros — quadruplicou o transporte de Schmidt de 12 para 47 toneladas de ferro gusa por dia.

A linha de montagem foi inspirada por Taylor. Isso forçou os trabalhadores a acompanhar o ritmo de produção e levou o departamento do trabalho ao extremo — os trabalhadores repetiam um conjunto estreito de tarefas sem pensar. Embora as condições de trabalho modernas não sejam tão extremas, elementos da gestão científica ainda persistem na atualidade, com o objetivo de evitar que erros comissivos, como a esquiva ou o cometimento de erros.*

O desejo de evitar a esquiva se baseia na premissa de que os trabalhadores seriam naturalmente preguiçosos no trabalho. Assim, uma boa gestão envolve extrair o máximo possível deles, criando uma cultura de longas horas de trabalho ou de acorrentar trabalhadores a metas diárias. Assim como Taylor deu a Schmidt metas para o transporte de ferro gusa, a Wells Fargo entregou aos trabalhadores do banco metas diárias de vendas, e qualquer déficit era computado na meta do dia seguinte. O ex-CEO John Stumpf cunhou o termo "*Going for Gr-Eight*", incentivando os trabalhadores a vender pelo menos oito produtos para cada cliente, independentemente da necessidade ou do desejo deste. Por que oito? Foi escolhido o número oito não porque uma análise mostrou que oito produtos melhorariam o bem-estar do cliente, mas simplesmente porque, em inglês, "rimava com a palavra *great*".

O desejo de evitar erros baseia-se na premissa de que, mesmo que um trabalhador não se esquive, ele não tem conhecimento para tomar as decisões corretas sozinho. Essa suposição leva à microgestão e à hierarquia, o que ocasiona risco de erros por

* Pode-se perguntar por que a esquiva não é rotulada como um "erro de omissão", pois envolve omitir-se ao trabalho. Ao longo do livro, usamos "erros de omissão" para nos referir a não lançar novas ideias, em vez de falhar em realizar tarefas rotineiras.

omissão em virtude de as habilidades e os conhecimentos dos trabalhadores não serem acessadas. Em meu segundo ano trabalhando em um banco de investimentos, um cliente com quem trabalhei por muitos meses me pediu para investigar uma situação nos Estados Unidos. Liguei para um associado dos EUA (um nível acima do analista, minha função) para perguntar sobre isso e fui informado de que Jeff, um diretor-gerente dos EUA, era a pessoa a quem eu deveria perguntar. O associado me aconselhou "Você deve ligar para o Jeff", antes de se corrigir para "Você deve pedir ao seu associado para ligar para o Jeff". A preocupação não mencionada foi a de que, como analista, eu teria relativamente pouco conhecimento para falar com um diretor-gerente. Talvez minha posição significasse que eu não pudesse falar de maneira articulada e faria Jeff perder tempo, um erro comissivo. Mesmo sabendo em primeira mão o que o cliente queria e por que ele estava interessado nessa situação, a hierarquia exigiu que eu informasse um associado, o qual ligou para Jeff e, depois, relatou a mim — desperdiçando seu tempo e arriscando que a mensagem se perdesse na conversão. (Acabei ligando para Jeff de qualquer maneira, o que foi bastante útil.)

A *atitude de empoderamento*, pelo contrário, argumenta que você não precisa de uma supervisão rigorosa para evitar erros comissivos. Os colegas são intrinsecamente motivados a trabalhar duro devido a seus "sistemas de busca", um termo que o psicólogo social Dan Cable usa para descrever o desejo inato dos colegas de explorar e criar. De fato, a mudança para o trabalho remoto durante a pandemia mostrou como os trabalhadores ainda são incentivados a contribuir mesmo sem serem monitorados de perto. Eles também têm especialização e informações de nível básico, fatores necessários para chegar à melhor maneira de alcançar um objetivo. O desafio para os líderes é ativar e canalizar esses sistemas de busca.

O empoderamento foi um pilar fundamental por trás do sucesso do Japão após a Segunda Guerra Mundial. Na linha de montagem norte-americana da Ford, os operários executavam tarefas projetadas por superiores, que, então, verificavam a qualidade do produto. Por outro lado, sob o sistema Andon, usado por fabricantes japoneses como a Toyota, os responsáveis pela qualidade eram os próprios trabalhadores da fábrica, que tinham autoridade para parar a linha de produção sempre que vissem um defeito. Uma luz era acesa quando era necessário ajuda — daí o nome Andon, tirado da palavra japonesa que significa lanterna de papel. Essa mudança de atitude foi radical, uma vez que a interrupção da produção anteriormente era vista como atribuição da gestão. As fábricas japonesas se transformaram em polos de melhoria contínua, uma vez que os colegas mais próximos da operação poderiam contribuir para os esforços de inovação. Quando visitei uma fábrica da Toyota em Tóquio, um dos trabalhadores apontou com orgulho todas as características do processo de produção que tinham vindo da contribuição deles mesmos.

Essa atitude agora é adotada por muitas empresas ocidentais e é medida, em parte, pela pesquisa Melhores Empresas por meio da questão: "As pessoas aqui têm muita responsabilidade". Por exemplo, Kim Jordan, cofundadora da New Belgium Brewing Company, descreve a abordagem de sua empresa da seguinte forma: "Temos uma cultura de alto envolvimento. Todos sabem para onde vai o dinheiro e espera-se que todos participem e construam estratégia. Isso ajudou a criar um ambiente não só com um nível de transparência que promoveu a confiança, mas também um sentimento compartilhado de 'estamos juntos nessa'." No Capítulo 3, vimos como a New Belgium reconheceu seu impacto ambiental. Então ela executou um esquema de *crowdsourcing*, "Ideias Brilhantes", que pedia aos colegas ideias sobre como reduzir o impacto. Uma delas era eliminar as divisórias de papelão que a empresa usava dentro de suas caixas para separar garrafas. Isso economizou centenas de árvores, bem como US$1 milhão por ano em custos de matéria-prima. Mas havia vários benefícios indiretos. Acelerou a produção, que havia sido desacelerada na fase de embalagem. Com caixas menores, mais destas passaram a caber em um caminhão de entrega, reduzindo os gastos com combustível e as emissões de carbono. Esse é um exemplo não só do valor do empoderamento, mas também dos princípios da Pieconomics — atitudes tomadas para beneficiar o meio ambiente que também beneficiam os investidores.

O empoderamento envolve, ainda, tolerância a erros, a fim de evitar erros por omissão. Conforme discutido no Capítulo 5, Bart Becht confiou aos gerentes da Reckitt Benckiser o lançamento de novas ideias sem exigir uma série de aprovações. Isso aumentou o risco de que as iniciativas falhassem, mas essas falhas são menos caras do que sufocar as inovações. A empresa de software financeiro Intuit e o conglomerado Tata vão além de tolerar erros — eles os celebram ativamente, dando prêmios por ideias que acabaram falhando, mas que trouxeram aprendizados valiosos.

Muitas evidências subsidiam o discernimento com base nesses exemplos. Uma meta-análise de 142 estudos de Scott Seibert, Gang Wang e Stephen Courtright descobriu que o empoderamento individual está associado a um maior desempenho ao longo de diversas dimensões — tarefas rotineiras, "comportamento de cidadania organizacional" (indo além dos deveres regulares) e inovação. Eles também descobriram que o empoderamento da equipe está ligado ao seu desempenho significativamente maior.

Embora o empoderamento possa desencadear um potencial inabalável, ele não deve ser irrestrito, mas guiado de maneira efetiva por meio do propósito e do treinamento. A microgestão e a hierarquia podem não ser impulsionadas pela suposição de que os trabalhadores seriam preguiçosos — mesmo que eles sejam diligentes, seus esforços poderão ser mal direcionados para questões não materiais. É por isso que o propósito é poderoso — capturado, em parte, pela questão da pesquisa "Meu trabalho tem um significado especial, não é apenas um trabalho". Se os colegas se inspirarem no propósito da empresa, eles contribuirão para isso, mesmo que não estejam presos com algemas. Se o propósito for direcionado e esclarecer as prioridades da empresa, eles saberão para onde direcionar sua energia. Em uma citação atribuída ao autor Antoine de Saint-Exupéry: "Se você quer construir um navio, não coloque os homens para coletar madeira, dividir o trabalho e dar ordens. Em vez disso, ensine-os a ansiar pelo mar vasto e interminável." De fato, como vimos anteriormente, Claudine Gartenberg e coautores documentaram os benefícios de um propósito poderoso e claro, em particular como percebido pelos gestores médios, e não por líderes seniores.

Outra forma de garantir que os colegas façam um melhor uso de sua autonomia é investindo continuamente em suas habilidades. Essa é a atitude do investimento, para a qual agora nos voltamos.

A Atitude do Investimento

A *atitude de investimento* busca melhorar as habilidades e o bem-estar de um colega, não só porque ele se tornará mais produtivo, mas também porque você se preocupa com ele como pessoa. Essa atitude é medida, em parte, por esta questão da pesquisa: "As pessoas se preocupam umas com as outras aqui."

O modelo econômico clássico de Gary Becker, vencedor Prêmio Nobel, argumenta que uma empresa só deve investir em treinamento *específico para a empresa*, cujo valor exista exclusivamente dentro da empresa, como usar suas bases de dados. Se ela investir em habilidades *gerais* que tenham valor, inclusive, em outras potenciais empregadoras, o trabalhador pode exigir um salário maior — assim, ele, e não a empresa, consegue capturar os benefícios de seu aumento de produtividade. Esses modelos econômicos não são apenas uma teoria abstrata, mas afetam a prática. A maior parte da formação geral não é financiada por empregadores, mas pelos governos (por exemplo, escolas públicas), pelos próprios trabalhadores (por exemplo, mestrado em Administração de Empresas) ou por uma combinação de ambos (por exemplo, universidades públicas).

No entanto, a atitude do investimento não calcula quão específico ou geral é o treinamento ou quantos benefícios a empresa capturará. De fato, a questão da pesquisa "São oferecidos treinamento e desenvolvimento para a promoção profissionalmente" não faz essas distinções. A atitude de investimento vê como responsabilidade da empresa desenvolver as habilidades de seus trabalhadores, aumentando não apenas seu valor para a empresa atual, mas também sua empregabilidade futura, caso eles saiam da empresa. Em seu livro *Janesville*, Amy Goldstein relata como o fechamento da fábrica da General Motors em 2009 em Janesville, Wisconsin, levou ao desemprego crônico e deprimiu seriamente a economia de toda a cidade. Como a GM se preocupou em ensinar aos colegas habilidades especializadas, os esforços de retreinamento foram em grande parte malsucedidos. Muitos não sabiam usar um computador e, por isso, não puderam fazer os cursos oferecidos pelas escolas técnicas locais.

Como exemplo da atitude do investimento, em agosto de 2016, os escritórios de Cingapura do banco Standard Chartered lançaram o programa Skills-Future@sc, dando aos trabalhadores uma licença de estudo remunerada e mensalidades gratuitas para eles fazerem um dos cinquenta cursos patrocinados pelo banco. O programa tem como alvo especialmente trabalhadores cujas funções estejam sob risco de mudanças em virtude da tecnologia e treina essas pessoas não apenas em tecnologia, mas também em habilidades humanas que a tecnologia dificilmente substituirá, como a interação com o cliente. Além disso, o investimento em habilidades nem sempre exige despesas financeiras ou programas oficiais, mas práticas de gestão, como coaching e capacitação. Vimos como o empoderamento se beneficia da iniciativa dos colegas atualmente, e outro benefício é que ele implica investimento em seu potencial futuro, dando-lhes a chance de progredir na carreira.

Anteriormente, nós nos referimos ao investimento como "melhorar as habilidades e o *bem-estar* de um colega". Para um ativo físico, o investimento expande sua capacidade máxima — se você atualizar um sistema de TI, ele será capaz de processar mais dados. Para os colegas, o investimento é capaz de expandir seu potencial máximo, atualizando suas habilidades. No entanto, muitos trabalhadores operam abaixo de seu potencial devido ao deficiente bem-estar mental ou físico. Por isso, para os colegas, o investimento envolve não apenas aumentar seu potencial, mas também ajudá-los a alcançar seu potencial atual.

Em 2015, os líderes da UBS Wealth Management reconheceram que sua cultura exigente poderia estar prejudicando os trabalhadores. Então eles criaram uma Iniciativa de Assuntos Relacionados à Saúde e pediram a Claudia Oeken para liderá-la. Nessa função, ela organizou eventos grandes, a fim de melhorar a saúde física dos trabalhadores, como uma iniciativa de "100 dias, 1 milhão de passos", incentivando-os a formar equipes e cada um dar 10 mil passos por dia, com cada passo levando a uma doação a uma instituição de caridade. Quantificando o benefício dessas iniciativas, uma meta-análise de Katherine Baicker, David Cutler e Zirui Song descobriu que US$1 gasto em programas de bem-estar está associado a uma queda de US$3,27 nos custos médicos e a uma redução de US$2,73 nos custos de absenteísmo.

Discutimos como a atitude do investimento considera os benefícios do treinamento para o trabalhador, mesmo que a empresa não os capture. A mesma atitude também considera os custos de trabalho adicional para o trabalhador, mesmo que a empresa não precise pagar pelas horas extras. Isso contrasta com a atitude de *eliminação gratuita* — um chefe vê o tempo dos subordinados como o dele, livre para empregar como quiser "apenas no caso" de o trabalho acabar sendo útil, sem considerar o custo do tempo para eles. Ele pode solicitar múltiplas análises em um apêndice de apresentação, para o caso de o cliente vir a fazer uma pergunta técnica. No Capítulo 3, vimos que, se a empresa tomar uma atitude cujo benefício seja menor do que o custo de oportunidade social e não privado, o bolo tende a murchar. O tempo de um trabalhador, muitas vezes, não tem custo privado para a empresa, mas um significativo custo social, pois ele poderia usar esse tempo para recreação. A distribuição do trabalho ignorando esse custo social fará o bolo murchar.

Essa consideração significa que as iniciativas de bem-estar devem ser expandidas de duas maneiras. Primeiro, do bem-estar físico ao mental. Embora a importância da saúde física tenha sido reconhecida há muito tempo, só mais recentemente as empresas — e a sociedade — reconheceram a criticidade do bem-estar mental, que é severamente prejudicado pela atitude de livre descarte. Joel Goh, Jeffrey Pfeffer e Stefanos Zenios calculam que o estresse no local de trabalho nos EUA causa 120 mil mortes extras por ano e aumenta os custos de saúde em US$190 bilhões — em última análise, apoiado pelas próprias empresas por meio de prêmios de seguro mais altos. O bem-estar mental é particularmente importante em uma pandemia, quando a maioria dos trabalhadores está trabalhando de casa. Isso torna menos nítida a separação entre a casa e o escritório, pois alguns chefes acham que podem chamar a equipe a qualquer hora do dia. O trabalho em casa também remove a principal fonte de interação humana de colegas que vivem sozinhos.

Em segundo lugar, as iniciativas de bem-estar devem se expandir de programas pontuais para mudanças culturais continuadas. Além dos grandes eventos, Claudia estava sempre ensinando aos colegas sobre a gestão de tempo e estresse e aos gestores sobre a criticidade de respeitar as noites e os finais de semana de seus colegas. A mudança de atitude, da eliminação gratuita para o investimento, muitas vezes é substancial. Quando o líder era júnior, seu tempo era visto como livremente descartável, então ele está acostumado a ver o tempo dos juniores da mesma forma; ele pode até perceber que estar sempre de plantão é como um rito de passagem para ascender profissionalmente. É por isso que a satisfação dos trabalhadores pode ser um diferencial competitivo que é difícil de replicar — exige uma grande mudança de cultura, em vez de simplesmente gastar dinheiro.

Claudia me disse que seu principal desafio é medir o sucesso de uma iniciativa, pois é impossível saber quantos dias perdidos em virtude de uma doença e de um burnout teriam ocorrido sem o esforço dela. De fato, a meta-análise de Katherine Baicker e coautores não indicou fortes relações de causalidade porque outros fatores, como a mudança de práticas de gestão, podem ter levado aos benefícios. Isso destaca a importância da atitude do investimento — investir em colegas mesmo sem um cálculo. As empresas já reconhecem a importância da segurança se os trabalhadores preenchem funções que oferecem riscos à sua integridade física. A BP tornou a prevenção de acidentes no local de trabalho uma prioridade estratégica após o desastre da Deepwater Horizon. Aqui, os cálculos são mais fáceis. Uma vez que os acidentes de trabalho geralmente surgem das condições de trabalho de uma empresa, melhorar essas condições, de fato, ajudará a reduzir a taxa de acidentes.

Mas a segurança no local de trabalho vai muito além de acidentes, doenças e desgaste mental, causados por uma atitude de livre descarte e por uma cultura de longas horas de trabalho. Se um colega fica doente física ou mentalmente, não sabemos se isso é devido ao local de trabalho ou a fatores externos. Mas isso não importa para uma empresa com a atitude de investimento — ela se esforçará para proporcionar um ambiente saudável, seguro e gratificante, mesmo que os benefícios não possam ser quantificados.

A Atitude de Recompensa

A *atitude de recompensa* compartilha com os colegas os benefícios do crescimento do bolo. A maneira mais óbvia é dar aos trabalhadores *propriedade financeira* — ações da empresa, conforme recomendado no Capítulo 5. A teoria econômica tradicional, baseada em agentes econômicos racionais, argumenta que um trabalhador de baixo ou médio escalão nunca deveria receber ações. Ele tem pouco efeito sobre o preço das ações da empresa, então o capital próprio não deve fazê-lo trabalhar mais. Mas os humanos não agem com base em análises econômicas de custo-benefício. Conceder ações a um colega equivale a tratá-lo como sócio da empresa, que merece compartilhar seu sucesso. Isso é capturado, em parte, pela questão da pesquisa: "Sinto que recebo uma parte justa dos lucros obtidos por esta organização."

Assim como o investimento, recompensar trabalhadores não envolve apenas dinheiro. Devido a seus sistemas de busca, os colegas também são motivados pelo desejo de contribuir. A atitude de recompensa, portanto, envolve compartilhar os benefícios intrínsecos, bem como os benefícios financeiros do crescimento do bolo, dando-lhes *propriedade da tarefa* — responsabilidade por uma tarefa, às vezes de maneira incondicional. Um benefício da propriedade da tarefa é o empoderamento, conforme discutido anteriormente. Mas outro é a realização de que o colega desfruta quando completa a tarefa. Às vezes, um trabalhador mais antigo pode querer reescrever parte de um documento que um mais novo escreveu. As mudanças podem levar a uma melhora genuína, mas menor. O pequeno custo de ficar com o original é superado pela recompensa que o trabalhador desfruta de ter tido total responsabilidade pelo produto.

Em meu segundo ano trabalhando no Morgan Stanley, meu diretor executivo (William) muitas vezes trabalhou comigo sem um associado ou um vice-presidente entre nós. Geralmente, a tarefa de elaborar um resumo executivo de uma apresentação é prerrogativa dos bancários seniores. Mas em vez de deixar essa página em branco para William preencher quando ele comentasse sobre meus outros slides, eu ousei preenchê-la. Nas primeiras vezes em que fiz isso, ele sugeria grandes mudanças — não só melhorando a apresentação para o cliente, mas também me treinando. Tendo aprendido com essas mudanças, aos poucos fui pegando o jeito. Ainda me lembro do sentimento de realização quando, pela primeira vez, o texto de um resumo voltou para mim inalterado. Quase certamente, William poderia ter sugerido melhorias incrementais, mas optou por não fazer isso. Esse custo foi pequeno para o produto, mas a recompensa para mim foi significativa e permanece viva duas décadas depois.

Em Poucas Palavras

- A principal maneira pela qual uma empresa pode fazer o bolo crescer é a *excelência*. Trabalhar em favor da sociedade vai além de tomar atitudes que são explicitamente servis. Quase todas as empresas e os colegas fazem uma grande contribuição para a sociedade por serem excelentes em seu papel específico, independentemente de afetar diretamente os stakeholders.
- O *propósito* de uma empresa é sua razão de ser — como ela busca servir à sociedade. Três pontos podem orientar como elaborar uma declaração de propósito eficaz:

    - Um propósito deve ser *direcionado e seletivo* — não pode ser tudo para todas as pessoas. O propósito só será significativo se o inverso também for razoável, pois então ele fornecerá orientação aos líderes na navegação entre escolhas e clareza aos membros sobre o que a empresa representa.
    - O propósito define *para quem* a empresa existe e *por que* ela existe. A dimensão *para quem* é baseada no *princípio da materialidade* e a dimensão *por que* é baseada no *princípio da vantagem comparativa*.
    - O propósito deve ser tanto *deliberado*, guiado por executivos, quanto *emergente*, estruturado pelos colegas, em vez de ser meramente executado por eles. A contribuição de stakeholders externos, principalmente de clientes, também é valiosa.

- O propósito é muito mais do que uma declaração de missão e deve se manter na empresa. Não deve ser apenas *definido*, mas também *comunicado* externamente e *difundido* internamente.
- Os relatórios devem se expandir além das medidas financeiras de valor para os acionistas para as medidas não financeiras de valor para os stakeholders e compreender a importância tanto da narrativa quanto dos relatórios quantitativos — *o que é monitorado é feito*. O principal valor dos *relatórios integrados*

é incentivar o pensamento integrado, em que as considerações dos stakeholders estão integradas em todas as decisões importantes.

- A comunicação vai além do reporte, pois constitui um processo presencial bidirecional. Ela pode envolver dar aos investidores um "voto sobre o propósito" e, ao fazer isso, constrói *capital do investidor*, que é muito mais do que a contribuição financeira dos investidores para a empresa.
- Os líderes podem colocar o propósito em prática por meio da estratégia da empresa, alinhando seu modelo operacional e sua cultura, desenvolvendo um "scorecard equilibrado" interno que inclui medidas não financeiras relevantes e tornando o propósito uma prioridade do conselho de administração.
- Uma empresa deve reconhecer a *mutualidade dos stakeholders* — os stakeholders não são simplesmente fatores de produção, são membros da empresa. Aplicado aos colegas, isso envolve a adoção de três atitudes, cada uma baseada em um princípio da Pieconomics:

  - ✳ A *atitude de empoderamento* baseia-se na importância dos erros por omissão, e não apenas dos erros comissivos. Ela vê os colegas como intrinsecamente motivados e inteligentes. Se eles tiverem liberdade e forem guiados por um propósito claro, serão capazes de gerar ideias, em vez de se esquivar.
  - ✳ A *atitude de investimento* baseia-se na entrega de valor aos stakeholders, mesmo que a relação disso com o lucro não esteja clara. Busca aprimorar as habilidades e o bem-estar de um colega, porque a empresa se preocupa com ele como pessoa. Isso envolve a internalização tanto dos benefícios do investimento quanto dos custos do trabalho adicional.
  - ✳ A *atitude de recompensa* baseia-se no compartilhamento dos frutos do crescimento do bolo com os stakeholders. Ela dá a um colega tanto a propriedade financeira quanto da tarefa, para que este desfrute tanto dos ganhos pecuniários quanto dos ganhos intrínsecos ao sucesso.

9

INVESTIDORES

Transformando a *stewardship* de uma política em uma prática

No Capítulo 6, a *stewardship* foi definida como "uma abordagem de investimento que melhora o valor que uma empresa cria para a sociedade", além de serem apresentadas evidências de que tanto o engajamento dos investidores quanto o monitoramento fazem o bolo crescer. Neste capítulo, discutiremos *como* os investidores podem colocar a *stewardship* em prática. O modelo de implementação do propósito indicado no Capítulo 8, incorporando-o internamente e comunicando-o externamente, também se aplica à *stewardship*, e traçaremos muitos paralelos entre eles. Parte deste capítulo baseia-se em meu trabalho com a Purposeful Company — em particular, inúmeras discussões com Tom Gosling, que coliderou todas as iniciativas de *stewarship* da TPC comigo.

De início, enfatizarei dois pontos. O primeiro é a urgência de melhorar a *stewardship*. Assim como o propósito não é um extra opcional para as empresas deixarem a cargo de um departamento de Responsabilidade Social Corporativa (RSE), a *stewardship* não é um extra opcional para os investidores deixarem a cargo de um departamento de *stewardship*. Obviamente, ela serve aos investidores — clientes de gestoras de fundos de investimento —, melhorando o retorno em longo prazo e alcançando seus objetivos não financeiros. De maneira mais ampla, a *stewardship* é importante para a legitimidade do setor de gestão de investimentos. A sociedade acredita que os investidores têm responsabilidades de *stewardship* e atribuiu a culpa pelos colapsos corporativos, como a crise financeira de 2007, aos investidores que não cumpriram com suas responsabilidades. Além disso, essas expectativas de *stewardship* vão além do retorno financeiro e incluem objetivos sociais. Por exemplo, os investidores podem pressionar as empresas a aumentar a diversidade ou a adotar algumas medidas sobre as mudanças climáticas. E uma boa *stewardship* pode ser uma vantagem competitiva nacional. O ex-primeiro-ministro japonês Shinzo Abe via o setor de investimento historicamente passivo do Japão como uma causa de seu baixo retorno financeiro e realizou diversas reformas estruturais para tentar resolver isso.

Dada a importância da *stewardship* para a sociedade, muitos países elaboraram códigos de *stewardship*. Embora seja um bom primeiro passo, o cumprimento dos códigos deve ser visto como um passo bem pequeno. Se os investidores não melhorarem a *stewardship* sozinhos, eles podem ter de enfrentar as exigências de códigos ou de uma regulação mais rígida. Os argumentos para diminuir os direitos dos investidores baseiam-se na preocupação de que os investidores não estão usando esses direitos de maneira responsável.

O segundo principal ponto é que os "investidores" não são uma única entidade, mas consistem em toda uma cadeia de investimentos, conforme mostrado na Figura 9.1. O Capítulo 6 focou os *gestores de ativos* — empresas de gestão de investimentos como a ValueAct e a Fidelity. Essas empresas administram, de maneira individual, fundos, como o fundo ativo Fidelity Magalhães ou o fundo de índice Fidelity Mid Cap. O termo *investidor* é geral e pode ser aplicado tanto aos gestores de ativos quanto aos administradores de fundos.

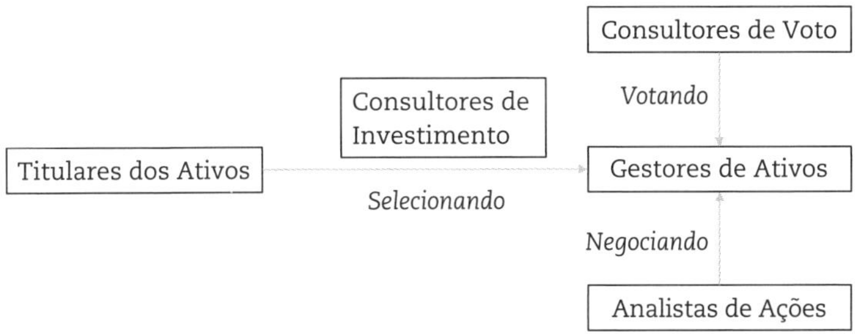

Figura 9.1 A Cadeia de Investimentos

Mas os gestores de ativos não são o único elo da cadeia. Eles gerenciam dinheiro em nome de *proprietários de ativos* ou *poupadores*. Estes podem incluir cidadãos que compram fundos diretamente ou instituições como um fundo de previdência, um fundo para subsidiar universidades ou um fundo soberano. Eles desempenham um papel fundamental na responsabilização dos gestores de ativos — por exemplo, o Fundo de Investimento em Previdência do governo do Japão de US$1,5 trilhão usa a *stewardship* como um dos principais critérios em seu processo de seleção e avaliação. Os proprietários de ativos institucionais geralmente escolhem gestores de ativos usando *consultores de investimento*, como Aon Hewitt, assim como as pessoas usam consultores financeiros. Os gestores de ativos usam os próprios consultores — *conselheiros de voto* para orientar as decisões de votação e *analistas de ações* para orientar as decisões de negociação. Os consultores tanto de investimento quanto de voto são conhecidos, juntos, como *prestadores de serviços*. Os reguladores geralmente não consideram que os analistas de ações provêm um serviço nem que desempenham um papel na *stewardship*. No entanto, eles influenciam as decisões comerciais dos investidores, que é uma forma de *stewardship*, e esse é o motivo de incluí-los neste capítulo.

Melhorar a *stewardship* exige reformar toda a cadeia de investimentos, mas os códigos de *stewardship* normalmente têm como foco os gestores de ativos. Primeiro exploraremos os gestores de ativos e explicar como eles podem *definir* sua política de stewardship para, então, *incorporar* essa política, transformando-a em uma prática, e, por fim, *comunicar* resultados externamente – os mesmos três passos que descrevemos no Capítulo 8 para implementar propósito. Mais adiante neste capítulo, descreveremos esse processo para os outros elos da cadeia de investimentos.

Definindo a *Stewardship*

Os códigos de *stewardship* geralmente assumem uma abordagem de "tamanho único" – o engajamento é sempre mais eficaz do que o monitoramento, e mais *stewardship* é sempre melhor do que menos. Isso, no entanto, ignora o princípio da vantagem comparativa. Um gestor de ativos pode optar por não se envolver em *stewardship*, porque é caro e exige experiência. Se um investidor for pequeno, ou se a *stewardship* não for sua vantagem comparativa, a melhor maneira de trabalhar em favor da sociedade pode ser fornecer aos poupadores acesso de baixo custo aos mercados de ações, para que eles possam compartilhar os frutos do crescimento econômico. Se assim for, pode empreender uma *stewardship* mínima ou terceirizá-la a prestadores de serviços que se envolvam com empresas em nome de investidores, como a Federated Hermes Equity Ownership Services. Portanto, é importante ter uma definição clara de *stewardship*. O que importa não é tanto que um fundo se envolva em uma ampla *stewardship*, mas que ele faça o que disser que fará. Isso deve evitar o problema dos "indexadores de prateleira", que cobram altas taxas pela gestão ativa sem, de fato, praticá-la.

O ponto de partida para a *stewardship* é o propósito de um fundo. Esse propósito deve explicar como ele aspira a servir aos poupadores e à sociedade. Sua política de *stewardship* segue, então, delineando como pretende usá-la para alcançar seu propósito. A política deve abranger não apenas o engajamento, mas também o monitoramento – em particular, *os investidores devem ter uma política para o que os faz vender suas ações*. Isso ajuda a garantir que a venda não seja uma reação aos ganhos de curto prazo e reconhece que a venda de ações pode ser um mecanismo eficaz de *stewardship*. Atualmente, alguns investidores têm uma política de desinvestimento generalizado, como vender (ou nunca comprar) ações de empresas de tabaco, mas poucos têm uma política de desinvestimento especializado – fatores intangíveis de longo prazo que os fazem vender suas ações. Qualquer que seja a política de desinvestimento que o investidor adote, ela deve garantir que ele só venda as ações de empresas com base nessa política, não com base no lucro em curto prazo. Igualmente importante, ele deve realmente vender ações quando essas linhas forem cruzadas e o engajamento não for bem-sucedido, em vez de "dormir ao volante".*

Por exemplo, as declarações de propósito relacionadas à *stewardship* podem ser:

- **Propósito:** "Criar retorno real de longo prazo, investindo em empresas com ativos intangíveis de alta qualidade que não são precificados pelo mercado e apoiando empresas na construção desses intangíveis."

---

* Observe que a política de um investidor pode ser raramente vender, mas continuar a se engajar mesmo quando a gestão é intransigente. Enquanto um gestor de ativos tem uma política geral de *stewardship*, os fundos individuais podem ter abordagens diferentes. Um fundo de índice realiza um engajamento menos especializado do que um fundo ativo. Mas cada fundo deve ter algumas características da política geral, assim como os diferentes produtos de um fabricante devem se encaixar dentro de seu propósito. As políticas de *stewardship* (e, como discutiremos mais tarde, o desempenho da *stewardship*) devem ser relatadas no nível do fundo, uma vez que são os poupadores que compram fundos, não os gestores de ativos. Para minimizar o relatório necessário, um fundo pode cruzar a política geral do gestor de ativos ao definir a própria abordagem.

- **Política de *stewardship*:** "Acreditamos que priorizar o lucro em curto prazo pode desencorajar investimentos em ativos intangíveis que impulsionam retorno em longo prazo, como marketing, capital humano e inovação. Assim, damos uma atenção especial à avaliação da qualidade dos ativos intangíveis de uma empresa e acompanhamos não apenas os gastos, mas também a saída desse investimento. Nós nos envolvemos com a gestão todos os dias — às vezes, em colaboração com outros investidores — para incentivar a criação de ativos intangíveis com foco no crescimento orgânico em vez de inorgânico. Nós nos comprometemos a avaliar o desempenho da gestão com base no crescimento intangível dos ativos, em vez de ganhos em curto prazo. Sairemos de empresas que estejam investindo insuficientemente em ativos intangíveis e onde o engajamento com a administração não produza mudanças."

Dentro dos amplos mecanismos de monitoramento e engajamento, há uma variedade de abordagens possíveis. Assim como o propósito, uma política de *stewardship* deve ser direcionada — o investidor não é responsável por resolver os problemas de cada empresa o tempo todo, então o que a política deixa de fora é quase tão importante quanto o que ela inclui. O engajamento pode variar de acordo com sua *forma* — voto informado, reuniões privadas com a gestão ou ativismo público de confronto. Também pode diferir por *tema* — as questões que o investidor prioriza em seus compromissos, seja devido à vantagem comparativa em avaliá-las ou em vê-las como particularmente materiais. Um fundo indexado pode priorizar um tema geral, como a diversidade na alta gestão. No entanto, pode não ter recursos para se engajar em temas especializados, como estratégia, que exigem que ele se envolva nas vendas de determinada empresa. Esses devem ser o foco dos fundos ativos. Da mesma forma, o monitoramento pode ser baseado em questões específicas ou gerais.

Outro aspecto fundamental do foco é que a responsabilidade de um investidor é, em última instância, para com os clientes, por isso, a *stewardship* somente deve ser realizada se for do interesse deles. Assim, deve direcionar questões com alta materialidade empresarial, de modo que, em última análise, melhore o retorno para os acionistas em longo prazo, ou alta materialidade intrínseca, em virtude da preferência dos clientes além do retorno financeiro. Os investidores devem garantir que entendem essas preferências — por exemplo, os fundos de previdência podem realizar pesquisas junto aos beneficiários para entender quais são seus objetivos sociais. Os gestores de ativos não devem se sentir pressionados a reagir a qualquer problema, mas devem focar aqueles que são mais importantes para o retorno e/ou para os clientes. Da mesma forma, os formuladores de políticas não devem responsabilizar os investidores pela implementação de iniciativas de políticas públicas. Essa é a responsabilidade deles, e — como discutiremos no Capítulo 10 — eles têm a tributação e a regulação como ferramentas poderosas para fazer isso.

Tendo definido sua política de *stewardship*, o passo seguinte é colocá-la em prática, um papel para um investidor. Essa é a questão sobre a qual agora nos debruçaremos.*

* Para as empresas citadas no Capítulo 8, começamos com a comunicação externa. Para os gestores de ativos, começamos com a incorporação interna, para familiarizar os leitores de fora do setor de investimentos com a forma como ele funciona.

Incorporando a *Stewardship*

Lembrando que o Capítulo 6 destacou três características dos fundos de hedge que os tornam particularmente eficazes no engajamento – concentração de portfólio, incentivos financeiros e recursos –, essas mesmas características também melhoram o monitoramento. Enfatizamos que essas dimensões não são exclusivas para fundos de hedge, por isso o primeiro passo para incorporar a *stewardship* é adotar essas características. Começando pela *concentração de portfólio*, um investidor que afirma estar ativo deve, de fato, estar ativo, comprando ações de somente um pequeno número de empresas. Sua posição-padrão não deve ser simplesmente reter uma ação, mas retê-la porque faz parte do *benchmark*. Então, toda empresa é uma holding de convicção, em cuja história de longo prazo o investidor ou acredita, ou tem fé de que ela pode mudar. Uma boa regra de ouro é que, se um fundo optar por ter ações de determinada empresa, ele deve retê-las em um grau maior do que o *benchmark*. Isso evita o paradoxo mencionado no Capítulo 6, no qual o engajamento bem-sucedido pode levar um fundo a ter um desempenho abaixo de seu *benchmark*, porque está dando menos peso do que deveria a determinada empresa.

Alguns investidores argumentam que uma carteira concentrada expõe seus clientes a muito risco. Mas se o cliente escolheu um fundo ativo, ele acredita na capacidade de seleção de ações do gestor e está pagando para que ele use seu conhecimento. Um cliente que queira mais diversificação do que o fundo oferece pode simplesmente alocar mais recursos de sua carteira em fundos indexados. Mas esses argumentos se devem, muitas vezes, ao interesse próprio – um gestor de fundos não quer arriscar ter um baixo desempenho, porque isso pode ocasionar a perda de clientes ou a substituição do gestor.

A segunda característica diz respeito aos *incentivos financeiros*. Assim como, no Capítulo 5, ressaltou-se que os líderes devem ser pagos como proprietários, isso também vale para os gestores de fundos. Ajay Khorana, Henri Servaes e Lei Wedge mostram que, quando um gestor detém 1% a mais de seu fundo, o desempenho ajustado ao risco aumenta 3%. Chris Clifford e Laura Lindsey descobriram que fundos mútuos com taxas sensíveis ao desempenho fazem com que os salários dos CEOs sejam mais sensíveis ao desempenho deles, e as empresas em que eles investem aumentam a lucratividade em situações nas quais o engajamento provavelmente será eficaz. A venda da participação acionária deve ser bloqueada em longo prazo, uma vez que a *stewardship* pode levar anos para se restabelecer.

A terceira característica refere-se aos *recursos* que um investidor emprega na *stewardship*, incluindo a equipe de *stewardship* (também conhecida como a equipe de "investimento responsável", de "ESG" ou de "governança corporativa"). Trata-se de um departamento especializado que não gerencia o dinheiro, ao contrário dos gestores de fundos, mas se concentra no engajamento e no monitoramento. O importante não é somente o tamanho dessa equipe, mas também sua proeminência. Na Legal & General Investment Management (LGIM), o maior investidor institucional do Reino Unido, o chefe de *stewardship*, Sacha Sadan, faz parte do conselho de administração e se reporta diretamente ao CEO.

Os recursos de *stewardship* não ficam restritos apenas ao departamento de *stewardship*. Assim como enfatizamos o *pensamento integrado* para o propósito no Capítulo 8, a *stewardship* deve ser integrada ao processo de investimento de uma gestão de ativos. Os gestores de fundos devem ter (e, às vezes, têm mesmo) responsabilidade direta pela *stewardship* e são avaliados com base nisso; eles lideram decisões e compromissos de votação junto aos departamentos de *stewardship*. Um gestor de ativos exige que todos os contratados pós-graduados passem pelo departamento de *stewardship*, para que, quando se tornarem gestores de fundos, eles sejam capazes de direcionar esforços de *stewardship*. No entanto, ainda há espaço significativo para uma melhoria na integração. Uma pesquisa recente descobriu que apenas 23% dos investidores têm habilidades de *stewardship* incorporadas em toda a organização.

Apesar de uma carteira concentrada, incentivos financeiros e recursos prepararem o terreno para a *stewardship*, ainda é necessário que um investidor a coloque em prática. As duas seções a seguir fornecem orientações sobre a prática de monitoramento e engajamento eficaz.

Monitoramento Eficaz

O monitoramento apenas pode melhorar o retorno aos investidores se for baseado em fatores que não sejam incorporados pelo mercado. Apesar de o mercado de ações ser muito bom em considerar o desempenho financeiro, o Capítulo 4 mostra que ele tende a ignorar o desempenho social — mesmo que melhore o retorno para os acionistas no longo prazo. Isso exige uma mudança de pensamento dos investidores. Um monitoramento eficaz exige que os investidores avaliem as ações de acordo com o valor que elas criam para a sociedade, e não somente com o lucro que proporcionam. Então, quando o investidor negocia levando em conta essas informações, ele analisa o preço das ações de acordo com isso. Dessa forma, as ações refletirão mais de perto o valor em longo prazo — uma forma de *stewardship*.

Mas como podemos avaliar o desempenho social de uma empresa? Como podemos dizer quais empresas são verdadeiramente responsáveis, em vez de apenas praticarem o *greenwashing*? Esta seção fará uma análise das diferentes fontes de dados disponíveis aos investidores.

FONTES ESPECÍFICAS DE DADOS PRODUZIDAS POR TERCEIROS

Um ponto de partida podem ser os estudos acadêmicos mencionados no Capítulo 4. Uma vez que foram analisadas centenas de empresas, eles precisam de medidas comparáveis em larga escala. Essas métricas também devem ser objetivas — se exigissem a avaliação subjetiva do pesquisador, ele poderia obter o resultado que desejasse, considerando uma empresa "responsável" se ela tiver um forte desempenho financeiro.

Comparabilidade, disponibilidade e objetividade são desejáveis tanto para investidores quanto para acadêmicos, por isso essas medidas aparentam ser bastante promissoras. E existem muitas delas disponíveis — assim como a lista das Melhores Empresas para se Trabalhar e o Índice de Satisfação do Cliente medem o bem-estar dos trabalhadores e clientes, existem métricas compatíveis para outras dimensões sociais. Por exemplo, a Interbrand calcula o valor da marca, a Trucost calcula o impacto ambiental, e a Equileap calcula a equidade de gênero.

Mas, paradoxalmente, a disponibilidade e a objetividade são tão atraentes para *investidores*, assim como a comparabilidade, e isso as torna menos atraentes como *critérios de investimento* — outros investidores podem considerá-las, e, assim, o preço das ações será incorporado nelas. É verdade que, no passado, um acionista poderia ter superado o mercado comprando ações das Melhores Empresas. Mas agora que a pesquisa publicada mostrou que a satisfação dos trabalhadores está fazendo o bolo crescer, em vez de reparti-lo, outros investidores podem negociar com base nisso. No Capítulo 6, foi mencionado o estudo de Paul Gompers, Joy Ishii e Andrew Metrick mostrando que as empresas com os direitos dos acionistas mais fortes superaram aquelas com direitos mais fracos em 8,5% ao ano. O estudo foi publicado em 2003 e circulou como um rascunho alguns anos antes. Lucian Bebchuk, Alma Cohen e Charles Wang descobriram que os direitos dos acionistas não eram indicativos de um maior retorno das ações nos anos 2000. Isso não ocorre porque a governança deixou de ser importante — na verdade, as empresas mais bem governadas continuaram a desfrutar de um maior crescimento de vendas e rentabilidade, assim como Paul, Joy e Andrew descobriram na década de 1990. Em vez disso, foi porque o mercado percebeu que a governança era importante. Empresas com fortes direitos de investidores já tinham os preços de suas ações altos no início dos anos 2000, por isso não superaram o mercado daí em diante.

De maneira mais geral, David McLean e Jeff Pontífice estudaram 97 estratégias comerciais identificadas por pesquisas acadêmicas e descobriram que sua rentabilidade costuma cair, em média, 58% após a publicação da estratégia. Uma vez que uma estratégia de negociação seja publicada, o mercado começa a incorporá-la. A queda não é de 100% porque os mercados não são totalmente eficazes — alguns investidores podem não ler pesquisas acadêmicas e, portanto, desconhecer a estratégia. Talvez as medidas de desempenho social sejam particularmente negligenciadas se os investidores estiverem presos à mentalidade de repartir o bolo. Então, essas métricas comparáveis em larga escala ainda têm algum valor, mas os investidores podem fazer melhor.

FONTES GENÉRICAS DE DADOS PRODUZIDAS POR TERCEIROS

O passo seguinte mais óbvio seria passar de uma única dimensão de desempenho social para uma medida agregada junto de todos os stakeholders, como as classificações KLD e ESG que mencionamos anteriormente. Os provedores de *rating* coletam uma série de informações sobre o desempenho do ESG de uma empresa — suas divulgações, os relatórios de terceiros (por exemplo, de organizações não governamentais, como o Banco Mundial), as notícias, os levantamentos e as entrevistas da própria empresa. Eles realizam uma classificação geral de ESG e pontuações individuais para cada um dos fatores E, S e G, bem como subfatores de acordo com cada um dos três pilares. Esses números são acompanhados de narrativas para explicar a lógica das pontuações.

Um grande desafio, no entanto, é que muitas empresas fornecem classificações ESG — como MSCI, Sustentáveis, Vigeo Eiris, RobecoSAM e Asset4 — e o consenso entre elas é baixo. A correlação entre diferentes provedores é de 0,54. Isso contrasta com as classificações de crédito, em que a correlação entre S&P e Moody's (os dois principais provedores) é superior a 0,9. Há um forte consenso sobre a capacidade de endividamento de uma empresa, mas uma discordância significativa sobre seu desempenho no ESG.

Florian Berg, Julian Kölbel e Roberto Rigobon mergulharam fundo nas fontes da inconsistência. Eles descobriram que 35% é devido ao *âmbito*: diferentes avaliadores incluem atributos diferentes. Por exemplo, todos eles incluem emissões de gases de efeito estufa na pontuação "E", mas apenas alguns incluem radiação eletromagnética. Um provedor pode acreditar que o lobby é antiético e, portanto, incluí-lo; outro pode vê-lo como um meio legítimo de participação na política, como responder a uma consulta do governo, e excluí-lo. Outros 40% são devidos à *medição*: mesmo que os avaliadores concordem que uma dimensão deve ser medida, eles podem empregá-la de maneiras diferentes. As práticas trabalhistas podem ser avaliadas utilizando-se a rotatividade de trabalhadores ou, em vez disso, o número de processos trabalhistas contra a empresa. A equidade de gênero pode ser avaliada observando-se a diferença salarial entre os sexos, a porcentagem de mulheres no conselho de administração ou a proporção de mulheres na força de trabalho. Uma medida de "volume de combustíveis fósseis utilizados" captura o uso por todas as atividades logísticas do Walmart, mas não captura o uso em nenhuma das atividades do sistema de entrega da Amazon, porque são terceirizadas. Os 25% finais são devidos ao *peso*: diferentes provedores colocam diferentes pesos para os componentes individuais no cálculo da pontuação geral.

O que essa confusão significa para os investidores? Isso não implica que as classificações de ESG sejam inúteis ou que os provedores sejam incompetentes. O desempenho do ESG é simplesmente difícil de medir, e pessoas razoáveis discordarão sobre ele — assim como um analista de pesquisa de ações classificará a ação de determinada empresa como "para compra" e outro classificará essa mesma ação como "para venda". De fato, outra palavra para "inconsistência" é "diversidade". Assim como os investidores leem diversos relatórios de pesquisa de ações para obter uma diversidade de pontos de vista, a amplitude dos pontos de vista entre os provedores de *rating* ESG permite que os investidores obtenham uma imagem muito mais rica do que se todos os provedores dissessem a mesma coisa.

Alguns investidores lamentam a inconsistência das classificações do ESG, porque isso significa que eles não podem simplesmente tirar uma classificação da prateleira e negociá-la. Mas nenhum investidor seguiria automaticamente a recomendação de compra ou de venda de um analista de ações — ele primeiro leria todo o relatório e cruzaria as análises subjacentes. Da mesma forma, os investidores precisam examinar cuidadosamente um relatório de classificação do ESG e entender o que a classificação, de fato, captura. Uma pontuação baixa pode ser, em parte, devido à alta radiação eletromagnética, mas determinado investidor pode considerar isso imaterial. Como resultado, a classificação é menos útil do que os componentes subjacentes — assim como o teor calórico geral dos alimentos não é tão informativo quanto as quantidades individuais de proteína, carboidrato ou gordura que eles contêm.

Os investidores devem complementar esses componentes de *rating* individuais com as próprias análises. Embora os relatórios integrados das empresas, as notícias e os estudos do Banco Mundial devam, teoricamente, ser incorporados nas classificações de ESG, as fontes originais podem fornecer insights importantes que não estão no relatório de ESG ou que foram totalmente negligenciadas pela agência de classificação. Da mesma forma, a agência de classificação pode ter focado muito o *se* uma empresa atingiu determinadas metas de ESG e menos o *porquê* de ela tê-las atingido.

É importante enfatizar que a Pieconomics é muito mais do que apenas o ESG. Muitas classificações de ESG se concentram mais em "não praticar o mal" do que em "fazer o bem de maneira ativa" e não incorporam completamente a excelência e a inovação — os principais meios pelos quais as empresas fazem o bolo crescer.*

GESTÃO DE REUNIÕES

Assim como destacamos, no Capítulo 8, que a comunicação das empresas envolve muito mais do que apenas relatórios, o monitoramento por investidores envolve muito mais do que apenas ler relatórios. Assim, a ferramenta de monitoramento mais valiosa pode ser a abordagem "pés no chão" de empresas visitantes e a gestão de reuniões, como Peter Lynch fez com a Chrysler. A seguir, há uma lista de perguntas que os investidores podem fazer para estruturar discussões sobre o desempenho social de uma empresa — seja para um potencial investidor que o use como critério de investimento ou para um investidor existente que queira monitorar o desempenho social continuamente. (É claro que essa lista não se aplicaria a discussões sobre outros temas, como preocupações com o desempenho financeiro, a dinâmica competitiva ou uma próxima votação sobre a remuneração.) Essa lista foi elaborada com base em conversas com diversos investidores sobre as perguntas que eles acham particularmente perspicazes.†

Perguntas para os Gerentes da Empresa

Os investidores podem fazer as seguintes perguntas para identificar se uma empresa está fazendo o bolo crescer:

Propósito

1. Qual é o propósito de sua empresa e como cumprir esse propósito contribui tanto para a sociedade quanto para o sucesso da empresa? O que ficou de fora de seu propósito e por quê?
2. Quais indicadores retrospectivos e prospectivos você usa para medir se o propósito está sendo colocado em prática?
3. Como você incorpora o propósito internamente na empresa — desde a sala de reuniões até o nível do chão de fábrica — e o comunica externamente? Que medidas você tomou e quais processos você colocou em prática?
4. Você pode dar exemplos de decisões recentes que foram impulsionadas pelo propósito e que não teriam sido tomadas se o propósito fosse apenas o valor para os acionistas?

---

* Medidas de quanto uma empresa "faz o bem de maneira ativa" são mais comumente estudadas por investidores de impacto — investidores que estão dispostos a sacrificar o retorno financeiro para alcançar objetivos sociais —, ao contrário de investidores responsáveis que desejam usar critérios sociais para alcançar o retorno financeiro. No entanto, não é o caso de que medidas de "fazer o bem de maneira ativa" sejam relevantes apenas para investidores de impacto. Essas medidas são mais propensas a fazer o bolo crescer do que a apenas repartir o bolo, em comparação com as medidas de "não praticar o mal", e, portanto, mais propensas a melhorar o retorno financeiro conforme desejado pelos investidores responsáveis.

† A ideia de uma lista de perguntas para fazer à gestão se deve ao *think tank* britânico *Blueprint for Better Business*, que propõe oito perguntas. Nossa lista de dez perguntas é particularmente voltada para a Pieconomics, portanto, inclui questões como excelência, inovação, gerenciamento de escolhas e foco.

Excelência e Inovação

5. Você pode dar exemplos de áreas em que tem perseguido a excelência, para melhorar o valor para os stakeholders, em vez de aumentar apenas o valor para os acionistas?
6. Quais inovações você se comprometeu recentemente a fazer a fim de criar valor para a sociedade?
7. Quais são suas principais fontes de vantagem comparativa e como você as está implantando para enfrentar os desafios presentes na sociedade?

Stakeholders e Esforços

8. Quais são as principais preocupações de seus trabalhadores e dos outros principais stakeholders e quais ações concretas você realizou para solucioná-las?
9. Como você gerencia as escolhas entre diferentes stakeholders? Você pode dar exemplos de escolhas recentes que precisou fazer?
10. Como você decide quais investimentos em stakeholders recusar? Você pode dar exemplos de decisões recentes em que a necessidade comercial superou a conveniência social?

É cabível preocupar-se com que os líderes, antecipando essas perguntas, solicitem ao departamento de comunicação que prepare respostas "pasteurizadas". No entanto, os investidores têm encontrado, inclusive, perguntas aparentemente óbvias, mas que se mostram altamente reveladoras. Um investidor sênior me contou que ele costuma fazer com certa frequência uma versão da pergunta 8 aos CEOs, voltada para os trabalhadores. Alguns deles podem elaborar uma resposta ali, na hora; outros podem dizer: "Eu não sabia que você ia me perguntar sobre meu pessoal; da próxima vez, trarei o diretor de RH." Dessa forma, ele aprende quais líderes levam em consideração as preocupações dos colegas como uma questão de nível CEO principal para o sucesso da empresa e quais as delegam para o departamento de RH.

Além disso, essa lista de perguntas é intencionalmente geral, para que possa ser usada por investidores, independentemente de seu foco em determinado setor produtivo, mas torna-se particularmente poderosa quando adaptada. Por isso, seu principal valor é destacar os princípios que os investidores devem aplicar a um contexto específico, para elaborar questões mais específicas — em vez de ser apenas um questionário que os investidores simplesmente lerão para qualquer empresa, sem fazer a própria pesquisa, para marcar uma lista de verificação sobre a *stewardship*. O ajuste fino dessas perguntas também ajuda a reduzir a probabilidade de que os líderes possam preparar respostas padronizadas.

Por exemplo, se uma empresa mudou recentemente seu propósito, a pergunta 1 pode ser mudar seu foco para entender por quê. Usando a Microsoft como exemplo, um investidor pode dizer: "Seu novo propósito é capacitar cada pessoa e cada organização do planeta a alcançar mais." Tal propósito costumava ser: "Criar um conjunto de dispositivos e serviços para indivíduos e empresas que capacitam pessoas em todo o mundo em casa, no trabalho e em movimento, pelas atividades que mais valorizam."

Você pode explicar o pensamento por trás dessas mudanças e como elas afetarão a maneira como você faz negócios? Da mesma forma, as perguntas 2, 3 e 4 podem ser adaptadas para: "O que essa mudança significa na prática para os indicadores que você está medindo, a cultura que está tentando incutir na empresa e a maneira como você toma decisões?" As perguntas 8 a 10 devem ser adaptadas às principais questões de interesse enfrentadas por uma empresa. A pergunta 8, quando feita a um varejista de roupas, pode investigar o bem-estar dos trabalhadores não apenas em suas lojas, mas também na cadeia de suprimentos. A pergunta 9, quando feita a uma empresa de energia em processo de descarbonização, pode questionar como o CEO está garantindo uma "transição justa" que também leve em conta trabalhadores e clientes.

UMA ABORDAGEM INTEGRADA

A combinação dessas diferentes fontes de informação é um dos grandes avanços no investimento responsável. Historicamente, ele foi baseado em *triagem* ou *exclusão*. Os investidores usavam métricas quantitativas, como o setor de uma empresa ou a relação salarial, para decidir o universo aceitável; a partir desse universo, eles escolheriam ações com base somente em elementos financeiros. Os fatores ESG vão até a porta da empresa, mas não além dela.

No capítulo 4, discutimos as deficiências dessa abordagem na melhoria do desempenho dos investimentos — baseia-se em mensurações superficiais que podem ser manipuladas, é de tamanho único e é fragmentada, em vez de holística. Neste capítulo, destacamos como a exclusão também é ineficaz para a mudança de comportamento da empresa. O Capítulo 6 falou sobre como o desinvestimento pode ser um poderoso mecanismo de *stewardship*, mas apenas se a decisão de não investir for baseada no desempenho de uma empresa. Se um investidor tiver uma política geral de se desfazer das ações de energia, então haverá pouca recompensa para uma empresa implementar um plano de transição ambicioso — ela será selecionada independentemente do que fizer. Em vez disso, uma política criteriosa que permita ao investidor reter as "melhores ações da categoria" dá às empresas um forte incentivo para garantir que elas sejam realmente "as melhores da categoria".

Outro mecanismo de *stewardship* que discutimos no Capítulo 6 é o engajamento, e um investidor só poderá se engajar se tiver um lugar garantido na mesa. Uma empresa de energia está muito mais propensa a se reunir com investidores para discutir seu plano de transição se eles concordarem em manter investimentos de grande risco e em levar suas preocupações a sério, porque eles podem votar contra a administração se estiverem insatisfeitos com o progresso da empresa. Uma triagem indiscriminada de empresas que cruzem a linha vermelha é como um médico que quer ver somente pacientes saudáveis e se desfazer dos doentes. Além disso, um investidor só pode vender suas ações se outra pessoa comprá-las, então o desinvestimento pode levar à retenção das ações de empresas de energia por acionistas que pouco se importam com o desempenho social e não as responsabilizam.

Por todos esses motivos, o investimento responsável envolve cada vez mais *integração* — considerando o ESG lado a lado com as finanças. No Capítulo 4, foi dito que, em 2018, a estratégia ESG mais popular foi a triagem, representando US$19,8 trilhões de ativos sob gestão. No entanto, a integração não ficou muito atrás, representando US$17,5 trilhões — e aumentou 69% desde 2016, contra apenas 31% para a triagem.

Uma abordagem integrada é fundamental, porque as dimensões financeira e do ESG interagem. Conforme vimos nos Capítulos 4, 5 e 6, o desempenho social, os níveis de remuneração executiva e a governança acabam por afetar o desempenho financeiro da empresa. Mas se esse é o único motivo para considerá-las, então, mesmo que o desempenho do ESG de uma empresa seja fraco, ainda pode ser um investimento atraente se o preço das ações for baixo o suficiente e a perspectiva financeira for forte o suficiente. Portanto, nunca se deve considerar automaticamente adquirir a ação de determinada empresa em virtude de seu ESG. Mas se o investidor vir uma questão de ESG como moral, então nenhuma avaliação irá persuadi-lo a investir. Dessa forma, o investidor deve ser claro sobre sua lógica para considerar um fator ESG — e se for puramente financeiro, ele deverá ser integrado à análise financeira, em vez de ser usado como filtro.

Essa consideração também afeta o enigma "engajar *versus* desinvestir". Embora a completa exclusão de empresas que cruzam uma linha vermelha seja injustificada, investir em todas as ações e tentar reverter isso também é ineficaz. O enigma não pode ser resolvido sem considerar simultaneamente a avaliação. Um investidor deve estimar o valor das ações de uma empresa com um engajamento ESG bem-sucedido e compará-lo com seu preço atual. Se seu valor potencial ainda estiver abaixo do preço atual, então o desinvestimento é a melhor opção. Por outro lado, comprar ações de uma empresa que é a melhor da categoria, mas tem pouco espaço para melhorias, e não engajar é justificado se esse forte desempenho ESG ainda não estiver refletido no preço atual da empresa.

Além de considerar o desempenho financeiro e social em conjunto, a integração considera todas as fontes de informação citadas juntas na avaliação do desempenho social. Como resultado, avalia tanto os efeitos positivos quanto os negativos de uma empresa sobre cada stakeholder — não apenas se a empresa cruza alguma linha vermelha, mas quanto valor ela cria — e os mede conforme a materialidade. Esse processo às vezes é chamado de "teste de benefício líquido", e responde à pergunta: "A empresa oferece um benefício líquido para a sociedade?" O que resulta de uma avaliação de benefícios líquidos é um relatório interno. O relatório contém dados quantitativos sobre métricas relevantes para os negócios da empresa (como o consumo de água para um fabricante de bebidas, em comparação com seus pares) e avaliações externas, como classificações ESG ou status de Melhor Empresa. Esses dados abordam preocupações comuns no sentido de que um teste de benefício líquido seria puramente subjetivo e depende dos julgamentos de valor do analista que o conduzir. No entanto, os dados somente deverão ser usados para *construir* o caso, em vez de o *constituírem* — é necessário que eles sejam colocados em contexto e combinados com informações qualitativas.

Alguma subjetividade ainda permanecerá, assim como vimos no caso da Amazon no Capítulo 4. Não há uma resposta errada sobre se a Amazon beneficia a sociedade em geral — ela cria um valor substancial para alguns stakeholders, mas extrai valor de outros. Essa ambiguidade faz uso de critérios sociais *mais* atraentes, em vez de menos atraentes, da mesma forma como outros investidores podem adotar os critérios errados. No final da década de 1990, os acionistas viram a Enron como um garoto-

-propaganda para o ESG, tendo ganho o Prêmio de Proteção Climática da Agência de Proteção Ambiental e o Prêmio Consciência Corporativa do Conselho de Prioridades Econômicas. No entanto, a empresa entrou em colapso em 2001 devido a uma fraude contábil. Se houvesse uma classificação ESG única e inequívoca ou um conjunto de medidas, então o investimento responsável poderia ser decidido por um computador. Em vez disso, existe um grande escopo para que os gestores humanos de fundos agreguem valor, porque precisamos discernir quais medidas quantitativas de desempenho social são relevantes para o contexto estratégico de uma empresa e suplementá-las com informações qualitativas e gerenciamento de reuniões. É por isso que o investimento responsável é praticado até mesmo por investidores com objetivos puramente financeiros. O critério ideal de investimento deve ser financeiramente relevante, mas ele é de difícil avaliação e provavelmente não será capturado por outros investidores. O desempenho social preenche os requisitos.

Os provedores de dados estão respondendo a essas limitações. Por exemplo, a Arabesque S-Ray usa inteligência artificial para atualizar continuamente os pesos que se aplicam aos componentes individuais ao formar sua classificação ESG global. A iniciativa Impact Weighted Accounts visa medir o valor positivo criado pelos produtos de uma empresa, capturando, assim, "fazer o bem de maneira ativa" e "não praticar o mal". Mas não importa quão sofisticadas se tornem as fontes de dados, sempre será necessário ter investidores humanos para inseri-las em um contexto. Por analogia, agora os recrutadores podem realizar testes psicométricos e obter os perfis de mídia social de potenciais contratados. No entanto, é improvável que alguma coisa substitua a entrevista de emprego — essas informações somente podem ser colocadas em contexto por meio de uma entrevista. Às vezes as pessoas me perguntam: "Como você analisa se uma empresa é responsável?" Você não consegue *medir* o valor social — assim como não consegue medir se um trabalhadores será um bom contratado. Mas você pode *avaliá-lo* usando uma combinação de dados e uma avaliação qualitativa. Assim, os investidores humanos podem continuar a agregar valor substancial mesmo em um mundo repleto de informações.

A ambiguidade de um teste de benefício líquido carrega desvantagens. É quase sempre possível afirmar que uma empresa está criando valor social, porque quase todas as empresas se saem bem em pelo menos uma dimensão de stakeholder. Um gestor de fundos pode escolher uma ação baseada no lucro em curto prazo e, em seguida, argumentar que está fazendo o bolo crescer ao destacar as dimensões sociais em que ela supera outras empresas. Você pode racionalizar quase qualquer investimento, mas, nas palavras do psicólogo Stephen Covey, estaria contando "mentiras racionais" a si mesmo.

Uma maneira de reduzir esse risco é por meio da política de *stewardship* do investidor, estipulando o que o fará vender a ação de uma empresa ou o que o impedirá de investir nela. Alguns investidores podem formular "linhas vermelhas" que se apliquem a todas as empresas, como suborno ou direitos humanos, além de outras que possam ser relevantes apenas para determinados setores produtivos. Embora seja quase impossível formular uma linha vermelha para critérios qualitativos, um investidor pode elaborar princípios para avaliá-los — como o princípio da multiplicação, da vantagem comparativa e da materialidade para o período de atividades de uma empresa — a fim de reduzir o espaço para fraudes.

Uma segunda maneira de reduzir o risco de "mentiras racionais" é ter um comitê consultivo externo. Eu trabalho no comitê da Royal London Asset Management. Uma vez que a equipe de investimento propõe uma ação como um investimento potencial, fornecemos uma opinião externa sobre se ela passa no teste de benefício líquido. Como não estávamos envolvidos na análise financeira que levou à recomendação dessa ação, isso reduz o risco de distorcer nossa avaliação sobre o desempenho social da empresa.

Além de avaliar ações individuais, o comitê consultivo pode orientar sobre temas mais amplos — por exemplo, se estar na indústria do álcool ou ter uma alta relação salarial de CEO deve ser considerado uma "linha vermelha". A maioria dessas perguntas é sutil e especializada, por isso, uma diversidade de perspectivas e conhecimentos é valiosa. O resultado dessas discussões poderia ser publicado em um documento de posição, esclarecendo a postura de um investidor para os poupadores. Para destacar a natureza complicada dessas questões e o valor potencial de opiniões externas, aqui estão exemplos de tópicos que discutimos:

- A modificação genética cria valor para a sociedade? As sementes modificadas podem escapar para a natureza e perturbar a biodiversidade ou podem desencorajar a agricultura de alimentos orgânicos ou não modificados. Mas, com milhões de pessoas no mundo morrendo de fome, é irresponsável não usar a melhor tecnologia?
- As empresas que pagam impostos reduzidos criam valor para a sociedade? Elas estão repartindo o bolo ao alocar suas atividades em países com impostos reduzidos unicamente para maximizar o lucro, ou simplesmente respondendo a incentivos fiscais para investir em áreas subdesenvolvidas ou realizar pesquisa e desenvolvimento?
- A inteligência artificial cria valor para a sociedade? Os robôs poderiam eliminar empregos ou, em vez disso, permitir que os colegas sejam realocados para trabalhos mais satisfatórios? Que salvaguardas as empresas estão adotando para reduzir o risco de que os robôs saiam do controle?
- As mídias sociais criam valor para a sociedade? Elas conectam pessoas a amigos em todo o mundo e permitem o compartilhamento de fotos, histórias e notícias. Mas criam potencial para o ciberbullying, o vício, as notícias falsas e o uso indevido de dados pessoais.
- As avaliações de responsabilidade social de uma empresa devem ser absolutas ou relativas (tanto para seus pares quanto para si no passado)? Se uma empresa está em um setor produtivo controverso, mas é a melhor da categoria, haverá indicação para investir nela? Se uma empresa tem um histórico social ruim, mas está melhorando, haverá indicação para investir nela? Para uma empresa localizada em um mercado emergente, devemos avaliá-la de acordo com os padrões locais ou globais?

A resposta a uma pergunta difícil muitas vezes será "depende". Mas o valor dessas discussões é entender do que isso depende. Em particular, elas podem destacar quais questões um investidor deve observar e, potencialmente, questionar a gestão ao investir em um setor controverso. Por exemplo, para o tema modificação genética, um investidor pode averiguar se o produto é usado para melhorar a produção das culturas em países emergentes ou apenas nos desenvolvidos e se é compatível com a agricultura tradicional ou exige que os agricultores adotem técnicas mais modernas que podem ser menos sustentáveis.

Por que os gestores de ativos se incomodariam em fazer perguntas tão complicadas? Primeiro, conforme discutido nos Capítulos 4 e 6, usar fatores ESG como filtros sem considerar o contexto estratégico não melhora o retorno em longo prazo. De fato, Deniz Anginer e Meir Statman descobriram que as empresas que estavam no topo da lista da revista *Fortune* das "Empresas Mais Admiradas dos Estados Unidos" tiveram um desempenho inferior ao das empresas que estavam no final da lista em mais de 2% ao ano durante um período de 24 anos. A Lista das Empresas Mais Admiradas é baseada na percepção, e não na realidade — pesquisa a opinião de executivos seniores, conselheiros de administração e analistas de ações sobre fatores como responsabilidade social, qualidade de gestão e qualidade do produto. Executivos e conselheiros de administração de outras empresas — ao contrário dos investidores — não arriscam a própria pele e dificilmente terão conhecimento detalhado sobre essas questões. Por isso, suas percepções podem ser distorcidas pelo *greenwashing* — empresas que buscam iniciativas atraentes de RSE não relacionadas à sua vantagem comparativa, para dar a impressão de que são responsáveis e têm uma gestão de alta qualidade. O estudo de Deniz e Meir destaca a importância de ser criterioso com os dados e não acreditar que pontuações mais altas de RSE são sempre melhores.

Em segundo lugar, se os gestores de ativos simplesmente se engajam na triagem, os clientes podem fazer isso sozinhos. Em agosto de 2020, o fundo de previdência estatal australiano QSuper retirou seu contrato de investimento sustentável de US$400 milhões com a AMP Capital e o trouxe para dentro do fundo. O motivo disso foi basicamente porque a AMP estava focando "não praticar o mal", em vez de "fazer o bem de maneira ativa". Como disse o diretor de investimentos da QSuper, Charles Woodhouse: "Em vez de simplesmente focar um conjunto de filtros negativos e o que é deixado de fora, acreditamos que nossa abordagem de impacto positivo... é algo único entre nossos pares."

Monitoramento Efetivo por Clientes Corporativos

Uma categoria muitas vezes negligenciada de "investidor" são os clientes de uma empresa. No Capítulo 1, explicamos como os clientes proporcionam "financiamento" aos seus fornecedores, assim como os investidores proporcionam financiamento. Os clientes corporativos têm, sem dúvida, ainda mais poder por meio de suas políticas de aquisição responsável do que os acionistas têm por meio de suas políticas de investimento responsável. Um investidor somente consegue vender se outro comprar, então, embora vender reduza o preço das ações de uma empresa, não a priva de capital. Mas se um comprador responsável parar de comprar, pode ser que ninguém tome seu lugar. Por outro lado, comprar as ações de uma empresa de outro investidor não lhe provê novo capital, mas mudar para um novo fornecedor infunde novos fundos que podem ser usados para expandir a produção e gerar empregos. O volume das aquisições das empresas lhes dá um enorme poder para realizar mudanças. O orçamento médio de aquisição de uma empresa FTSE 100 é de 4 bilhões de libras, 400 vezes o gasto médio de RSE de 10 milhões de libras.

Os clientes corporativos também estão menos limitados do que os investidores responsáveis. Alguns investidores são avaliados em relação a *benchmarks*, por isso se sentem pressionados a não se desviar muito deles. Eles não podem investir em empresas de capital fechado ou comprar ações de empresas pequenas porque não têm liquidez. Mas os departamentos de compras podem ser supridos tanto por grandes fornecedores de capital aberto quanto por pequenos fornecedores de capital fechado e não têm preocupações relacionadas ao *benchmarking*.

Apesar desse poder, a aquisição responsável é menos desenvolvida do que o investimento responsável. As políticas de compras responsáveis de muitas empresas são semelhantes às políticas de investimentos responsáveis de uma ou duas décadas atrás, com foco na exclusão — se um fornecedor cruza a linha vermelha, como usar mão de obra escrava ou se envolver em corrupção. No entanto, um fornecedor que faz o bolo crescer não apenas não pratica nenhum mal, como também faz o bem de maneira ativa. O paralelo entre o fornecimento e o investimento foi amplamente negligenciado, mas os departamentos de compras podem aproveitar os desenvolvimentos consideráveis em investimentos responsáveis para passar da triagem para a integração. Por exemplo, eles podem aplicar um teste de benefício líquido que considere "ações boas" e "ações ruins", fazer uso de classificações ESG, compreendendo suas limitações, e fazer as dez perguntas citadas anteriormente aos potenciais fornecedores. Isso não só ajuda a promover a responsabilidade dos fornecedores de uma empresa, como também pode melhorar os próprios lucros como subproduto — os clientes estão mais dispostos a comprar ações de uma empresa que se supre de maneira responsável, e os trabalhadores se motivam mais para trabalhar para essa empresa.

Alguns departamentos de compras reconheceram seu poder de apoiar clientes que fazem o bolo crescer, em vez de apenas evitar aqueles que fazem o bolo murchar. Um total de 24 grandes empresas britânicas aderiram ao Buy Social Corporate Challenge para adquirir produtos de empresas socialmente responsáveis que fazem o bem de maneira ativa e despenderam 65 milhões de libras nos primeiros três anos desde seu lançamento. Por exemplo, a PwC compra produtos de higiene pessoal para seus banheiros da The Soap Co., que emprega pessoas cegas e parcialmente míopes. Cada vez que um colega usa o banheiro, ele se lembra de como seu empregador apoia empresas socialmente responsáveis. Os modelos que exploramos podem ajudar as empresas a conseguir ainda mais capital por meio de sua atividade de suprimento. Mais de um quarto dos fornecedores que fazem parte do Buy Social Corporate Challenge proporciona principalmente impacto social ao doar parte de seus lucros a instituições sem fins lucrativos, embora isso não satisfaça o princípio da vantagem comparativa.

E o monitoramento é realizado por mais do que apenas provedores de financiamento. Conselhos de administração e auditores internos podem realizar um teste de benefício líquido ou fazer as dez perguntas para se assegurar de que uma empresa está realmente sendo liderada tendo em vista o longo prazo e todos os stakeholders materiais. Departamentos de assuntos corporativos podem fazer isso para gerenciar proativamente a reputação de uma empresa.

Engajamento Efetivo

Agora passaremos do monitoramento eficaz para o engajamento efetivo. Um dos principais canais de engajamento é a votação de questões como novos conselheiros de administração, nomeações de auditores e remuneração. Para não precisar abordar cada tópico desde a estaca zero, a maioria dos investidores desenvolve políticas da empresa — por exemplo, para votar contra nomeações de conselheiros de administração que não levam a representação feminina ao conselho até determinado patamar. A LGIM realiza um evento anual de mesa-redonda para obter insights externos de acadêmicos, consultores, proprietários de ativos e representantes de stakeholders, a fim de lhes informar suas políticas internas. Embora sejam valiosas, essas políticas não devem ser aplicadas automaticamente, porque podem não ser apropriadas em todas as situações. Um conselheiro de administração em potencial pode ter a habilidade ideal para complementar o quadro existente, mesmo que ele não ajude a cumprir uma meta de gênero.

Uma vez que analisar o registro ou o pacote de remuneração de um conselheiro de administração exige experiência, muitos investidores usam a contribuição de consultores de voto, como o Institutional Shareholder Services (ISS) ou a Glass Lewis. Assim como as políticas internas, as consultorias independentes são valiosas, mas não devem ser seguidas cegamente, devido a preocupações com consultoria de voto que discutiremos mais tarde. A melhor maneira de usá-las pode ser como um alerta (um sinal vermelho) — segui-la se coincidir com a política interna e fazer o investidor despender seu tempo limitado apenas nos casos em que haja conflito entre a recomendação da consultoria e a política interna.

O voto por si só também é contundente, uma vez que é uma escolha entre sim e não. Um voto contrário não revela à empresa com quais aspectos o investidor está insatisfeito, e um voto favorável não significa que ele está satisfeito com todas as dimensões. Por isso, a votação deve ser vista apenas como um resultado de um processo de engajamento mais amplo. Se um investidor votou contra a gestão, ele deve dizer à empresa o motivo pelo qual fez isso, para que esta possa resolver suas deficiências. Mesmo que o investidor tenha apoiado uma proposta da empresa, ele pode não concordar com todos os aspectos apresentados e expressar suas preocupações. Mas, melhor do que se engajar depois de uma votação, é fazê-lo previamente. Votar contra a gestão, às vezes, é algo elogiado como o último ato de rebelião. No entanto, é mais eficaz para os investidores discutir as preocupações de maneira privada com a administração, de modo que o resultado traga propostas que venham a ser apoiadas.

Os investidores não têm direito ao voto em relação a muitas questões importantes relacionadas à gestão da empresa, como estratégia, desempenho financeiro e alocação de capital. Portanto, as reuniões com os representantes da empresa são a principal maneira de eles se engajarem. Uma consideração importante é a regularidade das reuniões. Alguns investidores se envolvem apenas quando a empresa está em tratamento intensivo, mas a prevenção é melhor do que a remediação. Isso envolve se reunir com representantes da gestão regularmente, mesmo que não haja incêndios a serem contidos, e fornecer feedback positivo e negativo — caso contrário, a empresa pode fazer mudanças sem saber que os investidores apoiam o *status quo*. Os investidores podem, ainda, antecipar-se e dizer proativamente às empresas as ações das empresas que eles apoiam, em vez de reagirem após a aquisição. Na pandemia, as empresas enfrentaram escolhas entre manter dividendos e ajudar os stakeholders. Alguns líderes temiam que os investidores se opusessem a cortar os dividendos para pagar os colegas dispensados, mas não houve oposição. Tranquilizar os CEOs de que os investidores estão dispostos a fazer sacrifícios de curto prazo evitaria erros por omissão.

No outro extremo, alguns clientes e formuladores de políticas usam a frequência de engajamento como medida de qualidade de engajamento, como se mais fosse sempre melhor. Isso é igualmente problemático, porque, embora o engajamento deva ser regular, também deve haver propósito — cada reunião deve ter um conjunto claro de objetivos que o investidor deseja alcançar. Nem todas as empresas têm problemas o tempo todo. Às vezes, a reunião pode ser feita com o intuito de persuadir a empresa a tomar determinado curso de ação; em outras, pode ter o objetivo de se atualizar sobre questões específicas. Mas, em ambos os tipos de reunião, está claro o propósito dela.

Além da frequência, o tema do engajamento também é importante. Os investidores geralmente devem ficar longe das decisões cotidianas da empresa, nas quais os líderes têm muito mais experiência, e devem ter cuidado para não microgerenciar a empresa. Uma regra de ouro é o "*nose in, fingers off*" (comumente abreviado como "NIFO"), que significa saber o que está acontecendo no negócio, mas não interferir em questões operacionais. Algumas diretrizes dos investidores beiram o microgerenciamento, como averiguar se as empresas devem adotar padrões de trabalho flexíveis após o fim da pandemia e qual combinação demográfica de trabalhadores ela deve contratar. Os líderes estão muito mais bem posicionados para tomar a melhor decisão considerando as circunstâncias únicas de sua empresa.

Em vez disso, o principal valor agregado dos investidores é sobre questões de longo prazo, para as quais uma perspectiva externa é particularmente útil. Por exemplo, se um CEO está considerando um grande investimento, os acionistas podem avaliar se ele satisfaz os princípios da multiplicação, da vantagem comparativa e da materialidade citados no Capítulo 3. Da mesma forma, enquanto uma empresa pode estar em determinados negócios por padrão histórico, os investidores podem desafiar a gestão a refletir se a empresa ainda tem uma vantagem comparativa em cada um deles. Um investidor também pode ter experiência em determinado assunto, como remuneração executiva ou descarbonização, e concentrar seu engajamento nesses tópicos. Os recursos para orientar o monitoramento, discutidos na seção anterior, também podem orientar o engajamento. As dez perguntas citadas ajudam a direcionar as discussões, e um comitê consultivo pode destacar os temas a serem priorizados, informados por evidências, necessidade social e demanda do cliente.

Um recurso que, muitas vezes, não é explorado são outros investidores. Um único investidor pode ter uma participação muito pequena para fazer o engajamento valer a pena e poucos votos para fazer a empresa tomar conhecimento dele. O engajamento coletivo, em que diversos investidores trabalham juntos, resolve esses dois problemas. O periódico canadense *Globe and Mail* destacou: "Uma coisa é sentir o desprezo de um acionista de 3%, outra é enfrentar dez instituições que representam metade de seu capital." Os princípios da ONU para a Plataforma de Colaboração de Investimento Responsável e a Instituto Canadense de Governança Corporativa são duas plataformas que coordenam o engajamento coletivo sobre temas de interesse geral, como escrever cartas conjuntas para empresas sobre a remuneração dos executivos. O Fórum de Investidores do Reino Unido coordena o engajamento especializado coletivo, permitindo que diversos investidores se engajem sem compartilhar informações privilegiadas. Essas três estruturas são descritas no Apêndice B, juntamente com as evidências de seu sucesso.

Se o engajamento coletivo é eficaz, por que os investidores não trabalham juntos com mais frequência? Um dos motivos é a mentalidade de repartir o bolo — considerar outros investidores como uma referência a ser superada. Então, um investidor considera suas ideias sobre como melhorar uma empresa como uma propriedade intelectual própria, para ser guardada com cuidado. Mas se os investidores não trabalharem juntos, todos sairão perdendo com a perda de oportunidades de fazer o bolo crescer.

Outra barreira é a visão de que diferentes investidores teriam objetivos diferentes e, por isso, não poderiam se aliar. Por exemplo, os fundos de hedge ativistas são supostamente de curto prazo, devido ao seu alto volume de negócios, mas os fundos de índice são de longo prazo. Larry Fink, CEO da principal provedora de fundos de índices, a BlackRock, alertou: "Na maioria dos casos, os ativistas estão tentando melhorar a empresa no curto prazo, porque eles a deixam melhor e, depois, saem. Não vamos embora."

Mas no Capítulo 6, mostramos que os fundos de hedge promovem mudanças com benefícios em longo prazo. Apontamos, ainda, que essa diferença comum entre investidores de alta e baixa rotatividade é uma falsa dicotomia, pois o período de retenção de um investidor é diferente de sua orientação. Conforme argumenta o ativista Paul Singer: "Essa estrutura divisória é objetivamente falsa e tem prejudicado o objetivo de gerar retorno sustentável para todos os investidores." Todos os investidores se beneficiam de uma melhor lucratividade, produtividade e inovação — todas mudanças crescentes que foram apresentadas no Capítulo 6.

Uma vez que os fundos de índice têm poder de voto significativo, o engajamento dos fundos de hedge, muitas vezes, precisa do apoio de fundos de índice para ter sucesso. O investidor ativista norte-americano Nelson Peltz viajará para discutir uma potencial campanha de ativismo com Sacha Sadan, chefe de administração da LGIM no Reino Unido, que administra predominantemente fundos de índice. A necessidade de parceria com fundos de índice ajuda a garantir que o engajamento beneficie todos os investidores. De fato, as evidências sugerem que essa parceria é eficaz. Lembrando que, no Capítulo 6, Ian Appel, Todd Gormley e Don Keim usaram uma descontinuidade de regressão, envolvendo a inclusão do índice Russell, e descobriram que os fundos de índice melhoram a governança. Um segundo estudo desses autores usa a mesma metodologia para mostrar que os fundos de índice permitem que os fundos de hedge executem campanhas mais agressivas — em particular, aquelas em que buscam representação do conselho — e aumentam o sucesso da campanha. Os compromissos bem-sucedidos também aumentam o valor da empresa, mas não há evidências de que eles aumentam os rendimentos ou o endividamento — resultados muitas vezes interpretados como sendo de curto prazo.

Comunicando a *Stewardship*

Após definir e incorporar a política de *stewardship*, o terceiro passo é comunicá-la externamente. O comunicado começa com a própria política. Para o monitoramento, o investidor deve explicar em quais fatores ele prestará atenção especial ao decidir comprar ou não ações de determinada empresa e o que o fará se desfazer delas. Ele também pode especificar quais dimensões escolherá não monitorar, se as interpretar como menos relevantes para o valor da empresa no longo prazo. A política de engajamento inclui os *temas* que o investidor priorizará e a *forma* como o engajamento ocorrerá — incluindo o que pode levá-lo a colaborar com outros investidores ou intensificar (e o que a intensificação pode envolver). Para a votação, ele poderá divulgar as políticas internas aplicáveis e sua abordagem para uso por consultores de voto.

Mais importante ainda é relatar os resultados — como a política foi colocada em prática. A maioria dos investidores relata, por meio da votação, a frequência de votos contra a gestão discriminada por tema. No entanto, mais informativo — e relatado por alguns investidores — é com que frequência votam contra recomendações de conselheiros de voto ou políticas internas, para garantir que nenhum dos dois seja usado mecanicamente. Conforme discutimos no Capítulo 8, para as empresas, os números são incompletos, portanto devem ser complementados com narrativas. Alguns investidores publicam sua justificativa para cada voto contra a gestão e para cada abstenção. Isso provê clareza às empresas sobre as preocupações dos investidores, para que elas possam tentar solucioná-las, bem como informar os poupadores sobre como ela está realizando a *stewardship* de seu capital de maneira responsável.

No que tange ao engajamento, um investidor poderia relatar quantas reuniões da empresa ele realizou a respeito de cada tema objeto do engajamento. Esse é somente um ponto de partida, pois a frequência não implica qualidade, por isso deve ser complementada por estudos de caso de engajamentos bem-sucedidos. Uma prática cada vez mais popular é o "reporte de impacto", que visa mostrar o retorno social que os clientes obtêm ao investir em um fundo. Um fundo pode alegar que mil libras investidas nele geraram X megawatt-hora (Mwh) de energia renovável, evitaram toneladas de emissões de dióxido de carbono e criaram Z vagas de emprego. Mas esse reporte é enganoso. As empresas das quais o fundo detém ações poderiam ter alcançado esses resultados de qualquer maneira — é muito difícil separar o valor extra resultante do fundo que possui determinado número de ações. Para que o fundo comprasse, outro acionista teve de vender, então não foi fornecido à empresa nenhum novo capital. No máximo, um fundo pode afirmar que "as empresas em que investimos alcançaram esses resultados". Mas isso é muito diferente de "o investimento levou a esses resultados" — a primeira declaração alega causalidade, e a segunda alega correlação única. Além de enganar os poupadores, os reportes de impacto podem distorcer o comportamento dos próprios fundos — incentivando-os a investir em empresas que já apresentam um forte desempenho social, quando podem criar mais valor comprando retardatárias e agindo com vistas a melhorarem seu desempenho. Isso pode desencadear uma tendência de retorno à triagem, e não rumo à integração — é fácil relatar "impacto" positivo em determinadas dimensões simplesmente deixando de computar ações de empresas com baixo desempenho nesses critérios.

Embora muitos investidores já informem sobre seu voto e seu engajamento, poucos informam seu monitoramento. Alguns divulgam as pontuações médias do ESG das empresas cujas ações eles detêm, mas isso gera o mesmo problema já descrito anteriormente — de incentivá-los a se concentrar no paciente saudável, em vez de buscar curar os doentes. Pode ser mais informativo relatar como eles colocaram sua política de desinvestimento em prática. Para cada grande alienação, um investidor poderia explicar o que o levou a vender determinadas ações e se esse motivo é consistente com sua política de venda. De fato, os gestores de ativos já explicam os motivos para votar contra a aquisição de ações de uma empresa, mas vender as ações é um sinal ainda maior de discordância. Alguns investidores descrevem casos (com os nomes de empresas mantidos em anonimato) em que pretendiam investir em ações por motivos financeiros, mas desistiram devido ao desempenho social da empresa. Por outro lado, um investidor poderia relatar casos em que o monitoramento levou à compra ou à retenção da participação em uma empresa, apesar dos números ruins no curto prazo. Ele também poderia discutir cada grande retenção e explicar por que ele manteve essas ações, se isso não implicar a revelação de informações proprietárias, a fim de garantir que a retenção das ações seja fruto de uma decisão ativa, e não de alguma decisão padrão.

Relatórios financeiros também podem ser modernizados. Além de reportar o desempenho do fundo — o desempenho das ações que um fundo detém —, o desempenho subsequente das ações vendidas poderia ser divulgado por meio do relatório financeiro. Isso responsabilizaria o investidor por vender prematuramente as ações e o recompensaria por não realizar um desinvestimento míope. Um fundo pode reportar não apenas sua taxa bruta de administração anual, mas a taxa ajustada por sua "participação ativa" — uma medida de quanto ela se desvia do *benchmark* —, para ajudar os poupadores a identificar indexadores de contratos.* Os investidores também poderiam parar de relatar determinadas estatísticas tradicionais. Assim como algumas empresas não divulgam mais os lucros trimestrais, os investidores poderiam reportar apenas desempenho de longo prazo, e não o de curto prazo.

Agora nos voltaremos para a tarefa de definir, incorporar e comunicar a *stewardship* para o restante da cadeia de investimentos.

Proprietários de Ativos

O poder que pode ser liberado se os proprietários de ativos reconhecerem o valor da *stewardship* é considerável. Os gestores de ativos têm um dever fiduciário para com seus clientes, por isso eles, não os reguladores, são os mais bem posicionados para cobrar a responsabilidade dos gestores de ativos para que o cumpram. No entanto, muitos proprietários de ativos subestimam o papel da *stewardship* na melhoria do retorno em

* Embora os poupadores ainda possam calcular o desempenho de curto prazo, olhando para os preços históricos dos fundos, eles dariam menos ênfase a essa prática se os próprios fundos não o relatassem e o incluíssem com destaque em relatórios e materiais de marketing.

longo prazo. Uma pesquisa de 2016 realizada pela Investment Association constatou que mais da metade dos proprietários de ativos não tinha aderido ao código de *stewardship*, contra 3% dos gestores de ativos. O motivo mais comum era o de que eles nem sequer estavam cientes do código, seguido por outras prioridades mais importantes. Mais surpreendentemente ainda, apenas 59% deles concordaram que tinham responsabilidades de *stewardship*.

Vamos passar pelos três passos a serem dados pelos proprietários de ativos, começando pela *definição* de *stewardship*. A política de *stewardship* deve descrever a abordagem do proprietário do ativo para votar e se engajar se ele empreender essas atividades pessoalmente, em vez de delegá-las aos gestores de ativos. Mais particularmente em relação a um proprietário de ativos, a política também pode explicar como a seleção do gestor de ativos depende do desempenho da *stewardship*. Atualmente, muitos clientes olham para retorno de curto prazo ou para o erro de monitoramento — quão perto um fundo está de seu *benchmark*, embora essa proximidade desestimule a *stewardship*. Dado esse comportamento, é racional que os gestores de ativos não priorizem a *stewardship* e se tornem investidores que se dizem ativos, mas que acabam não se distanciado do *benchmark* dos fundos passivos (*closet indexers*).

Comunicar a stewardship é relativamente simples para proprietários de ativos. Os resultados a serem reportados incluem o registro de votação para os proprietários de ativos que votam, como eles monitoraram os gestores de ativos e a lógica para qualquer mudança de gestor. A parte mais difícil é *incorporar a stewardship*. Os proprietários de ativos podem fazer isso em três estágios de seu relacionamento com os gestores de ativos: seleção, nomeação e monitoramento. Falaremos de cada um deles.

Seleção

A primeira etapa é a *seleção*, que deve ser informada quanto a se um gestor de ativos está ou não comunicando e incorporando *stewardship*. Para a comunicação, os proprietários de ativos podem verificar se o gestor de ativos está seguindo as recomendações anteriores — publicando uma política de votação e o registro de votação, relatando estudos de caso de engajamento e de desinvestimento e divulgando a lógica dos votos contrários à gestão. Avaliar a incorporação da *stewardship* é mais difícil. Assim como ocorre com investidores ao avaliarem empresas, avaliar a incorporação da *stewardship* vai além da leitura de relatórios e envolve ter experiência real na área. Como um gestor de ativos geralmente é uma empresa, as perguntas que recomendamos anteriormente para os gestores da empresa podem ser úteis. Além dessas, a seguir estão perguntas excelentes que os proprietários de ativos podem fazer aos gestores de ativos.*

* Os proprietários de ativos podem fazer essas perguntas pessoalmente ou por meio de um Pedido de Propostas, em que convidam os gestores de ativos a se apresentarem para um mandato. Um gestor de ativos precisa preencher um questionário detalhado para a apresentação, que pode incluir perguntas sobre a administração.

Perguntas para Gestores de Ativos

Os proprietários de ativos podem fazer as seguintes perguntas para avaliar a *stewardship* realizada pelos gestores de ativos:

Política de *Stewardship*

1. Qual é sua política de *stewardship*, o que a torna única e como ela ajuda alguém a ser bem-sucedido como investidor? Quais são as áreas que você prioriza e quais escolheu não priorizar?
2. Como você avalia o desempenho do ESG de uma empresa para decidir se compra, retém ou vende as ações dela e se precisa se engajar com ela? O que é considerado único em seu método de avaliação?
3. Quais indicadores retrospectivos e prospectivos você utiliza para medir o sucesso de suas atividades de *stewardship*?
4. Você pode dar exemplos de decisões recentes de investimento que teria tomado de maneira diferente sem sua política de *stewardship*?

Capital Humano

5. Quais critérios você utiliza para avaliar e recompensar sua equipe de *stewardship* e seus gestores de fundos? Como eles estão alinhados com sua abordagem de *stewardship*?
6. Como você se assegura de que atrai e retém os melhores talentos e de que eles tenham treinamento suficiente em relação ao ESG? Você já passou por mudanças recentes de pessoal?

Processo de Investimento e Escolhas

7. Como a *stewardship* é integrada ao seu processo de investimento? Quem toma as decisões de *stewardship*? Como você resolve conflitos se a equipe de *stewardship* e os gestores de fundos discordam sobre reter ou não determinada ação, se engajar na empresa ou como votar?
8. Quanto tempo você aguarda até que considere que um engajamento falhou e como você avalia se ele falhou? O que você faz nessas circunstâncias?
9. Quais "sinais vermelhos" o impediriam de investir em uma empresa, em vez de se engajar nela? Como equilibrar as justificativas éticas para a exclusão e o potencial impacto do retorno?
10. Você avalia o desempenho ESG de uma empresa em termos absolutos ou em relação a seus pares de país, do setor produtivo ou em relação ao próprio desempenho passado?

As quatro primeiras perguntas sobre a política de *stewardship* refletem amplamente as questões de propósito para as empresas. Assim como é fundamental para uma empresa acreditar que cumprir seu propósito leva ao sucesso, a pergunta 1 ressalta a necessidade de um investidor entender a importância da *stewardship* na condução do desempenho dos investimentos — caso contrário, a *stewardship* nunca será uma prioridade. Para as empresas, essa seção tratou da excelência e da inovação. As inovações de produtos são mais raras para os gestores de ativos, por isso as perguntas 5 e 6 são voltadas para o capital humano — a principal fonte de excelência em uma empresa de investimentos. Assim como no caso das empresas, a última seção diz respeito às escolhas. Nem todas as dimensões do desempenho social melhoram o desempenho financeiro. A equipe de *stewardship* pode defender a exclusão de uma ação ou o engajamento com uma empresa em virtude de algum problema mesmo que o gestor do fundo o considere financeiramente imaterial — por isso é importante entender como essas escolhas são feitas. Outra escolha é entre o desempenho relativo e absoluto. Alguns gestores de ativos podem ter problemas de "sinais vermelhos" que eles nunca superarão, como uma empresa estar na indústria do tabaco ou ter diversidade insuficiente no conselho de administração, mesmo que seja "a melhor da categoria" em comparação com seus pares no país.

Com relação às empresas, um propósito bem definido é naturalmente único, pois elas operam em diferentes setores e, portanto, atendem à sociedade de maneiras únicas. Há menos diferenciação entre os gestores de ativos, pois eles estão no mesmo setor. Dessa forma, os proprietários de ativos devem tentar provocar o que é único na política de *stewardship* e na abordagem de investimento de um gestor de ativos. Enquanto as perguntas 1 e 2 indagam explicitamente sobre o que é único em sua política de *stewardship*, esse aspecto deve ser desdobrado na maior parte das outras perguntas.

Assim como nas perguntas a serem feitas para as empresas, a lista anterior é geral e apenas considerada um ponto de partida. Um proprietário de ativos pode fazer perguntas mais específicas sobre ações específicas que um gestor de ativos detenha. Ele poderia perguntar, por exemplo: "Por que você aprovou o modelo de remuneração do CEO da empresa X? Que perguntas você está fazendo à empresa sobre seu modelo de negócios e sobre seu propósito? Quais são as oportunidades e os riscos da empresa no longo prazo?" Isso abre espaço para perceber a abordagem de investimento do gestor em ação.

Nomeação

O passo seguinte na relação do gestor de ativos é a *nomeação*. Uma vez selecionado um gestor de ativos, o proprietário do ativo elabora um contrato (às vezes, referido como um "mandato" ou "contrato de gestão de investimentos"). Um elemento importante é o prazo de vigência do contrato. Atualmente, muitos contratos não têm prazo determinado de vigência, ou seja, deixam o contratante "à vontade", por isso os gestores de ativos passam a focar o desempenho de curto prazo, por medo de serem substituídos. Substituir essa prática por um prazo determinado de três a cinco anos indica os motivos que dão suporte à *stewardship* no longo prazo. Um segundo elemento é o modelo de remuneração, que deve ser baseado no desempenho em longo prazo. Em abril de 2018, o Fundo de Investimento em Previdência do governo japonês cortou a remuneração básica que paga aos gestores de ativos, mas suprimiu o limite de sua remuneração baseada no desempenho — reconhecendo que a alta remuneração é apenas resultado de um desempenho excepcional e não prejudica o desempenho. A maior parte da remuneração é diferida, e o fundo só firma contratos com vigência de muitos anos.

O contrato também pode estipular expectativas tanto para a prática quanto para a comunicação da *stewardship*. O modelo da Zurich Insurance para seus contratos contém a seguinte previsão: "O gestor de investimentos terá um processo para avaliar e monitorar investimentos atuais ou potenciais em relação a... fatores ESG. O gestor de investimentos garantirá que sua equipe receba treinamento adequado, acesso a dados e informações relevantes e aplique o devido cuidado e diligência à aplicação desse processo." Voltando-se para o relatório, o contrato pode especificar indicadores retrospectivos que o gestor de ativos deve divulgar, como a concentração da carteira, as saídas de pessoal importante e os registros de votação, além de indicadores prospectivos, como mudanças no processo de *stewardship* ou no planejamento sucessório.

Monitoramento

A etapa final é o *monitoramento* do relacionamento — se o gestor de ativos está cumprindo as expectativas da *stewardship* previstas no contrato. Isso envolve analisar as divulgações dos gestores de ativos e fazer as dez perguntas da lista com frequência. Assim como no Capítulo 8 ressaltou-se que o diálogo entre empresas e investidores deve ser bidirecional, isso também se aplica ao relacionamento entre gestores de ativos e proprietários de ativos. Enquanto um contrato estabelece requisitos formais para os gestores de ativos, alguns proprietários de ativos adotam "acordos" que esclarecem as expectativas que o gestor de ativos pode ter em relação às deles. O Acordo da Parceria do Fundo de Previdência Brunel afirma que não demitirá um gestor de ativos com base em seu desempenho de curto prazo e que dará feedback contínuo aos gestores de ativos e trabalhará com eles visando prorrogar o prazo de vigência dos contratos, em vez de encerrá-los unilateralmente sem aviso prévio. É importante ressaltar que o acordo enfatiza que os gestores de ativos devem dizer à Brunel se sentirem que esse diálogo regular está pressionando-os a focar fatores de curto prazo. Assim como acontece com o relacionamento entre o gestor de ativos e a empresa, o engajamento regular não deve se transformar em um microgerenciamento.

Destacamos os fatores em que os proprietários de ativos devem prestar atenção ao avaliar os gestores de ativos. Mas também é importante enfatizar as métricas em relação às quais eles devem ser cautelosos. Uma desvantagem da crescente popularidade do investimento responsável é que alguns clientes podem ser enganados por métricas atraentes à medida que correm para "pegar o bonde". Discutimos anteriormente os problemas dos reportes de impacto. Outras métricas podem capturar somente a dimensão "não praticar o mal". Por exemplo, a MSCI lançou uma ferramenta que analisa o "potencial de aquecimento" das empresas de uma carteira de ações. Os estoques de semicondutores pontuam negativamente, uma vez que, durante o processo de fabricação, são liberados perfluorocarbonos, que são muito piores do que o dióxido de carbono na retenção de calor. No entanto, eles "fazem o bem de maneira ativa" ao propiciar soluções para o aquecimento global, por exemplo, quando são usados em painéis solares. (E se o proprietário do ativo tiver preocupações além do aquecimento global, ele considerará que os semicondutores são usados em muitas outras aplicações que geram um enorme benefício para a sociedade, como telefones celulares.) Da mesma forma, uma estratégia de investimento para comprar ações de empresas emissoras de carbono e engajar-se para reduzir sua pegada de carbono criaria um impacto real, mas teria uma pontuação ruim na mensuração potencial de aquecimento. Isso não quer dizer que medidas de "impacto" e de "aquecimento" devam ser ignoradas. Mas, assim como qualquer mensuração, os usuários deverão ter muito cuidado para não as adotar como valor nominal sem entender suas limitações.

Agora trataremos dos prestadores de serviços. Buscando a brevidade, não teremos uma seção separada sobre os consultores de investimento — uma vez que, à medida que ajudam os proprietários de ativos na *seleção* e no *monitoramento* dos gestores de ativos, eles devem seguir princípios semelhantes aos citados anteriormente. Em vez disso, trataremos dos consultores de voto e dos analistas de ações, porque seus papéis de *stewardship* são muito diferentes. Em ambos os casos, analisaremos as evidências antes de propor uma reforma, pois o diagnóstico precede o tratamento.

Consultores de Voto

A Evidência

Os consultores de voto dão aos investidores recomendações com relação à votação, que podem ter um peso substancial. Mas é difícil calcular sua verdadeira influência — se um consultor recomendar um voto contra uma proposta e ela vier a ser derrotada, o aconselhamento do consultor não terá sido, necessariamente, responsável pela derrota. Talvez a proposta seja de baixa qualidade, e isso tenha levado tanto o consultor de voto a recomendar sua reprovação quanto os acionistas a votar nesse sentido; eles teriam se oposto a ela de qualquer maneira, mesmo sem essa recomendação. Ou seja, a qualidade da proposta é uma *variável omitida*.

Nadya Malenko e Yao Shen identificaram causalidade usando a abordagem de regressão que vimos anteriormente. O foco deles são as propostas de remuneração dos executivos e explorar o fato de que a Institutional Shareholder Services (ISS) usa um limite (baseado em retorno total aos acionistas — TSR — de um e três anos) para selecionar quais propostas analisar. E a ISS só realiza uma análise aprofundada de empresas que estão abaixo do limite; se uma empresa estiver um pouco acima ou logo abaixo, ela será considerada aleatória e não terá relação com a qualidade da proposta. Ficar um pouco abaixo do limite leva a uma análise rigorosa da empresa e aumenta significativamente a probabilidade de que a ISS recomende votar contra sua gestão. Nadya e Yao descobriram que, nos Estados Unidos, essa recomendação reduz em 25% o apoio para a votação.*

A forte influência dos consultores em matéria de comportamento de voto pode ser racional, uma vez que eles têm uma vantagem comparativa na avaliação de situações de voto complexas. Mas não é o ideal se os investidores seguirem cegamente as recomendações, em vez de fazerem a própria análise, ou se os consultores estiverem

* Um estudo da PwC analisa as recomendações feitas no Reino Unido, onde não há analogia com os filtros usados pela ISS nos EUA, por isso não faz fortes alegações de relação de causa e efeito. No entanto, o estudo se afasta da mera correlação ao estudar o comportamento de voto entre diferentes acionistas. Se as recomendações negativas da ISS forem seguidas cegamente, elas devem ter o mesmo impacto no comportamento de voto tanto de pequenos como de grandes investidores, caso contrário, grandes investidores com maiores incentivos para fazer a própria análise devem ser mais propensos a deixar de seguir as recomendações do consultor de voto. O estudo estima um efeito de 10% a 15%.

desinformados ou mostrarem alguma divergência de opinião. Diversos estudos sugerem que, pelo menos em alguns casos, essas preocupações são válidas.

Primeiro, será que os investidores seguem as recomendações do consultor de voto automaticamente? Peter Iliev e Michelle Lowry descobriram que mais de 25% deles dependem quase inteiramente da ISS. No entanto, fundos com maior propriedade de ações de uma empresa são mais propensos a votar de maneira ativa. Os pesquisadores descobriram, ainda, que os fundos que desviam mais da consulta de voto da ISS também recebem um maior retorno ajustado ao risco — a *stewardship* compensa. Separadamente, fundos que discordam da ISS são mais propensos a vender suas ações no trimestre seguinte — contradizendo as preocupações de que o desinvestimento é de curto prazo, mas, em vez disso, sugerindo que isso é resultado de o investidor fazer a própria pesquisa.

Segundo, será que as recomendações do consultor de voto não são informadas? Eles precisam fazer recomendações sobre milhares de empresas em um curto espaço de tempo (geralmente em abril, quando acontece a maioria das assembleias gerais anuais). Para lidar com esse aumento repentino na carga de trabalho, a ISS contrata trabalhadores temporários e terceiriza o trabalho para prestadores de serviços em Manila. Estes podem ser capazes de seguir as diretrizes gerais, mas provavelmente não têm experiência em adaptar as recomendações às circunstâncias peculiares de uma empresa. Portanto, há o perigo de que as recomendações sejam de "tamanho único".

Será que existe mesmo algum perigo de isso acontecer? Um estudo mediu a qualidade das recomendações da ISS, se uma indicação negativa está associada a uma pior rentabilidade futura ajustada para o setor produtivo em questão — se assim for, provavelmente a indicação foi justificada. O estudo descobriu que esse vínculo existe apenas para empresas cujo final de ano fiscal não ocorre em dezembro, mês em que a carga de trabalho da ISS não é tão alta. Outro estudo mostra que, quando a ISS e a Glass-Lewis, com sede nos EUA, fazem recomendações sobre empresas alemãs, elas tendem a ser semelhantes umas às outras, mas diferem das recomendações da IVOX, uma consultora de voto alemã. Isso sugere que os consultores norte-americanos não levam em conta o contexto local.

E mesmo suas recomendações sobre questões gerais, em que é necessário pouco ajuste fino, podem ser falhas devido a metodologias errôneas. Por exemplo, a ISS calcula a remuneração atrelada ao desempenho, ignorando os incentivos fornecidos pelas participações existentes, uma omissão importante, conforme discutido no Capítulo 5. Em um exemplo bastante irônico, a ISS recomendou votar contra o pacote de remuneração de 2017 da Willis Towers Watson, uma consultora de remuneração líder, e cometeu erros básicos ao fazer isso.

Terceiro, será que existe um conflito de interesses nas recomendações de consultores de voto? Alguns consultores vendem não apenas recomendações de votação para investidores, mas também serviços de consultoria para empresas, para ajudá-las a elaborar propostas nas quais os investidores provavelmente votarão. Eles podem ser tendenciosos em relação aos clientes de consultoria — seja para agradecê-los pelo negócio ou para mostrar que sua consultoria é útil na elaboração de propostas bem-sucedidas. O Sistema de Aposentadoria de Trabalhadores Públicos de Ohio abandonou os serviços da ISS, dizendo que "o que nos deu a dica de largar essa consultoria foram os conflitos existentes ou percebidos pela ISS devido à consultoria corporativa que ela faz".

Para analisar se o potencial conflito se transforma em um verdadeiro conflito, vamos olhar as evidências. Tao Li analisou os votos realizados em 26.304 reuniões de acionistas. Simplesmente mostrar que a ISS está mais propensa a recomendar que os clientes de consultoria votem "a favor" não sugere um viés, porque pode ser que a consultoria de fato melhore a qualidade da proposta. Então, Tao analisou a entrada da Glass Lewis no mercado, que não fornece serviços de consultoria. Em seguida, a ISS emitiu recomendações "contra" com muito mais frequência — principalmente para empresas maiores, mais propensas a serem clientes da ISS. Esses resultados sugerem que, antes da entrada da Glass Lewis, a ISS era mais favorável a seus clientes.

Ainda complementando uma explicação de conflito, a entrada da Glass Lewis no mercado teve um impacto maior em votos mais complexos (por exemplo, sobre governança e remuneração), em que é mais fácil ser tendencioso, em vez de votos "sem necessidade de raciocínio", nos quais o viés pode parecer explícito (por exemplo, eleições de conselheiros de administração não disputadas). É importante ressaltar que qualquer potencial viés gera resultados reais — ele importa. Para se concentrar em propostas nas quais os conflitos podem ter sido fundamentais, Tao comparou propostas que foram aceitas por uma pequena margem com aquelas que foram rejeitadas por uma margem igualmente pequena. Na primeira hipótese, os executivos recebem remuneração mais alta em relação a seus pares e há um aumento mais rápido da remuneração — sugerindo que qualquer viés permite que os gestores sejam pagos em excesso.

A Prática da *Stewardship*

Qual é a solução? O mesmo esquema de três passos recomendado em relação aos gestores de ativos. O primeiro passo é que os consultores de voto definam seu propósito e sua abordagem em relação à *stewardship*. A partir disso, eles se enxergarão como um serviço terceirizado, fornecendo aos gestores de ativos recomendações que eles possam seguir automaticamente?* Ou, como fornecedores de uma opinião externa especializada, farão apenas uma contribuição para as decisões de voto dos clientes? Voltando-se para a abordagem de *stewardship*, um consultor deve ter uma metodologia clara de pesquisa para determinar suas recomendações e, se for o caso, uma política interna de votação.

O passo seguinte é colocar essas políticas em prática. Digamos que um consultor de voto considere que seu papel como fornecedor é dar uma opinião externa especializada. Então, para uma questão que exige avaliação estratégica, ele deve destacar apenas os prós e os contras e rotular a questão como "Para avaliação estratégica", em vez de fornecer uma recomendação. De fato, se o voto sobre propósito vier a se tornar realidade, há o risco de que alguns investidores simplesmente deleguem seus votos para os consultores. No entanto, o que um investidor considera como propósito apropriado pode depender de suas preferências, porque estas afetam a materialidade intrínseca. Alguns deles podem considerar o ambiente mais importante; outros, os empregos. Dessa forma, os consultores de voto não devem tomar a decisão com base

* Esse papel ainda pode agregar valor, uma vez que alguns investidores não têm experiência interna na votação.

em sua opinião — devem apenas destacar os argumentos a favor e os argumentos contra. Além disso, um consultor de voto pode submeter suas metodologias de triagem mais importantes a uma revisão externa, para garantir que use técnicas de última geração, e implementar políticas robustas para enfrentar possíveis conflitos.

Por fim, os consultores devem publicar suas metodologias de pesquisa e suas políticas internas. Mais uma vez, a comunicação envolve mais do que apenas reportar. Os consultores precisam explicar proativamente às empresas por que fizeram determinada recomendação e, de maneira reativa, estar dispostos a se reunir com aqueles que queiram explicar a lógica de uma proposta considerada incomum. Às vezes, essas solicitações são recusadas, e é difícil ver como essa recusa é uma *stewardship* responsável.

Embora seja comum culpar os consultores de voto pelo que é visto como uma influência excessiva, a culpa não deve ser colocada somente sobre eles. Os investidores são responsáveis pela maneira como usam as recomendações dos consultores. Eles nunca seguiriam o aconselhamento de "compra" ou "venda" de um analista de ações automaticamente; eles analisariam o raciocínio e usariam a recomendação apenas como um dado a ser levado em conta em sua decisão de negociação. No entanto, alguns investidores — que recebem uma alta remuneração dos poupadores, em parte para praticar a *stewardship* — efetivamente terceirizam seu voto para os consultores, seguindo à risca suas recomendações. Se um investidor declarar que a votação informada não faz parte de sua política de *stewardship*, talvez por falta de experiência interna, é razoável que ele siga automaticamente os consultores de voto. Mas esse não será o caso se ele alegar que a votação é uma ferramenta crucial de *stewardship*.

Analistas de Mercado

A Evidência

Os analistas de mercado* fazem recomendações de compra e venda que influenciam consideravelmente a negociação dos investidores. A recomendação de compra de um único analista faz com que os preços das ações saltem 3% nos três primeiros dias e continuem aumentando 2,4% no mês seguinte. Em contrapartida, uma recomendação de venda reduz os preços das ações em 4,7% no curto prazo e 9,1% nos seis meses seguintes. Mas os códigos de *stewardship* não consideram que os analistas têm um papel na *stewardship*, porque eles não reconhecem a importância de negociar na *stewardship*. Se os investidores negociarem com ganhos de curto prazo porque foram influenciados por recomendações de analistas baseadas em ganhos, as empresas focarão os lucros, e não os investimentos. E a negociação afeta o engajamento. Se os acionistas não investirem em ações por uma recomendação dos analistas, eles não terão nenhum voto ou posição para se engajar com a empresa.

A abordagem da regulamentação existente (como o Acordo Global dos EUA) é no sentido de que os analistas seriam injustamente tendenciosos em relação aos clientes de seus empregadores. Mas isso não é suficiente. Mesmo que um analista não seja tendencioso, suas recomendações podem ser baseadas em fatores de curto prazo.

* Aqui usamos o termo "analista" para nos referir a um departamento de pesquisa do mercado de ações de um banco de investimento ou a uma empresa independente de pesquisa do mercado de ações.

Os analistas influenciam a negociação particularmente por meio de suas previsões de ganhos. Errar uma previsão reduz o preço das ações em 3,5% e faz com que o bônus do CEO diminua. No Capítulo 6, a pesquisa de Graham, Harvey e Rajgopal revelou que 80% dos diretores financeiros (CFOs) cortariam o investimento para atender a um *benchmark* de ganhos. Os *benchmarks* podem se referir a ganhos passados, mas a pesquisa constatou que 73,5% consideraram que os analistas preveem um *benchmark* importante. Outro estudo de Stephen Terry descobriu que as empresas que apenas atendem às previsões de ganhos dos analistas têm um crescimento de P&D 2,6% menor do que aquelas que apenas perdem, sugerindo que cortaram P&D para atingir a previsão.

Os relatórios dos analistas vão além da previsão de ganhos. Eles discutem fatores de longo prazo, como estratégia, perspectiva de mercado e qualidade de gestão — mas geralmente somente aqueles que apresentam uma relação clara com o lucro, em vez do valor para os stakeholders. Eli Amir, Baruch Lev e Theodore Sougiannis descobriram que os analistas não avaliam totalmente ativos intangíveis, principalmente em empresas com uso intensivo de P&D, em que os ativos intangíveis são particularmente importantes. Como resultado, Jack He e Xuan Tian constataram que tanto o número de analistas que avalia uma ação cai quanto o número relacionado à qualidade das patentes aumenta.

A Prática da *Stewardship*

Aplicaremos a mesma estrutura de pensamento em três passos usada para os gestores de ativos. O primeiro passo é a definição do propósito dos analistas o que envolve reconhecer seu papel na *stewardship*. O objetivo de um analista pode ser promover investimentos responsáveis. Nesse caso, sua abordagem de *stewardship* deve envolver a análise do desempenho social de uma empresa e a influência dessa avaliação em suas recomendações de investimento. Um propósito diferente pode ser fornecer uma análise exclusivamente financeira.

O segundo passo é que os analistas incorporem sua abordagem de *stewardship* internamente. Isso envolve garantir que eles tenham recursos adequados para avaliar o capital dos stakeholders de uma empresa. Os departamentos de análise das ações têm equipes diferentes dedicadas a cada setor produtivo (por exemplo, bancos, produtos químicos), mas, agora, a maioria também tem uma unidade especializada em investimento responsável. Seus principais clientes são investidores responsáveis, porém o desempenho social é importante para todos os acionistas. Um analista deve seguir alguns processos para garantir que os fatores ESG sejam inseridos em todos os relatórios, não apenas nos relatórios da equipe de investimento responsável.

O último passo é a comunicação externa. O acordo global exige que os relatórios dos analistas sejam divididos entre suas recomendações de compra, de retenção e de venda referentes a todas as ações, para que os investidores possam avaliar se elas são excessivamente otimistas. Da mesma forma, os analistas podem informar com que frequência eles fazem uma recomendação de compra, apesar da previsão pessimista de ganhos trimestrais de uma empresa. Isso permite que os investidores avaliem até que ponto as recomendações são impulsionadas pelas previsões em curto prazo.

Essas três etapas os ajudam a reconhecer e a cumprir suas responsabilidades de *stewardship*. No entanto, também é importante que os reguladores e o restante da cadeia de investimentos as reconheçam. Ao contemplar reformas de *stewardship*, os reguladores devem incluir os analistas de ações. Os investidores, por sua vez, ao decidir a quais ações devem dedicar especial atenção, precisam considerar a abordagem dos analistas para a *stewardship*. A mudança de atitude necessária é significativa, uma vez que atualmente os analistas são ignorados nas reuniões de *stewardship*. Mas é uma mudança importante, porque as recomendações dos analistas repercutem nas decisões de negociação dos investidores e, em última instância, afetam o comportamento da empresa.

Em Poucas Palavras

- A *stewardship* é responsabilidade de toda a cadeia de investimentos — não apenas de gestores de ativos, mas também de proprietários de ativos e prestadores de serviço. Melhorar a *stewardship* é fundamental para aumentar o retorno em longo prazo e garantir a legitimidade do setor de gestão de investimentos.
- Um investidor deve buscar a *stewardship* de maneira semelhante àquela como uma empresa busca o propósito. Começa ao *definir* sua política de *stewardship* de modo bastante claro, *incorporar* essa política no processo de investimento de forma integrada e *comunicar* tanto as políticas quanto os resultados externamente.
- Uma definição de *stewardship* deve incluir uma política de desinvestimento e a *forma* e os *temas* para engajamento. A abordagem escolhida para a *stewardship* deve seguir com base no propósito do gestor de ativos e, portanto, ser baseada no princípio da vantagem comparativa.
- A incorporação da *stewardship* envolve garantir que os gestores de ativos tenham grande participação, incentivos financeiros de longo prazo e recursos de *stewardship*.
- O monitoramento efetivo avalia o valor que uma empresa cria para a sociedade — informações que provavelmente não estão no preço atual das ações. O relatório integrado de uma empresa e as classificações ESG são dados de entrada úteis, mas devem apenas *construir* o caso do investimento, em vez de *constituir* o caso. Eles devem ser complementados em avaliações qualitativas do desempenho social de uma empresa, potencialmente orientadas por reuniões com a gestão.
- A votação efetiva é informada por meio de recomendações de consultores de voto e da política interna, mas também considera as circunstâncias únicas de uma empresa.
- O foco do engajamento efetivo é fazer o bolo crescer (como o propósito e a estratégia), em vez de se voltar para questões que visam repartir o bolo (como o nível de remuneração). Isso pode envolver o engajamento coletivo entre diversos investidores e um mecanismo para escalar níveis.
- A comunicação envolve métricas quantitativas sobre o comportamento de voto e a concentração da carteira. A comunicação mais valiosa pode ser qua-

litativa — prioridades de engajamento, temas de monitoramento e estudos de caso de engajamentos ou desinvestimentos bem-sucedidos.

- A escolha dos gestores de ativos pelos proprietários de ativos deve ser feita, em parte, com base em seu registro histórico de *stewardship* — e observar as métricas quantitativas, como "reportes de impacto", porque os números são incompletos. Isso é capaz de garantir que os contratos sejam baseados no desempenho a longo prazo e que sejam claros sobre as expectativas de *stewardship* dos gestores de ativos, além de lhes fornecer feedback contínuo sobre seu desempenho.
- A contribuição dos consultores de voto para a stewardship pode ser robusta, mediante a garantia de que haja os recursos adequados para fornecer recomendações personalizadas, a implementação de políticas para enfrentar potenciais conflitos de interesse, a submissão de suas metodologias de triagem ao escrutínio externo e a visão de seu propósito como um serviço consultivo, e não de terceirização.
- Os analistas do mercado de ações podem desempenhar um papel fundamental na *stewardship* baseando suas recomendações mais nos ativos intangíveis e no desempenho social das empresas, em vez de baseá-las nos ganhos de curto prazo.

10

CIDADÃOS

Como os indivíduos podem atuar e moldar os negócios, em vez de serem manipulados

Neste capítulo, exploraremos como os cidadãos podem ajudar a fazer o bolo crescer. Eles moldam os negócios por meio do desempenho dos seguintes papéis:

- **Membros.** Como investidores, colegas e clientes, os cidadãos podem responsabilizar as empresas, escolhendo em quais investir, trabalhar e de quais comprar.
- **Políticos.** Apenas alguns cidadãos trabalham em cargos relacionados à política. Mas todos afetam a política como eleitores (e, em alguns casos, escrevendo para os formuladores de políticas ou respondendo a consultas públicas). Discutiremos o papel tanto da legislação rígida quanto dos códigos de conduta flexíveis.
- **Influenciadores.** Estes incluem a mídia, os grupos de reflexão e aqueles considerados especialistas. Também incluem cidadãos que influenciam pelo conteúdo que compartilham, compram ou comentam. Os influenciadores podem responsabilizar empresas individuais e orientar políticas, moldando a opinião pública sobre os negócios em geral.*

O tamanho das corporações globais pode fazer parecer que os cidadãos são impotentes para moldar os negócios — mas estudos mostram que temos muito mais poder do que se acredita. Um único colega, Sherron Watkins, denunciou uma fraude contábil na Enron, alertando o CEO Kenneth Lay sobre irregularidades contábeis e, em seguida, testemunhando perante a Câmara dos Deputados e o Senado dos EUA. Um único cidadão, Dan O'Sullivan, iniciou a campanha "Delete Uber" no Twitter. Quando a aliança dos taxistas de Nova York convocou uma greve para protestar contra a proibição de viagens de Donald Trump a países muçulmanos, a Uber removeu

* Como acontece com muitas taxonomias neste livro, as linhas de separação não são perfeitamente nítidas. Códigos de conduta podem ser adotados pelos próprios participantes do setor sem o envolvimento dos formuladores de políticas. Empresas e investidores também podem ser influenciadores.

o preço de pico, o que normalmente levaria a tarifas mais altas. Dan e a campanha argumentaram que a Uber estava tentando lucrar com a greve, e 500 mil clientes o apoiaram, excluindo suas contas.* Greta Thunberg tinha apenas 15 anos quando iniciou uma "Greve Escolar pelo Clima", em agosto de 2018. Mais tarde naquele ano, ela discursou na Conferência das Nações Unidas sobre mudanças do clima e, desde então, aumentou a conscientização sobre a crise climática entre líderes de países e crianças. Os cidadãos podem, inclusive, propor políticas sem serem legisladores. O referendo suíço contra salários com característica de exploração, mencionado no Capítulo 5, foi lançado por Thomas Minder, um empresário que produzia pasta de dente e enxaguante bucal para companhias aéreas.

Chamaremos esse poder de *agência*: a capacidade das pessoas de agir de maneira independente e influenciar seu ambiente, em vez de sofrerem a ação de outrem. Como o 14º Dalai Lama disse uma vez: "Se você acha que é muito pequeno para fazer a diferença, tente dormir com um mosquito."

Antes, discutiremos como os cidadãos podem fazer o bolo crescer em seu papel como investidores, colegas e clientes.

Membros

No Capítulo 6, explicamos como os investidores institucionais têm dois poderes de *stewardship* — o monitoramento (decisão sobre ações de quais empresas comprar) e o engajamento (mudar o comportamento das empresas das quais possuem ações). Esses mesmos poderes se aplicam aos investidores individuais, colegas e clientes.

Monitoramento

A primeira fonte de agência é nossa liberdade de escolher de quais empresas queremos ser membros — aquelas cujos valores compartilhamos. No Capítulo 4, vimos como os investidores devem selecionar ações parcialmente com base no desempenho social da empresa; fazer isso melhora não só o retorno social, mas também financeiro. No Capítulo 9, recomendamos que os poupadores selecionem os gestores de ativos de acordo com o desempenho de sua *stewardship*. A instituição sem fim lucrativo britânica ShareAction, que promove o engajamento de poupadores, classifica os fundos mútuos nessa dimensão, a fim de ajudar nessa seleção.

A maior decisão de investimento de muitos cidadãos não é financeira, mas sobre para quem trabalhar. Se o empregador tiver a reputação de explorar seus clientes e fornecedores, prejudicar o meio ambiente ou maltratar colegas mulheres e minorias, os cidadãos têm o poder de recusar uma oferta de emprego mesmo que considerem o salário e a função atraentes. Como os trabalhadores são o principal ativo em quase todas as empresas, a ameaça de perder trabalhadores talentosos é um importante impedimento para o comportamento de repartir o bolo.

Uma empresa que explora a sociedade pode não apenas entrar em conflito com o próprio sistema de valores de um trabalhador, como também não obter sucesso no longo prazo e comprometer seu negócio. De fato, ao estudar o desempenho social,

---

* Outros cidadãos alegaram que a Uber reduziu os preços para ajudar os clientes, como muitas vezes faz durante emergências, e, por isso, o boicote foi injustificado. Independentemente de a campanha ter sido justificada, esse exemplo mostra o poder dos cidadãos de afetar consideravelmente o valor da empresa.

alguns colapsos de empresas seriam potencialmente previsíveis antes do ocorrido. Por exemplo, a lista de outubro de 2012 do Business Insider de "13 empresas que podem ser mais arriscadas do que você pensa", com base nas classificações ESG do provedor de dados GMI, alertou contra a Wells Fargo devido a numerosos problemas de governança. No ano seguinte, um artigo no *Los Angeles Times* relatou que a "pressão implacável para vender tem abalado a moral dos trabalhadores e levado a violações éticas... Para cumprir as cotas, os trabalhadores abriram contas desnecessárias para os clientes, encomendaram cartões de crédito sem a permissão deles e falsificaram suas assinaturas" — mas pouca atenção foi dada a essas revelações na época. Em setembro de 2016, o Consumer Financial Protection Bureau anunciou que a Wells Fargo havia aberto 2 milhões de contas bancárias e emitido cartões de crédito falsos. As multas e a perda de reputação fizeram com que o banco anunciasse planos para fechar quatrocentas agências e cortar até 10% de sua força de trabalho. Mesmo que um trabalhador conseguisse encontrar um novo emprego, ele sofreria um corte salarial. Boris Groysberg, Eric Lin e George Serafeim mostraram que os gerentes seniores que deixaram empresas que se envolveram em má conduta financeira ganham 4% menos do que seus pares — mesmo que eles tenham saído antes de o escândalo estourar. O simples fato de ter uma empresa manchada em seu currículo prejudica seu potencial de ganho.

A mesma agência é desfrutada pelos clientes. Em vez de escolher produtos apenas com base no preço, eles podem comprar de empresas que refletem o que gostariam de ver no mundo — assim como muitos compram alimentos orgânicos ou de origem local, apesar do custo ser maior. Isso não exige muito tempo nem esforço. O Capítulo 9 mencionou diversas fontes de dados disponíveis gratuitamente sobre o desempenho social de uma empresa, e há fontes adicionais adaptadas aos clientes. Por exemplo, os sites do Guia de Boas Compras e Consumidor Ético permitem que você escolha um produto (que vai de bananas a chaleiras e até mesmo seguros) e, em seguida, veja as classificações ambientais e sociais de diferentes marcas. O aplicativo Nudge for Change permite selecionar quais problemas importam mais para você e, em seguida, ele classifica um varejista sobre esses problemas assim que você acessa sua loja. Por meio da Buycott, um cliente escaneia o código de barras de um produto e aprende sobre seu impacto social; a GoodOnYou fornece informações semelhantes ao inserir o código de determinada marca.

Quando muitos clientes deixam de consumir produtos de uma empresa, isso se torna um boicote — o que é particularmente poderoso atualmente, pois isso pode se espalhar rapidamente nas mídias sociais. Discutimos as campanhas da Volkswagen e da Uber que afetaram seriamente as empresas-alvo, mas um boicote também pode se espalhar para o restante do setor produtivo. Na década de 1990, vimos muitas manifestações contra as condições de trabalho na fábrica da Nike. A Nike respondeu reconhecendo essas questões, melhorando os salários e as condições e criando a "Associação de Trabalho Justo" com outras empresas, para estabelecer um monitoramento independente e um código de conduta.

Além de decidir de qual empresa comprar, uma fonte de agência ainda mais poderosa é a liberdade de não comprar, ou comprar um tipo diferente de produto. Por exemplo, não atualizar seu telefone, reduzir as viagens aéreas e resistir às compras de "fast fashion" ajudam o meio ambiente. Sites como WWF Footprint Calculator,

REAP Petite e CarbonFootprint.com permitem que as famílias calculem sua pegada de carbono, de modo que os planos de redução sejam baseados nos melhores dados disponíveis.

Engajamento — Investidores

A segunda fonte de agência é nossa capacidade de nos envolver com as empresas das quais somos membros. Conforme vimos no Capítulo 4 por meio do estudo de Caroline Flammer, os investidores podem fazer propostas aos acionistas para melhorar o desempenho social da empresa. É importante ressaltar que isso pode ser feito por investidores individuais e institucionais. Em maio de 2018, o acionista de varejo Keith Schnip pediu ao McDonald's para emitir um relatório sobre seus esforços para desenvolver substitutos para canudos plásticos. A proposta foi derrotada, mas, ainda assim, contribuiu para a mudança de comportamento – no mês seguinte, o McDonald's anunciou que eliminaria gradualmente os canudos plásticos no Reino Unido e na Irlanda a partir de 2019.* Uma proposta de acionistas de uma empresa pode ter efeitos de repercussão em um setor produtivo ou até mesmo na economia. Uma resolução de 1973 na companhia petrolífera Mobil exigiu melhores condições de trabalho para os trabalhadores negros em suas operações na África do Sul. Isso aumentou a conscientização sobre o apartheid e ajudou a desencadear uma campanha para se desfazer da subsidiária na África do Sul, mencionada no Capítulo 6.

Além das propostas formais, os acionistas podem fazer perguntas em assembleias gerais anuais (AGM). Todas as noites, Abdul Durrant trabalhou duro na limpeza dos escritórios do HSBC de Londres, incluindo o do presidente Sir John Bond. Ele se esforçou para sustentar seus cinco filhos com seu salário. Então a Telco, uma aliança de instituições de caridade no leste de Londres, comprou algumas ações para Abdul, permitindo que ele participasse da AGM de 2003 do HSBC. Ele se encorajou a falar na reunião e a se dirigir a Sir John, dizendo: "Estou aqui em nome de todos os trabalhadores contratados do HSBC e das famílias do leste de Londres. Recebemos 5 libras por hora – um total de 5 libras por hora! –, sem previdência e sem um sistema de auxílio-doença. Em meio a nossas dificuldades, nossos filhos vão para a escola sem uma refeição adequada. E não podemos fornecer livros necessários para sua educação; principalmente as excursões escolares, que eles acabam perdendo."

Comovido com esse apelo, Sir John deu um aumento salarial de 28% aos faxineiros do HSBC. Na AGM do ano seguinte, Abdul se levantou para agradecer a Sir John: "Os faxineiros do HSBC estão muito satisfeitos com sua decisão de elevar nossos padrões e aumentar nossa remuneração. Vim aqui para agradecê-lo... Agora tenho mais tempo com meus filhos e posso lhes garantir tempo de qualidade. Na linguagem da rua, eles dizem 'grande respeito'." Isso mostra o poder de um único empregado para mudar a política salarial de uma grande multinacional. Alguns podem pensar que a intervenção de Abdul foi desnecessária – Sir John deveria saber que os faxineiros queriam salários mais altos. Mas todos os líderes enfrentam escolhas; esses salários

* Como em muitas decisões, é improvável que a decisão do McDonald's de eliminar os canudos de plástico tenha uma única causa. Políticos britânicos haviam proposto proibir canudos de plástico no início de 2018, mas a proposta só foi implementada em maio de 2019. Além disso, o fato de o McDonald's ter sido uma das poucas empresas a tomar medidas voluntárias sugere que a resolução dos acionistas da Schnip foi um fator contribuinte.

mais altos podem ter sido às custas de outros stakeholders. Abdul falou o quanto era importante melhorar o salário dos faxineiros — ainda mais do que as outras prioridades do HSBC.

De maneira geral, a ShareAction conta com uma equipe de "acionistas cidadãos" que participa das assembleias gerais anuais e pede aos conselhos que paguem o Salário para a Vida. Esse valor é superior ao salário mínimo legal e calculado para atender às necessidades básicas da família do trabalhador. Quando a ShareAction lançou sua campanha Salário para a Vida, em 2011, apenas 2 empresas FTSE 100 pagavam esse salário; agora esse número está em 39. Mesmo sendo os acionistas que, em última análise, pagam os salários mais altos, muitos só querem obter retorno de empresas cujos trabalhadores sejam capazes de viver uma vida digna. Além disso, esses salários mais altos geralmente fazem o bolo crescer, melhorando a retenção e a motivação dos trabalhadores, e não são às custas do lucro em longo prazo.

Engajamento — Clientes

Os clientes, muitas vezes, se sentem impotentes para gerar mudanças em uma grande empresa, então, se estão insatisfeitos, sua única opção é ir embora. Mas atualmente sua capacidade de se engajar com as empresas é maior do que nunca.

Um canal de engajamento consiste em fornecer feedback sobre os produtos de uma empresa. Atualmente, sites de avaliação facilitam o registro de feedbacks por escrito, o que significa que eles influenciam outros clientes, bem como a empresa. Comentários em sites como TripAdvisor, Airbnb e Amazon podem fazer com que empresas ou produtos sobrevivam ou morram. Os clientes também podem fornecer informações para incentivar a inovação da empresa. Depois de chegar perto da falência em 2004, a Lego se tornou a maior empresa de brinquedos do mundo em receita em 2015. O foco dessa reviravolta foi a Lego criar o Programa Embaixador, para se envolver com seus clientes mais assíduos, angariando ideias para novos produtos e ajudando a empresa a reorientar os produtos atuais.

Um segundo canal de engajamento consiste em apoiar as propostas dos acionistas. A proposição de Keith Schnip surgiu porque a guardiã do consumidor SumOfUs lançou pela primeira vez uma petição pedindo ao McDonald's para proibir canudos de plástico. Após coletar meio milhão de assinaturas, ela pediu a Keith (que era membro da SumOfUs e acionista do McDonald's) que apresentasse a proposta em nome da SumOfUs. Trabalhando juntos, clientes e investidores alcançaram muito mais do que poderiam ter alcançado sozinhos.

Uma fonte muito diferente de agência surge porque são os clientes que possuem o produto de uma empresa após sua compra, então eles podem decidir como este será usado. Uma empresa pode lançar iniciativas para reduzir o impacto ambiental de seus produtos — a Patagônia executa programas para consertar roupas danificadas ou revender itens descartados. A Hewlett Packard fabrica cartuchos de toner reutilizáveis e permite que os clientes os enviem de volta gratuitamente. Mas essas iniciativas só funcionam se os clientes fizerem sua parte, em vez de descartar os objetos por conveniência. Os clientes são parceiros da empresa ao garantir que seus produtos tenham o uso pretendido ao longo de seu ciclo de vida.

Engajamento — Colegas

Como colegas, o engajamento envolve adotar a mesma mentalidade de fazer o bolo crescer que enfatizamos para as empresas. Assim como as empresas devem criar valor para os stakeholders mesmo que não haja uma relação clara com o lucro futuro, os trabalhadores devem criar valor para a empresa mesmo que não sejam explicitamente recompensados em seu sistema de avaliação.

Os trabalhadores em cargos de gestão ou supervisão — não importa quão júnior ou sênior eles sejam — podem ver seu departamento ou sua equipe como uma pequena empresa e aplicar os princípios de liderança que desenvolvemos ao longo deste livro. Um gestor pode pensar no "micropropósito" de seu departamento — o papel que desempenha para ajudar a empresa a cumprir um propósito mais abrangente — e a melhor maneira de incorporá-lo e calcular o progresso da organização como um todo. Ele pode se perguntar "o que está em minhas mãos?", para considerar como pode implantar os recursos e a expertise de sua equipe para contribuir com o propósito da empresa.

A agência se estende a todos os trabalhadores, mesmo àqueles que não estão em cargos de gerência. Um exemplo é o tratamento dos colegas de trabalho, conforme discutido no final do Capítulo 8. É importante ressaltar que as atitudes de empoderamento, investimento e recompensa podem ser praticadas por todos. Um colega não precisa aceitar a cultura da empresa em que trabalha; ele tem o poder de mudá-la. Quase todos gerenciam outra pessoa. Mesmo que um trabalhador ocupe o posto mais baixo em seu departamento, outros departamentos podem apoiar o seu. Um colega pode resolver problemas simples de TI sozinho, em vez de considerar o tempo da equipe do departamento de TI como descartável. Se um técnico de TI tem sido particularmente útil, um trabalhador pode praticar a atitude de recompensa ao fornecer um feedback diretamente para ele, bem como descobrir quem é seu chefe e transmiti-lo a ele.

Outro exemplo é a gestão. Aqueles posicionados um degrau abaixo na hierarquia da empresa, muitas vezes, acreditam que têm pouca agência. Em meus primeiros meses no setor bancário, trabalhei sob a suposição de que meu empregador queria que os analistas fizessem de maneira passiva o que lhes era solicitado. Eu não tinha nenhuma evidência para essa suposição, apenas acreditei nisso porque foi o que todos disseram. Minha equipe do departamento de produtos químicos tinha uma função muito próxima ao departamento de transporte, que era dirigido por Ben, um trabalhador que, aos 31 anos, tornou-se o chefe mais jovem de qualquer grupo do setor. Uma vez, ele me viu infeliz com o excesso de trabalho e me convidou para almoçar, apesar de não ter nenhuma responsabilidade oficial em relação a mim — a atitude do investimento. Ele explicou que minhas suposições não passavam de uma bobagem e como os analistas que ele — e o banco — valorizavam eram aqueles que expressavam agência, pois estes poderiam contribuir muito mais do que aqueles que se limitavam a executar o que lhes era solicitado.

Algumas semanas depois, fiz uma análise de avaliação que envolveu quinze empresas comparáveis. Como uma delas era a Syngenta, uma empresa de agroquímicos, meu chefe (Mark) sugeriu de imediato acrescentar a Monsanto, outra empresa de agroquímicos. Expliquei que, tendo já 15 empresas comparáveis, uma 16ª agregaria pouco valor ao cliente, mas seria necessário alterar muitos cálculos, porque o grupo de comparação é introduzido em todas as análises. A sugestão de Mark pode parecer uma atitude de livre disposição, mas ele apenas não estava ciente de quanto trabalho extra isso causaria. Para ele, as duas empresas, a Syngenta e a Monsanto, estavam associadas, então ele sugeriu a inclusão desta última como um reflexo de pensamento. Eu era a única pessoa que poderia conscientizá-lo, e se eu não fizesse isso, teria apenas a mim mesmo para culpar. Mark me ouviu com atenção e rapidamente retirou a sugestão. Minha primeira avaliação oficial, seis meses depois, expressava: "Notavelmente, para um analista do primeiro ano, Alex tem vontade de falar e de contribuir com suas opiniões e seus pontos de vista, o que deve ser encorajado." Isso diz muito mais sobre Mark, e sobre minha empregadora em geral, do que sobre mim — mostra o valor que eles dão à agência.

Além das relações de trabalho com os colegas, a agência se estende a contribuir para a empresa, independentemente de sua função. No Capítulo 8, discutimos o sistema *andon* japonês, no qual os trabalhadores das fábricas têm responsabilidade de verificar a qualidade do produto e autoridade para parar a linha de produção. No entanto, cabe a eles aproveitar essa responsabilidade. É fácil — e, muitas vezes, catártico — reclamar de um problema, porém mais difícil é fazer algo a respeito disso. Mas não é muito mais difícil. A principal barreira é adotar a mentalidade de que podemos fazer o bolo crescer, em vez de ficarmos presos ao problema. Às vezes é necessário pouco esforço para fazer uma sugestão. Muitas inovações de sucesso vieram de uma ideia dos trabalhadores — novos produtos, como os post-its; novos processos, como a New Belgium, que eliminou suas divisórias de papelão; e novas políticas, como a dos colegas da Barry-Wehmiller, que sugeriram que cada um poderia tirar uma licença extra no lugar de outro colega.

Embora seja dever dos cidadãos usar qualquer agência que eles receberam, é dever de uma empresa liberá-la. As empresas podem criar um valor considerável ao aproveitar o conhecimento agregado de seus trabalhadores e clientes, mas às vezes elas não se incomodam em fazer isso. Assim como Frederick Taylor considerou Schmidt desmotivado e pouco inteligente, os executivos às vezes pensam que os consumidores estão interessados apenas em extrair de uma empresa (comprando seus produtos), em vez de retribuir a ela. Alguns sites de empresas fornecem formulários por meio dos quais os clientes podem fazer reclamações, mas não há um espaço para sugestões. Eles estão implicitamente assumindo que os clientes têm a mentalidade de repartir o bolo — eles somente entrarão em contato para exigir uma compensação, não para sugerir ideias que beneficiem ambas as partes.

Essas suposições não são verdadeiras. Por isso, o primeiro passo é que os líderes repensem qualquer falsa percepção de seus trabalhadores e clientes como indivíduos interessados apenas em si mesmos e, em vez disso, os considerem cidadãos — ou seja, membros criativos, colaborativos e empáticos das comunidades. Então o desafio é encontrar maneiras de incentivar e canalizar a energia cidadã desses indivíduos, tocando em quem eles naturalmente são. No Capítulo 8, discutimos quantas empresas agora consideram seus trabalhadores parceiros, e algumas estão fazendo isso com seus clientes. A Patagônia só poderia ter lançado a Common Threads Initiative se confiasse que seus clientes investiriam tempo na reparação de seus produtos. O Lego's Ambassador Programme vê seus clientes como uma extensão de seu departamento de P&D. De maneira mais ampla, organizações como a New Citizenship Project trabalham com empresas para liberar o potencial de cidadania de seus clientes.

Agora analisaremos como os formuladores de políticas ou os eleitores com opiniões sobre política podem ajudar a fazer o bolo crescer.

Formuladores de Políticas

Uma maneira por meio da qual os formuladores de políticas podem apoiar a Pieconomics é a regulamentação. Isso deve ser visto de maneira ampla — como qualquer forma de "regular", ou moderar, um comportamento. Inclui não apenas a legislação, mas também os códigos de conduta, bem como os códigos de *stewardship*.

Embora a regulamentação possa desempenhar um papel positivo, muitas vezes, produz consequências não intencionais. Primeiro discutiremos algumas ressalvas importantes ao elaborar a regulamentação. Tendo isso em mente, descreveremos diversas maneiras pelas quais a regulamentação pode ajudar.

1. A Mentalidade de Fazer o Bolo Crescer

A mentalidade de fazer o bolo crescer salienta a importância de erros por omissão. Mas a regulamentação é mais eficaz na punição de erros comissivos — é muito difícil multar uma empresa por não criar valor. Não apenas a regulamentação não é capaz de reduzir os erros por omissão, como também pode torná-los mais prováveis. Ao tentar não cometer um erro, uma empresa pode deixar de inovar.

Em dezembro de 2017, a pedido do governo britânico, a Investment Association lançou um registro de empresas que obtiveram menos de 80% de apoio em uma votação de acionistas, como as eleições de conselheiros ou as aprovações de contas. Esse registro foi realizado para nomear e apontar as empresas que fazem propostas que geram oposição entre os investidores. O registro é coloquialmente conhecido como o "passo impertinente", dado o estigma criado em torno dele, por isso os líderes querem evitar entrar nessa lista.

Mas essa regra de "uma atitude errada e você está fora" impede a inovação. O fracasso não é somente uma consequência da inovação (uma vez que a inovação implica correr o risco de fracassar), ele também é uma causa da inovação (uma vez que as lições do fracasso podem informar a inovação futura). Se uma empresa sugerir uma reforma salarial e receber "apenas" 75% de apoio, ela pode ouvir as preocupações dos investidores que votaram contra. De fato, o ciclo de feedback que existia antes desse registro parecia estar funcionando bem. As empresas que ficaram abaixo do limite de 80% no "voto sobre remuneração" receberam mais apoio no ano seguinte, uma média de 17%. O autor Matthew Syed chama isso de "pensamento de ciclo aberto" (levando as preocupações a sério e reagindo em resposta a elas), ao contrário do "pensamento de ciclo fechado" (assumindo que os investidores devem estar errados e avançando com a proposta independentemente da opinião deles).

E não está claro, em primeiro lugar, o que se pretende alcançar com esse registro. Se há um benefício em expor as empresas, devemos expor aquelas que não conseguem criar valor social. Se um registro sobre a remuneração tiver valor, uma empresa deveria ser listada apenas se recebesse baixo apoio dos acionistas por dois anos seguidos. Isso lhe daria uma chance de responder às preocupações dos investidores e permitiria que o ciclo de feedback funcionasse.

2. Evidências, em Vez de Histórias

As evidências podem orientar a regulamentação de duas maneiras. Primeiro, podem diagnosticar a extensão de um problema e se ele precisa mesmo de uma solução. A regulamentação, às vezes, pode ser uma reação a algumas maçãs podres, mesmo que o restante da cesta esteja em boas condições.

Em 1982, William Agee, o CEO da Bendix, recebeu um pacote de benefícios conhecido como "golden parachute" ["paraquedas dourado", em tradução livre] de US$4,1 milhões quando foi solto depois de sua empresa ter sido comprada. O público ficou furioso por alguém ter o benefício de ser pago por perder o emprego e exigiu que fosse tomada alguma medida. Em resposta a esse único caso, em 1984, o Congresso impôs uma alta alíquota de imposto sobre esse pacote de benefícios, mais de três vezes a remuneração. Essa lei aumentou o uso de pacotes de benefícios — alertou os CEOs para a possibilidade de serem pagos por serem demitidos, por isso solicitaram esses benefícios. Antes raros, 41% das mil maiores empresas os empregavam até 1987, e esse percentual aumentou para 70% em 1999. As empresas que costumavam conceder o pacote de benefícios aumentaram em três vezes a remuneração de seus CEOs, porque a regulamentação implicava que esse seria um nível aceitável. Outras, por sua vez, aumentaram a remuneração para contornar a regulamentação.

Pode parecer que essas consequências não intencionais resultaram da elaboração malfeita dessa lei em particular. Mas as lições que podemos tirar dela são gerais. A regulamentação sempre produz consequências não intencionais — as empresas podem contorná-la ou encorajar-se a ir até o limite. Esses desfechos são como os efeitos colaterais de uma intervenção médica. Na medicina, o diagnóstico precede o tratamento. Um paciente só deve ser submetido a uma cirurgia invasiva, com todos seus efeitos colaterais, se sua condição for grave. Da mesma forma, devemos impor a regulamentação, com todas suas consequências, apenas se o problema for generalizado em muitas empresas.

Um segundo papel das evidências é orientar o tratamento de um problema, uma vez que potenciais soluções podem ter sido testadas em outros países. Propor grandes reformas faz você ser elogiado como um revolucionário, mas é arriscado na ausência de evidências de que elas funcionam. De fato, as pesquisas podem descobrir resultados contraintuitivos que vão contra o que sugerem os palpites. Ao lançar sua campanha de 2016 para se tornar primeira-ministra do Reino Unido, Theresa May anunciou a intenção de tornar os votos anuais sobre remuneração vinculantes, em vez de recomendatórios, para dar aos investidores mais poder no controle das remunerações. Mas ao olhar o exemplo de onze países ao redor do mundo com leis sobre remuneração, Ricardo Correa e Ugur Lel descobriram que os votos recomendatórios são ligeiramente mais eficazes do que os vinculantes tanto para reduzir as remunerações quanto para vinculá-las mais de perto ao desempenho. Apesar de parecer surpreendente, esse resultado é bastante lógico — os investidores podem ficar relutantes em votar contra um pacote de remuneração se uma votação negativa for vinculante e, portanto, provavelmente causar uma maior disfunção.

De fato, os planos de tornar os votos sobre remuneração vinculantes foram abandonados posteriormente, devido às preocupações levantadas durante a consulta que May lançou alguns meses após se tornar primeira-ministra. Essa receptividade às evidências deve ser aplaudida. Os eleitores, muitas vezes, criticam os políticos por fazerem uma reviravolta em uma política proposta. Mas ouvir as preocupações é muito melhor do que ter o pensamento de ciclo fechado e ignorar evidências contrárias. Se os políticos não pudessem realizar consultas e, em um segundo momento, abandonar algumas ideias iniciais, eles poderiam se abster, desde logo, de propor ideias — um erro por omissão; ou poderiam ficar dogmaticamente presos a um curso de ação planejado, independentemente de qualquer nova evidência que recebessem.

3. Tangível *versus* Intangível

É muito mais fácil para os reguladores responsabilizar as empresas por medidas tangíveis, porque estas são mais fáceis de verificar. Os reguladores podem processar uma empresa por deixar de tomar uma medida (por exemplo, não pagar o salário mínimo) ou por tomar uma medida indevida (por exemplo, divulgar os ganhos de maneira fraudulenta).

Mas o foco em métricas tangíveis implica correr dois grandes riscos. O primeiro é a *quantidade no lugar da qualidade*. Uma vez que a quantidade é tangível, mas a qualidade não é, a regulamentação pode melhorar a primeira, mas piorar a segunda. Nos EUA, uma lei de 2003 tornou um dever fiduciário do fundo mútuo que ele exercesse o voto — mas muitos acabaram seguindo recomendações de consultores de voto, em vez de realizar a própria pesquisa. Votar sem ter nenhuma informação em mãos é indiscutivelmente pior do que não votar. Da mesma forma, a Índia exige que as grandes empresas gastem pelo menos 2% de seus lucros em iniciativas de RSE. No entanto, embora a quantidade de despesa seja verificável, a qualidade — se a despesa satisfaz os princípios da multiplicação, da vantagem comparativa e da materialidade — não é. Se esse gasto tivesse entregue mais valor, caso fosse feito em outro lugar, o simples fato de gastar dinheiro poderia fazer o bolo murchar.

O segundo risco é a *conformidade em vez do compromisso*. A regulamentação pode levar as empresas a cumprir as métricas tangíveis destacadas na política da empresa, em vez de se comprometer com seu propósito. Algumas empresas podem estar cientes dos benefícios da satisfação dos trabalhadores, discutidos no Capítulo 4. Os benefícios não regulamentados visam melhorar todas as dimensões da satisfação dos trabalhadores. Mas a divulgação da relação entre as remunerações pode fazê-los se voltar apenas para isso e dar um peso menor a dimensões intangíveis, como condições de trabalho ou treinamento dos trabalhadores. A regulamentação também envia a mensagem de que melhorar a satisfação dos trabalhadores custa caro para as empresas e que, por isso, tal regulamentação é necessária, a fim de forçá-las a buscar melhorar a satisfação dos trabalhadores. Isso, por sua vez, pode levar as empresas a buscar apenas dar cumprimento à regulação em sua mínima medida possível.

4. *Ex Ante versus Ex Post*

A regulamentação visa corrigir problemas após a tomada de uma medida. Mas, ao fazer isso, pode, desde o princípio, corroer os incentivos para a iniciativa da tomada da decisão.

Conforme vimos no Capítulo 7, existem diversas propostas para limitar a recompra de ações. Já discutimos como isso não é apoiado por evidências, as quais mostram que as recompras geralmente estão associadas a um maior valor em longo prazo. Outro problema é o efeito sobre os incentivos *ex ante* para emitir ações. Restringir as recompras, em primeiro lugar, desencoraja a empresa a levantar dinheiro. Se não precisar mais desse dinheiro, ela valorizará a opção de empregá-lo em uma recompra de ações, reduzindo os dividendos que pagará no futuro. Se uma lei impedir as recompras, a empresa poderá não emitir ações, para início de conversa, o que fará com que ela invista menos. Por analogia, o cidadão valoriza a opção de pagar integralmente o saldo do cartão de crédito, a fim de baixar os juros. Se ele só pudesse fazer o pagamento mínimo, nem sequer obteria o cartão de crédito e gastaria menos.

Da mesma forma, conforme discutimos no Capítulo 6, políticas foram implementadas para impedir que acionistas vendam suas ações. Estas não apenas não são apoiadas pelas evidências, que mostram que a venda de ações é um mecanismo de governança eficaz, mas também ignoram seu efeito sobre os incentivos *ex ante* para investir. Se a gestão destruir valor e não responder ao engajamento de um investidor, ele valorizará a opção de vender suas ações. Sem essa opção, ele poderia não estar disposto a investir, em primeiro lugar. O inquérito do Parlamento britânico sobre o fracasso da empresa de terceirização Carillion em 2018 constatou que os investidores tentaram se engajar com a gestão já em 2014, mas não tiveram sucesso, devido ao fato de a gestão fornecer informações enganosas e o conselho de administração não responder aos seus chamados. Muitos venderam suas ações antes do colapso, economizando milhões de libras de seus clientes. Sem a opção de vender e evitar grandes perdas, os investidores poderiam sequer ter comprado as ações.

5. Pensamento que Considera o Sistema como um Todo

A crítica a determinadas práticas empresariais às vezes ignora seu papel no panorama geral. As patentes permitem que um medicamento gere lucro considerável, mas, como o CEO da Merck, Kenneth Frazier, enfatizou (vide Capítulo 3), esse lucro é necessário para pagar as perdas geradas pelos esforços fracassados do desenvolvimento de medicamentos. As políticas de "lealdade" tolhem um investidor, que já está engajado com o sucesso de uma empresa, de realocar seu capital para transformar outra empresa — como a ValueAct fez após transformar a Adobe.

O pensamento considerando o sistema como um todo também é importante porque a reforma de uma área pode ser ineficaz ou até mesmo prejudicial sem a reforma de uma segunda área — principalmente se a primeira área for um sintoma e a segunda for o problema subjacente. Um projeto ruim de remuneração é, muitas vezes, um sintoma de engajamento ineficaz dos investidores. Suponhamos que Ricardo Correa e Ugur Lel não tivessem descoberto que o voto recomendatório sobre remuneração é mais eficaz do que o voto vinculante. Mesmo assim, tornar os votos dos investidores vinculantes poderia piorar as decisões sobre remuneração se o voto viesse a ser exercido sem nenhuma informação, porque o que está em jogo para cada acionista é muito pouco para valer a pena se informar.

6. Um "Tamanho Único" Raramente Serve em Todos

Uma última preocupação sobre a regulamentação é que ela geralmente é de tamanho único. Outro problema com a exigência da Índia de se gastar 2% dos lucros com RSE é que a quantidade ideal varia entre as empresas. Para empresas maduras, com poucas oportunidades de investimento, o valor apropriado pode ser de mais de 2%. As empresas ainda podem ultrapassar o mínimo, mas não farão isso se a regulamentação der a impressão de que investir em stakeholders é um exercício de compliance e não do interesse em longo prazo da empresa. Outras empresas podem ter grandes oportunidades de investimento em seu negócio principal, e, nesse caso, a lei de 2% desviaria fundos desses projetos que poderiam fazer o bolo crescer.

Em outro exemplo, em 1993, o ex-presidente dos EUA Bill Clinton procurou limitar a renumeração a US$1 milhão, fazendo com que a remuneração dos executivos acima desse limite não fosse dedutível do imposto sobre as empresas (a menos que estivesse relacionada ao desempenho). Mas o que é excessivo varia de empresa para empresa. Em uma empresa grande (na qual um líder talentoso pode ter um efeito considerável sobre os negócios) de um setor produtivo altamente competitivo (no qual muitas empresas estão selecionando CEOs), US$2 milhões pode ser um valor justo para uma remuneração. Já em uma empresa pequena de um setor produtivo não competitivo, US$500 mil pode ser um valor apropriado. A regulamentação levou à homogeneização dos pacotes de remuneração: as empresas que pagavam uma remuneração abaixo de US$1 milhão aumentaram esse valor para exatamente US$1 milhão, e aquelas que pagavam mais reduziram a remuneração para US$1 milhão — independentemente do tamanho da empresa ou da dinâmica competitiva.

Em vez de determinar um nível de remuneração de tamanho único, talvez o regulador pudesse decidir qual remuneração seria justa em cada uma das 100 maiores empresas. Mesmo que ele tivesse recursos para implementar essa ideia, poderia ter se baseado em incentivos ou informações erradas. Primeiro, é improvável que isso esteja alinhado com o crescimento do bolo. Pode estar sujeito a lobby por empresas que justifiquem altas remunerações ou à pressão pública para reprimir as altas remunerações mesmo às custas da criação de valor. Em contrapartida, os grandes investidores se preocupam tanto com o tamanho do bolo quanto com sua divisão, já que ambos afetam o retorno aos investidores. Em segundo lugar, acionistas detentores de blocos de ações, conselheiros de administração e consultores de remuneração são muito mais bem informados do que o regulador sobre o mercado de trabalho e o projeto de remuneração do CEO.

É verdade que os mercados também são imperfeitos tanto em incentivos quanto em informações. Os consultores de remuneração podem estar em conflito, assim como os investidores podem estar desinformados. Portanto, certamente há um papel para a regulamentação, mas para melhorar os incentivos e as informações dos participantes do mercado, em vez de substituí-los. De fato, tendo discutido as limitações da regulamentação, agora discutiremos como ela pode ajudar a fazer o bolo crescer. Um bom princípio para orientar a regulamentação é: *existe uma falha de mercado que os reguladores podem ajudar a melhorar?* Com base nesse princípio, falaremos sobre as diversas maneiras como a regulamentação pode ajudar.

1. Informação

Investidores, trabalhadores e clientes são os reguladores finais das empresas ao se afastarem de uma empresa que tem a mentalidade de repartir o bolo. Fundamentalmente, sua avaliação pode incluir dimensões intangíveis e ser adaptada às circunstâncias de uma empresa. Isso exige que os membros sejam informados, e a regulamentação pode ajudar, exigindo a divulgação de informações relevantes. Desde 1998, a Noruega exige que as empresas informem suas atividades de impacto ambiental e mitigação; Brasil, Dinamarca, Hong Kong, Índia, Malásia, Cingapura, Suécia e Reino Unido são algumas outras jurisdições que determinam ou recomendam a divulgação do impacto social de maneira mais geral. A regulamentação também pode garantir que a divulgação seja comparável, sempre que possível — por exemplo, que todos os gestores de ativos reportem o desempenho líquido das taxas.

Em vez de equilibrar a metodologia dos relatórios, a regulamentação pode organizar os tópicos relatados. Os Objetivos de Desenvolvimento Sustentável (ODS) da ONU são uma coleção de dezessete objetivos a serem alcançados pelos países de todo o mundo até 2030. É importante ressaltar que os ODS não são prescritivos sobre como uma empresa deve alcançar um objetivo específico nem sugerem que ela coloque igual ênfase em cada objetivo — suas prioridades dependem de seu propósito. Em vez disso, os ODS fornecem uma linguagem comum que as empresas podem usar para reportar, explicando se elas contribuem para cada objetivo e como fazem isso, o que aumenta a comparabilidade entre os membros, que podem ver o que uma empresa está fazendo para alcançar os objetivos que mais importam para eles.

Por exemplo, o objetivo da Danone é "levar a saúde por meio da comida para o maior número possível de pessoas", enquanto o propósito da Vodafone é "construir uma sociedade digital que melhore o progresso socioeconômico". Assim, enquanto ambas contribuem para todos os objetivos, elas enfatizam diferentes objetivos. Uma das prioridades da Danone é a Fome Zero (ODS número 2), que ela apoia produzindo alimentos seguros e nutritivos. Embora a Fome Zero não seja um dos principais focos da Vodafone, a empresa ainda contribui para isso ao fornecer tecnologia de dinheiro móvel para melhorar a produtividade dos agricultores. Isso mostra como empresas com propósitos distintos podem empreender atividades muito diferentes para contribuir com um objetivo comum. No entanto, a cauda não deve abanar o cão — ou seja, as empresas não devem buscar iniciativas para marcar mais um ODS em sua lista. Em vez disso, elas devem focar atividades que satisfazem os princípios da multiplicação, da vantagem comparativa e da materialidade e reportar em relação aos ODS após o fato.

Os formuladores de políticas podem elaborar textos em uma linguagem comum, para se harmonizar com outras áreas de emissão de relatórios. Para aumentar a comparabilidade dos relatórios de *stewardship* por parte dos investidores, os órgãos reguladores poderiam elaborar um conjunto unificado de temas sobre *stewardship*, como remuneração dos executivos, alocação de capital e mudança do clima. Em seguida, um investidor poderia destacar quais tópicos ele prioriza e explicar sua abordagem única para cada um. Ele pode usar votos sobre a remuneração para ajudar a melhorar a remuneração dos executivos, envolver-se com empresas na alocação de capital e se desfazer de empresas que não tomam medidas sobre a mudança do clima.

Observe que mais divulgação nem sempre é melhor. Métricas tangíveis podem ser incompletas, propensas a manipulação ou encorajar um foco apenas nas medidas divulgadas. Assim, um dos papéis da regulamentação pode ser proibir ou desencorajar certas divulgações. A partir de novembro de 2015, a UE deixou de exigir que as empresas divulguem seus relatórios trimestrais, mas muitas ainda o fazem. Os formuladores de políticas poderiam ir mais longe, com uma disposição de "pratique ou explique", na qual a não conformidade consiste nas empresas não divulgarem relatórios trimestrais, a menos que expliquem o motivo para terem feito isso. Além disso, conforme vimos no Capítulo 8, esse problema se aplica a métricas não financeiras e financeiras. A obrigatoriedade da divulgação de números não financeiros pode fazer com que as empresas os distorçam, a fim de melhorá-los em detrimento de medidas qualitativas de desempenho não financeiro — como a geração de empregos, em vez da qualidade do emprego.

2. Externalidades

Uma diferença fundamental entre o ESV e a Pieconomics é que as empresas que praticam o primeiro não levam em conta externalidades. Isso é algo que pode ser abordado pela regulamentação.

A solução mais simples — e, muitas vezes, mais eficaz — é *proibir* práticas cujas externalidades negativas superam qualquer benefício, e *exigir* aquelas cujas externalidades positivas superam qualquer custo. Os exemplos disso incluem diversas leis ambientais, trabalhistas e de direitos humanos, como a proibição do trabalho infantil e a imposição de requisitos de saúde e segurança no trabalho. Isso evita uma "corrida rumo ao mínimo", em que uma empresa com mentalidade de repartir o bolo pode cortar custos e tirar do negócio uma empresa que faça o bolo crescer antes que seus investimentos tenham compensado. A violação deve levar não só as empresas a serem multadas, como também a que os executivos sejam punidos. No Capítulo 5, mencionamos que William McGuire precisou pagar US$468 milhões à UnitedHealth por inflar sua remuneração; ele também foi impedido de ocupar a função de diretor ou conselheiro de administração de uma empresa de capital aberto por dez anos. Alguns executivos da Enron foram presos por fraude ou ocultação de informações sobre a situação financeira da empresa. Em ambos os casos, os executivos fraudaram investidores; sanções semelhantes devem ser impostas em razão de prejuízo aos stakeholders. Enquanto a Lei das Empresas do Reino Unido afirma que um conselheiro de administração deve (...) considerar os stakeholders , nenhum conselheiro de administração jamais foi punido por não fazer isso.

Outras ações que geram externalidades negativas também podem trazer benefícios sociais (como viagens aéreas), de modo que sua proibição total é injustificada. Em vez disso, uma solução é atribuir *direitos de propriedade* aos bens afetados pelas externalidades, para que as empresas os levem em conta e as avaliem considerando os benefícios. Por exemplo, o governo pode dar aos cidadãos o direito ao ar puro ou, de modo equivalente, pode dar às empresas o direito de emitir poluição até determinado limite. Tornar esses direitos negociáveis permite que aqueles com uma vantagem comparativa na redução de emissões vendam suas licenças para aqueles que não as tenham. Em alguns territórios, há um sistema desses para as emissões de carbono.

Os reguladores também podem *tributar* ações que geram externalidades negativas. Em janeiro de 2019, o *Wall Street Journal* publicou a maior declaração pública de economistas da história, assinada por mais de 3.500 economistas norte-americanos, incluindo 27 ganhadores do Nobel e 4 ex-presidentes do Federal Reserve, que defendia um imposto sobre as emissões de carbono. Por outro lado, eles podem *subsidiar* atividades que geram externalidades positivas. Para incentivar a inovação, muitos países oferecem créditos de P&D que reduzem a conta fiscal de uma empresa no momento em que os gastos com P&D são incorridos. No Capítulo 6, destacamos como o sucesso da inovação deve ser medido não por sua entrada (gastos em P&D), mas por sua produção (como o número de patentes geradas). Onze países da UE apresentam "caixas de patentes" que reduzem o imposto sobre a renda decorrente da propriedade intelectual, subsidiando, assim, apenas as inovações bem-sucedidas, em vez de subsidiar os gastos com inovação.

A regulamentação governamental funciona melhor com questões que podem ser claramente medidas, como as emissões de carbono. Assim, ela pode ter um papel maior a desempenhar em relação aos fatores ambientais do que em relação às questões sociais. Enquanto algumas preocupações sociais, como o trabalho infantil e os salários mínimos, podem ser impostas, é muito mais difícil fazer isso em relação a outras, como as atitudes de empoderamento, investimento e remuneração. É por isso que destacamos os argumentos empresariais a favor da responsabilidade ao longo deste livro. Embora o governo tenha um papel importante a desempenhar, a redefinição dos negócios exige o compromisso — não apenas a observância — de empresas e investidores.

3. Redistribuição

Discutimos como o resultado mais harmonioso do crescimento do bolo é uma melhoria de Pareto, em que alguns membros ganham e nenhum perde. Mas também enfatizamos como as melhorias de Pareto são raras, porque a maioria das ações envolve compensações. Embora as empresas que fazem o bolo crescer compensem, na medida do possível, os perdedores em razão de uma decisão, ainda assim, poderá haver perdedores.

As empresas raramente são capazes de criar melhorias de Pareto sozinhas. Quando a Engie fechou a usina de Hazelwood, ela participou do procedimento de transferência de trabalhadores do Latrobe Valley. Mas isso somente foi possível porque, de início, o governo de Victoria estabeleceu o esquema — subsidiando outros geradores de energia no Latrobe Valley para a contratação de ex-colegas que trabalhavam na Hazelwood.

Os governos podem ajudar a criar melhorias de Pareto ao redistribuir os ganhos e as perdas da atividade de fazer o bolo crescer. No Capítulo 5, analisamos o papel dos impostos para redistribuir o alto retorno de qualquer habilidade escalável, não apenas a capacidade do CEO. Neste capítulo, discutiremos a redistribuição por meio de políticas de gastos. Uma força que faz o bolo crescer, mas que — sem ação corretiva — faz murchar as fatias individuais, é a tecnologia. Conforme mencionado no Capítulo 8, a franquia de Cingapura da Standard Chartered lançou o SkillsFuture@sc para ajudar os colegas a desenvolver habilidades que podem ser aprimoradas, em vez de serem substituídas pela tecnologia. Essa iniciativa foi inspirada no próprio programa SkillsFuture do governo de Cingapura, que fornece treinamento contínuo aos cidadãos em todas as fases de sua carreira. Cada cidadão de Cingapura acima dos 25 anos recebe S$500 (US$370), pagos periodicamente para fazer cursos presenciais ou online. A SkillsFuture também oferece aos cidadãos aconselhamento gratuito, como orientação de carreira e planos de aprimoramento personalizados, para que eles saibam quais habilidades adquirir para executar determinadas funções.

Outra atividade que faz o bolo crescer, mas que aumenta a desigualdade, é o livre-comércio. Os consumidores se beneficiam de um maior acesso a mercadorias, e certos setores produtivos ganham com insumos mais baratos. No entanto, milhares de trabalhadores e empresas perdem com a concorrência estrangeira, e outros trabalhadores são deslocados devido a *offshoring*. A Trade Adjustment Assistance dos EUA (TAA) é um programa que recapacita os trabalhadores e os ajuda a buscar um novo emprego. Encontrar evidências causais para o efeito dessas iniciativas é um pouco difícil, porque os governos, muitas vezes, as lançam junto com outras medidas para enfrentar o desemprego. Além disso, apenas determinados trabalhadores são elegíveis para um programa e podem ter habilidades diferentes das elegíveis. Pode ser que essas diferenças de habilidades impulsionem os resultados futuros do emprego.

Ben Hyman usou uma metodologia engenhosa para identificar a causalidade. Um trabalhador é elegível para a TAA se ele tiver sido demitido por uma empresa cujas vendas tenham diminuído devido a importações ou a *offshoring*. Mas essa avaliação de elegibilidade é subjetiva e depende da avaliação humana. Ben descobriu que alguns investigadores de casos são rigorosos, aceitando poucas inscrições em todo o programa, e outros são tolerantes. Um candidato pode ser designado para um investigador de caso rigoroso ou tolerante de maneira aleatória, mas isso terá um efeito significativo sobre se ele será aceito para a TAA. Ben mostrou que a TAA aumenta a renda acumulada de um trabalhador em US$50 mil nos dez anos seguintes. Um terço desse retorno são de salários mais altos, e o restante é decorrente de uma maior probabilidade de encontrar um emprego.

Dois condados na Dinamarca usaram uma atribuição aleatória de elegibilidade quando lançaram um programa de ativação de empregos. Se um cidadão tiver ficado desempregado entre novembro de 2005 e março de 2006 e fizer aniversário entre os dias 1º e 15 de qualquer mês, ele será elegível para um programa que o treinará sobre como buscar e se candidatar a empregos, monitorará seus esforços de busca e o treinará em habilidades técnicas, sociais ou linguísticas. Aqueles nascidos no dia 16 ou depois não serão elegíveis e, também, um grupo de controle. Uma vez que a data de nascimento de um trabalhador não tem efeito sobre sua empregabilidade futura, qualquer diferença nos resultados de emprego entre trabalhadores elegíveis e inelegíveis pode ser atribuída ao programa. Brian Krogh Graversen e Jan van Ours descobriram que o programa reduziu a duração média de desemprego em 18%.

4. Letramento Financeiro

Ainda mais eficaz do que a requalificação dos adultos trabalhadores é a educação dos jovens. A maioria dos governos reconhece corretamente a importância da educação em disciplinas como ciência, tecnologia, engenharia e matemática para a empregabilidade futura, bem como habilidades básicas como aritmética e alfabetização. Mas o letramento financeiro é uma habilidade fundamental para salvaguardar o futuro financeiro dos cidadãos em longo prazo. A orientação sobre como orçar, maneiras eficientes de economizar, o papel da composição de juros e regras de ouro básicas (como pagar uma dívida de cartão de crédito primeiro) podem ter um efeito significativo na saúde financeira dos cidadãos. Isso, por sua vez, ajuda a enfrentar a desigualdade — as disparidades na riqueza decorrem não apenas das disparidades de renda, mas também de como as pessoas gastam, tomam emprestado e economizam dinheiro.

Além disso, o letramento financeiro pode impedir que os clientes sejam explorados por empresas que repartem o bolo. Algumas empresas de cartão de crédito oferecem taxas baixas como um "chamariz", aumentando-as posteriormente. Clientes não letrados financeiramente podem não saber olhar além da taxa chamariz. Hong Ru e Antoinette Schoar descobriram que os emissores de cartões de crédito dos EUA têm como alvo clientes com menor formação, oferecendo taxas chamarizes mais baixas, mas taxas mais altas após a inadimplência, taxas retroativas e taxas acima do limite. Do mesmo modo, a alfabetização financeira é crucial para promover o engajamento dos cidadãos. Se os trabalhadores entenderem o que acontece com seu dinheiro quando eles investem em um plano de previdência — como têm o poder de influenciar as empresas —, isso pode incentivá-los a expressar seus objetivos não financeiros para seu provedor de previdência e responsabilizá-lo por persegui-los.

5. Concorrência

A concorrência desempenha diversos papéis importantes na Pieconomics. Ela disciplina os gestores contra a busca de interesses próprios, como o desperdício de dinheiro em aquisições não relacionadas. E permite que trabalhadores, fornecedores e clientes trabalhem para uma empresa concorrente, caso a empresa explore seus stakeholders. Por outro lado, o poder de mercado facilita a divisão do bolo, permitindo que as empresas aumentem os preços para os clientes, reduzam a remuneração dos trabalhadores e piorem as condições para os fornecedores. Os pesquisadores Effi Benmelech, Nittai Bergman e Hyunseob Kim mostraram que a concentração de um empregador local tem um efeito causal negativo sobre a remuneração.

As distorções de preços decorrentes do monopólio não prejudicam apenas os stakeholders — também levam a uma má alocação de recursos. Quando não há concorrentes, a empresa não pode cobrar mais por um produto do que o custo de sua produção. Assim, o custo privado para um cliente equivale ao custo social de produção. Conforme discutido no Capítulo 3, isso faz com que o cliente considere os custos de oportunidade para a sociedade em suas decisões de compra. Mas o monopólio leva ao aumento de preços e a um aumento significativo dos custos de produção. Dessa forma, mesmo que o cliente obtenha mais valor por um produto do que o custo de sua produção, ele pode optar por não o comprar, e a empresa que faria o bolo crescer não o fará. Como as políticas de promoção da concorrência foram amplamente abordadas em outros lugares, eu me limito a fazer referência a essas fontes.

6. Remoção de Distorções

Os mercados podem fracassar quando as regulamentações geram distorções. Portanto, uma maneira de os formuladores de políticas criarem valor é removendo as distorções não intencionais das regulamentações já existentes.

Anteriormente, falamos sobre as distorções decorrentes dos requisitos de divulgação. Uma segunda fonte é o sistema tributário. Conforme mencionado, o presidente Clinton removeu a dedutibilidade fiscal da remuneração superior a US$1 milhão, exceto formulários que a Seção 162(m) do Código de Receita Federal dos EUA considerou "relacionados ao desempenho". Estranhamente, o código não considerava que as ações restritas estavam relacionadas ao desempenho, porque o número de ações não depende do desempenho — embora seu valor claramente dependa. Mas as ações relacionadas ao desempenho foram consideradas, levando os conselhos a concedê-las, apesar dos problemas discutidos no Capítulo 5. Observe que a distorção vai muito além das implicações fiscais. Ao rotular as ações restritas como não relacionadas ao desempenho, a regulamentação desestimulou os conselhos e os investidores a apoiá-las.

Em 2017, a reforma tributária proposta por Trump, nos EUA, estendeu a Seção 162(m) para *todas* as remunerações superiores a US$1 milhão. Isso teve um efeito benéfico, embora não intencional, de remover as distorções citadas anteriormente. Atualmente, os conselhos podem escolher a estrutura remuneratória que levará à criação de valor em mais longo prazo, em vez de otimização fiscal.

Talvez a maior distorção fiscal afete a escolha de financiamento de uma empresa. Em quase todos os países, os juros da dívida são dedutíveis do imposto de renda das empresas, mas o retorno das ações não é. Esse tratamento assimétrico não faz sentido.* Evidências indicam que isso causa distorção, à medida que incentiva as empresas a se financiarem com dívidas, o que aumenta o risco de falência — evento que impõe externalidades negativas aos colegas que perdem seus empregos, aos fornecedores que perdem sua receita e aos clientes que perdem apoio no pós-venda.

Agora, há muitos benefícios no financiamento da dívida. Isso permite que tanto os acionistas quanto os executivos tenham suas participações concentradas e, portanto, fortes incentivos para criar valor. Os formuladores de políticas não devem desencorajar a dívida, mas remover distorções que fazem com que as empresas a escolham com base na elisão fiscal, em vez do crescimento do bolo. Uma opção seria estender a dedutibilidade fiscal da dívida também ao rendimento das ações. A Bélgica fez isso em 2006, o que de fato levou as empresas a contraírem menos dívidas. Outra opção seria retirar a dedutibilidade fiscal da dívida e reduzir o imposto sobre as empresas para manter a carga tributária global praticamente igual.

7. Melhores Práticas

Um último papel da regulamentação é a difusão das melhores práticas. Se as forças do mercado funcionassem perfeitamente, não haveria esse papel. Uma empresa que empregasse práticas ruins teria um baixo desempenho e seria expulsa do mercado.

* Considere uma empresa de US$100 milhões sem dívidas e presuma que o CEO possa investir US$1 milhão de sua riqueza na empresa. Ele é dono de 1% do patrimônio líquido. Se a mesma empresa é 50% financiada por dívida (por isso é financiada por dívida de US$50 milhões e US$50 milhões de patrimônio líquido), então o mesmo US$1 milhão agora lhe dá uma participação de 2%.

Os membros notariam essas práticas ruins, como uma estrutura de conselho de administração ineficaz, e se afastariam. Mas as forças do mercado não funcionam perfeitamente. Empresas com baixo desempenho podem sobreviver por meio do poder de mercado, e os membros podem não ter a expertise para avaliar a estrutura do conselho de administração.

A regulamentação pode ajudar na difusão de melhores práticas, mas deve reconhecer que elas podem não ser apropriadas para todas as empresas. Então elas serão mais efetivamente disseminadas por meio de códigos de adoção voluntária, em vez de uma legislação rígida. Disposições do tipo *pratique ou explique* podem ajudar a atingir o equilíbrio desejado e são usadas por diversos códigos de governança corporativa e códigos de *stewardship* em todo o mundo. Essas são diretrizes que uma empresa deve seguir, mas, se explicar o motivo, pode optar por não seguir. Muitas ideias neste livro poderiam ser implementadas por meio de disposições de cumprimento ou explicação, como recompensar líderes com ações de venda restrita que são mantidas após a demissão, conceder aos investidores o direito de voto sobre o propósito e não relatar os lucros da empresa trimestralmente.

Além dos códigos formais, os reguladores podem disseminar as melhores práticas simplesmente tornando-as amplamente acessíveis. Em novembro de 2017, o Reino Unido lançou o movimento "Be the Business" para enfrentar seu problema de produtividade. Forneceu artigos e "dicas rápidas" sobre diversos temas relacionados à digitalização, ao engajamento e ao planejamento para trabalhadores. Também estabeleceu comunidades nas quais as empresas podem compartilhar as melhores práticas e um programa nacional de mentores para líderes de pequenas empresas.

Por fim, a política envolve muito mais do que a regulamentação e inclui outras ferramentas, como educação, treinamento e financiamento de pesquisas. A lista de políticas que podem fazer o bolo crescer pode ser interminável e vai além do escopo deste livro. Para dar um exemplo dessas outras ferramentas, discutiremos apenas uma delas: o financiamento de pequenas empresas. Isso porque as pequenas empresas desempenham muitos papéis na Pieconomics. Elas aumentam a concorrência e investem mais, porque as oportunidades de crescimento geralmente diminuem à medida que uma empresa envelhece. Além disso, os formuladores de políticas podem impor condições ao financiamento de pequenas empresas, para garantir que elas adotem a mentalidade de fazer o bolo crescer desde o início. Observe que existem muitas outras maneiras de apoiar as empresas jovens, como incentivos fiscais e redução da burocracia, que foram descritas em outros lugares. Focamos as finanças porque é um desafio particular para as pequenas empresas, uma vez que elas não têm a escala, os ativos tangíveis ou os histórico para levantar grandes fundos.

Governos ou agências governamentais podem financiar pequenas empresas diretamente — assim como a NRW.BANK, o banco estatal de desenvolvimento da Renânia do Norte-Vestfália, na Alemanha, e o Banco Europeu de Investimento da UE. Eles também podem dar aos cidadãos incentivos fiscais para fazer isso, como acontece com o Enterprise Investment Scheme, do Reino Unido, a Madelin Provision, da França, e a INVEST, da Alemanha. Em vez de financiar todas as pequenas empresas, uma solução mais radical é reservar financiamento ou incentivos fiscais para pequenas empresas que são norteadas pelo propósito. Essa ideia é convincente em teoria — o apoio público deve ser reservado para empresas que geram fortes externalidades positivas. O grande desafio prático é que avaliar se um negócio é norteado pelo propósito é algo altamente subjetivo. As empresas podem ficar presas à necessidade de persuadir o governo de que estão criando valor para a sociedade (por exemplo, por meio de relatórios excessivos), em vez de realmente praticar isso.

Esses desafios podem não ser insuperáveis. Os governos já precisam fazer uma avaliação subjetiva sobre se uma organização se qualifica para o status de entidade filantrópica com base em se ela serve ao interesse público. A concessão de status norteada pelo propósito pode ser semelhante a isso. É fundamental que qualquer requisito de relatório não vá além do que uma empresa norteada pelo propósito deve fazer de qualquer maneira. O Capítulo 8 pode servir como um guia útil — uma empresa deve declarar seu propósito, explicar como pretende incorporá-lo internamente e especificar as medidas que rastreará para verificar sua entrega. Então, todos os anos, ela relataria essas medidas ao governo.

As empresas norteadas pelo propósito já deveriam estar fazendo isso, mas nem todas conhecem as melhores práticas. Longe de ser onerosa, essa exigência de entrega de um relatório pode ser um incentivo benéfico. Como é difícil mudar a cultura de uma empresa, é especialmente valioso incentivá-la — desde o início — a pensar seriamente sobre qual é seu propósito, como colocá-lo em prática e como medir seu progresso.

Influenciadores

Agora recorreremos ao papel dos influenciadores em fazer o bolo crescer — como a mídia, os grupos de reflexão e aqueles cidadãos considerados especialistas. Discutiremos como as duas primeiras ressalvas que consideramos para os formuladores de políticas também se aplicam aos influenciadores, bem como aos cidadãos que podem ser influenciados pela opinião dos influenciadores. (As outras quatro ressalvas se aplicam aos influenciadores da mesma forma que se aplicam aos formuladores de políticas.)

1. A Mentalidade de Fazer o Bolo Crescer

Os influenciadores podem ajudar a responsabilizar as empresas por não criarem valor. Mas é mais fácil ganhar influência incitando a indignação pública, então alguns podem focar o lucro que uma empresa aufere ou quanto é a remuneração de determinado CEO. Uma vez que a mentalidade de repartir o bolo é predominante, muitos leitores podem assumir que a remuneração e o lucro devem se dar às custas de outros stakeholders.

Por exemplo, o nível de remuneração é frequentemente criticado sem considerar se o líder criou ou não valor em longo prazo. Da mesma forma, lembre-se do caso da recompra da Humana, apresentado no Capítulo 7. A maioria dos artigos falou sobre como a recompra rendeu ao CEO um bônus de US$1,68 milhão e omitiu o fato de que ele criou US$96 milhões de valor para os investidores em longo prazo, de modo que o bônus que ele recebeu não foi às custas destes.

Além de "apontar e humilhar" aqueles que repartem o bolo e, particularmente, aqueles que fazem o bolo murchar, os influenciadores têm o poder de "apontar e dar fama" àqueles que fazem o bolo crescer. Isso promove um retrato mais equilibrado dos negócios e busca reduzir a falta de confiança do público. Os influenciadores não têm a responsabilidade de reduzir a falta de confiança nos negócios que assim o fazem por merecer, mas têm a responsabilidade de retratar os negócios com precisão, para que obtenham o nível de confiança, ou sua falta, que seja justificado.

Apontar e dar fama àqueles que fazem o bolo crescer incentiva os cidadãos a investir, comprar ou a querer trabalhar para essas empresas. Além disso, fornece exemplos inspiradores a serem seguidos por outras empresas. Isso dá aos líderes a confiança de que, ao desviar o olhar das metas de lucro e buscar descobrir como eles podem fazer a diferença no mundo, seus empreendimentos se tornem mais bem-sucedidos.

2. Evidências, em Vez de Histórias

Os influenciadores podem se tornar impactantes ao apresentar uma visão unilateral sobre um tema. Um artigo de jornal que afirma que as recompras são sempre boas tem um público-alvo definido e será compartilhado e citado por apoiadores da recompra. Um guru que argumenta que as recompras são sempre escolhas ruins se tornará famoso por essa manifestação e será entrevistado toda vez que um jornalista quiser uma citação contrária à recompra. Os influenciadores podem se safar, apresentando opiniões unilaterais, porque os leitores estão preparados para ver um problema como bom ou ruim, uma tendência psicológica conhecida como "divisão", "mentalidade preto e branco" ou " mentalidade tudo ou nada". Isso é intensificado pelo *viés de confirmação* — a tentação em aceitar qualquer argumento, por mais fraco que ele seja, que apoie sua visão pré-existente sobre se um assunto é bom ou ruim e em desconsiderar qualquer coisa que a contradiga.

Uma maneira de apresentar uma visão unilateral é usando uma história. Histórias são poderosas e perigosas. Elas são poderosas porque são realistas, trazem um tema à vida, então são mais propensas a ser lembradas e recontadas do que uma estatística, por exemplo. E também são poderosas porque é possível escolher a dedo uma história que mostre o que você gostaria de apresentar da maneira mais gritante. Eu reconhecidamente escolhi a história da empresa Humana a dedo para o Capítulo 7, porque ela teria perdido por pouco a meta de EPS do CEO sem a recompra, e a atingiu com ela. Mas esse poder também significa que as histórias são perigosas. Mesmo que um resultado seja geralmente falso — os líderes não usam recompra de ações para atingir metas de EPS —, sempre é possível encontrar um contraexemplo para sugerir que ele seria verdadeiro.

Os influenciadores certamente não devem parar de usar as histórias. Os artigos seriam maçantes e deixariam de ser influentes se fossem baseados em coeficientes de regressão. Mas as histórias são particularmente valiosas quando apresentam um exemplo real de um fenômeno em grande escala — caso contrário, elas desinformam. Então, um bom princípio para os influenciadores seguirem é *não extrapolar de uma história para traçar uma linha de pensamento geral, a menos que também citem evidências em grande escala que suportam essa linha de pensamento.*

Mas simplesmente passar de histórias para evidências não é suficiente. Assim como com as histórias, sempre é possível escolher a dedo um estudo que apresente o que você gostaria de mostrar. Isso é um grande problema, porque existe uma enorme variação na qualidade dos estudos disponíveis. Alguns cometem erros metodológicos básicos, como o erro de cálculo dos incentivos ao CEO que vimos no Capítulo 5;

outros alegam causalidade quando encontram apenas correlação. Portanto, é crucial ponderar as evidências por sua qualidade e seu rigor, em vez de sua conclusão.

Como os influenciadores podem avaliar a qualidade de um estudo sem ter de mergulhar nos dados e analisar sua metodologia — o que exigiria especialização e seria impraticavelmente demorado? Aqui estão cinco perguntas que são rápidas de fazer e simples de responder.

1. A PESQUISA REALMENTE EXISTE?

Essa pergunta pode parecer tola — a resposta poderia ser "Não"? Na verdade, diversos artigos foram escritos com base no comunicado de imprensa de um autor sobre seu estudo, quando o estudo ainda sequer existia. Por exemplo, um jornal influente publicou um artigo intitulado "Os principais executivos do Reino Unido ganham muito mais do que seus pares europeus" com o subtítulo "O estudo também não encontra relação entre salários maiores e um melhor desempenho". Mas esse estudo não existiu. No entanto, devido ao viés de confirmação, o artigo foi aceito de maneira acrítica e foi amplamente compartilhado.

Às vezes, um estudo está disponível, mas em uma versão abreviada — pode apenas descrever os resultados, mas não a metodologia. Um estudo afirmando que as empresas responsáveis têm um melhor desempenho precisaria explicar como ele mede essa responsabilidade. É fundamental conseguir analisar a metodologia utilizada, porque a confiança que podemos depositar nos resultados do artigo depende de quão confiável é a mensuração da responsabilidade. O Capítulo 4 falou sobre como alguns estudos simplesmente questionam aos líderes quão responsáveis eles são, o que é claramente duvidoso.

2. A PESQUISA É BASEADA EM DADOS REAIS?

Essa pergunta também pode parecer tola. No entanto, inúmeros estudos não são baseados em dados reais, mas simplesmente pedem a opinião a pessoas. Um estudo pode relatar que "70% dos investidores não consideram que os incentivos financeiros afetam o desempenho do CEO". Isso é muito diferente de usar dados para estudar se os incentivos *realmente* afetam o desempenho do CEO, como os estudos citados no Capítulo 5. Certamente, as pesquisas são úteis para descobrir a opinião das pessoas — mas os influenciadores devem reconhecer que elas só relatam opiniões, em vez da realidade.

Relacionado a isso, os dados precisam amparar as alegações feitas pelo estudo. Uma consultoria emitiu um comunicado à imprensa sobre seu estudo intitulado "Pacotes de remuneração de CEOs desencorajam ativamente a inovação nas principais empresas do Reino Unido". No entanto, o estudo não continha dados sobre inovação; ele reunia dados sobre pacotes de remuneração de CEOs, mostrou que eles apresentam um bônus e *presumiu* que os bônus desencorajariam a inovação.*

* É plausível que os bônus desmotivem a inovação pelos motivos apresentados no Capítulo 5. Mas também é plausível que os bônus incentivem a empresa a se organizar e a melhorar em muitas dimensões, incluindo a inovação.

3. A PESQUISA ESTÁ PUBLICADA EM UM PERIÓDICO DE PRIMEIRA LINHA COM REVISÃO POR PARES?

Muitos estudos são conduzidos por profissionais, como empresas de serviços profissionais. Estudos de profissionais têm um valor significativo, e eu citei muitos neste livro. Eles geralmente têm acesso a melhores dados do que os acadêmicos e, muitas vezes, são uma fonte mais confiável para estatísticas. Mas os acadêmicos têm experiência especialmente em desenhar relações *entre* estatísticas — separando a causalidade da correlação e abordando explicações alternativas. É importante ressaltar que os estudos acadêmicos devem passar por uma rigorosa revisão por pares, a fim de verificar sua precisão científica. Isso aborda não apenas erros honestos na execução, mas também algum viés deliberado, como ocorre quando uma empresa farmacêutica financia um relatório sobre seus medicamentos, ou quando um acadêmico afirma ter descoberto um escândalo para se tornar famoso. Os melhores periódicos têm os mais altos padrões e trabalham com os principais especialistas do mundo para analisar uma minuta de artigo e rejeitar até 95% delas. Os 5% não rejeitados também não são aceitos imediatamente; em vez disso, seu status passa a ser "revisar e reenviar". Os revisores destacam as questões que os autores precisam abordar, e o artigo ainda pode ser rejeitado na rodada seguinte. Não é incomum um artigo levar cinco anos para ser publicado após seu primeiro rascunho. Um trabalho duro para os autores, mas é o que ajuda a garantir que os resultados publicados estejam corretos. Conforme discutido na Introdução deste livro, um artigo sobre a relação entre as remunerações mudou completamente sua conclusão após passar por uma revisão por pares e melhorar sua metodologia.

A rigidez do processo de revisão por pares é criticamente importante. Para que um periódico seja considerado bom, não basta simplesmente se autodenominar "revisado por pares", uma vez que há uma grande variedade na qualidade dos padrões de revisão. A empresa de análise Cabell's tem uma lista de mais de 14 mil periódicos que classifica como "predatórios", porque afirmam ser revisados por pares quando, na verdade, não são. A qualidade do periódico pode ser facilmente verificada olhando para uma das listas disponíveis gratuitamente das melhores, como a lista das Top 50 revistas da *Financial Times* — você não precisa ser um acadêmico para fazer isso.

A revisão por pares não é perfeita — erros são cometidos. Às vezes, artigos desleixados são aceitos e bons artigos são rejeitados. Mas é melhor escolher algo verificado do que algo que não foi verificado. Ouvi alguns influenciadores, que não têm experiência no processo de revisão por pares, lançarem as palavras "viés de publicação" como uma licença para ignorar se um artigo foi publicado e citar qualquer estudo de que eles gostem. A acusação deles é a de que os periódicos publicariam apenas artigos que apoiam as ortodoxias tradicionais, como o foco exclusivo no valor para os acionistas.

Simplesmente não é assim que o processo de publicação funciona. Como editores de revistas, queremos publicar novos artigos que mudem a maneira como as pessoas pensam. A principal medida da reputação da revista é o número de vezes que seus artigos são citados. O primeiro artigo em qualquer nova área será amplamente citado; o décimo em um campo bem estabelecido não será. O principal motivo para a taxa de rejeição de 95% dos artigos nos principais periódicos não é que a maioria deles esteja errada, mas por não apresentarem uma contribuição suficiente para o conhecimento

– eles retomam assuntos já esclarecidos. De fato, ao longo deste livro, falamos sobre muitos trabalhos acadêmicos em revistas importantes que apoiam a ideia de ir além da maximização do valor para os acionistas para a criação de valor social.

Com esses argumentos, não quero fazer apologia à academia. Existem muitas áreas acadêmicas que podem ser melhoradas. Mas revistas que não têm incentivos para publicar novos artigos que desafiam a sabedoria convencional simplesmente não é uma delas.*

4. QUAIS SÃO AS CREDENCIAIS DOS AUTORES?

É claro que todo periódico não é conhecido em seu início. Como avaliamos a qualidade de um novo artigo? Analisando as credenciais dos autores. Um fator relevante é a qualidade de sua instituição, que podemos comparar com listas disponíveis gratuitamente das melhores universidades. Isso não é elitismo, é simplesmente um desejo de usar a melhor evidência. Ouviríamos mais atentamente uma opinião médica do Monte Sinai do que de um médico de um hospital de que nunca ouvimos falar.

Certamente não é o caso de dizer que os estudos das principais instituições estão sempre corretos e os de outras estão sempre errados. Assim, um segundo fator é o histórico de publicações de alto nível dos autores, o que é fácil de encontrar, pois quase todos os acadêmicos disponibilizam seus currículos em seu site. Na verdade, analisamos cuidadosamente as credenciais de um perito em um processo judicial. Mais uma vez, isso não significa que autores com boas publicações estejam sempre certos. As credenciais são apenas *um* fator ao avaliar evidências, assim como a marca de uma empresa é uma consideração em uma decisão de compra, ou a universidade de um graduando é um elemento em uma decisão de contratação para uma posição de nível básico. Uma pergunta útil a fazer é: se o mesmo estudo fosse escrito pelos mesmos autores, com as mesmas credenciais, e tivesse os resultados opostos, ainda estaríamos dispostos a acreditar nisso?

É fundamental analisar se os autores têm credenciais *na área de relevância*. Isso ajuda a evitar a questão dos "efeitos halo", em que uma pessoa com experiência em uma área é vista como um guru em áreas não relacionadas. Por exemplo, o ex-CEO da GE, Jack Welch, é amplamente citado por afirmar que o valor para os acionistas é a ideia mais idiota do mundo.† Welch certamente era um CEO influente em sua empresa, mas não investigou o efeito de uma orientação de valor para os acionistas sobre o desempenho de empresas em geral – uma questão que merece um estudo acadêmico, em vez de uma liderança empresarial. Mesmo os pesquisadores acadêmicos podem ficar tentados a falar sobre questões fora de sua zona de espacialidade; alguns médicos

* Uma ressalva a essa questão é que um pequeno número de estudos de profissionais pode ser de qualidade suficiente para ser publicado em uma revista acadêmica, mas não busca esse resultado, pois a publicação acadêmica não é seu objetivo. Um exemplo são os estudos de consultorias econômicas encomendadas pelo governo ou por um regulador. É fundamental distinguir entre estudos realizados para *informar* e estudos realizados para *anunciar*. Para isso, pergunte: *a organização teria publicado o estudo se tivesse encontrado o resultado oposto?* Por exemplo, muitas consultorias publicam estudos mostrando que as empresas responsáveis apresentam um melhor desempenho (já que fazer essa afirmação é bom para sua marca), mas não o fazem se encontrarem o resultado contrário. Algumas consultorias usam a própria mensuração de responsabilidade, por isso têm incentivos particularmente fortes para mostrar que sua forma de medir "funciona". Mesmo que a resposta a essa pergunta seja "não", não significa automaticamente que o artigo esteja errado, mas que deve ser abordado com cautela.

† Além disso, Welch é frequentemente citado fora de contexto. Sua citação completa foi "à primeira vista, o valor para os acionistas é a ideia mais imbecil do mundo". Ele argumentou que o valor para os acionistas deveria ser um resultado, e não o objetivo final, assim como a Pieconomics afirma.

estavam proclamando curas milagrosas para o coronavírus, mesmo que seu passado não envolva patologia ou epidemiologia. Esse é um problema especialmente para os negócios responsáveis — por ser um tema "quente", muitos pensadores loquazes querem surfar na onda e falar sobre ele; por ser um viés de confirmação abundante, é fácil fazer um nome para si mesmo dizendo o que o público gostaria de ouvir. Portanto, devemos verificar cuidadosamente se alguém que professa sobre negócios responsáveis tem publicações revisadas por pares sobre o tema, em vez de expertise em outras áreas.

5. EXISTEM EXPLICAÇÕES ALTERNATIVAS?

O quinto indicador é se existem explicações alternativas para os resultados a que os autores chegaram. Mais uma vez, você não precisa ser um acadêmico para conduzir essa verificação, porque a maioria das explicações alternativas são baseadas no senso comum, em vez de tecnicidades metodológicas. Os leitores podem se perguntar se os resultados podem ser impulsionados por *causalidade reversa* (a satisfação dos trabalhadores melhora o desempenho da empresa ou o desempenho da empresa melhora a satisfação dos trabalhadores?) ou *variáveis omitidas* (as ações ESG superaram seu desempenho na pandemia porque o desempenho das ações de empresas de tecnologia superou o das ações de empresas de energia?). Eu geralmente compartilho no LinkedIn trabalhos acadêmicos sobre tópicos de negócios responsáveis que se inclinam para lados diferentes. Se eu postar um artigo cujas descobertas forem contra a opinião pública, não faltarão comentários apontando explicações alternativas — por isso, certamente é viável pensar nelas. Mas se o artigo confirmar o pensamento atual, ele será aceito sem maiores discussões.

É importante ressaltar que não leva muito tempo para descobrir se existem explicações alternativas. A introdução de um trabalho acadêmico (tipicamente de quatro a seis páginas com espaço duplo entre as linhas) deve ser totalmente autoexplicativa, e não técnica. Seu objetivo é expor todas as principais linhas de pensamento do artigo — incluindo como ele lida com explicações alternativas —, sem que os leitores tenham de se aprofundar no próprio artigo e na metodologia técnica. E essa pergunta pode ser feita tanto em relação a artigos publicados quanto a artigos inéditos. A maioria dos artigos inéditos sobre ciências sociais está disponível gratuitamente na rede de pesquisa em ciências sociais — ssrn.com. Mesmo que um artigo seja publicado em um periódico de acesso pago, a versão de pré-publicação geralmente permanece disponível no SSRN.

Essas cinco perguntas ajudam os influenciadores a avaliar se os estudos baseados em pesquisa são confiáveis. Fecharemos com algumas dicas para ajudar os cidadãos a discernir sobre a confiabilidade do artigo de um influenciador que costuma citar estudos de apoio. A primeira dica é a mesma destinada aos influenciadores: verificar se um estudo referenciado em um artigo de fato existe.

Uma segunda dica, relacionada à primeira, é folhear o estudo subjacente e verificar se ele mostra o que o artigo afirma que ele mostra. Por exemplo, o relatório do comitê seleto da Câmara dos Comuns do Reino Unido* sobre a remuneração dos executivos afirmou que "as evidências são, na melhor das hipóteses, ambíguas sobre o impacto dos CEOs individualmente considerados no desempenho da empresa", com uma nota de rodapé, referindo-se às evidências apresentadas pelo "professor Alex Edmans" no inquérito sobre o tema. No entanto, em nenhum lugar eu disse isso. Minha frase mais próxima sobre o "impacto dos CEOs individuais" foi "os CEOs com altos incentivos patrimoniais superam os CEOs com baixos incentivos patrimoniais em 4–10% ao ano, e os pesquisadores fazem mais testes para sugerir que os resultados são por causalidade, e não por correlação", conforme discutido no Capítulo 5 . Isso sugere que os CEOs têm um impacto significativo sobre as empresas. Uma vez que verificar a fonte original pode ser complicado para os cidadãos, sites como fullfact.org fazem isso por eles.

A terceira dica é se questionar se o artigo é equilibrado. Nos negócios ou na economia, sempre há dois lados em quase todas as questões.† Por isso, os influenciadores que apresentam uma posição extrema podem ter deliberadamente escolhido apenas a pesquisa que apoia sua posição e excluído evidências contrárias que eles conheciam, ou que se recusaram a procurar. Os cidadãos devem, portanto, ser particularmente cautelosos com frases inequívocas, como "sem dúvida" ou "evidências claras". Vimos anteriormente como os influenciadores afirmam que "o desempenho das estratégias do ESG é inquestionável" e "há evidências claras de que a alta remuneração do CEO não está mais fortemente associada ao desempenho", embora nenhuma dessas declarações seja verdadeira. Ao serem cautelosos com opiniões que somente expõem um dos lados, não apenas os cidadãos podem ficar mais informados, como também disciplinar os influenciadores para que apresentem o cenário completo.

Por exemplo, o Fundo Soberano norueguês é um influenciador porque é um investidor respeitado cuja liderança os outros seguem. Em abril de 2017, ele lançou um documento de posição sobre a remuneração dos CEOs. Desde então, publicou diversos outros tópicos sobre negócios responsáveis. Em todos esses artigos, ele apresenta não apenas os argumentos a favor de sua posição, mas também aqueles contra. E a inclusão destes reforça a credibilidade do fundo, pois mostra que ele atingiu sua posição, apesar de considerar cuidadosamente o outro lado, em vez de simplesmente o rechaçar. Reconhecer potenciais fraquezas em sua posição não significa uma demonstração de fraqueza, mas de força.

Em Poucas Palavras

- Os cidadãos desfrutam de agência — o poder de mudar a maneira como as empresas funcionam. Poucos são formuladores de políticas, mas todos podem influenciar a política por meio de seu papel como eleitores. Poucos são influenciadores, mas todos exercem influência sobre as opiniões que compar-

* Esse comitê é um influenciador ao recomendar a política, em vez de defini-la diretamente.

† Há dois lados em quase todas as questões das ciências sociais, porque é difícil provar algo perfeitamente — conforme discutido, as evidências não são universais. No entanto, nas ciências físicas, a evidência é possível, portanto, artigos unidirecionais podem ser confiáveis.

tilham ou, então, que escolhem ignorar. Quase todos são investidores, colegas e clientes.

- Como investidores, colegas e clientes, podem *monitorar* — selecionar empresas com base no valor que elas criem para a sociedade — e *contratar*. Colegas de todos os níveis podem praticar as atitudes de empoderamento, investimento e recompensa perante outros. Eles podem agir e ousar sugerir e testar novas ideias. Os clientes podem pressionar as empresas a mudar sua cultura por meio de suas decisões de compra ou fornecendo feedback sobre seus produtos.
- A regulamentação pode solucionar falhas de mercado, como externalidades, redistribuir os ganhos do crescimento do bolo e ajudar a difundir melhores práticas. No entanto, há limitações. Ao buscar evitar erros comissivos, a regulamentação pode exacerbar os erros por omissão ao desencorajar a tomada de risco. Além disso, a regulamentação geralmente é de tamanho único e não é adaptada às circunstâncias individuais de cada empresa. Assim, as disposições do tipo "pratique ou explique", acompanhadas da exigência de divulgações para permitir que os membros tomem decisões informadas, podem ser particularmente eficazes.
- Os influenciadores podem desempenhar um papel importante, chamando a atenção para o comportamento de fazer o bolo murchar e "apontando e dando fama" às empresas que fazem o bolo crescer.
- É muito mais fácil ganhar influência apresentando apenas um lado de um problema e escolhendo a dedo uma única história que ilustre um pensamento de maneira gritante. Mas o objetivo dos influenciadores deve ser disseminar a verdade, usando uma história para defender uma linha de pensamento geral apenas quando ela puder ser apoiada em grande escala com evidências rigorosas.
- Os consumidores de opiniões de influenciadores devem ter cuidado com o viés de confirmação, a tendência de aceitar opiniões que apoiem a sua. Eles devem dar um peso especial a estudos publicados nas mais rigorosas revistas acadêmicas, por pesquisadores com fortes credenciais no setor pertinente, e depositar mais confiança em influenciadores que apresentam ambos os lados de um tema.

PARTE IV

O PANORAMA GERAL

11

FAZENDO O BOLO CRESCER DE MANEIRA MAIS AMPLA

O pensamento de ganha-ganha em níveis nacional e individual

Este capítulo discute como as ideias centrais deste livro — o poder da mentalidade de fazer o bolo crescer, a importância dos erros por omissão e os princípios da multiplicação, da vantagem comparativa e da materialidade — podem ser aplicados em cenários mais amplos, além do papel dos negócios na sociedade. Além disso, reconhece que a Pieconomics traz ideias análogas àquelas que outros desenvolveram em diferentes contextos.

Começaremos por um princípio geral que será relevante para muitas aplicações discutidas neste capítulo.

Batalha dos Sexos — o Valor da Cooperação

O primeiro hobby que me lembro de ter quando criança foi jogar xadrez. Meu pai me ensinou desde cedo, e joguei meu primeiro torneio quando tinha 5 anos. Gostava do jogo, mas a parte mais difícil — principalmente para uma criança de 5 anos — era perder. Muitas vezes, chorei após perder jogos importantes. Enfim aprendi a parar de chorar e, quando estava na escola, joguei pelo time júnior da Inglaterra. Mas abandonei o jogo na universidade para adotar passatempos mais aceitáveis socialmente.

No entanto, meu passado como jogador de xadrez implicou que meu tópico favorito na graduação em economia era a Teoria dos Jogos. Ela usa jogos para estruturar situações da vida real em que, assim como no xadrez, diferentes jogadores buscam seus interesses individuais. Duas empresas competem dentro de um setor produtivo, a administração negocia com um sindicato ou os presidentes de alguns países se envolvem em uma guerra comercial. Esses jogos não são usados apenas em livros didáticos acadêmicos, mas também na vida real — as empresas às vezes usam oficinas de jogos de guerra para simular potenciais cenários.

Talvez o jogo mais conhecido da Teoria dos Jogos seja o Dilema dos Prisioneiros, muitas vezes usado como molde de cartéis da indústria. Mas outro jogo bastante conhecido, Batalha dos Sexos, é mais relevante para a Pieconomics. Ana e Roberto precisam decidir a que lugar ir na noite de seu encontro. Ana prefere ir a uma apresentação de balé, e Roberto, assistir a uma luta. (Sim, livros de economia não são conhecidos por serem politicamente corretos.) Mas ambos preferem ir ao mesmo evento, em vez de se separarem. O "desfecho" dos dois – a felicidade conforme as diferentes escolhas – é mostrado na tabela a seguir.

		ROBERTO	
		BALÉ	LUTA
ANA	BALÉ	5,1	0,0
	LUTA	0,0	1,5

Cada célula contém os desfechos primeiro para Ana e, depois, para Roberto. Se eles forem a eventos diferentes, ambos ganharão 0. Se ambos forem ao balé, Ana ficará com 5 e Roberto, com 1. Se ambos forem assistir a uma luta, Ana ficará com 1 e Roberto, com 5.

Qual é o melhor resultado? Há dois resultados possíveis – ambos irem ao balé ou ambos irem à luta. O desfecho agregado é 6, portanto, ir ao mesmo evento faz o bolo crescer, em comparação a seguirem seus caminhos diferentes. Embora a igualdade seja maior neste último cenário (ambos receberão o mesmo desfecho – zero), poucos diriam que a igualdade é mais importante do que criar valor.

É fácil responder que Ana e Roberto devem ir ao mesmo evento. A pergunta complicada é se o evento escolhido deve ser o balé ou a luta. Eles podem estar tão envolvidos na discussão sobre como repartir o bolo – a qual evento ir – que talvez percam de vista o objetivo principal, que é ir ao mesmo evento. Talvez como uma tática de negociação, Ana diga que já comprou ingressos para o balé. Na linguagem da Teoria dos Jogos, ela se compromete a escolher "Balé". A decisão racional para Roberto tomar também é escolher "Balé", para que ele obtenha 1, em vez de 0, se escolher "Luta".

Mas os humanos nem sempre são racionais. Roberto pode considerar injusto que Ana receba um desfecho melhor, então ele pode querer puni-la, indo à luta. Essa punição será bem-sucedida, uma vez que agora Ana receberá 0, mas ele também acabará punindo a si mesmo e receberá 0 também.

Para um estranho qualquer e que não está apaixonado, o comportamento de Roberto parece loucura, mas com frequência as pessoas escolhem o resultado que faz o bolo murchar, porque estão presas na mesma mentalidade ganha-perde que eu tinha quando jogava xadrez, por isso se fixam apenas em vencer a outra pessoa. Ao fazer os outros perderem, elas acham que automaticamente ganharão. Mas a vida real não é um jogo de soma zero como o xadrez. O outro jogador não é seu oponente, mas seu aliado. Ambas as partes podem perder e ambas podem ganhar, dependendo se você optar por fazer o bolo crescer.

Como as pessoas jogam Batalha dos Sexos na realidade? Economistas estudaram uma versão mais rica conhecida como O Jogo do Ultimato. Nesse jogo, Ana recebe

US$10 e oferece uma fração para Roberto. Se Roberto concordar com essa fração, ambos manterão os valores sugeridos. Se Roberto discordar, ambos ficarão com zero. É como a Batalha dos Sexos, exceto que Ana pode escolher entre uma variedade inteira de opções – qualquer número de US$0 a US$10 –, em vez de apenas "Balé" ou "Luta".

A parte racional desse jogo é que Roberto aceite *qualquer* fração. Mesmo que Ana proponha dar US$0,01 e ficar com US$9,99, Roberto deve aceitar. É injusto, mas é melhor do que ele receber zero. Esse experimento foi jogado milhares de vezes, e, na prática, Roberto rejeita até US$3. Ele está tão preocupado com a igualdade, que prefere fazer o bolo murchar, até chegar a zero, com o objetivo de impedir que Ana receba mais do que ele.

O Jogo do Ultimato é uma experiência, no entanto, as pessoas geralmente jogam da mesma maneira na vida real, por isso é para esta que nos voltaremos agora.

Comércio Internacional

Neste livro, o princípio da vantagem comparativa é baseado na celebrada *lei da vantagem comparativa*, formulada pioneiramente pelo economista David Ricardo no cenário do comércio internacional. Suponha que existam dois países, Brasil e Argentina, e dois bens, televisores (TVs) e computadores pessoais (PCs). O Brasil tem 12 trabalhadores, e a Argentina tem 14. O número de bens que cada trabalhador pode produzir é mostrado na tabela a seguir.

	TVS	PCS
Brasil	3	1
Argentina	4	3

Os cidadãos querem ter muitos tipos de mercadorias. Em determinada casa, é preferível ter uma TV e um PC, em vez de 2 de um e nenhum do outro. Vamos capturar a necessidade de variedade de forma simples dizendo que a Felicidade Nacional Bruta (FNB) é a menor dos dois itens produzidos.

Primeiro, vamos presumir a autocracia completa – países não negociam entre eles. Em seguida, o Brasil designaria 3 trabalhadores para TVs e os 9 restantes para PCs. O país produziria 9 de cada um, e sua FNB seria 9. A Argentina designaria 6 trabalhadores para TVs e 8 para PCs, produzindo 24 de cada e chegando a uma FNB de 24. A FNB total entre os dois países seria de 33.

Agora vamos permitir o comércio. A *lei da vantagem comparativa* diz que cada país deve se concentrar no bem em cuja produção seja *relativamente* melhor. A beleza dessa lei é que, mesmo que um país seja absolutamente menos produtivo em todos os bens, ele ainda será relativamente mais produtivo em algum. Nesse caso, o Brasil é menos produtivo para ambos os itens (3 < 4 e 1 < 3), mas é relativamente mais produtivo para TVs. Se ele realocar um trabalhador de PCs para TVs, ganhará 3 TVs para cada PC perdido. Se a Argentina fizer essa realocação, renderá 4/3 = 1,33 TVs para cada PC deixado de ser produzido.

Assim, o Brasil deve realocar trabalhadores de PCs para TVs, em que tem uma vantagem comparativa. Ele mudará todos os 12, que, então, produzirão 36 TVs. A Argentina deve reimplantar 13 trabalhadores para produzir 39 PCs e manter apenas 1 trabalhador na fábrica de TVs, em que ele produzirá 4 TVs. Nos 2 países, haverá 40 TVs e 39 PCs e, portanto, uma FNB combinada de 39. O ganho no comércio, em termos de FNB, será de 6.

Assim como na Batalha dos Sexos, não está claro como dividir esse ganho de 6. O Brasil poderia oferecer à Argentina apenas 22 TVs em troca de 14 PCs. Ele acabaria com 14 de cada item e uma FNB de 14. A Argentina teria 26 TVs e 25 PCs, além de um FNB de 25. O Brasil ganharia 5, em comparação com a autocracia, e a Argentina ganharia 1. É como a Batalha dos Sexos, em que ambos vão para a luta, então Roberto ficará com 5 e Ana ficará com 1.

	SEM COMÉRCIO, PRODUÇÃO E CONSUMO		COMÉRCIO, PRODUÇÃO		COMÉRCIO, CONSUMO	
	TVS	PCS	TVS	PCS	TVS	PCS
Brasil	9	9	36	0	14	14
Argentina	24	24	4	39	26	25

Ou a Argentina pode fazer uma negociação difícil e exigir 26 TVs do Brasil, oferecendo apenas 10 PCs em troca. O Brasil acabará com 10 de cada item e uma FNB de 10. A Argentina terá 30 TVs e 29 PCs, portanto, uma FNB de 29. Então agora a Argentina ganhará 5, e o Brasil ganhará 1 — como na Batalha dos Sexos, em que ambos irão ao balé.

Em ambos os cenários, o ganho do comércio é desigual. Mas, assim como no jogo Batalha dos Sexos, o ponto mais importante é que o bolo cresceu — ambos os países estarão melhor do que nos cenários de autocracias. Isso não quer dizer que os países devam ignorar como o ganho será dividido — a divisão ainda é importante. Mas a primeira prioridade para os países deve ser cooperar, para que haja ganho e, *então*, decidir sobre a divisão.

Na realidade, os países às vezes têm a mentalidade de repartir o bolo. O Brasil pode considerar que a Argentina está ganhando 5 com o comércio e pensar que deve estar perdendo 5 — não percebe que está ganhando 1. Ou o Brasil pode pensar que, ao reduzir a fatia do bolo argentino colocando barreiras comerciais, ela aumenta a própria fatia — não reconhecendo que a fatia de ambos os países pode diminuir, porque o bolo murcha. Isso é, muitas vezes, chamado de "guerra comercial". Em agosto de 2018, o então presidente dos EUA Donald Trump tuitou que "[t]arifas estão trabalhando muito melhor do que qualquer um jamais antecipou. O mercado da China caiu 27% nos últimos quatro meses [sic]", assumindo que o objetivo da política comercial seria prejudicar outros países. Na guerra, é fato que fazer seu oponente perder faz com que você ganhe. Mas em uma guerra comercial, fazer seu oponente perder, muitas vezes, faz com que você perca também.

Até agora, consideramos o Brasil como um único ente. No entanto, o que importa é a divisão dos ganhos não só entre o Brasil e a Argentina, mas também entre diferentes cidadãos brasileiros. Quem no Brasil ganha de verdade com o comércio?

Em teoria, podem ser todos os membros da sociedade. As empresas brasileiras em geral realizam mais vendas, uma vez que agora focam o produto em que têm uma vantagem comparativa. Elas podem pagar salários mais altos aos colegas e devolver um lucro maior aos investidores. Os maiores ganhadores podem ser os clientes. Os políticos, por vezes, pensam que o comércio só é benéfico para a elite — as empresas que conseguem vender mais e, portanto, seus líderes e investidores. Mas isso também ajuda cidadãos comuns, que têm acesso a bens mais baratos e melhores. A Argentina só é capaz de exportar PCs porque os consumidores brasileiros preferem os PCs produzidos na Argentina aos fabricados no Brasil. Os clientes que se beneficiam do comércio incluem não apenas as pessoas, mas também as empresas, que ganham com acesso a insumos acessíveis e de alta qualidade. As tarifas colocam as empresas nacionais em desvantagem competitiva em relação às empresas estrangeiras, que têm livre acesso a esses insumos.

Porém, na prática, enquanto investidores, trabalhadores e clientes ganham em um nível geral, nem todos ganham individualmente — do mesmo modo, para uma empresa, o bolo pode crescer, mas um stakeholder individual pode perder. As empresas de PCs não conseguem mudar tão depressa para passar a produzir TVs. Elas podem anunciar uma possível mudança, o que prejudicaria os investidores. Além disso, seus trabalhadores também sairiam perdendo — enquanto novas empresas fabricantes de TVs são inauguradas, os trabalhadores da empresa de PCs podem não ter as habilidades para fabricar TVs ou não estar dispostos a ir para essas novas empresas.

Essas redundâncias, embora incômodas e relevantes, não são muito diferentes do que acontece na concorrência doméstica. Se a Positivo Tecnologia, com sede em Curitiba, fosse ineficiente, e a CCE, que fica em Manaus, entrasse no mercado e expulsasse a Positivo do mercado, os trabalhadores desta ficariam desempregados. Se eles não estiverem dispostos a ir para Manaus e se não tiverem habilidades suficientes para trabalhar em outras empresas de Curitiba, eles ficarão desempregados. Mesmo que a Positivo perdesse para um concorrente doméstico, em vez de para um estrangeiro, isso não tornaria o desemprego menos difícil de lidar. E as empresas podem falir não só por sua ineficiência, mas também por mudanças na tecnologia, como aconteceu com a Kodak em decorrência da inovação com as câmeras digitais.

Portanto, as perdas de emprego devido ao comércio internacional são um exemplo de um problema mais amplo. As redundâncias surgem quando os produtos de uma empresa não estão mais sob demanda, porque a tecnologia ou as preferências mudaram ou porque há empresas concorrentes mais eficientes — sejam nacionais ou estrangeiras. Isso não torna o desemprego menos doloroso. Devido às importações, essas pessoas não são confortadas pelo fato de que outras ficaram desempregadas em virtude do avanço da tecnologia. Mas isso significa que os governos devem priorizar as soluções para o problema geral, em vez de tratar o desemprego advindo do comércio internacional como uma espécie única de desemprego. Embora o enfrentamento dessa situação esteja além do tema deste livro, as políticas para aumentar a realocação dos trabalhadores desempregados (como educação, programas para jovens aprendizes e programas de requalificação para adultos) e para incentivar a formação de novos negócios, conforme discutido no Capítulo 10, ajudarão todos os trabalhadores que perderam seus postos de trabalho — independentemente do que tenha causado isso.

Emprego

As opiniões a respeito do comércio internacional — no sentido de que haveria uma demanda fixa por mercadorias e, portanto, as vendas por empresas estrangeiras ocorreriam às custas das empresas domésticas — são semelhantes às opiniões de repartir o bolo relacionadas ao emprego. Isso é, muitas vezes, conhecido como a falácia do "bloco de trabalho": há uma demanda fixa por empregos, portanto, dar emprego aos imigrantes tira os empregos dos cidadãos daquele país. Mas o número de empregos não é fixo. Obviamente, os imigrantes gastam sua renda, o que cria empregos diretamente, e também pagam impostos, o que dá ao governo recursos para criar mais empregos.

Mais importante do que isso, enquanto os imigrantes são vistos como *substitutos* dos trabalhadores nacionais, tirando empregos que, de outra forma, teriam sido dado a estes, muitos empregos são *complementares*. Contratar um imigrante para desempenhar determinada função pode criar diversos postos de trabalho que interajam com essa função. Um gerente de projetos imigrante permite que uma construtora empregue trabalhadores nativos da construção civil; trabalhadores da construção civil imigrantes permitem empregar um gerente de projeto nativo daquele país. Os dois tipos de contratação criam uma demanda extra de trabalhadores em recursos humanos ou compras.

Isso não significa que as políticas de imigração devam deixar de impor qualquer restrição à imigração. É mais provável que ocorra a substituição em profissões em que já existe trabalhadores em abundância no país. Mas para profissionais cuja oferta doméstica é escassa — como de engenharia e de saúde, para o Reino Unido —, é mais provável que a contratação de imigrantes aumente as contratações para empregos complementares, bem como melhore o desempenho da empresa empregadora.

A falácia do "bloco de trabalho" se aplica a atitudes em relação não só à imigração, mas também à tecnologia. Existe uma mentalidade semelhante no sentido de que haveria uma quantidade fixa de trabalho a ser feito, então qualquer trabalho realizado por máquinas reduziria o número de empregos para humanos. Assim como na imigração, certamente há casos em que a tecnologia e o trabalho são substitutos, mas, muitas vezes, podem ser complementares. Os líderes precisam pensar cuidadosamente sobre como redefinir os empregos, deslocando os trabalhadores da função em que eles podem ser substituídos pela tecnologia para os postos de trabalhos complementares, ou departamentos em que os humanos tenham uma *vantagem comparativa*, como de relacionamentos interpessoais. Essa redefinição poder ser bastante complicada, mas também é possível.

Em sua palestra TED de 2016 denominada "A automação vai tirar todos os nossos empregos?", David Autor, professor de economia do MIT, observou que, em 1970, havia 250 mil caixas bancários nos EUA; na atualidade, há 500 mil, sendo que 100 mil foram contratados desde 2000 — apesar da proliferação do caixa automático (Automatic Teller Machine — ATM) a partir da década de 1970. Os caixas eletrônicos substituem algumas tarefas que os caixas bancários costumavam realizar, como depósitos e saques. No entanto, isso permite que eles passem a fazer tarefas mais complexas, como aconselhar os clientes sobre produtos financeiros, em que a interação interpessoal e a confiança são importantes. Não só os caixas bancários se beneficiam de funções mais satisfatórias, como o caixa eletrônico também diminui o custo de abertura de novas agências bancárias. O número de agências em áreas urbanas aumentou 43% entre 1988 e 2004, criando milhares de novos empregos e compensando o fato de que são necessários menos caixas em cada filial.

O vice-primeiro-ministro japonês Taro Aso também destacou a importância de enxergar a tecnologia como benéfica — como um parceiro para fazer o bolo crescer, em vez de uma rival: "A maneira ocidental de pensar é que 'os robôs roubarão meu emprego', mas, no Japão, os robôs reduzem a carga de trabalho do homem comum." Essa ajuda pode envolver tarefas que eram muito perigosas para serem realizadas por seres humanos e que a tecnologia faz, como limpar derramamentos de óleo ou combater incêndios a altas temperaturas — portanto, não houve uma substituição. Mesmo para funções que necessitam de trabalhadores altamente qualificados, a tecnologia torna essa redefinição necessária e viável. A inteligência artificial provavelmente será capaz de diagnosticar o câncer, mas somente os humanos podem transmitir essa notícia de maneira compassiva e discutir opções de prognóstico e tratamento.

Para que os líderes sejam capazes de redefinir os tipos de trabalhos, eles precisam de uma força de trabalho flexível. Isso exige que tanto as empresas quanto os formuladores de políticas treinem os cidadãos em habilidades que não podem ser substituídas pela tecnologia (de modo que esta não seja um substituto) e em como usar a tecnologia (de modo que esta seja um complemento que os torne mais produtivos), como no programa SkillsFuture, de Cingapura. Essa abordagem enxerga a tecnologia não apenas como uma ameaça à frente, mas também como uma oportunidade. Autor aponta que tratores e outros avanços tecnológicos ameaçaram fortemente o trabalho agrícola norte-americano na virada do século XIX. O governo dos EUA deu o passo radical de introduzir a educação obrigatória até os 16 anos. O investimento substancial valeu a pena, devido à criação de uma força de trabalho altamente qualificada e flexível nos EUA. Muitos setores produtivos que são os maiores empregadores atualmente não poderiam ter sido previstos naquela época. Da mesma forma, não sabemos quais serão os setores produtivos do futuro — mas sabemos que as habilidades gerais ajudarão a preparar nossa força de trabalho para o que quer que aconteça.

A ameaça representada pela inteligência artificial pode ser de maior escala se comparada às mudanças tecnológicas anteriores, mas o desafio de responder a essas mudanças não é novo. Nas palavras de Autor: "Se você pensar sobre isso, muitas das grandes invenções dos últimos duzentos anos foram projetadas para substituir o trabalho humano." Os computadores foram uma inovação que mudou o jogo, mas eles fizeram com que determinadas funções fossem redefinidas, em vez de apenas substituídas. Passar de máquinas de escrever para software de processamento de texto permite que os datilógrafos corrijam erros, aumentando sua produtividade e reduzindo a demanda por horas de trabalho dedicadas à digitação. No entanto, isso não levou à demissão dos datilógrafos, mas, sim, a um enriquecimento de sua função, passando de um secretário ou assistente executivo para envolver responsabilidades muito maiores. De fato, os empregos aumentaram mais rapidamente em setores produtivos com alta demanda de computadores (como engenharia) do que naqueles sem a mesma demanda (como a fabricação), sugerindo que os computadores não são simplesmente um substituto para os trabalhadores.

Nem todos os trabalhadores cuja função é deslocada em virtude do avanço da tecnologia podem ser remanejados dentro da empresa, por isso as políticas governamentais mencionadas no final da última seção, para promover o remanejamento externo, também são importantes.

Política Macroeconômica

A expressão "fazer o bolo crescer" às vezes é usada na macroeconomia para argumentar que o crescimento da riqueza da nação como um todo beneficia os cidadãos, principalmente os menos ricos, mais do que redistribuir a riqueza. Por isso, os formuladores de políticas devem focar principalmente o crescimento econômico.

Ao contrário da crença comum, isso não significa a dependência do livre mercado e a intervenção mínima do governo. Em vez disso, permanece um papel significativo para políticas redistributivas, na medida em que elas também apoiam o crescimento. A assistência médica gratuita e a educação universitária, ou subsidiada, aos mais pobres, aumenta consideravelmente a capacidade produtiva dos cidadãos que, de outra forma, não teriam condições de arcar com esses investimentos. No entanto, essa abordagem da política macroeconômica deve ser cautelosa para evitar redistribuição, como um fim em si mesmo, uma vez que isso poderia, desde logo, reduzir os incentivos para gerar riqueza.

Embora a Pieconomics enfatize a importância do crescimento do bolo, ela reconhece que o bem-estar social depende não apenas do tamanho do bolo, mas também de sua distribuição. Assim, ao contrário da política macroeconômica "faça o bolo crescer", a Pieconomics argumenta que a redistribuição pode ser desejável para seu próprio bem (como impostos de renda elevados para os principais ganhos), mesmo que haja desincentivos como efeito, desde que estes não sejam grandes. Conforme mostrado na Figura 2.2, um líder pode preferir um bolo menor e que seja distribuído de maneira mais uniforme, especialmente se isso for melhor para os stakeholders materiais.

Mas a diferença mais importante é que, sob a política macroeconômica "faça o bolo crescer", o bolo representa a riqueza, e o objetivo de um formulador de políticas é criar riqueza. Sob a Pieconomics, o bolo representa valor social, e a responsabilidade de um líder é criar valor social, do qual o lucro é apenas uma fatia.

Dinâmica Interpessoal

Agora aplicaremos o conceito de fazer o bolo crescer às interações entre indivíduos, em vez de empresas ou stakeholders. Talvez o análogo mais próximo seja o celebrado livro de Stephen Covey, *Os 7 Hábitos das Pessoas Altamente Eficazes*. O autor fala sobre a *mentalidade da escassez*, que, assim como a mentalidade de divisão do bolo, assume que há uma quantidade fixa de recursos ou de felicidade para todos. Se um amigo alcançar o sucesso pessoal ou profissional, você sentirá inveja dele — talvez pensando que haveria menos felicidade para você. Se um colega fechar um negócio, você temerá que ele consiga a próxima promoção, em vez de você. Como disse o satírico político P. J. O'Rourke: "Nesse universo de soma zero, há apenas determinada quantidade de felicidade. A ideia é que, se tirarmos o sorriso dos rostos de pessoas com negócios prósperos e carreiras de sucesso, isso fará o restante de nós sorrirmos." Isso está relacionado à "síndrome da papoula alta", em que as pessoas invejam o sucesso de outras (uma papoula que cresce mais alto que outras papoulas), mesmo que isso não reduza o tamanho de seu sucesso.

Por outro lado, ao falar da *mentalidade da abundância*, Covey argumenta que há uma quantidade ilimitada de recursos ou de felicidade, então não há a necessidade de sentir inveja. Porém, uma diferença fundamental em relação à Pieconomics é que a mentalidade da abundância pressupõe que existam recursos automaticamente ilimitados. A mentalidade de fazer o bolo crescer salienta que fatias maiores estão disponíveis para todos, mas apenas por meio do trabalho duro e da cooperação. Assim como investidores e stakeholders são aliados no crescimento do bolo, em vez de adversários que maximizam sua participação, os colegas são aliados em garantir o sucesso da empresa, em vez de concorrentes para a promoção.

Digamos que Ana e Roberto agora são chefes de diferentes departamentos na empresa Springbok S.A. Se Ana cooperar com Roberto para fechar um contrato para seu departamento, é como se ela estivesse cooperando com Roberto para ir assistir à luta na Batalha dos Sexos. Roberto ganhará mais, porque o contrato aumentará o lucro de seu departamento. E mesmo que Ana ganhe menos, ela ainda ganhará. Ao trazer negócios para Springbok, ela ajuda a empresa a prosperar, o que gera mais recursos para seu departamento. A principal tarefa de Ana e de Roberto é fazer o bolo da Springbok crescer e garantir que ela fique à frente da Lion S.A., sua principal concorrente, em vez de se preocupar com que o departamento de cada um separadamente seja o melhor dentro da Springbok.

Na natureza, um leão não consegue alcançar um antílope se correr atrás dele. Então ele espera que, em um rebanho de antílopes, eles lutem uns contra os outros, para, então, conseguir agarrar um. "Lutas" referem-se a ações que afetam não apenas outro departamento, mas também a organização vista de maneira mais ampla. Roberto pode apoiar um candidato em particular para CEO porque é mais provável que ele favoreça o departamento dele, mesmo que o outro candidato seja melhor para a função. Um professor pode pressionar para que a universidade faça a contratação de um novo membro do corpo docente menos qualificado apenas porque ele está mais próximo de seu interesse de pesquisa. Um atleta pode se opor à contratação de um novo companheiro de equipe porque isso significa que ele não será mais o jogador principal. Em todos esses exemplos, *os colegas só olham para a fatia deles; eles não olham para o bolo inteiro.*

A responsabilidade de um líder é elaborar sistemas de recompensa e de avaliação que, em vez disso, criem situações ganha-ganha. É importante que, quando Roberto receber 5, Ana receba 1, em vez de -1. A primeira hipótese ocorrerá se Ana detiver ações da Springbok, conforme defendido no Capítulo 5, e se o sistema de avaliação considerar explicitamente seu apoio a Roberto, em vez de comparar seu desempenho com o dele. Por outro lado, aos novos alunos da Faculdade de Direito de Harvard, supostamente é dito: "Olhe para a esquerda e para a direita, porque um de vocês não estará aqui até o final do ano." Essas declarações de soma zero geram uma mentalidade de escassez.

Os princípios da Pieconomics ainda se aplicam mesmo que Ana e Roberto sejam amigos ou conhecidos, em vez de colegas de trabalho. Em seu livro *Give and Take*, o psicólogo social Adam Grant estuda três tipos de pessoas. Os "doadores" ajudam os outros sem fazer um cálculo sobre se eles eventualmente se beneficiarão com isso, como um líder que faz o bolo crescer. Já os "tomadores" tentam explorar os outros tanto quanto possível, como um líder que reparte o bolo. E os "combinadores" ajudam os outros se eles conseguirem prever um benefício em longo prazo, como um líder que pratica o valor para os acionistas esclarecidos. Adam mostra que os doadores são, de fato, mais bem-sucedidos em longo prazo — embora o sucesso individual nunca tenha sido a motivação para sua generosidade. No entanto, ele enfatiza como a doação não deve ser dispersa e indisciplinada, assim como uma empresa que faz o bolo crescer não deve investir de maneira irrestrita.

Mentalidade

Além das relações com os outros (liderança interpessoal), as ideias expressas na Pieconomics também têm antecedentes em trabalhos anteriores sobre o relacionamento com nós mesmos (liderança pessoal).

Em seu livro *Mindset: A Nova Psicologia do Sucesso*, a psicóloga Carol Dweck fala sobre a *mentalidade fixa* e a *mentalidade de crescimento* como duas atitudes diferentes para o desenvolvimento pessoal. A mentalidade fixa vê as habilidades de uma pessoa ancoradas na genética. Ou a pessoa é talentosa em determinada atividade, ou não é. Se não for, estará predestinada a falhar nessa atividade, então não há motivo para trabalhar duro. Se a pessoa for talentosa, ela está predestinada a ter sucesso, então, novamente, não há necessidade de trabalhar duro.

Por outro lado, a mentalidade de crescimento considera as habilidades expansíveis por meio do esforço. Essa mentalidade é semelhante à mentalidade de fazer o bolo crescer, embora não exista um análogo de como um bolo é dividido entre diferentes membros. Ver o bolo como expansível dá o encorajamento de que todas as partes podem ganhar, mas também a responsabilidade de trabalhar em conjunto para fazer o bolo crescer, em vez de focar apenas a própria fatia. Enxergar suas habilidades como expansíveis por meio da mentalidade de crescimento dá encorajamento e também responsabilidade de trabalhar duro para aprimorá-las.

No entanto, a realização adquirida por meio do trabalho duro é, muitas vezes, desprezada, em comparação com a realização vinda do talento. Crianças que se esforçam mais são rotuladas como "burras" ou "esforçadas demais", como se o esforço fosse algo de que se deve envergonhar. Em meu ensino médio, as notas tinham dois componentes: realização, que variava de 9 (melhor) a 1 (pior), e esforço, no qual a escala era de A (melhor) a D (pior). A nota mais cobiçada era um 9D, pois isso sugeria que você era naturalmente habilidoso — você teria alcançado o sucesso sem ter que se esforçar para isso.

Quando eu era estudante, concorri para o governo estudantil (conhecido como Sala Comum Júnior, ou JCR) no Merton College, em Oxford. Como aluno de economia, só havia uma posição que eu poderia assumir: tesoureiro. Na primeira assembleia geral após ser eleito, a moção de abertura propôs que a posição oficial da JCR fosse contra as mensalidades. A presidente da JCR costumava presidir todas as reuniões, mas ela estava propondo a moção. A presidência deveria ser assumida pelo vice-presidente, porém ele estava se opondo à moção. (Não corríamos nenhum perigo de haver um único pensamento de grupo em nosso comitê.) O tesoureiro era o terceiro na linha de comando, então, de repente, fui empurrado para o papel de presidente. Nunca previ a necessidade de discursar em público quando concorri para tesoureiro, porque, em vez disso, eu ansiava por um ano pacífico de assinatura de cheques e elaboração de planilhas Excel.

Foi um desastre. Eu era muito tímido para efetivamente presidir algo, principalmente em uma sala de estudantes cheios de opinião e falantes — muitas vezes cheios de atitude e espirituosos. Eu me saí tão mal, que, na reunião seguinte, os alunos propuseram uma moção para criar uma função, chamada de presidente da assembleia geral. Essa pessoa presidiria as reuniões futuras, para que o corpo discente não tivesse de aturar minha incompetência novamente. O movimento sofreu uma derrota, mas ainda havia uma saída fácil para mim. Embora fosse tradição que o oficial mais bem classificado presidisse as reuniões, não havia nada no estatuto que determinasse isso. Era tentador ter a mentalidade fixa, e eu não me considerava um orador, então passei as tarefas para o quarto na linha de comando. Mas decidi trabalhar nisso, mesmo que presidir as reuniões fosse algo desconfortável para mim. Assumi o cargo de presidente muitas vezes naquele ano, quando o presidente e o vice não estavam disponíveis, e acabei me tornando semicompetente.

De fato, apenas semicompetente. Sabendo que ainda havia espaço considerável para me aprimorar na tarefa e que fui incentivado a me aprimorar, entrei para o MIT Toastmasters Public Speaking Club imediatamente após iniciar a pós-graduação. Alguns colegas pensavam que participar do clube era inútil para um orador nato, porque você nasce com capacidade de elocução ou sem ela — há potencial de crescimento apenas para não natos. Na primeira reunião, fui chamado de surpresa para um exercício chamado “Tópicos à Mesa“, no qual você é convidado a falar sobre um tema escolhido na hora. Perguntaram para mim: “Qual é a diferença entre uma dama e uma mulher?” Dei uma resposta infeliz, porque não era bom em responder prontamente. Mas, apesar de saber que em cada reunião haveria um exercício desse tipo e, portanto, o risco de ser chamado de surpresa, continuei voltando ao clube.

Avançando para meu primeiro ano como professor assistente na Wharton, participei de uma conferência organizada conjuntamente pela Duke University e pela Universidade da Carolina do Norte. Apresentei um de meus trabalhos de pesquisa sobre os acionistas detentores de blocos de ações. Em seguida, o professor Duke John Graham (cujo trabalho mencionamos neste livro) veio até mim e disse: “Foi uma bela apresentação! Você deve ter trabalhado duro nela.” Fiquei decepcionado. Queria que ele tivesse dito: “Foi uma ótima apresentação! Você deve ser um orador nato!” Queria que John me desse uma nota 9D. Mas aí ele não teria sido verdadeiro, porque eu não era nada natural. Só pude ser capaz de dar uma palestra coerente foi porque me permiti continuar presidindo, apesar de minha incompetência inicial, porque o MIT Toastmasters Public Speaking Club me ajudou a me desenvolver e porque dediquei muitas horas para ensaiar, gravar e reproduzir essa mesma fala, mesmo que estivesse tentado a mentir para mim mesmo sobre não precisar trabalhar duro nisso.

Abraçando o Fracasso

Um tema recorrente neste livro é que o desejo de evitar erros comissivos pode levar a erros por omissão muito mais graves. Em um contexto empresarial, erros como esses geram oportunidades para criar valor social. Uma empresa se abstém de lançar um produto novo porque teme o fracasso, ou de implementar novas tecnologias porque isso leva a perdas de empregos e a uma reação da mídia. Em um contexto pessoal, esses erros fazem a empresa perder oportunidades para o desenvolvimento individual.

Como cresci na Inglaterra, desfrutei de minhas férias em família construindo castelos de areia no litoral inglês. Quando era adolescente e tínhamos um cão golden retriever, íamos até o Lake District ou a Yorkshire Dales, onde desfrutamos de muitos momentos felizes. Então, antes de chegar ao MIT para o meu Ph.D., eu nunca havia esquiado.

No MIT, todo mês de janeiro, eles têm o Período de Atividades Independentes (IAP). Em vez de aulas regulares, eles promovem uma grande variedade de palestras e oficinas de trabalho gratuitas sobre temas extracurriculares. Fiz aulas de beisebol e jiu-jitsu, além de cursos mais voltados para o intelecto, como um estudo sobre o conflito entre Israel e a Palestina e sobre as relações inter-raciais dos EUA. No final do IAP, o Conselho de Estudantes de Pós-Graduação realiza uma viagem com o objetivo de esquiar. Eu nunca havia esquiado antes, mas meus amigos estavam indo, e — em uma reação impulsiva, por já ter aprendido outras habilidades interessantes durante o IAP, como dar uma chave de braço em alguém (aprendizado que espero nunca precisar usar na vida real) — eu decidi ir. Fiz aulas em uma pista de esqui suave, adequada para iniciantes, antes de me jogar na Smugglers's Notch, em Vermont.

Por ser um nerd de exatas, eu adorava medir meu progresso a cada aula, para ver se eu estava melhorando. A medida mais fácil foi o número de vezes que eu caí. Eu poderia fazer uma contagem do número de quedas que tive pela manhã e, em seguida, uma contagem diferente para o período da tarde. Se eu caísse menos vezes à tarde do que pela manhã, isso era um sinal de melhora. Se eu caísse menos vezes no sábado pela manhã do que na sexta, isso também indicaria uma melhora em meu desempenho.

Mas eu logo criei uma maneira de manipular as estatísticas — de modo que "atingi a meta, mas não observei o propósito". A maneira mais fácil de evitar cair, um erro comissivo, era esquiar nas encostas mais fáceis — um erro muito mais grave por omissão, pois perdi a oportunidade de me desafiar. Mesmo que eu contornasse isso, forçando-me a observar um gradiente, iniciando pelas encostas verdes (fáceis) e prosseguindo para as azuis (moderadas), eu logo descobriria quais eram as encostas azuis as mais fáceis e as escolheria. Mesmo que eu tentasse fazer um "experimento controlado", esquiando na mesma encosta azul e tentando reduzir o número de vezes que caía, eu simplesmente faria mais curvas, para baixar minha velocidade e evitar a queda. *A ausência de "fracasso" foi como defini meu sucesso.* No final de cada dia, quando estávamos de volta ao condomínio, desfrutando de uma bebida quente, perguntávamos uns aos outros como havia sido nosso dia. Enquanto meus amigos falavam sobre a emoção de experimentar uma nova modalidade de corrida ou salto, mesmo que eles finalmente fracassassem, eu diria, bastante animado, que eu havia caído menos vezes à tarde do que pela manhã (usando estatísticas *pro-rata*, é claro, para levar em conta as diferentes durações das sessões da manhã e da tarde, como um bom aluno do MIT).

Quando eu esquiava, meu objetivo era não cair. Mas isso é loucura. As pessoas não gostam de esquiar apenas para evitar cair — elas fazem isso pela emoção de esquiar. Do mesmo modo como um líder não deve definir um bom ano como aquele em que evitou a cobertura negativa da imprensa ou como uma empresa não deve medir o sucesso de um produto novo principalmente pela ausência de reclamações de clientes sobre ele. Felizmente, no último dia de viagem, acabei descobrindo o verdadeiro propósito de esquiar. Decidi tentar Snowsnake, a trilha azul mais difícil que eu tinha encontrado até então e que, apesar de seu nome, estava coberta de gelo. Eu caí inúmeras vezes naquela manhã. Mas cada queda me ensinou algo: eu tentei identificar o que havia feito um pouco antes da queda que desencadeou o desastre. Esse ciclo de feedback me ajudou a melhorar um pouco a cada queda, até que eu finalmente consegui esquiar a Snowsnake ileso.

A importância de abraçar o fracasso se aplica a questões muito mais importantes do que como obter o máximo prazer de uma viagem de esqui. Qualquer grande oportunidade de desenvolvimento pessoal ou profissional — ter habilidade para falar em público, mudar de carreira, solicitar uma promoção interna, inscrever-se na primeira corrida de 5 quilômetros — exige uma vontade de fracassar. É difícil manter segredo sobre um pedido de promoção. E, se não conseguir, seus colegas saberão que você não tem as habilidades necessárias. Alguns poderão pensar que essa promoção seria dar um passo maior do que a perna. Em uma corrida de 5 quilômetros, alguém tem de ficar em último lugar, algumas pessoas nem sequer terminam — e os resultados são facilmente encontrados na internet. Assim como uma empresa, um cidadão pode não atingir algumas de suas metas; se acontecer o contrário, significa que ele não definiu metas desafiadoras o suficiente. Mas como J. K. Rowling disse em seu discurso de formatura em Harvard em 2008, "É impossível viver sem fracassar em algo, a menos que você viva com tanta cautela que poderia muito bem não ter vivido no fim das contas — nesse caso, você fracassa por padrão." Esse fracasso por padrão é um erro por omissão.

Uma vontade de falhar é valiosa não apenas *ex ante*, mas também os próprios fracassos são valiosos *ex post*, já que eles nos permitem aprender. Como discutido no Capítulo 10, uma votação negativa sobre a remuneração informa uma empresa sobre aquilo a que os investidores se opõem — assim como uma queda nas encostas me ajudou a identificar que erro eu havia acabado de cometer para desencadear o desastre. O autor Matthew Syed denomina essa mentalidade como "mentalidade de caixa-preta", pegando como exemplo a nomenclatura das caixas-pretas existentes em aviões, que registram seus movimentos e as conversas na cabine do piloto. Essas caixas permitem que as autoridades investiguem a causa de um acidente aéreo, ajudando a prevenir desastres futuros.

A mentalidade de caixa-preta é dolorosa. Em vez de se apropriar de um fracasso e se responsabilizar por ele, é tentador atribuir a culpa a circunstâncias externas — um comportamento conhecido como viés de autoatribuição. Você pode culpar seu trabalho, que de repente ficou mais pesado na semana anterior, pelo tempo ruim durante a maratona de 5 quilômetros. As empresas gostam de atribuir seu baixo desempenho à concorrência estrangeira ou a investidores de "curto prazo".

Parte da relutância em admitir erros e aprender com eles deve-se à maneira como a sociedade enxerga o fracasso. Muitas vezes, jogamos um jogo de "peguei você!" — pegamos outras pessoas fazendo coisas erradas e chamamos isso de erro. Como Syed argumenta: "Devemos elogiar uns aos outros por tentar, por experimentar algo novo... Se apenas nos elogiarmos pelos acertos, pela perfeição, pela ausência de erros, vamos insinuar, ainda que de modo não intencional, que é possível ter sucesso sem falhar, escalar sem cair."

Mesmo que não haja mais ninguém que você possa usar como bode expiatório e você souber que o fracasso é responsabilidade sua, ainda assim será desagradável abrir a caixa-preta. As pessoas se encolhem de vergonha quando assistem vídeos delas mesmas falando em público ou ao ouvir gravações delas mesmas aprendendo a cantar. Mas, como é bem conhecido na medicina, o diagnóstico precede o tratamento. Identificar suas deficiências é a única maneira de erradicá-las.

O best-seller de Malcolm Gladwell, *Fora de Série: Outliers*, é frequentemente interpretado como sugestivo de que acumular 10 mil horas de prática é suficiente para dominar uma habilidade. Mas a pesquisa de Anders Ericsson e seus coautores, citada no livro, na verdade apresenta uma conclusão mais sutil. O que importa não são apenas as horas gastas realizando a atividade, mas o que os pesquisadores chamam de "prática deliberada", que eles definem como uma atividade "avaliada em alta relevância para o desempenho, dependente de um esforço grande e prazer inerente relativamente baixo". A prática deliberada é desconfortável, pois envolve passar por tarefas difíceis nas quais é provável que você fracasse e, em seguida, rever seus erros. Ericsson analisou os diários de estudantes de violino em uma academia de música de Berlim, comparando os melhores alunos, que comporiam uma das principais orquestras sinfônicas da Alemanha, com alunos médios, que, mais tarde, se tornariam professores. Surpreendentemente, não houve diferença no tempo total gasto com a prática musical entre os dois grupos, que incluía atividades em grupo, tocar por diversão (sozinho ou com outras pessoas), ter aulas ou se apresentar. A grande disparidade foi que os melhores alunos passaram mais tempo na prática solo. Outros pesquisadores descobriram que a habilidade de jogar xadrez estava muito relacionada à quantidade de tempo que você passa estudando xadrez sozinho, e não à quantidade de tempo que passa jogando partidas de xadrez com outra pessoa. E o que você faz na prática solo que importa. Outro estudo descobriu que os melhores patinadores profissionais dedicaram mais tempo treinando saltos difíceis e giros que não dominavam; os patinadores médios preferiram o conforto dos treinos rotineiros daquilo que já tinham aperfeiçoado.

Enquanto eu tinha a mentalidade errada *ex ante* de evitar cair ao esquiar, aprender com as quedas *ex post* veio um pouco mais naturalmente devido ao meu passado no xadrez. Em um jogo de xadrez, você mantém um registro de cada movimento que faz com as peças. Então, após um jogo, eu costumava me aliar a meu adversário para aprender com ele. Nós repetiríamos o jogo e ensinaríamos um ao outro o que poderíamos ter feito melhor. Quando eu era criança, gravar jogos de xadrez era fácil, pois eu só precisava de lápis e papel, mas gravar outras atividades era muito mais difícil. Não tínhamos smartphones à prova d'água para conseguir filmar uma aula de natação.

Agora temos a tecnologia para gravar e repetir nossos pontos falhos em quase qualquer atividade, mas, muitas vezes, não temos a mentalidade de fazer isso.

Serviço

Ao longo deste livro, enfatizamos como as empresas devem trabalhar em favor da sociedade — mas não devem fazer isso de maneira indisciplinada nem ignorar o lucro. O Capítulo 3 introduziu três princípios — da multiplicação, da vantagem comparativa e da materialidade — para orientar os líderes sobre a possibilidade de investir em stakeholders.

Os mesmos princípios também podem orientar um cidadão a servir a outras pessoas. É possível que alguém receba inúmeros pedidos para se voluntariar para organizações sem fins lucrativos, dar palestras *pro bono* ou dar conselhos de carreira aos filhos de um amigo. Mas essa pessoa não deve ignorar o impacto no próprio tempo. Assim como esses princípios orientam as decisões de investimento quando os recursos forem limitados, eles também podem orientar as pessoas sobre como servir de maneira efetiva quando o tempo for limitado.

Vamos começar com o análogo do *princípio da multiplicação*. Para as empresas, isso significa tomar uma medida que crie mais valor para os stakeholders do que custe à empresa. Aplicado ao serviço, isso envolve dar *presentes de valor desigual* — tomar uma medida que crie mais valor para o destinatário do que ela custa para quem a toma. Introduzimos uma expressão diferente porque considerar o serviço algo como dar presentes muda nossa atitude com relação a ele. Muitas vezes, o serviço é reativo. Pessoas generosas doam dinheiro ou objetos quando colegas de trabalho pedem patrocínio para uma ação de caridade e dão uma mão quando amigos pedem ajuda para fazer a mudança de casa. No entanto, é uma mentalidade diferente servir proativamente e pensar com que presentes de valor desigual podemos abençoar os outros.

Em uma noite na universidade, houve um jantar com pizza que foi incrível. Pedimos muitas pizzas, então meu amigo Stephen pediu para embrulhá-las. Eu pensei que ele ia levá-las para casa e comê-las frias no dia seguinte, como muitos alunos fariam. Mas ele nos levou para uma caminhada por Oxford, para distribuir fatias de pizza para os sem-teto.

Portanto, cada fatia de pizza se tornou um presente de valor desigual, que valia mais para um cidadão sem-teto do que para um estudante. Mas não é disso que se trata essa história. Stephen não deu apenas a pizza para os sem-teto; ele conversou com eles. Muitas vezes, nós simplesmente ignoramos essas pessoas — tentamos evitar fazer contato visual, muito menos falar com elas, caso sejam tão ousados e nos peçam ajuda. Ao reconhecê-los como pessoas como nós, Stephen lhes deu um presente de valor desigual. Lembro-me da senhora para quem ele deu a última fatia de pizza. Ele perguntou o nome dela, e mais de vinte anos depois, eu ainda me lembro: Janice. Mesmo nos melhores dias de Janice, quando dezenas de pessoas jogaram moedas na xícara de café dela, talvez ninguém tivesse perguntado seu nome. Stephen perguntou.

Muitos cidadãos deram presentes de valor desigual durante a pandemia. Assim como um líder responsável, eles se perguntaram "o que tenho em minhas mãos?" — que recursos eles tinham que valiam mais para os outros do que para eles mesmos? Para algumas pessoas, um desses recursos era o tempo. As pessoas se inscreveram na plataforma de voluntariado SpareHand, combinando com vizinhos mais vulneráveis à doença como eles poderiam ajudar, fazendo as compras de supermercado. Para outras, um dos recursos era dinheiro. Um amigo comprou cem cafés de sua cafeteria local e os forneceu por meio de uma linha de garantia de liquidez. Para outras, ainda, eram palavras, que, muitas vezes, são vistas como algo sem valor, em comparação com ações "concretas" ou contribuições financeiras. Mas telefonar para alguém que está isolado sozinho ou agradecer sinceramente a um motorista de entrega sobrecarregado de trabalho foi tão poderoso quanto Stephen perguntando a Janice seu nome.

A mentalidade de fazer o bolo crescer é novamente a chave para esse comportamento. Bons cidadãos ajudam os outros quando solicitados — eles ajudam um amigo a mudar de casa ou patrocinam a meia-maratona de um colega. Grandes cidadãos estão sempre pensando em como ajudar sem sequer serem questionados, constantemente buscando maneiras de fazer o bolo crescer e se engajar em questões, em vez de apenas resolver problemas.

Agora nos voltaremos para o *princípio de vantagem comparativa*. Muitas vezes, pensamos que as atividades de linha de frente, nas quais você coloca as mãos na massa, são a última forma de serviço — como ajudar em um abrigo para sem-teto. Mas, conforme destacado no Capítulo 8, a excelência é a melhor forma de serviço, e é mais provável que sejamos excelentes em atividades em que temos uma vantagem comparativa. Se você for habilidoso em contabilidade, gerenciar as contas de uma instituição de caridade que abriga pessoas sem-teto pode ser mais eficaz do que servir no abrigo.

Por fim, o *princípio da materialidade (intrínseca)* destaca a importância de servir aos stakeholders pelos quais somos particularmente apaixonados. Embora isso possa parecer óbvio, é fácil ser atraído para questões devido à sua gravidade ou sua percepção pública. Um abrigo para pessoas sem-teto pode parecer mais digno do que a fundação sem fins lucrativos da sua instituição de ensino, mas esta última pode ser mais material se você sentir um vínculo estreito com a instituição de ensino.

Aplicar esses princípios pode parecer dogmático, quando servir deveria ser natural e partir do coração. Mas essa aplicação de princípios cria liberdade. Você tem a liberdade de recusar pedidos de serviço sem qualquer sentimento de culpa, reconhecendo que há outras pessoas que são mais talentosas e apaixonadas do que você por essas causas. Isso permite que você foque a essência, em que os três princípios se sobrepõem e você consegue produzir um efeito profundo ao ajudar os outros em uma área pela qual você se interessa mais.

Moldando a Cultura

Enquanto a RSE geralmente se concentra em "não praticar o mal", reduzindo as externalidades negativas, um tema recorrente neste livro tem sido a importância de "fazer o bem de maneira ativa", criando externalidades positivas. Um segundo tema tem sido o poder da agência — a capacidade dos indivíduos de influenciar até mesmo grandes corporações. Esses dois temas estão relacionados — os atos de serviço, discutidos na seção anterior, podem ter um efeito multiplicativo, alterando a atmosfera e inspirando outras pessoas a fazer o mesmo.

Em abril de 2020, pouco depois de o Reino Unido entrar em distanciamento social (*lockdown*) devido à pandemia, o capitão Sir Tom Moore começou a contar suas caminhadas, dando voltas pelo seu jardim, para arrecadar dinheiro para o Serviço Nacional de Saúde. Ele esperava chegar a mil libras até seu 100º aniversário, 24 dias depois, mas acabou ultrapassando 30 milhões de libras. E mais do que isso, seus esforços inspiraram uma nação e encorajaram outros a arrecadar fundos ou ajudar na compra de mantimentos para vizinhos mais vulneráveis. Em menor escala, ouvir que um amigo ou colega seu se inscreveu no SpareHand encorajou outras pessoas a fazer o mesmo.

O que causou isso? É improvável que todos fossem egoístas e, de repente, se tornaram altruístas durante a pandemia. Em vez disso, as ações de um pequeno número de cidadãos desencadearam o altruísmo inerente em uns, mas, às vezes, adormecido em outros. Um cidadão, ao inspirar até mesmo apenas alguns amigos em atos de serviço, levou-os a influenciar seus outros contatos, criando, enfim, um ponto de inflexão.

Essa ideia pode se aplicar a muitos cenários além da pandemia. Um cidadão pode "ser o termostato, não o termômetro" — moldar a cultura, em vez de simplesmente refleti-la, assim como um termostato controla a temperatura, enquanto um termômetro a mede. Algumas empresas parecem não se importar com os outros e ser competitivas, e a cultura aparenta estar tão enraizada, que parece impossível alterá-la. No entanto, é improvável que todos, ou mesmo que a maioria dos trabalhadores de fato, não se importem com os outros. Em vez disso, provavelmente existe uma "maioria silenciosa" que gostaria de ser colaborativa, mas que é silenciada pelo comportamento de alguns executivos seniores. No entanto, até mesmo as ações de um trabalhador júnior podem ser capazes de ativar essa maioria silenciosa.

Em um banco de investimentos, talvez o departamento mais maltratado seja o Creative Services, muitas vezes conhecido como departamento de gráficos. Os analistas (o posto mais baixo ocupado por um bancário) lhes dão marcações manuscritas de apresentações do Powerpoint para implementar — por exemplo, para transformar alguns dados em gráficos de pizza. Muitas vezes, os analistas gritam com eles por não fazerem o que queriam — mesmo que geralmente seja culpa deles por não explicarem de maneira clara o suficiente. Se eu recebesse um trabalho de alta qualidade do departamento Creative Services, ligaria para lá, pediria para falar com o designer gráfico que trabalhou em minha solicitação e agradeceria a ele. Minha intenção não era fazer disso um alarde, mas, por ser tão júnior em minha função, eu não tinha uma sala — em vez disso, minha mesa ficava no meio do escritório. Então, outros analistas me ouviram falar e começaram a agradecer ao Creative Services. Assim, mesmo a pessoa mais jovem em um departamento pode, inesperadamente, ter poder para influenciar a cultura.

Escolha de Carreira

Uma empresa que faz o bolo crescer é impulsionada por propósito, e não por lucro, mas, em última análise, torna-se lucrativa ao fazer isso. A mesma abordagem pode ser aplicada à escolha de sua carreira. Ao selecionar uma vocação que sirva a um propósito, em vez de uma que seja lucrativa, um cidadão pode ter uma vida mais plena e também ser mais bem-sucedido financeiramente. Esta última seção é voltada principalmente para leitores prestes a iniciar sua carreira ou a contemplar uma mudança de carreira. Ela também pode ser importante para aqueles que não pretendem mudar de emprego, mas têm a flexibilidade de ponderar diferentes prioridades em sua posição atual.

Usamos a Apple como exemplo de uma empresa que faz o bolo crescer impulsionada pelo propósito. No entanto, sem dúvida, o discurso mais famoso de Steve Jobs, fundador da Apple, foi sobre um propósito pessoal. Como ele explicou em um discurso de formatura em 2005 na Universidade de Stanford: "Você não pode ligar os pontos olhando para a frente; você só pode conectá-los olhando para trás. Então você tem que confiar que, de alguma forma, os pontos se conectarão em seu futuro. Você tem que confiar em algo — seu instinto, seu destino, sua vida, seu karma, seja o que for. Essa abordagem nunca me decepcionou e fez toda a diferença em minha vida."

Uma maneira de tomar decisões sobre carreira é reduzi-las a um cálculo instrumental. Ao decidir por uma profissão ao sair da universidade, não pense apenas no salário atual pago por esse tipo de trabalho, mas também em como ele pode abrir portas para cargos futuros. Aceitar um emprego no setor de fintech pode render um salário inicial menor do que trabalhar em uma função em um banco de investimentos, mas o lado positivo em longo prazo pode ser maior no primeiro caso. Ao decidir de qual conselho de administração de organização sem fins lucrativos participar, considere qual deles ajudará a impulsionar seu perfil com base na visibilidade pública da organização e na influência dos outros membros do conselho. Ou seja, você pode mapear sua futura carreira — seus pontos positivos para o futuro, sendo que cada um funciona como um trampolim para o próximo.

Mas essa abordagem nem sempre funciona na prática, porque é muito difícil enxergar para onde um trampolim o levará. Steve Jobs, em vez disso, defendia a abordagem contraintuitiva, e aparentemente míope, de pisar na pedra que parece ser certa no momento. A pedra pode simplesmente aparentar ser um lugar bonito em que é possível permanecer, mesmo que você não saiba aonde ela o levará. Como Viktor Frankl escreveu em seu livro *Em Busca de Sentido*: "Não almeje o sucesso. Quanto mais você mirar ele e fizer dele uma meta, menos você irá alcançá-lo. Porque o sucesso, assim como a felicidade, não pode ser perseguido; ele precisa ser assegurado, e isso somente ocorrerá como um efeito colateral não intencional de sua dedicação pessoal a uma causa maior do que si mesmo, ou como subproduto da rendição de alguém a uma pessoa que não seja ela própria."

A ideia de escolher uma carreira baseada no propósito é bastante conhecida, quase a ponto de se tornar um clichê. Também parece ser irrealista e impraticável. Parece irrealista porque, embora possa muito bem ser pregada com base no discurso do CEO da Apple ou de um multibilionário, a maioria das pessoas tem famílias para sustentar e empréstimos para pagar. Elas não podem ignorar inocentemente os motivos financeiros em uma busca despreocupada por propósito. Mas mostraremos que algumas carreiras lucrativas, criticadas pelo público, também podem ser profundamente guiadas por propósito. Seguir seu propósito pode parecer impraticável, porque muitas pessoas não sabem qual é o seu propósito. Podemos transformar essa ideia em algo concreto e factível usando a mesma estrutura de pensamento que introduzimos no Capítulo 8, para definir o propósito de uma empresa.

Lembre-se de que o propósito de uma empresa envolve duas dimensões: *para quem* ela existe, com base no princípio da materialidade, e *por que* ela existe, com base no princípio da vantagem comparativa. Ao discernir o propósito de um cidadão, essas duas dimensões também se aplicam.

A dimensão *para quem* é relativamente fácil de decidir. A materialidade empresarial não tem um análogo para os cidadãos, mas a materialidade intrínseca tem — os stakeholders são particularmente orientados a servir. Um advogado pode considerar os refugiados mais importantes do que as empresas e, portanto, dedicar-se à área de direitos humanos, em vez de à de direito empresarial. Alguém com um coração voltado para o meio ambiente pode trabalhar para uma organização sem fins lucrativos, entrar na política ou trabalhar em uma empresa com um impacto material no meio ambiente e mudá-lo. Mas a dimensão *para quem* ainda deixa muitas perguntas sem resposta. Vamos dizer que você definiu a dimensão *para quem* voltada para as crianças. Há muitas formas de servi-las: pediatria, ensino e trabalho social. A dimensão *por que* é mais complexa, e é nela que nos concentraremos.

A dimensão *por que* se baseia no princípio da vantagem comparativa, que envolve talento e paixão. O talento é relativamente fácil de identificar; já a paixão é muito mais difícil. "Perseguir sua paixão" parece algo tão nebuloso quanto "servir a um propósito" — como você pode fazer isso se você não sabe qual é sua paixão? Para algumas carreiras, a paixão pode ser óbvia. Podemos facilmente imaginar como Roy Vagelos poderia ter se inspirado quando ouviu os químicos da Merck falarem sobre o desenvolvimento de medicamentos na lanchonete de sua família e, por isso, escolheu uma carreira na ciência. Mas para outros setores produtivos, como o de entrega de alimentos e transporte, a paixão pode ser menos óbvia — embora esses setores possam criar um valor substancial para a sociedade, conforme discutido no Capítulo 8.

Mais uma vez, podemos criar um modelo de pensamento visando transformar o conselho idealista "perseguir sua paixão" em algo concreto. Vamos dizer que você decidiu que a dimensão *para quem* é servir as empresas porque você acredita que elas possam ser uma força para o bem na sociedade (materialidade intrínseca). Qual é a maneira de servi-las? Vamos ilustrar esse modelo de pensamento usando carreiras nas áreas de finanças e de consultoria, em vez do trabalho propriamente dito em uma empresa, porque essas carreiras são particularmente vistas como não guiadas por propósito.

Esse modelo de pensamento envolve três questões. A primeira é: *onde você se vê daqui a dez anos?* Isso, no entanto, parece tão (pouco) original quanto a ideia de "perseguir sua paixão". A maioria das pessoas pensa que sabe a resposta — talvez sendo o diretor administrativo de um banco de investimentos, o sócio de uma empresa de consultoria ou o diretor de um fundo de *private equity*. Mas essa pergunta não questiona onde você se vê em termos de carreira. Ele questiona o que fará você vibrar, o que o fará acordar toda manhã, como serão seus dias. Porque uma carreira, se é para ser realmente gratificante, não é sobre o que você faz; é sobre quem você é. Muitas pessoas chegam ao topo. Mas muitas não dedicaram tempo para faze a si mesmas essa pergunta antes de começar, então elas chegaram ao topo e percebem que subiram a montanha errada.

Vamos tornar isso concreto. Digamos que você gostaria de ser diretor executivo de um banco de investimentos ou sócio de uma empresa de consultoria. Esse é seu cargo. Você é um consultor de confiança. Seus clientes vão até você com grandes problemas a serem solucionados. Talvez eles estejam passando por dificuldade financeira e lhe perguntam se devem emitir ações, aumentar a dívida, cortar os dividendos, vender uma parte da empresa ou colocar toda a empresa à venda. Eles confiam em você para dar o aconselhamento que seja melhor para eles, em vez de um que apenas lhe renderá uma remuneração mais alta.

Só trabalhe em um banco de investimentos ou em uma consultoria se você deseja ser esse consultor de confiança e se sente bem sendo essa pessoa. Talvez você seja a pessoa a quem os amigos recorrem quando precisam de um aconselhamento sincero sobre determinado assunto. Você tem a reputação de dizer a eles o que eles precisam ouvir, não o que eles querem ouvir, e de manter a confidencialidade. E você adora servir seus amigos dessa maneira. Ou, ainda, em um grupo de estudos da universidade, você estava disposto a ter conversas difíceis com outros membros do grupo que não estavam dando conta do recado. Outras pessoas podem achar essas conversas estranhas, mas são naturais para você. Então você é o tipo de pessoa que deve ir para o banco ou para a consultoria.

Vamos dizer que você gostaria de trabalhar no cargo de diretor de *private equity*. Então você é um investidor, alguém bom em encontrar ativos desvalorizados. Durante o dia, esses ativos desvalorizados são negócios que estão deixando seus atuais proprietários ansiosos — tanto que eles querem vendê-los. Você vê potencial neles que ninguém mais vê. Você está disposto a investir seu dinheiro naquilo que você acredita ser um bom investimento. E você investe mais do que dinheiro, também investe seu tempo e esforço para transformar esses ativos. Fora do escritório, esses "ativos" desvalorizados podem ser pessoas — os desempregados em que você pode investir, financiando um programa de coaching de carreira, ou crianças do bairro que você pode ajudar doando uma bolsa de estudos em uma escola. E você não apenas despende dinheiro com eles, como também coloca as mãos na massa, atuando como dirigente da escola. Em uma equipe de esportes amadora, você pode estar disposto a treinar um novo jogador que não "chegou jogando", em vez de deixá-lo no banco ou fazê-lo se sentir um estorvo, para que ele saia do time. Todos esses investimentos exigem paciência, que nem todos têm — mas muitos dos melhores investidores, como Peter Lynch e Jeff Ubben, estão dispostos a ter perspectivas de longo prazo.

Somente siga a carreira de investidor de *private equity* se isso for quem você realmente é — se sua paixão for descobrir ativos desvalorizados (tanto empresas quanto pessoas) e trabalhar neles para que atinjam seu potencial. Se sua paixão está mais voltada para encontrar ativos desvalorizados do que em transformá-los, você pode ficar mais satisfeito trabalhando à frente de um fundo mútuo e exercendo *stewardship* por meio de monitoramento, em vez de engajamento.

A segunda pergunta é: *o que você faz em seu tempo livre?* O que você voluntariamente escolhe fazer revela pelo que você é apaixonado. Essa pergunta pode parecer irrealista, já que muitas pessoas gostam de praticar esporte ou tocar algum instrumento musical, mas é improvável que elas se tornem atletas profissionais ou músicos. No entanto, os passatempos são mais informativos do que você pode imaginar.

A pergunta mais comum feita por estudantes interessados em finanças é se eles devem começar pelas vendas ou pelas compras. Para a maioria das pessoas, o lado das compras é o lugar para elas estarem. Quando trabalhei no banco de investimentos, meu sonho era ser descoberto por um caçador de talentos que me levaria para o setor de *private equity*. Em vendas e negociações, você ansiava pelo dia em que seria abordado por alguém que trabalhava em um fundo de hedge. E o lado das compras é o lugar certo para muitas pessoas. Mas há muito mais pessoas cujo propósito está no lado das vendas do que se pensa, porque sua paixão é vender, e isso é revelado por meio de seus passatempos.

Alguns estudantes de administração lideram caminhadas para seu país de origem durante as férias, abrindo mão da chance de conhecer um novo lugar. Por quê? Porque eles adoram "vender" seu país. Outros capitaneiam equipes esportivas e ensinam a atividade aos recém-chegados. O ensino tem muitas semelhanças com a venda — explicar conceitos complexos em uma linguagem clara e torná-los atraentes.

Outros, ainda, podem não ser capitães de equipes esportivas, mas podem fazer parte de uma ou tocar em uma banda. Isso envolve um elemento de "tribalismo" — fazer parte de uma pequena equipe, na qual você realmente se importa com cada membro e carrega sua tribo para onde você for. Bruce Springsteen já foi questionado sobre o que continua a motivá-lo, uma vez que ele já vendeu milhões de discos e tocou no Madison Square Garden inúmeras vezes. Ele respondeu que o que o motiva é estar no palco com Clarence Clemons, seu saxofonista. Quando Clarence toca um solo de saxofone, ele se orgulha de dividir o palco com ele — mesmo que Bruce esteja em silêncio e não recebendo nenhum aplauso naquele momento. Como Bruce disse em seu elogio a Clarence: "Ficar ao lado de Clarence é como estar ao lado do profissional mais talentoso do planeta. Você fica orgulhoso, sente-se forte, se anima e ri diante do que poderia acontecer, diante daquilo que vocês poderiam ser capazes de fazer juntos."

E isso é o que você ganha se escolher as vendas. Assim como uma banda em turnê ou um time de esportes jogando uma partida fora de casa, no lado das vendas, você leva seu time — sua tribo — até um cliente para apresentar uma proposta. Um dia você pode dirigir essa equipe e não apresentar toda a proposta, mas escolher um analista ou um associado para apresentar parte dela. E quando ele arrasa, você tem o mesmo orgulho que Bruce tinha quando estava apenas assistindo Clarence tocar seu solo.

A terceira pergunta é: *quais são seus valores?* Valores são aquilo em torno do que você centraliza sua vida, como você pretende influenciar a vida dos outros e pelo que gostaria de ser lembrado. Em *A Estrada para o Caráter*, David Brooks chama esses valores de "valores do elogio", uma vez que você gostaria que fossem lidos no elogio a você — ao contrário dos "valores de currículo", que podem ser colocados em um currículo. Então, ao esclarecer o que é importante para você, é possível encontrar uma carreira que se alinhe aproximadamente com esses valores. Como o economista de Harvard Greg Mankiw escreveu: "O segredo de uma vida feliz é descobrir o que você gosta de fazer e, então, encontrar alguém que lhe pague para fazer isso."

Isso pode parecer completamente irrealista. Existe uma crença popular de que as carreiras mais lucrativas são aquelas mais sem valor, mas essa é uma caricatura injusta, conforme já discutimos. Existem muitas carreiras lucrativas que se alinham com diversos valores de elogio, assim como uma empresa que trabalha em favor da sociedade ainda pode ser lucrativa.

O valor "sempre serei confiável por dizer a verdade" está alinhado com uma vocação consultiva. Uma das potenciais desvantagens de uma carreira em bancos ou consultoria é que ela é hierárquica. Mas para pessoas com o valor "sempre respeitarei uma autoridade", isso é um atrativo, não uma desvantagem, pois elas apreciam a existência de uma cadeia de comando clara. É por isso que meus alunos com formação militar geralmente gostam do aspecto hierárquico das carreiras consultivas. Outros que têm o valor "sempre quero a liberdade de ser meu próprio chefe" podem achar essa carreira difícil no início.

No livro de Stephen Covey 7 *Hábitos das Pessoas Altamente Eficazes*, o hábito 2 é "comece com o fim em mente". Covey recomenda não apenas decidir sobre seu propósito, mas também escrevê-lo em uma declaração de missão pessoal. A missão de Oprah Winfrey é: "Ser uma professora. E ser conhecida por inspirar meus alunos a serem mais do que eles pensavam que poderiam ser." A do fundador do Virgin Group, Sir Richard Branson, é: "Para me divertir em [minha] jornada pela vida e aprender com [meus] erros." Outras declarações de missão, incluindo muitas de pessoas comuns, podem ser facilmente encontradas online pelos leitores que gostariam de exemplos adicionais de inspiração.

Assim como o propósito de uma empresa envolve escolhas, isso também ocorre com o propósito de um cidadão. A declaração da missão deve ser curta e não pode conter tudo. Qualquer coisa deixada de fora da declaração da missão deixa de ser priorizada por padrão. Mas quanto mais concisa a declaração da missão, mais ajudará com o hábito 3 de Covey, "primeiras coisas em primeiro lugar", que é sobre a gestão do tempo e a priorização. Assim, o propósito pessoal pode guiar não apenas uma mudança de carreira, mas também em quais deveres focar em sua posição atual. Se sua declaração de missão abrigar tudo, ela não fornecerá nenhuma orientação sobre priorização — assim como se o propósito de uma empresa fizesse menção a todos os stakeholders.

Defino meu propósito profissional como "usar pesquisas rigorosas para influenciar a prática dos negócios". Esse é um compromisso de disseminar, bem como de criar conhecimento, e compartilhar a pesquisa dos outros, em vez de apenas a minha. Mas também é um compromisso de não fazer certas coisas, como responder a convites da mídia para comentar temas econômicos gerais. Mesmo que eu possa chegar a algo semi-inteligente baseado em uma intuição econômica mais ampla e mesmo que a mídia em questão seja prestigiada, essa escolha não pode ser feita a menos que eu tenha conhecimento específico de pesquisa sobre o tema. Também significa que não poderei mais ir a tantas conferências acadêmicas e seminários como fui no passado. Embora eu goste de ir, não há horas suficientes no dia para poder, também, interagir com as empresas. Meus coautores podem ser tão capazes de apresentar nosso trabalho conjunto de maneira eficaz como eu, e minha vantagem comparativa pode estar em outro lugar.

O propósito é o que une os membros de uma empresa e os inspira a ir além do que é exigido no contrato. Incentiva-os a criar valor para a sociedade e a contribuir para o florescimento humano sem fazer um cálculo instrumental de benefício — mas a empresa geralmente acabará se tornando mais rentável como consequência disso. E o propósito é o que inspira um cidadão a ver um trabalho como uma vocação, perseguido por causa de um chamado intrínseco, em vez de somente por ser visto com uma atividade que se faz para ganhar a vida. No entanto, ser alimentado pelo propósito, em última análise, leva a um maior sucesso. O cidadão não considera seu trabalho um trabalho, mas uma oportunidade de usar seus talentos para resolver problemas pelos quais ele é muito apaixonado; por isso, ele vai além do que é exigido pelo contrato de trabalho. O propósito é aspiracional, mas não nebuloso, e tanto as empresas quanto os cidadãos podem se fazer perguntas concretas para descobrir qual é seu propósito — e, depois, colocá-lo em prática.

Em Poucas Palavras

- A Teoria dos Jogos mostra que, embora a cooperação possa levar todos os stakeholders a ficar em melhor situação, os ganhos advindos da cooperação podem ser desiguais. Preocupações com a igualdade podem levar um jogador a rejeitar a cooperação e a fazer o bolo murchar, mesmo que seu desfecho seja pior.
- Muitas situações da vida real são do tipo ganha-ganha. O outro jogador deve ser visto como seu aliado, não como seu oponente.
- O *princípio da vantagem comparativa* afirma que todos os países podem ganhar com o comércio internacional — até mesmo os menos produtivos. Mas as preocupações de que os ganhos sejam divididos de maneira uniforme podem levar os países a restringir o comércio. Outros países agirão de forma recíproca, e todos acabarão em uma situação pior.
- Assim como acontece com o comércio, a tecnologia tem o potencial de causar perdas consideráveis relacionadas a postos de trabalho ou de fazer o bolo crescer para todos, incluindo os trabalhadores. Isso exige que os líderes redefinam os postos para distanciá-los daqueles que serão substituídos pela tecnologia e aproximá-los daqueles que serão complementados por ela e, também, que os governos financiem a formação dos cidadãos ao longo de sua vida.
- Na dinâmica interpessoal, a cooperação para melhorar o desempenho da empresa geralmente beneficia todos os departamentos da organização, mesmo que alguns se beneficiem mais do que outros. É responsabilidade do líder elaborar sistemas de recompensa e de avaliação que criem situações ganha-ganha para os colegas e incentivem a colaboração necessária para o crescimento do bolo. Fora de um ambiente de trabalho, os "doadores" que ajudam os outros são mais bem-sucedidos no longo prazo.
- Assim como a mentalidade de fazer o bolo crescer enxerga o bolo como expansível, a *mentalidade de crescimento* considera o conjunto de habilidades de uma pessoa como igualmente expansível — mas somente por meio da prática deliberada.
- O sucesso não deve ser definido como ausência de fracasso. Ao contrário disso, devemos esperar o fracasso se estivermos evitando erros por omissão e estabelecendo metas desafiadoras o suficiente, e podemos usar os aprendizados do fracasso para crescer.
- Em matéria de serviço, o *princípio da multiplicação* defende que sejam dados *presentes de valor desigual*, que valham mais para o destinatário do que custaram para o doador. O *princípio da vantagem comparativa* acredita que os ci-

dadãos nem sempre precisam ocupar os papéis mais na linha de frente. O *princípio da materialidade* sugere servir em questões que mais importam para a pessoa que esteja servindo do que aquelas consideradas mais dignas pelo público. Juntos, esses princípios proveem liberdade de escolha às atividades de serviço de maneira seletiva, em vez de fazer com que as pessoas se sintam pressionadas a aceitar todas as ofertas.

- Uma pessoa tem muito mais poder para moldar a cultura do que se pensava. As ações de uma pessoa podem ativar a "maioria silenciosa" — outras que têm valores semelhantes, mas que, antes, sentiam que estavam em minoria. Uma pessoa pode se considerar um termostato que altera a temperatura, em vez de um termômetro que reflete a temperatura de maneira passiva.
- Os cidadãos devem escolher uma carreira baseada no propósito e enxergar recompensas financeiras como um subproduto, assim como as empresas. Assim como nas empresas, o propósito depende, em parte, da materialidade intrínseca e da vantagem comparativa, cuja fonte é a paixão.
- Paixão não é um conceito nebuloso, mas pode ser concretizado por meio de três perguntas: *Onde você se vê daqui a dez anos?* (em termos não do que você fará, mas de quem você será) *O que você faz em seu tempo livre? Quais são seus valores?*

CONCLUSÃO

Começamos este livro reconhecendo a grave crise que o capitalismo enfrenta. Aos olhos de milhões de cidadãos, esse é um jogo manipulado. As corporações existem para encher os bolsos de executivos e investidores de maneira desonesta, prestando pouca atenção à remuneração dos trabalhadores, ao bem-estar dos clientes ou à mudança do clima. Aqueles que têm a sorte de administrar empresas ou fundos de investimento não veem necessidade de mudar, pois estão protegidos pelo poder do mercado e podem se fortalecer ainda mais fazendo lobby. Pior ainda, muitos não veem responsabilidade em mudar, pois se iludem com o fato de que sua responsabilidade social seria maximizar os lucros.

É por isso que temos uma crise. Cidadãos e políticos não podem simplesmente esperar que o sistema se reforme — muitos acreditam que ele está inerentemente falido. Eles argumentam que precisamos de um novo sistema e, por isso, há propostas sérias para derrubar o capitalismo como o conhecemos na atualidade, cindindo ou estatizando grandes empresas, regulando a remuneração executiva e as recompras de ações e levando o controle das empresas para longe das mãos dos acionistas.

Mas essas reformas correm o risco de sufocar as diversas contribuições positivas que as empresas fazem para a sociedade. O fato de considerar o capitalismo um inimigo pode ser popular nas eleições e mobilizar os eleitores em torno de um adversário comum, mas desperdiça as boas oportunidades de parceria com as empresas para o bem social. Além disso, ignora o papel crucial que o lucro desempenha ao fornecer aos cidadãos comuns um retorno de suas economias, ao financiar o investimento de uma empresa voltada para seus trabalhadores ou ao encorajar um líder a arriscar investir em uma nova ideia. Então, do que precisamos é de uma solução que funcione e envolva *ambos* — os negócios *e* a sociedade.

É disso que se trata neste livro. Ele demonstra que essa solução existe — e, mais importante, que ela está dentro do sistema atual, por isso, não envolve fazer uma aposta selvagem no desconhecido. Essa solução tem como base evidências rigorosas publicadas nos mais exigentes periódicos revisados por pares e é complementada por exemplos concretos de como ela pode ser colocada em prática com sucesso, em vez de se tornar uma ideia abstrata. Assim, à luz dos grandes desafios que tanto o capitalismo quanto a sociedade enfrentam, temos a esperança genuína de que há uma solução.

E essa solução é a mentalidade de fazer o bolo crescer. Quando uma empresa é gerida com o objetivo principal de criar valor para a sociedade, não se trata de sacrificar lucro nem de redistribuir um bolo de tamanho fixo. Em vez disso, trata-se de expandir o valor total que ela cria, beneficiando investidores e stakeholders. De fato, essa abordagem geralmente acaba sendo mais rentável no longo prazo do que uma tentativa de maximizar o valor para os acionistas. Portanto, é uma solução que os líderes devem abraçar voluntariamente, mesmo na ausência de uma regulamentação ou de uma comoção pública. Criar valor para a sociedade não é nem defensivo nem simplesmente "digno" — é um bom negócio. A evidência de maior qualidade, não o pensamento desejoso, chega a esta conclusão: para chegar à terra do lucro, siga o caminho do propósito.

A mentalidade de fazer o bolo crescer é libertadora, pois as empresas podem fazer investimentos de longo prazo sem ter de justificá-los calculando seu impacto no lucro — um cálculo que, muitas vezes, é fútil, porque esse impacto é difícil de prever. Mas ela também é focada, em vez de ser do tipo "libera geral". Nós fornecemos princípios que os líderes podem usar para discernir sobre quais projetos empreender e quais restringir. O propósito não é somente uma declaração de missão elevada, é uma direção clara para ajudar a agir diante de decisões difíceis. É um compromisso para os líderes seguirem em frente com a ação, mesmo que isso envolva fechar uma divisão lucrativa da empresa e se responsabilizar mediante o reporte sobre o andamento da iniciativa.

Assim como uma empresa que faz o bolo crescer visa criar valor para toda a sociedade, a sociedade tem um papel a desempenhar ao incutir nas empresas essa mentalidade. Os investidores podem desempenhar um papel importante por meio da *stewardship* — mediante uma compreensão profunda do valor de uma empresa em longo prazo, engajando-se com ela quando outros estão correndo em direção à saída, mas também não tendo medo de vender suas ações ou de se engajar se a empresa estiver endividada, a ponto de comprometer seu futuro, independentemente de quão atraente seja o lucro no curto prazo. Os trabalhadores têm o poder e a responsabilidade de garantir que esse propósito seja filtrado até o nível do chão de fábrica e de produzir inovações sozinhos. Os clientes podem decidir se afastar de uma empresa, não importa quão atraentes sejam seus produtos, se não compartilharem de seus valores. Os cidadãos podem influenciar os formuladores de políticas a adotar uma abordagem baseada em evidências para a reforma que considere os benefícios dos negócios, bem como seus custos.

Grandes mudanças já estão acontecendo. Embora existam alguns casos chamativos de empresas que adotam a mentalidade de repartir o bolo, um olhar cuidadoso sobre todas as evidências mostra que muitas outras estão silenciosamente criando valor para todos seus membros. Empresas que tratam os trabalhadores como colegas, implementam políticas de sustentabilidade genuinamente ou investem em seus stakeholders materiais acabam se tornando mais rentáveis em longo prazo. Aquelas que fazem de seus líderes titulares de ações em longo prazo entregam maior valor tanto para os acionistas quanto para os stakeholders. E os investidores que votam em propostas que visam beneficiar os stakeholders acabam se beneficiando disso.

Então, qualquer empresa ou investidor que abrace a mentalidade de fazer o bolo crescer não está nadando contra a maré ou navegando sozinha. Em vez disso, está seguindo os ventos criados pelas evidências e se juntando a um movimento muito mais amplo de pares que levam muito a sério sua responsabilidade para com a sociedade e tentam realizar mudanças reais. Eles não precisam confiar apenas em estatísticas e coeficientes de regressão quando podem se orientar e aprender com exemplos inspiradores. Vimos como a Merck — já na década de 1940 — desenvolveu a penicilina para salvar a vida das pessoas, embora não houvesse um fluxo de lucro claro na época, e agora doa ivermectina anualmente a 300 milhões dos cidadãos mais pobres do mundo que sofrem da cegueira do rio. Aprendemos como a Vodafone foi pioneira em um serviço de transferência de dinheiro via telefone celular para pessoas sem conta bancária, tirando 196 mil famílias quenianas da pobreza. Observamos como o Barclays interrompeu um fluxo de receita de 1 bilhão de libras e a CVS Health parou de vender um produto que lhe rendia US$2 bilhões porque havia inconsistência com seus propósitos.

Você pode achar que esses exemplos não devem ser seguidos. Nem todas as empresa têm o poder de desenvolver um medicamento capaz de receber um Prêmio Nobel, de lançar uma nova tecnologia ou de fechar todo um setor de negócios. Mas é possível fazer o bolo crescer com ideias incrementais e com conteúdo. A New Belgium Brewing começou simplesmente reconhecendo seu impacto ambiental negativo, o que inspirou seus colegas a pensar em maneiras de atenuá-lo. A Marks & Spencer relatou seu impacto em diversos stakeholders e estabeleceu metas, que uniram os stakeholders em torno de uma causa comum. O Grupo Weir não alterou sua declaração de propósito ou seu modelo de negócios, mas reconheceu a importância de recompensar seus líderes de acordo com o longo prazo — e, ao mesmo tempo, permitiu que todos seus colegas compartilhassem de seu sucesso.

Além desses exemplos, existem grandes e influentes organizações que permitem que empresas e investidores compartilhem as melhores práticas, desenvolvam modelos para estruturar reuniões e reformas e colaborem na implementação de mudanças em escala de determinado setor produtivo ou no âmbito de toda a economia. O Focusing Capital on the Long Term estabeleceu um roteiro para orientar as reuniões sobre questões de longo prazo entre empresas e investidores. A Purposeful Company aplicou as melhores evidências acadêmicas para elaborar propostas de reformas práticas à governança corporativa, à remuneração executiva e à *stewardship*. A nova Value Reporting Foundation está harmonizando modelos e padrões para o reporte do desempenho social. A Plataforma de Colaboração de Investimento Responsável da ONU, a Coalizão Canadense para a Boa Governança e o Fórum de Investidores do Reino Unido ajudam os acionistas a se engajarem coletivamente para o bem comum, em vez de se considerarem uma referência a ser superada. O Projeto Nova Cidadania trabalha com empresas para mobilizar seus clientes como cidadãos. Os recursos são cada vez mais abundantes, e o incentivo é forte.

Os líderes das empresas atuais estão em uma posição privilegiada, pois a tecnologia e seu alcance global lhes dão mais poder para criar valor social do que nunca. Os investidores que administram os fundos atuais têm maior quantia de capital e direitos mais fortes para os acionistas do que nunca, para responsabilizar as empresas por entregarem propósito e lucro. E os cidadãos têm uma agência maior do que nunca, com sua capacidade de fazer campanhas ou fornecer feedback público sobre uma empresa — ou, em nível individual, buscar o ganha-ganha em suas interações. Cabe a todos nós, juntos, usar esse poder para criar uma forma de capitalismo que funcione para toda a sociedade. Temos as evidências para nos apoiar, os exemplos para nos inspirar e as ferramentas para colocá-la em prática. Vamos transformar essa visão em realidade!

ITENS DE AÇÃO

Esta seção oferece sugestões sobre como colocar em prática as ideias presentes neste livro. Eu as categorizei em ideias para líderes, conselhos de administração, investidores e cidadãos. Uma vez que muitos dos princípios citados neste livro se aplicam a diversos membros da sociedade, algumas ideias aparecem em mais de um lugar, e ideias presentes em diferentes seções ainda podem ser relevantes para determinado membro.

Líderes

Defina o Propósito de Sua Empresa

- Descreva por que sua empresa existe — sua razão de ser e o papel que ela desempenha no mundo — guiada pelo princípio da vantagem comparativa. Explique para quem seu empreendimento existe — quais stakeholders devem ser os primeiros entre os iguais — orientado pelo princípio da materialidade.
- Assegure-se de que o propósito seja direcionado e seletivo — não tentando ser tudo para todas as pessoas, mas reconhecendo a inevitabilidade das escolhas e seu papel em ajudar a navegar por elas. Reconheça que um propósito pode ser poderoso pelo que ele deixa de fora.
- Busque informações de colegas e stakeholders externos, como os clientes. Uma vez formulado o propósito, assegure-se de que este seja claro, mas não rígido, permitindo que evolua em resposta às mudanças de condições.

Comunique a Entrega de Propósito

- Forme um amplo conjunto de mensurações que rastreiem se sua empresa está servindo ao seu propósito. Estabeleça metas de longo prazo para cada mensuração e informe sobre o progresso. Decida conscientemente não rastrear certas mensurações, se estas puderem ser manipuladas ou enganosas.
- Use relatos narrativos para adicionar significado e contexto aos números. Por exemplo, explique por que certas mensurações estão fora da meta e ações corretivas foram tomadas; complemente os dados de trabalhadores e de rotatividade, descrevendo os esforços da empresa para recrutar, treinar e retreinar colegas com altas qualificações.

- Vá além dos relatórios impessoais e unidirecionais para comunicação pessoal e bidirecional. Faça reuniões com investidores e "conselhos" com trabalhadores e stakeholders externos, para que todos possam mantê-lo responsabilizado pela entrega do propósito, bem como para que compartilhem suas ideias.

Incorpore o Propósito em Sua Empresa

- Observe se a estratégia da empresa é consistente com seu propósito. Será que todo produto ou serviço importante de fato cria valor para a sociedade, ou sua produção causa danos desnecessários a alguns stakeholders? A empresa ainda tem uma vantagem comparativa em cada negócio, ou, em vez disso, os mantém apenas por razões históricas?
- Alinhe o modelo operacional e a cultura da empresa com seu propósito. Seja intransigente em relação à qualidade dos processos particularmente centrais para a entrega do propósito. Verifique se o ajuste cultural desempenha um papel importante nas decisões de contratação, promoção e retenção de trabalhadores.
- Acompanhe como os trabalhadores, as equipes e os projetos estão se apresentando em dimensões relacionadas ao propósito. Assegure-se de que essas informações sejam inseridas de maneira significativa na avaliação e na recompensa aos trabalhadores. Disponibilize esses dados aos colegas para capacitá-los a tomar melhores decisões.

Cultive um Ambiente de Excelência e Inovação

- Assegure-se de que o empreendimento atenda à sociedade não apenas por meio de atividades acessórias de RSE, mas principalmente por meio da excelência em seu negócio principal. Aloque os trabalhadores, os recursos financeiros e seu tempo para departamentos que apresentam maior vantagem comparativa e afete seus stakeholders mais materiais.
- Aplique padrões de excelência às decisões de investimento. Interrompa projetos existentes e não inicie novos se o retorno financeiro e social for apenas medíocre. Realoque o capital para seu negócio principal ou, se todas as boas oportunidades de investimento tiverem sido exploradas, pague os investidores.
- Reconheça a gravidade dos erros por omissão. Busque melhorias continuamente e assuma riscos ao aceitar ideias não testadas — especialmente se elas atenderem a uma necessidade social e mesmo que o fluxo de receita ainda não esteja claro. Pergunte "o que tenho em minhas mãos?" — que recursos e conhecimentos minha empresa tem e como podemos usá-los para trabalhar em favor da sociedade? Assegure-se de que os colegas tenham a liberdade de inovar sem exigir aprovações excessivas ou temer o fracasso.

Enxergue os Stakeholders como Parceiros da Empresa

- Capacite os trabalhadores, conferindo a eles autoridade de tomada de decisão e a certeza de que isso pode levar a erros comissivos. Considere-os fontes de ideias, em vez de simplesmente meios de executar suas ideias. Mobilize o potencial de cidadania dos clientes — por exemplo, buscando de maneira ativa sua contribuição ou trabalhando com eles para reduzir seu impacto ambiental.
- Invista nas habilidades e no bem-estar dos trabalhadores. Antecipe quais colegas provavelmente serão deslocados, em virtude do avanço da tecnologia ou devido à concorrência, e retreine-os proativamente. Monitore o bem-estar mental e físico dos trabalhadores e tome medidas preventivas, se necessário. Crie uma cultura em que todos os gestores, incluindo você, internalizem o efeito do trabalho extra em sua equipe.
- Considere tornar todos os colegas acionistas, para que eles se tornem sócios financeiros na empresa e desfrutem de seu sucesso.

Conselhos de Administração

Aproprie-se do Propósito da Empresa

- Considere o propósito uma responsabilidade do conselho de administração como um todo. Se a empresa tiver uma declaração de propósito, considere pedir a todos os membros do conselho para assiná-la.
- Considere a criação de subcomitês do conselho, responsáveis por questões importantes e relevantes para o propósito da empresa, como inovação, capital humano ou impacto ambiental.
- Assegure-se de que grande parte do tempo das reuniões seja destinado ao propósito e que os dias passados fora da empresa, dedicados à estratégia, sejam ancorados no propósito.

Monitore a Entrega de Propósito pela Empresa

- Exija que a gestão, ao apresentar qualquer decisão importante para aprovação, explique como essa decisão é coerente com o propósito da empresa. Avalie criticamente esse alinhamento.
- Verifique se a declaração de propósito da empresa permanece relevante e atual, dada sua vantagem comparativa e a materialidade de seus diferentes stakeholders, em vez de ser um legado.
- Examine as mensurações que a empresa está usando para medir o progresso e assegure-se de que essas mensurações sejam as relevantes. Converse com líderes além das mensurações — o que está por trás das tendências e quais dimensões eles estão particularmente buscando melhorar. Pergunte por exemplos de que o propósito os levou a tomar decisões diferentes.

Transforme os Líderes em Proprietários de Longo Prazo

- Pague aos executivos com ações que eles devem manter em longo prazo, inclusive após a aposentadoria. Verifique se os períodos de retenção são apropriados, dados o ciclo do setor produtivo e o tempo necessário para que as ações de um líder afetem de maneira abrangente o preço das ações.
- Tome cuidado com o potencial comportamento de curto prazo – erros por omissão, como deixar de realizar novos projetos, ou erros comissivos, como o corte de investimentos – nos períodos em que o CEO tem uma participação significativa em ações com prazo de impedimento de venda pelo executivo.
- Retire a ênfase de bônus complexos com base em metas quantitativas e considere remover condições de desempenho para a participação em ações que possam levar ao curto-prazismo.

Esteja Sempre Engajado com os Investidores

- Reúna-se regularmente com investidores como uma prática costumeira, não apenas em tempos de crise. Veja os investidores como uma fonte de ideias, em vez de somente como uma fonte de desafios aos quais responder. Certifique-se de que algumas reuniões ocorram sem os executivos, a fim de permitir que os investidores expressem sua opinião sincera sobre o desempenho dos líderes.
- Realize "Fóruns de Administração & Estratégia" em conjunto com os executivos, que podem ser assistidos por todos os grandes investidores. Garanta que esses eventos sejam focados em fatores de longo prazo, como estratégia, inovação e desenvolvimento de capital humano.
- Procure ativamente investidores alinhados com seu propósito e considere conceder aos investidores o direito de voto sobre o propósito. Nesse caso, certifique-se de que essa votação seja apenas resultado de um diálogo mais amplo com os investidores sobre o propósito da empresa.

Entenda o Negócio Inclusive no Nível Mais Basilar

- Caminhe pelo "chão de fábrica" de uma empresa, por meio de visitas guiadas, para conversar com os trabalhadores em diferentes níveis e diferentes locais. Saiba o que os inspira e os frustra sobre a empresa.
- Se a empresa tiver clientes de varejo, faça visitas não anunciadas a uma loja, para entender em primeira mão a experiência do cliente.
- Complemente as visitas pessoais com os insights por meio de painéis envolvendo os stakeholders que capturam as perspectivas dos principais grupos de stakeholders, como clientes e colegas, de maneira mais ampla. Garanta que os insights aprendidos se transformem em ações.

Investidores

Uma vez que os investidores, assim como os conselhos de administração, monitoram as empresas, muitos dos pontos de ação para os conselhos de administração também se aplicam aos investidores. Além disso, como os investidores são, eles próprios, empresas, muitos dos pontos de ação para os líderes são igualmente relevantes para os investidores. Esta seção fornece ideias adicionais adaptadas aos investidores.

Defina Seu Propósito e Sua Abordagem para a *Stewardship*

- Defina seu propósito — como você pretende gerar retorno em longo prazo aos investidores — e sua abordagem para a *stewardship*. Reconheça que mais *stewardship* não é necessariamente melhor; em vez disso, assegure-se de que sua abordagem para a *stewardship* esteja alinhada com seu propósito e sua vantagem comparativa.
- Para o engajamento, esclareça suas principais prioridades e como você pretende persegui-las — por exemplo, por meio de votação, de reuniões privadas ou de ativismo público.
- Para realizar o monitoramento, destaque as dimensões de desempenho que você examinará particularmente. Elabore uma política de desinvestimento que indique o que fará você vender uma participação acionária.

Incorpore a *Stewardship* no Processo de Investimento

- Se o fundo for gerenciado ativamente, assegure-se de que cada posição represente uma convicção — em cuja história de longo prazo você acredite, ou então acredite que possa virar —, em vez de ser mantida porque faça parte do *benchmark*.
- Pague aos gestores de fundos com participações acionárias significativas em seu fundo, que eles devam manter por vários anos.
- Dedique recursos substanciais para a *stewardship* e para integrá-la ao processo de investimento. Assegure-se de que os votos e os compromissos sejam liderados conjuntamente pela equipe de *stewardship* e pelos gestores dos fundos, em vez de serem delegados apenas à primeira.

Comunique a Entrega da *Stewardship*

- Selecione mensurações relevantes para sua política de *stewardship* (como seu registro de voto, incluindo a frequência de votos contra a política interna e as recomendações de consultores de voto) e reporte sobre elas. Escolha conscientemente não relatar certas mensurações, se estas puderem ser enganosas, e explique por que você não as está reportando.
- Inclua relatórios narrativos — por exemplo, como você está garantindo que a *stewardship* seja integrada ao processo de investimento e como os gestores de fundos são incentivados. Forneça estudos de caso de engajamento ou de desinvestimento.

- Realize reuniões regulares entre titulares de ativos e gestores de ativos para discutir o desempenho da *stewardship*. Assegure-se de que os gestores de ativos entendem os objetivos e as expectativas particulares de *stewardship* dos titulares de ativos.

Pratique a Votação Informada

- Considere formular uma política de votação da organização, informada por uma mesa-redonda ou um comitê consultivo de stakeholders, e publique-a. Preveja as situações em que a política da organização pode não ser aplicável e garanta que a política não seja automaticamente seguida nessas circunstâncias.
- Desenvolva uma política para o uso dos consultores de voto. Assegure-se de que suas recomendações sejam apenas uma contribuição para a votação, principalmente se for necessário realizar uma avaliação estratégica. Entenda as metodologias de avaliação dos consultores de voto, para saber quando ser particularmente cauteloso com suas recomendações.
- Veja a votação apenas como uma ferramenta de engajamento e parte de um processo mais amplo. Expresse preocupações com a *stewardship* antes que uma proposta seja colocada sobre a mesa, em vez de apenas votar contra ela após o fato. Comunique as razões de seu voto à gestão e, se for o caso, ao público.

Transforme em Prática Regular o Engajamento com Executivos e Conselheiros de Administração

- Reúna-se com executivos e conselheiros de administração regularmente, não apenas em tempos de crise, transformando isso em um hábito; mas garanta que essas reuniões sejam norteadas por propósito, e não apenas parte da "rotina". Use essas reuniões para ter um diálogo bidirecional sobre fatores de longo prazo, para fornecer insights e permanecer informado sobre eles. Abstenha-se de microgerenciar a empresa.
- Envolva outros investidores em engajamentos, vendo-os como parceiros, em vez de como um *benchmark* a ser batido. Considere participar de uma organização de engajamento coletivo, se houver. Participe de compromissos em todo o setor — por exemplo, para incentivar todas as empresas de um setor a relatar determinadas mensurações.
- Tenha um mecanismo de escalada para quando o engajamento falhar, como desinvestimento ou confronto público. Certifique-se de que ele seja usado apenas como último recurso, mas também que seja usado quando for apropriado.

Monitore o Valor em Longo Prazo da Empresa

- Assegure-se de que as decisões de negociação não são baseadas em ganhos em curto prazo, mas em uma avaliação do valor em longo prazo de uma empresa. Use mensurações de ESG para construir o caso para um investimento, mas não para ser o caso. Reconheça que muitas dimensões-chave do desempenho social não podem ser quantificadas e complemente dados com reuniões com a gestão.
- Certifique-se de que manter uma participação em uma empresa é uma decisão ativa, e não automática. Avalie se está criando valor em longo prazo para a sociedade e se engaje ou se desfaça de uma participação, se não estiver criando.
- Considere formar um comitê consultivo externo para ajudar a avaliar fatores intangíveis que exigem especialização. Use esses insights para informar tanto o investimento em ações de empresas específicas quanto temas gerais, como em quais setores investir mais e quais evitar e em quais tópicos priorizar o engajamento.

Cidadão

Como Colega, Enxergue-se como Tendo Agência, Independentemente de Sua Função

- Capacite, invista e recompense os trabalhadores que se reportam a você. Mesmo que você seja o trabalhador mais júnior de sua equipe, pratique essas atitudes ao interagir com pessoas de outros departamentos.
- Reconheça que você tem muito mais agência do que pensa. Resista à tentação de limitar-se à sua descrição formal de trabalho e seja ousado em sugerir e testar novas ideias. Gerencie para cima: questione por que algo é feito de determinada forma e se pode ser feito melhor ou não. Conscientize seus superiores sobre outros trabalhos e demandas fora do trabalho que tomam seu tempo, para reduzir o risco de *burnout*.
- Esteja disposto a sair (ou não participar) de uma empresa que não corresponda a seus valores e não responda a seu engajamento.

Como Cliente, Adote uma Mentalidade de Cidadão, em Vez de uma Mentalidade de Consumidor

- Decida sobre seus valores e assegure-se de que eles tenham um efeito significativo em suas decisões de compra. Use sites e aplicativos de comparação de valores para facilitar isso.
- Enxergue-se como um membro da empresa e parte de uma comunidade de clientes. Fornecer feedback construtivo, incluindo sugestões de melhorias, para empresas ou sites de avaliação por clientes. Considere participar de campanhas para mudar o comportamento de uma empresa.

- Envolva-se na propriedade responsável de um produto após a compra – por exemplo, participando de iniciativas da empresa para reciclar ou reparar produtos danificados.

Mantenha-se Informado Usando as Melhores Evidências Disponíveis

- Avalie uma empresa (por exemplo, como um potencial cliente ou trabalhador) usando mentalidade de fazer o bolo crescer, em vez da mentalidade de repartir o bolo. Não considere quanto os investidores ou os executivos ganham, mas se os ganhos são um subproduto da criação de valor para a sociedade.
- Esteja atento ao viés de confirmação. Reconheça que existem dois lados para (quase) qualquer questão e busque de maneira ativa por argumentos ou evidências contradizendo seu ponto de vista. Coloque mais crédito em opiniões equilibradas, em vez de em opiniões que só enxergam um lado.
- Cuidado com a frase "pesquisas mostram que...". Verifique se o estudo foi publicado antes de acreditar no que é dito. Se sim, observe se a revista aparece em uma lista das publicações mais rigorosas ou, em vez disso, em uma lista negra de publicações. E analise as credenciais dos autores, como a qualidade de sua instituição e seu histórico.

Como Regulador ou Eleitor, Participe do Diagnóstico Antes do Tratamento

- Antes de aprovar ou apoiar uma regulamentação, investigue se um problema é em larga escala ou se ele se limita a alguns casos de alto perfil. Avalie criticamente evidências em larga escala usando as diretrizes mencionadas anteriormente.
- Considere se uma política em potencial foi implementada em outros lugares e analise as evidências mais rigorosas sobre seus efeitos. Como eleitor, apoie políticos que adotam uma abordagem baseada em evidências.
- Contemple a possibilidade de uma regulamentação levar as empresas a se envolverem em manipulação para satisfazê-la ou abster-se da inovação para evitar violá-la. Avalie se a regulamentação ajudaria todas as empresas a criar valor social ou se seria contraproducente para algumas, dadas suas circunstâncias particulares.

Pratique os Princípios da Pieconomics em Sua Rotina

- Busque resultados "ganha-ganha" nas negociações ou nas dinâmicas interpessoais. Reconheça que um ganho para seu adversário ou para colegas não necessariamente ocorrerá às suas custas.
- Esteja ciente de que suas habilidades não são fixas, mas podem ser cultivadas por meio de práticas intencionais e desconfortáveis. Esteja disposto a fracassar *ex ante* e a rever suas falhas *ex post*.
- Ao servir, procure propiciar valor desigual, ou seja, que seus serviços valham significativamente mais para o destinatário do que custam para você. Tenha a confiança de recusar solicitações de serviços que não satisfaçam os princípios da multiplicação, da vantagem comparativa e da materialidade.

APÊNDICE A

O Capítulo 3 ilustra o *princípio da multiplicação* com um exemplo deliberadamente simples da Apple investindo em uma academia. Este apêndice explica como esse princípio pode ser aplicado a casos muito mais complexos. Ele usa uma estrutura descrita por Chris Addy, Michael Collins e Michael Ertzel da empresa de consultoria de impacto social Bridgespan, e Maya Corengel do Rise Fund, em um artigo publicado na *Harvard Business Review* e um estudo de caso que o acompanha.* Ele tem seis passos, que ilustraremos usando os mesmos números *hipotéticos* do artigo/caso para dois programas executados pela EverFi, uma empresa de tecnologia educacional em que a Rise investe. Esses programas são o AlcoholEdu, um programa para impedir o abuso de álcool entre estudantes universitários, e o Haven, que educa os alunos sobre a redução da agressão sexual.

1. QUANTOS CIDADÃOS ISSO IMPACTARÁ?

- *AlcoolEdu*: 2,2 milhões de estudantes.
- *Haven*: 2,6 milhões de estudantes. Presuma uma divisão igual entre homens e mulheres.

2. ESTIMATIVA DOS BENEFÍCIOS SOCIAIS PARA ESSAS PESSOAS

Aqui, você usa os resultados de estudos que calculam o efeito das iniciativas. O estudo ideal é um "Experimento com Controle Randômico" (ECR) que compara pessoas "tratadas" por uma iniciativa a um "grupo de controle" não tratado; se cada pessoa é tratada ou não é algo aleatório. Um exemplo é o estudo de Brian Krogh Graversen e Jan van Ours, citado no Capítulo 10, no qual a elegibilidade para um programa de ativação de emprego dependia do aniversário de um cidadão.

- *ÁlcoolEdu*: Um ECR constatou que o programa reduz em 11% os incidentes relacionados ao álcool, correspondendo a 2,2 milhões × 11% = 239.350 incidentes a menos. Um passo mais complicado é calcular quantas vidas foram salvas. Os Institutos Nacionais de Saúde apontam que 1.825 estudantes universitários morrem todos os anos por incidentes relacionadas

* Chris Addy, Maya Chorengel, Mariah Collins e Michael Etzel, "Calculando o Valor do Investimento de Impacto". *Harvard Business Review* (janeiro a fevereiro de 2019).

ao álcool, de 12 milhões de estudantes — uma taxa de mortalidade de 0,015%. Assim, 239.350 incidentes relacionados ao álcool devem poupar pelo menos 239.350 × 0,015% = 36 vidas.*

- *Haven*: O estudo constatou que um curso presencial sobre agressão sexual a reduziu em 19% para mulheres e em 36% para homens. Um total de 10,3% dos universitários e 2,5% das universitárias sofrem agressão sexual a cada ano. Assim, isso corresponde a 1,3m × 10,3% × 19% = 25.869 agressões femininas a menos e 1,3m × 2,5% × 36% = 12.029 agressões masculinas a menos. Total: 37.898 agressões a menos.

3. ESTIMATIVA DO VALOR ECONÔMICO DESSES BENEFÍCIOS SOCIAIS

O passo seguinte é transformar esses resultados sociais em um valor econômico. Colocar uma quantia de valor em resultados como vidas e agressões sexuais parece uma atitude um tanto quanto fria, mas é necessária. Caso contrário, não se pode comparar o retorno social de projetos que salvam vidas e reduzem as agressões sexuais com projetos que melhoram a alfabetização infantil ou o empoderamento feminino.

- *AlcoolEdu*: O Departamento de Transportes dos EUA estima o valor de uma vida em US$5,4 milhões.† Assim, 36 vidas salvas equivalem 36 × US$5,4 milhões = US$194 milhões.
- *Haven*: Os Institutos Nacionais de Saúde estimam os custos de saúde, jurídicos e econômicos de um ataque em US$16.657. Assim, 37.898 agressões evitadas valem 37.898 × US$16.657 = US$632 milhões.

4. AJUSTADO PARA A INCERTEZA

Os cálculos citados anteriormente se baseiam nos resultados de estudos anteriores. No entanto, pode faltar *validade interna* a esses estudos: eles podem apenas mostrar correlação, e não causalidade, principalmente se a participação em um programa for uma escolha, e não algo aleatório. Por exemplo, alguém que escolha fazer um programa de treinamento sobre agressão sexual provavelmente está tomando outras medidas para reduzir o risco de agressão, portanto, você não pode atribuir a redução das agressões inteiramente ao programa. Ou, então, pode faltar *validade externa*: os estudos anteriores podem ter sido feitos em um país diferente, em um cenário diferente (urbano *versus* rural) ou em relação a um programa um pouco diferente.

Saber em quanto "ajustar" os benefícios estimados, se a validade interna ou externa for imperfeita, é uma arte, e não uma ciência. O modelo tem seis critérios de

* Esse é um limite mais baixo, porque a taxa de mortalidade de estudantes universitários envolvidos em incidentes relacionados ao álcool é provavelmente maior do que para estudantes universitários como um todo.

† Pode-se pensar que o valor da vida é infinito. No entanto, não é: tomamos conscientemente ações que reduzem a expectativa de vida por causa de benefícios econômicos ou intrínsecos — por exemplo, praticar esportes perigosos, trabalhar em uma cidade ou um país onde há maior criminalidade e não estabelecer todos os limites de velocidade para 32km/h. Um valor infinito da vida significaria que cada decisão é impulsionada pelo único propósito de maximizar a expectativa de vida.

validade interna e externa, aos quais você dá uma pontuação subjetiva. Resumindo as pontuações:

- O *AlcoolEdu* tem uma pontuação de 85% porque usa um ECR. A pontuação não é de 100%, uma vez que o ECR apenas mostrou que o programa reduziu os incidentes com álcool, não as mortes. Assim, os benefícios ajustados pela probabilidade são de 85% × US$194 milhões = US$164 milhões.
- O *Haven* tem uma pontuação de 55%. A pontuação é menor, uma vez que o estudo não foi um ECR — a participação no programa foi uma escolha. Além disso, o primeiro era um programa presencial, enquanto o Haven foi online. Assim, os benefícios ajustados pela probabilidade são de 55% × $632 milhões = US$348 milhões.

5. VALOR TERMINAL ESTIMADO

Os cálculos citados anteriormente estimam os benefícios do programa para os próximos cinco anos. No entanto, os benefícios podem continuar além desse período de cinco anos, conhecido como o *valor terminal* do programa.

Para calcular o valor terminal, avalia-se a probabilidade de que os benefícios — tanto as pessoas impactadas (Item 1) quanto o impacto sobre essas pessoas (Item 2) — continuem inalterados após cinco anos. O projeto recebe um desconto que varia de 5% a 25% com base nessa avaliação qualitativa. Digamos que haja uma incerteza razoável para ambos os projetos, então um desconto de 20% será garantido. Em seguida, o valor terminal é calculado da seguinte forma:

- *AlcoolEdu*: O benefício no ano 5 é estimado em US$47,7 milhões. (Observe que não se trata simplesmente de US$164 milhões (a partir do passo 4) divididos por 5, uma vez que os benefícios aumentam ao longo do tempo.) Assim, os benefícios para os próximos cinco anos são de 47,7 / 1,2 + 47,7 / $1,2^2$ + 47,7 / $1,2^3$ + 47,7 / $1,2^4$ + 47,7 / $1,2^5$ = US$143 milhões.
- *Haven*: O benefício no ano 5 está estimado em US$94,7 milhões. O valor terminal é de 94,7 / 1,2 + ... + 94,7 / 1,2 = US$283 milhões.*

6. RESUMO DOS BENEFÍCIOS E COMPARAÇÃO COM O CUSTO

- *AlcoolEdu*: US$164 milhões (primeiros 5 anos, a partir do passo 4) + US$143 milhões (valor terminal, a partir de 5) = US$307 milhões.

* Nota técnica: a metodologia da Bridgespan/Rise incorpora o desconto de 20%, utilizando um "fator de desconto" de 1,2 como se 20% fosse o custo do capital. Eu faria isso de uma maneira alternativa. O custo do capital só deve ser afetado por riscos sistemáticos — se os benefícios dos programas variarem com o estado da economia, o que é improvável. Mesmo que o Rise Fund fosse neutro em termos de risco, ainda levaria em conta o fato de que os benefícios podem não continuar, por isso não é um "fator de risco" que deve mudar o denominador. Em vez disso, o desconto deve ser usado para "ajustar" o numerador, assim como as incertezas no ponto 4. Assim, o cálculo seria 47,7 × 0,8 + 47,7 × 0,8 + ... 47,7 × 0,8. Ver Capítulo 9 em Richard Brealey, Stewart Myers, Franklin Allen e Alex Edmans, *Principles of Corporate Finance* (Nova York: McGraw-Hill Education, 2022).

- *Haven*: US$348 milhões (primeiros 5 anos, a partir de 4) + US$283 milhões (valor terminal, a partir de 5) = US$631 milhões.

Em seguida, compare esses totais com o custo de cada programa para avaliar se o princípio da multiplicação foi satisfeito.

Claramente, os cálculos exigem algumas suposições. Mas o VPL padrão, que é praticado o tempo todo, também exige suposições. Assim como com o VPL padrão, para um cálculo social de VPL, será possível fazer uma análise de sensibilidade para analisar o efeito de diferentes suposições.

APÊNDICE B

Este apêndice é uma extensão do Capítulo 9, fornecendo mais detalhes sobre os modelos de engajamento coletivo.

A Plataforma de Colaboração de Investimentos Responsáveis da ONU promove o engajamento generalizado coletivo em questões de ESG — como melhorar a divulgação da emissão de carbono, implementar políticas anticorrupção ou não adquirir minerais de zonas de conflito. Os investidores que também são membros postam na plataforma um problema e falam sobre com relação a que querem se engajar com determinada empresa e convidam outros membros a apoiá-los. Isso pode envolver a assinatura de cartas conjuntas às empresas, o apoio a propostas de acionistas ou a combinação de forças em diálogos com a administração. Elroy Dimson, Oğuzhan Karakas e Xi Li estudaram 1.671 compromissos coletivos e descobriram que os que foram bem-sucedidos aumentaram o retorno sobre os ativos e provocaram um aumento das vendas.* Isso ecoa as descobertas de seu artigo anterior, discutido no Capítulo 6, que descobriu que os engajamentos ambientais e sociais de um grande investidor melhoraram o lucro e o preço das ações. Embora os engajamentos em ambos os estudos visassem criar valor para os stakeholders, os investidores também se beneficiaram.

Outro veículo para engajamento generalizado coletivo é a Coalizão Canadense para a Boa Governança (CCGG). Há duas principais diferenças em comparação com a plataforma da ONU. A CCGG foca questões de governança (como a implementação de cláusulas ou as votações "say-on-pay"), em vez de questões ambientais ou sociais. E é a própria CCGG, e não seus membros, que lidera o diálogo com as empresas.† Craig Doidge, Alexander Dyck, Hamed Mahmudi e Aazam Virani descobriram que a formação da CCGG aumentou os preços das ações das empresas nas quais os membros da CCGG tinham grandes participações e, portanto, seria mais provável que a CCGG se engajasse.‡

O Fórum de Investidores do Reino Unido coordena o engajamento coletivo especializado em questões como alocação de capital, estratégia e produtividade. Uma vez que a visão de um investidor sobre essas questões depende de suas informações privadas sobre a empresa, o fórum desenvolveu cuidadosamente um modelo para

* Elroy Dimson, Oğuzhan Karakas e Xi Li, "Compromissos Coordenados" (2021).

† A Plataforma de Colaboração das Nações Unidas tem sua própria equipe que lidera diretamente um pequeno número de compromissos; no entanto, a maioria dos engajamentos é liderada por investidores.

‡ Craig Doidge, Alexandre Dyck, Hamed Mahmudi e Aazam Virani, "Ação Coletiva e Ativismo de Governança" (2019), 23 *Revisão das Finanças*, 893–933.

garantir que os investidores não compartilhem acidentalmente informações privadas.* Semelhante à CCGG, é o fórum (e não os investidores) que lidera o engajamento, e, muitas vezes, os investidores não sabem quais outros investidores estão se engajando coletivamente com eles.

Por exemplo, em julho de 2015, o Fórum de Investidores representou doze investidores na varejista britânica Sports Direct, que, juntos, detinham 33% das ações independentes da empresa e que estavam preocupados com as práticas de governança e emprego da empresa. Compromissos coletivos geralmente são privados. Mas devido à falta de progresso, em agosto de 2016, o fórum exigiu publicamente uma revisão independente dessas práticas, com que o Sports Direct concordou no mês de janeiro seguinte. Os investidores estavam, na época, preocupados que as práticas de trabalho da Sports Direct pudessem ser generalizadas em todo o setor de vestuário, desencadeando um engajamento em todo o setor.

Além do compromisso para resolver determinado problema, o Fórum de Investidores incentiva o diálogo entre investidores e empresas como uma prática continuada. Os executivos, muitas vezes, lamentam que, em chamadas telefônicas para obter esclarecimentos sobre ganhos e em assembleias gerais anuais, as reuniões geralmente envolvem assuntos como o lucro em curto prazo — mas os executivos podem fazer algo a respeito disso. O fórum recomenda que as empresas realizem "Fóruns de Administração & Estratégia" com seus grandes investidores, a fim de discutir questões de longo prazo; uma minuta modelo de agenda de uma reunião é disponibilizada em seu site. Por exemplo, o evento de 2016 da Rolls-Royce discutiu suas iniciativas de pesquisa, as novas ofertas a clientes e os planos para reduzir o número de trabalhadores seniores. Estes são semelhantes aos fóruns entre investidores e o CEO, mencionados no Capítulo 8.

Os investidores também podem colaborar fora dos mecanismos formais de coordenação. Em maio de 2018, a LGIM reuniu sessenta gestores globais de ativos e proprietários de ativos, com ativos combinados sob sua gestão superiores a US$10 trilhões. Esse grupo publicou uma carta aberta no *Financial Times*, exigindo que a indústria de petróleo e gás faça mais para cumprir os compromissos do Acordo de Paris sobre as mudanças climáticas.

* O fórum também permite que os investidores se engajem coletivamente sem serem vistos como atuando em conjunto, ou seja, colaborando para lançar uma oferta de aquisição para uma empresa. Isso pode exigir que eles façam arquivamentos regulatórios ou até mesmo façam uma oferta

REFERÊNCIAS

INTRODUÇÃO

Jim Puzzanghera, "A Decade after the Financial Crisis, Many Americans Are Still Struggling to Recover", Seattle Times (10 de setembro de 2018).

"World's 22 Richest Men Have More Wealth than All the Women in Africa", Oxfam (20 de janeiro de 2020).

Banco Mundial, "Poverty and Shared Prosperity 2020" (2020).

Organização Internacional do Trabalho, "Safety and Health at the Heart of the Future of Work" (2019).

Guillaume P. Chossière, Robert Malina, Akshay Ashok *et al.* "Public Health Impacts of Excess NOx Emissions from Volkswagen Diesel Passenger Vehicles in Germany" (2017) 12 Environmental Research Letters.

Trucost, "Natural Capital at Risk: The Top 100 Externalities of Business" (2013).

CAPÍTULO 1

Securities and Exchange Commission v. Martin Shkreli (17 de dezembro de 2015).

Bethany McLean, "Everything You Know about Martin Shkreli Is Wrong – Or Is It?", *Vanity Fair* (fevereiro de 2016).

Andrew Pollack, "Drug Goes from $13.50 a Tablet to $750, Overnight"', *New York Times* (20 de setembro de 2015).

Heather Long, "Here's What Happened to AIDS Drug that Spiked 5,000%", *CNN Business* (25 de agosto de 2016).

Nicola Woolcock, "University Lecturers to Strike as Students Sit Summer Exams", *The Times* (9 de março de 2018).

"University Strike Talks Resume after Twitter escaramuças", BBC (6 de março de 2018).

Forbes Healthcare Summit, dezembro de 2015.

Ibid.

"Millions Are Mis-Sold Loan Cover", *Which?* (junho de 2008); Liz Edwards, "PPI Mis-Sold on Credit Cards", *Which?* (10 de setembro de 2008).

"Protection Racket: CAB Evidence on the Cost and Effectiveness of Payment Protection Insurance", *Citizens Advice Bureau* (setembro de 2005).

Zlata Rodionova, "The 7 Most Shocking Testimonies from Workers at Sports Direct", *The Independent* (22 de julho de 2016).

Ben Chapman, "Workers Facing Destitution as Factory Set to Close Within Days Unless Philip Green's Fashion Empire Pays for Existing Orders", *The Independent* (24 de junho de 2020).

Business & Human Rights Resource Centre, "COVID-19 Apparel Action Tracker" (2020).

"A Conversation with Roy P. Vagelos", *Annual Reviews Conversations* (2011).

Bonnie J. Davis e Cindy Kluger, "Onchocerciasis and Its Control: Report of a WHO Expert Committee on Onchocerciasis Control" (1995) 89 *Genebra: Organização Mundial da Saúde*, p. 1-104.

Ushma S. Neill, "A Conversation with P. Roy Vagelos"' (2014) 124 *Journal of Clinical Investigation* 2291-2.

Paul Hond, "Doctors without Debt", *Columbia Magazine* (outono de 2018).

Michael Useem, *The Leadership Moment* (Nova York: New Rivers Press, 1998).

Kimberly Collins, "Profitable Gifts: A History of the Merck Mectizan Donation Program and Its Implications for International Health" (2004) 47 *Perspectives in Biology and Medicine*, p. 100-9.

Por exemplo, um artigo de 28 de junho de 2012 escrito por Peter Karoff no *Stanford Social Innovation Review* é intitulado "CSR Rule #1: Do No Harm". O conhecido código de conduta da Google continha uma frase relacionada "Não Faça o Mal".

A Sony Mavica era eletrônica e sem filme, mas não uma câmera digital, já que as imagens eram salvas na forma de linhas de varredura analógica, semelhantes a uma imagem de televisão.

Matt Vella, "Every 60 Seconds, Apple Makes More Money than You Do in a Year", *Time* (20 de março de 2014).

Phil Mullan, "CSR: The Dangers of 'Doing the Right Thing'", *Spiked* (31 de março de 2014).

Alex Edmans e Bruce Bolger: "Can Stakeholder Capitalism Save Capitalism? First We Must Define It", *Forbes* (26 de agosto de 2020).

Joseph A. DiMasi, Henry G. Grabowski e Ronald W. Hansen, "Innovation in the Pharmaceutical Industry: New Estimates of R&D Costs" (2016) 47 *Journal of Health Economics*, p. 20–33. O valor era de US$2,87 bilhões em 2013.

Adi Ignatius, "Business Exist to Deliver Value to Society", *Harvard Business Review* (março a abril de 2018).

Ronald H. Coase, "The Problem of Social Cost" (1960) 3 *Journal of Law and Economics*, p. 1–44.

Vilfredo Pareto, "Il Massimo di Utilità Dato Dalla Libera Concorrenza" 9 (1894) *Giornale degli Economisti*, p. 48–66.

Sandra J. Sucher e Shalene Gupta, "Layoffs that Don't Break Your Company", *Harvard Business Review* (maio a junho de 2018).

Edelman, "Edelman Trust Barometer 2020" (2020).

Kantar Futures e American Express, "Redefining the C-Suite: Business the Millennial Way" (2017).

PwC e AIESEC, "Tomorrow's Leaders Today" (2016).

CAPÍTULO 2

Milton Friedman, "The Social Responsibility of Business Is to Increase Its Profits", *New York Times Magazine* (13 de setembro de 1970).

Global Justice Now, "69 of the Richest 100 Entities on the Planet Are Corporations, Not Governments, Figures Show" (17 de outubro de 2018).

Michael C. Jensen, "Value Maximisation, Stakeholder Theory, and the Corporate Objective Function" (2001) 7 *European Financial Management* p. 297–317.

Ocean Tomo, "Intangible Asset Market Value Study" (2020).

James Poterba e Lawrence H. Summers, "A CEO Survey of U.S. Companies' Time Horizons and Hurdle Rates", *Sloan Management Review* (outono de 1995).

O economista John Kay se refere a isso como o princípio da "obliquidade", onde os objetivos são mais bem perseguidos involuntariamente. John Kay, *Obliquity: Why Our Goals Are Best Achieved Indirectly* (Londres: Profile Books, 2011).

Steven Levy, "Inside Apple's Insanely Great (ou Just Insane) New Mothership", *Wired* (16 de maio de 2017).

Pharmaceutical Research and Manufacturers of America.

Jean-Claude Buffle, *Dossiê N... comme Nestlé: Multinacionais et Infanticídio: le Lait, les Bébés et... la Mort* (Paris: Alain Moreau, 1986).

"U.S. Tobacco Profits Soar Despite Drop in Number of Smokers", NPR (24 de abril de 2017).

Rob Davies, "How Big Tobacco Has Survived Death and Taxes", *Guardian* (12 de julho de 2017).

Mesmo que um acionista seja uma instituição, quase sempre administra dinheiro em nome de cidadãos.

Oliver Hart e Luigi Zingales, "Companies Should Maximize Shareholder Welfare Not Market Value" (2017) 2 *Journal of Law, Finance, and Accounting*, p. 247–74.

US SIF, "Report on US Sustainable, Responsible, and Impact Investing Trends" (2020).

Global Sustainable Investment Alliance, "Global Sustainable Investment Review" (2020).

Samuel M. Hartzmark e Abigail B. Sussman, "Do Investors Value Sustainability? A Natural Experiment Examining Ranking and Fund Flows" (2019) 74 *Journal of Finance*, p. 2789–2837.

Center for Climate and Energy Solutions, "Weathering the Storm: Building Business Resilience to Climate Change" (2013).

Carbon Disclosure Project, "Major Risk or Rosy Opportunity: Are Companies Ready for Climate Change?" (2019).

Stephanie M. Tully e Russell S. Winer, "The Role of the Beneficiary in Willingness to Pay for Socially Responsible Products: A Meta-Analysis" (2014) 90 *Journal of Retailing*, p. 255–274.

Rüdiger Bachmann, Gabriel Ehrlich e Dimitrije Ruzic, "Firms and Collective Reputation: The Volkswagen Emissions Scandal as a Case Study" (2017).

Tribunal de Contas Europeu, "The EU's Response to the 'Dieselgate' Scandal" (2019).

John Elkington, "25 Years Ago I Coined the Phrase 'Triple Bottom Line'. Here's Why It's Time to Rethink It", *Harvard Business Review* (25 de junho de 2018).

CAPÍTULO 3

Adi Ignatius, "Businesses Exist to Deliver Value to Society", *Harvard Business Review* (março a abril de 2018).

Michael Kranish, "Warren Decries Stock Buybacks, High CEO Pay", *Boston Globe* (14 de junho de 2015).

Hiroko Tabuchi, "Layoffs Taboo, Japan Workers Are Sent to the Boredom Room", *New York Times* (16 de agosto de 2013).

O testemunho de Angelo Mozilo na investigação da SEC, 9 de novembro de 2007.

Connie Bruck, "Angelo's Ashes", *The New Yorker* (29 de junho de 2009).

Dong-Gull Lee, "The Restructuring of Daewoo", em Stephan Haggard, Wonhyul Lim e Euysung Kim (editores), *Economic Crisis and Corporate Restructuring in Korea: Reforming the Chaebol* (Cambridge University Press, 2003), p. 150–80.

"Daewoo: GM's Hot New Engine"', *Bloomberg* (29 de novembro de 2004).

Embora parte dessa perda tenha sido devido ao pagamento excessivo reativamente às empresas adquiridas (gerando ganhos para seus antigos proprietários), mesmo subtraindo esses ganhos, a perda de valor líquido para a sociedade foi de US$134 bilhões.

Sara B. Moeller, Frederik P. Schlingemann e René M. Stulz, "Wealth Destruction on a Massive Scale? A Study of Acquiring-Firm Returns in the Recent Merger Wave" (2005) 60 *Journal of Finance*, p. 757–82.

James O'Toole, *The Enlightened Capitalists: Cautionary Tales of Business Pioneers Who Tried to Do Well by Doing Good* (Nova York: Harper Business, 2019).

Leila Abboud, "The fall from favour of Danone's purpose-driven chief", *Financial Times* (17 de março de 2021).

Uma maneira mais eficaz de doar para a caridade pode ser para uma empresa para corresponder às doações de trabalhadores, o que ajuda a garantir que as doações corporativas vão para causas que os trabalhadores apoiam.

Comissão Australiana de Mercados de Energia.

O estudo é especificamente sobre as funções dos conselheiros de administração, mas como os conselheiros de administração monitoram os executivos, as implicações aplicam-se também aos executivos. Comissão Europeia (2020): "Study on Directors' Duties and Sustainable Corporate Governance".

CAPÍTULO 4

Joshua D. Margolis e James P. Walsh, "Misery Loves Companies: Rethinking Social Initiatives by Business" (2003) 48 *Administrative Science Quarterly*, p. 268–305.

Marc Orlitzky, Frank L. Schmidt e Sara L. Rynes, "Corporate Social and Financial Performance: A Meta-Analysis" (2003) 24 *Organization Studies*, p. 403–41.

Alex Edmans, "Does the Stock Market Fully Value Intangibles? Employee Satisfaction and Equity Prices" (2011) 101 *Journal of Financial Economics*, p. 621–40.

Alex Edmans, "The Link between Job Satisfaction and Firm Value, with Implications for Corporate Social Responsibility" (2012) 26 *Academy of Management Perspectives*, p. 1–19.

Russel A. Hill e Robert A. Barton, "Psychology: Red Enhances Human Performance in Contests" (2005) 435 *Nature* 293.

Andrew J. Elliot, Markus A. Maier, Arlen C. Moller e Jorg Meinhardt, "Color and Psychological Functioning: The Effect of Red on Performance Attainment" (2007) 136 *Journal of Experimental Psychology: General*, p. 154–68.

Veja, por exemplo, https://youtu.be/ippgKYA5nJk, por Robert Maltbie, diretor da *Millennium Asset Management*.

Robert Novy-Marx, "Predicting Anomaly Performance with Politics, the Weather, Global Warming, Sunspots, and the Stars" (2014), p. 112 *Journal of Financial Economics*, p. 137–46.

Rolf W. Banz, "'The Relationship between Return and Market Value of Common Stocks" (1981) 9 *Journal of Financial Economics*, p. 3–18; Clifford S. Asness, Andrea Frazzini, Ronen Israel *et al.*, "Size Matters When You Control Your Junk" (2018) 129 *Journal of Financial Economics*, p. 479-509.

A Costco não solicita a inclusão na lista *Best Cmpanies*, mas é considerada, de maneira geral, uma boa empregadora. Por exemplo, ela foi selecionada como melhor empregadora nos EUA pela revista *Forbes* em 2017.

Aaron Taube, "Why Costco Pays Its Retail Employees $20 an Hour", *Business Insider* (23 de outubro de 2014).

Amy Tsao, "A Showdown at the Checkout for Costco", *Business Week* (28 de agosto de 2003).

Nina Shapiro, "Company for the People", *Seattle Weekly* (9 de outubro de 2006).

Ann Zimmerman, "Costco's Dilemma: Be Kind to Its Workers, or Wall Street?", *Wall Street Journal* (26 de março de 2004).

Ingrid Smithey Fulmer, Barry Gerhart e Kimberley S. Scott, "Are the 100 Best Better? An Empirical Investigation of the Relationship between Being a 'Great Place to Work' and Firm Performance" (2003) 56 *Personnel Psychology*, p. 965–93.

Frontline, "'Is Wal-Mart Good for America?" (16 de novembro de 2004).

Wayne F. Cascio: *Costing Human Resources: The Financial Impact of Behavior in Organizations* (Cincinnati, OH: Sowthwetern, 2000).

Daniel H. Simon e Jed DeVaro, "Do the Best Companies to Work for Provide Better Customer Satisfaction?" (2006) 27 *Managerial and Decision Economics*, p. 667–83.

Esses resultados não foram relatados na versão final publicada do artigo devido à limitação de espaço.

Claes Fornell, Sunil Mithas, Forrest V. Morgeson III e M.S. Krishnan, "Customer Satisfaction and Stock Prices: High Returns, Low Risk" (2006), p. 70 *Journal of Marketing*, p. 3–14. Os três componentes do índice são as expectativas do cliente, a qualidade percebida e o valor percebido (qualidade em relação ao preço).

Jeroen Derwall, Nadja Guenster, Roubar Bauer e Kees Koedijk, "The Eco-Efficiency Premium Puzzle" (2005) 61 *Financial Analysts Journal*, p. 51–63.

Mozaffar Khan, George Serafeim e Aaron Yoon, "Corporate Sustainability: First Evidence on Materiality" (2016), p. 91 *Accounting Review*, p. 1697–724. Eles estudam mudanças nos escores de KLD após o controle de características da empresa.

Michael Halling, Jin Yu e Josef Zechner, "Primary Corporate Bond Markets and Social Responsibility" (2020).

Robert Eccles, Ioannis Ioannou e George Serafeim, "The Impact of Corporate Sustainability on Organizational Processes and Performance"' (2014), p. 60 *Management Science*, p. 2835–57.

"From Fringe to Mainstream: Companies Integrate CSR Initiatives into Everyday Business", Knowledge@Wharton (23 de maio de 2012).

Jennifer Thompson, "Smart Beta Funds Pass $1trn in Assets", *Financial Times* (27 de dezembro de 2017).

Jen Wieczner, "How Buying Stock in the 'Best Companies to Work for' Helped This Investor Crush the Market", *Fortune* (9 de março de 2017).

Karl Lins, Henri Servaes e Ane Tamayo: "Social Capital, Trust, and Firm Performance: The Value of Corporate Social Responsibility During the Financial Crisis" (2017) 72 *Journal of Finance*, p. 1785–824.

Albuquerque *et al.* (2020) constatam que as empresas com altas pontuações ambientais e sociais superaram, mas Demers *et al.* (2020) constatam que não, ao controlarem outras variáveis. Ding *et al.* (2020) constataram que a pontuação de RSE de uma empresa atenuou o impacto da covid-19 no retorno das ações, mas é apenas estatisticamente significante no nível de 10% (ou seja, há 10% de chance de que o link possa ter sido devido ao acaso). Geralmente, a significância no nível de 5% é necessária para que um resultado seja considerado confiável. Rui A. Albuquerque, Yrjo Koskinen, Shuai Yang e Chendi Zhang, "Resiliency of Environmental and Social Stocks: An Analysis of the Exogenous COVID-19 Market Crash", (2020) 9 *Review of Corporate Finance Studies*, p. 593–621; Elizabeth Demers, Jurian Hendrikse, Philip Joos e Baruch Lev, "ESG Didn't Immunize Stocks Against the COVID-19 Market Crash" (2021) 48, *Journal of Business Finance & Accounting*, p. 433–62; Wenzhi Ding, Ross Levine, Chen Lin e Wensi Xie, "Corporate Immunity to the COVID-19 Pandemic"' (2021), 141 *Journal of Financial Economics*, p.802–830.

Philipp Krüger, "Corporate Goodness and Shareholder Wealth" (2015) 115 *Journal of Financial Economics*, p. 304–29.

Caroline Flammer, "Corporate Social Responsibility and Shareholder Reaction: The Environmental Awareness of Investors" (2013) 56 *Academy of Management Journal*, p. 758–81.

As perdas citadas vão desde a data do evento até o menor preço durante o mês seguinte.

Caroline Flammer, "Does Corporate Social Responsibility Lead to Superior Financial Performance? A Regression Discontinuity Approach" (2015) 61 *Management Science*, p. 2549–68.

Gibson Dunn, "Shareholder Proposal Developments During the 2018 Proxy Season" (2018).

A proposta da HCC foi votada em 10 de maio de 2007; a proposta da Lear foi votada em 11 de maio de 2006.

Ronald W. Masulis e Syed Walid Reza, "Agency Problems of Corporate Philanthropy" (2015) 28 *Review of Financial Studies*, p. 592–636.

Ye Cai, Jin Xu e Jun Yang, "Paying by Donating: Corporate Donations Affiliated with Independent Directors"' (2021), 34 *Review of Financial Studies*, p. 618–660.

Luc Renneboog, Jenke Ter Horst e Chendi Zhang, "The Price of Ethics and Stakeholder Governance: The Performance of Socially Responsible Mutual Funds" (2008) 14 *Journal of Corporate Finance*, p. 302–22.

Luc Renneboog, Jenke Ter Horst e Chendi Zhang, "Socially Responsible Investments: Institutional Aspects, Performance, and Investor Behavior" (2008) 32 *Journal of Banking and Finance*, p. 1723–42.

Brad M. Barber, Adair Morse e Ayako Yasuda, "Impact Investing" (2021). 139 *Journal of Financial Economics*, p. 162–85.

James Kynge, "The Ethical Investment Boom", *Financial Times* (3 de setembro de 2017).

Dina Medland, "'From Stockholder to Stakeholder' Means 'No' to Short-Termism for Better Results", *Forbes* (15 de setembro de 2014).

Lauren Cohen, Umit Gurun e Quoc Nguyen, "The ESG-Innovation Disconnect: Evidence from Green Patenting" (2021).

"Apple 'Failing to Protect Chinese Factory Workers'", BBC (18 de dezembro de 2014); "Life and Death in Apple's Forbidden City", *Guardian* (18 de junho de 2017).

"Amazon Warehouse Workers Skip Bathroom Breaks to Keep Their Jobs, Says Report", *The Verge* (16 de abril de 2018).

Harrison Hong e Marcin Kacperczyk, "The Price of Sin: The Effects of Social Norms on Markets" (2009) 93 *Journal of Financial Economics*, p. 15-36.

Alex Edmans, Lucius Li e Chendi Zhang, "Employee Satisfaction, Labor Market Flexibility, and Stock Returns around the World" (2021).

CAPÍTULO 5

Julia Finch, "Bart Becht's £90m Pay Packet. I Need a Lie-Down" *Guardian* (7 de abril de 2010).

Jill Treanor, "Cillit Bang Boss Bart Becht Takes Home £90m", *Guardian* (8 de abril de 2010).

Finch, "Bart Becht's £90m Pay Packet".

Andrew Trotman e Amy Wilson, "Reckitt Benckiser Shares Slump after Chief Bart Becht announces retirement", *The Telegraph* (14 de abril de 2011).

Paul Sonne, "Reckitt's CEO to Step Down", *Wall Street Journal* (15 de abril de 2011).

Treanor, "Cillit Bang Boss Bart Becht Takes Home £90m".

Morten T. Hansen, Herminia Ibarra e Nana von Bernuth, "Transforming Reckitt Benckiser" , Estudo de Caso INSEAD 04/2011-5686 (2013).

Maggie Urry, "Reckitt's Strongly Flavoured Essence", *Financial Times* (21 de janeiro de 2008).

O número de cabeças foi de 18.900 em 2000 e 27.200 em 2010. Em 2011, quando Bart deixou o cargo, esse número havia aumentado para 37.800. No entanto, o aumento entre 2010 e 2011 deveu-se, em grande parte, às aquisições da SSL International e da Paras Pharmaceuticals, citando números de 2010.

Relatório Anual Reckitt Benckiser 2012.

Por exemplo, o título de um artigo do *Daily Mail* de 8 de abril de 2010 afirma que Bart "embolsou £90 milhões em um ANO" (ênfase no original).

Os 74 milhões de libras resultaram do exercício de opções de ações que ele recebeu desde 2001 e 13 milhões de libras do resgate de ações concedidas em 1999 e 2005.

O aumento do preço das ações aumentou o valor de caixa de opções em mais de 74 milhões de libras e ações em mais de 5 milhões de libras (arredondando, o total é de 80 milhões de libras). Nota técnica: as opções de Bart foram inicialmente concedidas "a qualquer custo", o que significa que o preço das ações teve de subir para que tivessem valor. Assim, seu "valor intrínseco" quando concedido era zero, por isso é correto dizer que, se o preço das ações não tivesse subido após a concessão, as opções teriam sido no valor de 74 milhões de libras a menos quando exercidas (ou seja, zero libras, em vez de 74 milhões de libras). No entanto, o "valor econômico" das opções concedidas era maior do que zero — elas valiam algo devido à possibilidade de o preço das ações subir após a concessão. Assim, o aumento do valor econômico das opções foi inferior a 74 milhões de libras.

O valor que Bart doou excedeu o valor que ele sacava, já que pagava dinheiro para exercer suas opções (ou seja, transformá-las em ações), e depois doava as ações.

Rupert Steiner, "Biggest Paycut in History as Cillit Bang Boss Loses £74m", *Daily Mail* (30 de março de 2011).

AFL-CIO Executive Paywatch.

O dia 4 de janeiro é conhecido como "Quarta-feira do Gato Gordo", "Quinta-feira do Gato Gordo" etc., dependendo de em qual dia da semana o 4 de janeiro cai.

Rob Du Boff, "What Is Just When It Comes to CEO-to-Average Worker Pay?", *Forbes* (10 de outubro de 2017).

Yaron Brook e Don Watkins, "When It Comes to Wealth Creation, There Is No Pie", *Forbes* (14 de junho de 2011).

Chris Philp, "Restoring Responsible Ownership: Ending the Ownerless Corporation and Controlling Executive Pay" (2016).

Relatório da Câmara dos Comuns sobre "Executive Rewards: Paying for Success" (20 de março de 2019).

Alex Edmans, Xavier Gabaix e Dirk Jenter, "Executive Compensation: A Survey of Theory and Evidence" em Benjamin E. Hermalina e Michael S. Weisbach (eds), *Handbook of the Economics of Corporate Governance* (Amsterdã: Elsevier, 2017), p. 383-539.

PwC, "Executive Pay in a World of Truthiness: Facts and Myths in the Pay Debate" (2017).

Palestra na Universidade de Georgetown (19 de novembro de 2015). Transcrição em: www.presidency.ucsb.edu/ws/index.php?pid=117517.

Ulf Von Lilienfeld-Toal and Stefan Ruenzi, "CEO Ownership, Stock Market Performance, and Managerial Discretion" (2014) 69 *Journal of Finance* 1013-50.

Para exemplos desses estudos, ver Daniel M. Cable e Freek Vermeulen, "Stop Paying Executives for Performance", *Harvard Business Review* (23 de fevereiro de 2016). Para a tréplica, ver Alex Edmans, "Performance-Based Pay for Executives Still Works", *Harvard Business Review* (23 de fevereiro de 2016).

Steven Kerr, "On the Folly of Rewarding A, While Hoping for B" (1975) 18 *Academy of Management Journal, p.* 769-83.

Dirk Jenter, Egor Matveyev e Lukas Roth, "Good and Bad CEOs" (2018).

Morten Bennedsen, Francisco Pérez González e Daniel Wolfenzon: "Do CEOs Matter?" (2010).

A rentabilidade ajustada pela indústria, medida pelo retorno operacional sobre os ativos, cai 0,7% em comparação com a média de 5,63%.

Edmans *et al.*, "Executive Compensation".

Shell, Chevron, Exxon e Total.

Sheffield Barry, "6 Steps to Hire an Effective Compensation Consultant" (2017).

Benjamin Bennett, J. Carr Bettis, Ramos Gopalan e Todd Milbourn, "Compensation Goals and Firm Performance" (2017) 124 *Journal of Financial Economics*, p. 307–30.

Mesmo para as ações de desempenho, a linha pontilhada (valor das ações) mostra que o aumento quando os lucros excedem 6 bilhões de libras é menor do que a queda quando os lucros caem abaixo de 6 bilhões de libras, novamente desencorajando a boa tomada de risco.

Adair Morse, Vikram Nanda e Amit Seru, "Are Incentive Contracts Rigged by Powerful CEOs?" (2011) 66 *Journal of Finance*, p. 1779–821.

A proporção de remuneração de um trabalhador que seja conferida em ações deve ser menor, de modo que menos de sua riqueza esteja em risco de baixo desempenho.

E. Han Kim e Paige Ouimet, "Broad-Based Employee Stock Ownership: Motives and Outcomes" (2014) 69 *Journal of Finance*, p. 1273–319. Eles argumentam que pequenos esquemas de capital amplo (que compreendem menos de 5% das ações em circulação) são mais propensos a serem usados para fins de recompensa, uma vez que oferecem pouca proteção de aquisição e poucas economias de caixa, enquanto esquemas maiores são mais propensos a ter segundas intenções.

Yael V. Hochberg e Laura Lindsey, "Incentives, Targeting, and Firm Performance: An Analysis of Non-Executive Stock Options" (2010) 23 *Review of Financial Studies*, p. 4148–86.

Treanor, "Cillit Bang Boss Bart Becht Takes Home £90m".

Anteriormente, a LTIP pagava um máximo de 250% do salário do CEO. Quando a Weir passou para ações restritas, deu 125% do salário em ações, daí o desconto de 50%. O desconto apropriado varia de caso para caso, dependendo da *stringency* das condições de desempenho removidas.

Comitê de Negócios, Energia e Estratégia Industrial da Câmara dos Comuns, "Corporate Governance: Third Report of Session 2016–17" (5 de abril de 2017).

Norges Bank Investment Management, "CEO Remuneration Position Paper" (2017).

Exemplos incluem Royal Bank of Scotland, The Weir Group, Pets at Home, Card Factory, Kingfisher, empresa de serviços financeiros Hargreaves Lansdown, e o provedor de habitação e assistência social Mears Group.

Lynn S. Paine e Federica Gabrieli, "The Weir Group: Reforming Executive Pay", Harvard Business School Case Study 9-319-046 (2018).

Sanjeev Bhojraj, Paul Hribar, Marc Picconi e João McInnis, "Making Sense of Cents: An Examination of Firms that Marginally Miss or Beat Analyst Forecasts" (2009) 64 *Journal of Finance*, p. 2361–88.

Comissão de Valores Mobiliários, "SEC Charges Former Countrywide Executives with Fraud" (4 de junho de 2009).

Connie Bruck, "Angelo's Ashes", *The New Yorker* (29 de junho de 2009).

Alex Edmans, Vivian W. Presa e Katharina Lewellen, "Equity Vesting and Investment" (2017) 30 *Review of Financial Studies*, p. 2229–71.

Tomislav Ladika and Zacharias Sautner, 'Managerial Short-Termism and Investment: Evidence from Accelerated Option Vesting' (2020) 24 *Review of Finance*, p. 305–44.

Caroline Flammer e Pratima Bansal, "Does Long-Term Orientation Create Value? Evidence from a Regression Discontinuity" (2017) 38 *Strategic Management Journal*, p. 1827–47. Os autores incluem todas as propostas que defendem a recompensa dos executivos de acordo com medidas de desempenho de longo prazo, como por meio de ações restritas, opções restritas e planos de incentivo de longo prazo. Eles não relatam resultados para esses diferentes elementos separadamente.

A qualidade de uma patente é medida por quantas vezes ela é citada; a inovação é medida pela distância das patentes existentes da empresa.

Norges Bank Investment Management, "CEO Remuneration Position Paper" (2017).

Christina Starmans, Assinalar Sheskin e Paul Florescer, "Why People Prefer Unequal Societies" (2017) 1 *Nature Human Behavior* 0082.

Sabrina T. Howell e J. David Brown, "Do Cash Windfalls Affect Wages? Evidence from R&D Grants to Small Firms". (2020)

Olubunmi Faleye, Ebru Reis e Anand Venkateswaran, "The Determinants and Effects of CEO-Employee Pay Ratios" (2013) 37 *Journal of Banking and Finance*, p. 3258–72.

Holger M. Mueller, Paige P. Ouimet e Elena Simintzi, "Within-Firm Pay Inequality" (2017) 30 *Review of Financial Studies*, p. 3605–35.

Ingolf Dittmann, Maurizio Montone e Yuhao Zhu, "Wage Gap and Stock Returns: Do Investors Dislike Pay Inequality?"(2021).

Ethan Rouen, "Rethinking Measurement of Pay Disparity and Its RelationtoFirmPerformance" (2020) 95 *The AccountingReview*, p. 343–78.

Steven N. Kaplan e Joshua Rauh, "Wall Street and Main Street: What Contributes to the Rise in the Highest Incomes?" (2009) 23 *Review of Financial Studies*, p. 1004–50.

Reuel Golden, *The Age of Innocence: Football in the 1970s*(Colônia: Taschen, 2014).

Xavier Gabaix e Augustin Landier, "Why Has CEO Pay Increased So Much?" (2008) 123 *Quarterly Journal of Economics*, p. 49–100.

Xavier Gabaix, Augustin Landier e Julien Sauvagnat, "CEO Pay and Firm Size: An Update after the Crisis" (2014) 124 *Economic Journal*, p. 40–59.

Maggie Baska, "One in Four Top Bosses Have Taken a Pay Cut inWake of Covid-19, Research Reveals", *People Management* (15 de abril de 2020).

CAPÍTULO 6

"Jeffrey Ubben: The Evolution of the Active Value Investment Style", www.youtube.com/watch?v=-cbFBQAm75ew.

Stephen Jones, "Adobe Systems Incorporated: Adobe Signs Standstill Agreement with ValueAct Capital", *MarketScreener* (12 de maio de 2012).

Brian Barrett, "Adobe Finally Kills Flash Dead", *Wired* (25 de julho de 2017).

Tekla S. Perry, "Photoshop Creator Thomas Knoll on Subscription Software and What's Good for Engineers", *IEEE Spectrum* (30 de janeiro de 2017).

Apresento números de 2017 para destacar como as melhorias não reverteram quando a ValueAct vendeu sua participação, contrariando as preocupações do curto prazo, e também porque a reestruturação leva tempo para ser compensada. Em 2016, as receitas foram de US$5,8 bilhões, o número de trabalhadores foi de 15.700, e os impostos foram de US$266 milhões.

A Seagate organizou uma negociação secundária de blocos, pelo qual um investidor Seagate existente (não revelado) vendeu sua participação para a ValueAct, em vez de a ValueAct comprar ações no mercado aberto (o que poderia ter acontecido sem a Seagate chegar).

Peter Georgescu, *Capitalists, Arise!: End Economic Inequality, Grow the iddle Class, Heal the Nation* (Oakland: Berrett-Koehler, 2017).

Alon Brav, Wei Jiang, Frank Partnoy e Randall Thomas, "Hedge Fund Activism, Corporate Governance, and Firm Performance" (2008) 63 *Journal of Finance*, p. 1729–75.

Lucian A. Bebchuk, Alon Brav e Wei Jiang, "The Long-Term Effects of Hedge Fund Activism" (2015) 115 *Columbia Law Review*, p. 1085–155.

Paul Singer, "Efficient Markets Need Guys Like Me", *Wall Street Journal* (19 de outubro de 2017).

Alon Brav, Wei Jiang e Hyunseob Kim, "The Real Effects of Hedge Fund Activism: Productivity, Asset Allocation, and Labor Outcomes" (2015) 28 *Review of Financial Studies*, p. 2723–69.

Bebchuk *et al.*, "The Long-Term Effects of Hedge Fund Activism".

Brav *et al.*, "The Real Effects of Hedge Fund Activism".

Os autores também estudam uma segunda medida de produtividade do trabalho, valor agregado (vendas menos custos de matéria-prima) por hora de trabalho. Eles encontram resultados semelhantes.

Brav *et al.*, "The Real Effects of Hedge Fund Activism".

Alon Brav, Wei Jiang, Song Ma e Xuan Tian, "How Does Hedge Fund Activism Reshape Corporate Innovation?" (2018) 130 *Journal of Financial Economics*, p. 237–64.

Hadiye Aslam e Praveen Kumar, "The Product Market Effects of Hedge Fund Activism" (2016) 119 *Journal of Financial Economics*, p. 226–48.

Nickolay Gantchev, Oleg Gredil e Chotibhak Jotikasthira, "Governance under the Gun: Spillover Effects of Hedge Fund Activism" (2019) 23 *Review of Finance*, p. 1031–68.

Yazho Ellen He, Kahraman Bige e Lowry Michelle, "ES Risks and Shareholder Voice" (2020).

Martin Lipton, "Dealing with Activist Hedge Funds", *Harvard Law School Forum on Corporate Governance* (6 de novembro de 2014).

Relatório da Câmara dos Comuns sobre Carillion, 9 de maio de 2018.

Kai Ryssdal, Bridget Bodnar e Sean McHenry, "Why Bill Ackman Sees Activist Investing as a Moral Crusade", *Marketplace* (31 de outubro de 2017).

John Plender, "Cash-Hoarding Companies Are Still a Problem for Japan", *Financial Times* (12 de novembro de 2017).

Davi Yermack, "Shareholder Voting and Corporate Governance" (2010) 2 *Annual Review of Financial Economics*, p. 103–25.

Morningstar, "Active Share in European Equity Funds" (2016)..

De acordo com a Lei da Companhia de Investimento de 1940, um fundo mútuo "diversificado" pode, no que diz respeito a 75% de sua carteira, ter não mais do que 5% investido em qualquer título e ter não mais do que 10% dos direitos de voto em uma única empresa.

Nickolay Gantchev, "The Costs of Shareholder Activism: Evidence from a Sequential Decision Model" (2013) 107 *Journal of Financial Economics*, p. 610–31.

Por exemplo, a diretiva de Gestores de Fundos de Investimento Alternativo da UE exige que pelo menos 40% do salário variável (60% se o salário variável for particularmente alto) seja diferido por pelo menos três a cinco anos. Além disso, novos fundos de hedge frequentemente se comprometem a reinvestir suas taxas de incentivo no fundo pelos primeiros três a cinco anos.

Marco Becht, Julian Franks, Colin Mayer e Stefano Rossi, "Returns to Shareholder Activism: Evidence from a Clinical Study of the Hermes U.K. Focus Fund" (2008) 22 *Review of Financial Studies*, p. 3093-129.

Elroy Dimson, Oğuzhan Karakas e Xi Li, "Active Ownership" (2015) 28 *Review of Financial Studies*, p. 3225-68.

Steven N. Kaplan, "The Effects of Management Buyouts on Operating Performance and Value" (1989) 24 *Journal of Financial Economics*, p. 217-54.

Frank R. Lichtenberg e Donald Siegel, "The Effects of Leveraged Buyouts on Productivity and Related Aspects of Firm Behavior" (1990) 27 *Journal of Financial Economics p.* 165-94.

Josh Lerner, Morten Sorensen e Por Strömberg, "Private Equity and Long-Run Investment: The Case of Innovation" (2011) 66 *Journal of Finance*, p. 445-77.

Jonathan Cohn, Nicole Nestoriak e Malcolm Wardlaw, "Private Equity Buyouts and Workplace Safety", *Review of Financial Studies* (disponível em breve).

Shai Bernstein e Albert Sheen, "The Operational Consequences of Private Equity Buyouts: Evidence from the Restaurant Industry" (2016) 29 *Review of Financial Studies*, p. 2387-418.

Ashwini Agrawal e Prasanna Tambe, "Private Equity and Workers' Career Paths: The Role of Technological Change" (2016) 29 *Review of Financial Studies*, p. 2455-2489.

Cesare Fracassi, Alessandro Previtero e Albert Sheen, "Barbarians at the Store? Private Equity, Products, and Consumers" (2020).

Ian R. Appel, Todd A. Gormley e Donald B. Keim, "Passive Investors, Not Passive Owners" (2016) 121 *Journal of Financial conomics*, p. 111-41.

Dawn Lim, "Index Funds are the New Kings of Wall Street", *Wall Street Journal* (18 de setembro de 2019).

Essas melhorias incluem: diretores mais independentes, maior probabilidade de a empresa remover uma maçã podre (o que impede um investidor de adquirir uma grande participação) e reduzir as restrições à capacidade dos acionistas de convocar reuniões especiais e uma menor probabilidade de ter ações de classe dupla.

Fatima-Zahra Filali Adib, "Passive Aggressive: How Index Funds Vote on Corporate Governance Proposals" (2019).

Paul Gompers, Joy Ishii e Andrew Metrick, "Corporate Governance and Equity Prices" (2003)118 Quarterly *Journal of Economics*, p. 107-56.

Paul A. Gompers, Joy Ishii e Andrew Metrick, "Extreme Governance: An Analysis of Dual-Class Firms in the United States" (2009) 23 *Review of Financial Studies*, p. 1051-88.

Ronald W. Masulis, Cong Wang e Fei Xie, "Agency Problems at Dual-Class Companies" (2009) 64 *Journal of Finance*, p. 1697-727.

"A Morte de Daewoo", *The Economist* (19 de agosto de 1999).

Enquanto as ações de classe dupla deram a Mason 20% dos direitos de voto, os outros dois cofundadores juntos detinham 38% dos direitos de voto, permitindo sua saída.

Vicente Cuñat, Mireia Giné e Maria Guadalupe, "The Vote Is Cast: The Effect of Corporate Governance on Shareholder Value" (2012) 67 *Journal of Finance*, p. 1943-77. As propostas de governança visavam melhorar os direitos dos investidores, estrutura do conselho ou procedimentos de votação.

Jonathan B. Cohn, Stuart L. Gillan e Jay C. Hartzell, "On Enhancing Shareholder Control: A (Dodd-) Frank Assessment of Proxy Access" (2016) 71 *Journal of Finance*, p. 1623-68.

Especificamente, um investidor (ou grupo de investidores) que detém pelo menos 3% das ações da empresa por pelo menos 3 anos seria capaz de colocar seus próprios indicados de diretor na cédula de proxy da empresa, em vez de ter que enviá-los para outros acionistas separadamente.

Allen Ferrell, Hao Liang e Luc Renneboog, "Socially Responsible Firms" (2016) 122 *Journal of Financial Economics*, p. 585-606.

I. J. Alexander Dyck, Karl V. Lins, Lukas Roth e Hannes F. Wagner, "Do Institutional Investors Drive Corporate Social Responsibility? International Evidence" (2017) 131 *Journal of Financial Economics*, p. 693-714.

William C. Johnson, Jonathan M. Karpoff e Sangho Yi, "The Bonding Hypothesis of Takeover Defenses: Evidence from IPO firms" (2015) 117 *Journal of Financial Economics*, p. 307-32.

K.J. Martijn Cremers, Lubomir P. Litov e Simone M. Sepe, "Staggered Boards and Long-Term Firm Value, Revisited" (2017) 126 *Journal of Financial Economics*, p. 422-44.

Peter Lynch, *Beating the Street* (Nova Yorke: Simon & Schuster, 2012).

Mesmo a queda de preços de curto prazo reduz a riqueza do CEO se ele vender uma quantidade significativa de seu patrimônio ao investir, o que ocorre como discutido em Capítulo 5.

John R. Graham, Campbell R. Harvey e Shiva Rajgopal, "The Economic Implications of Corporate Financial Reportin" (2005) 40 *Journal of Accounting and Economics*, p. 3-73.

Note que a rápida rejeição dos investidores não significa que a oferta de aquisição foi prejudicial para a sociedade. Motivada pela oferta, a Unilever realizou uma revisão estratégica que a levou a vender sua unidade de margarina, lançando uma recompra de ações e visando margens de lucro mais altas, todas positivamente recebidas pelos investidores. A recompra das ações foi consistente com a alegação da Unilever de que a oferta da Kraft a desvalorizava; vamos, ainda, analisar motivos de desvalorização para recompra no Capítulo 7.

Discurso de julho de 2015 na Universidade de Nova York.

Palestra no evento de 2015 da Lazard, "Shareholder Expectations: The New Paradigm for Directors".

Alex Edmans, "Blockholder Trading, Market Efficiency, and Managerial Myopia" (2009) 64 *Journal of Finance*, p. 2481-513.

Veja, por exemplo, Qi Chen, Itay Goldstein e Wei Jiang, "Price Informativeness and Investment Sensitivity to Stock Price" (2007) 20 *Review of Financial Studies*, p. 619-50; Alex Edmans, Sudarshan Jayaraman e Jan Schneemeier, "The Source of Information in Prices and Investment-Price Sensitivity" (2017) 126 *Journal of Financial Economics*, p. 74-96. A ideia de que o preço das ações acumula a opinião de milhões de investidores foi pioneira pelo economista ganhador do Prêmio Nobel Friedrich von Hayek.

Philip Bond, Alex Edmans e Itay Goldstein, "The Real Effects of Financial Markets" (2012) 4 *Annual Review of Financial Economics*, p. 339-60.

Marco Becht, Julian Franks e Hannes F. Wagner: "The Benefits of Access: Evidence from Private Meetings with Portfolio Firms" (2021).

David Solomon e Eugene Soltes: "What Are We Meeting for? The Consequences of Private Meetings with Investors" 58 Journal of Law and Economics 325-355.

Michael E. Porter, "Capital Disadvantage: America's Failing Capital Investment System" (1992) 70 *Harvard Business Review*, p. 65-82.

Vivian W. Fang, Thomas H. Noe e Sheri Tice, "Stock Market Liquidity and Firm Value" (2009) 94 *Journal of Financial Economics*, p. 150-69.

Sreedhar T. Bharath, Sudarshan Jayaraman e Venky Nagar, "Exit as Governance: An Empirical Analysis" (2013) 68 *Journal of Finance*, p. 2515-47.

Alex Edmans, Vivian W. Fang e Emanuel Zur, "The Effect of Liquidity on Governance" (2013) 26 *Review of Financial Studies*, p. 1443-82. Pode parecer que há dois efeitos conflitantes no trabalho. Por um lado, a maior liquidez facilita a venda de uma ação; por outro, significa que uma determinada venda de ações tem menos efeito sobre o preço das ações e, portanto, fornece menos disciplina ao CEO. No entanto, dois outros efeitos reforçam o primeiro – maior liquidez incentiva um investidor a monitorar (ele sabe que pode vender mais se descobrir informações negativas), e o incentiva a comprar uma grande participação para começar.

Xuemin (Sterling) Yan e Zhe Zhang, "Institutional Investors and Equity Returns: Are Short-Term Institutions Better Informed?" (2009) 22 *Review of Financial Studies*, p. 893-924.

Lubos Pastor, Lucian A. Taylor e Robert F. Stambaugh, "Do Funds Make More When They Trade More?" (2017) 72 *Journal of Finance*, p. 1483-528.

Paul Brockman e Xuemin (Sterling) Yan, "Block Ownership and Firm-Specific Information" (2009) 33 *Journal of Banking and Finance*, p. 308-16; Brian Bushee e Theodore Goodman, "Which Institutional Investors Trade Based on Private Information about Earnings and Returns?" (2007) 45 *Journal of Accounting Research*, p. 289-321; Wayne Mikkelson e Megan Partch, "Stock Price Effects and Costs of Secondary Distributions" (1985) 14 *Journal of Financial Economics, p.* 165-94; Robert Parrino, Richard Sias e Laura T. Starks, "Voting with Their Feet: Institutional Ownership Changes around Forced CEO Turnover" (2003) 68 *Journal of Financial Economics*, p. 3-46; Myron Scholes, "The Market for Securities: Substitution Versus Price Pressure and the Effects of Information on Share Prices" (1972) 45 *Journal of Business*, p. 179-211.

David R. Gallagher, Peter A. Gardner e Peter L. Swan, "Governance through Trading: Institutional Swing Trades and Subsequent Company Performance" (2013) 48 *Journal of Financial and Quantitative Analysis*, p. 427-58.

Patricia Dechow, Richard Sloan e Amy Sweeney, "Causes and Consequences of Earnings Manipulation: An Analysis of Firms Subject to Enforcement Actions by the SEC" (1996) 13 *Contemporary Accounting Research*, p. 1-36; David Farber, "Restoring Trust after Fraud: Does Corporate Governance Matter?" (2005) 80 *Accounting Review*, p. 539-61; Natasha Burns, Simi Kedia E Marc Lipson, "Institutional Ownership and Monitoring: Evidence from Financial Reporting Practices" (2010) 16 *Journal of Corporate Finance*, p. 443-55. Uma reformulação dos ganhos ocorre quando estes devem ser reavaliados devido a erros anteriores.

Barry Baysinger, Rita Kosnik e Thomas Turk, "Effects of Board and Ownership Structure on Corporate R&D Strategy" (1991) 34 *RAcademy of Management Journal*, p. 205-14; Peggy Lee, "A Comparison of Ownership Structures and Innovations of U.S. and Japanese Firms" (2005) 26 *Managerial and Decision Economics*, p. 39-50.

Brian Bushee, "The Influence of Institutional Investors on Myopic R&D Investment Behavior" (1998) 73 *Accounting Review*, p. 305-33.

Philippe Aghion, João Van Reenen e Luigi Zingales, "Innovation and Institutional Ownership" (2013) 103 *American Economic Review*, p. 277-304.

Alguns fundos de índice têm de manter o S&P 500; muitos fundos ativos o utilizam como referência e, portanto, possuem várias de suas ações para reduzir o risco de baixo desempenho.

CAPÍTULO 7

Karen Brettell, David Gaffen e David Rohde, "Stock Buybacks Enrich the Bosses Even When Business Sags", *Reuters* (10 de dezembro de 2015).

William Lazonick, "Profits without Prosperity", *Harvard Business Review* (setembro de 2014).

Matt Egan, "Congress Could Give Bank Shareholders a $53 Billion Gift", *CNN Money* (16 de abril de 2018); Jillian Ambrose, "Shell Kick-Starts £19bn Windfall for Patient Shareholders", *The Telegraph* (26 de julho de 2018).

Chuck Schumer e Bernie Sanders, "Schumer and Sanders: Limit Corporate Stock Buybacks", *New York Times* (3 de fevereiro de 2019).

Ver Jesse Fried e Charles C. Y. Wang, "Short-Termism and Capital Flows" (2019) 8 *Review of Corporate Finance Studies*, p. 207–33, para outras falhas básicas nos argumentos e estatísticas de Lazonick.

Por exemplo, a Apple tem uma subsidiária integral, a Braeburn Capital, que administra US$244 bilhões em dinheiro e investe em ações e outros títulos. De forma mais geral, Duchin *et al.* (2012) descobriram que as empresas do S&P 500 possuem US$1,6 trilhão de ativos financeiros não operacionais, dos quais 40% estão em ativos financeiros de risco, como títulos corporativos, títulos hipotecários e ações. Correu Duchin, Thomas Gilbert, Jarrad Harford e Cristóvão Hrdlicka, "Precautionary Savings with Risky Assets: When Cash Is Not Cash"' (2012) 72 *Journal of Finance*, p. 793–853.

Davi Ikenberry, Josef Lakonishok e Theo Vermaelen, "Market Underreaction to Open Market Share Repurchases" (1995) 39 *Journal of Financial Economics*, p. 181–208.

Alberto Manconi, Urs Peyer e Theo Vermaelen, "Are Buybacks Good for Long-Term Shareholder Value? Evidence from Buybacks around the World". (2019) 54 *Journal of Financial and Quantitative Analysis*, p. 1899–935.

As ações de US$500 milhões recompradas a um preço médio de US$146,21 equivalem a 3,42 milhões de ações compradas de volta. Aplicando-se o ganho de preço das ações de (US$174,31 - US$146,21) = US$28,10, a renda é de US$96 milhões.

Lenore Palladino e Alex Edmans: "Should the US Rein in Share Buybacks?" *Financial Times* (9 de dezembro de 2018) (ênfase adicionada).

Agradeço ao professor Mathias Kronlund por sugerir esta regra de ouro para mim.

Gustavo Grullon e Roni Michaely, "The Information Content of Share Repurchase Programs" (2004) 59 *Journal of Finance*, p. 651–80.

Amy K. Dittmar, "Why Do Firms Repurchase Stock?" (2000) 73 *Journal of Business*, p. 331–55. O excesso de capital é medido por participações em caixa ou fluxo de caixa em excesso de oportunidades de investimento.

Alon Brav, John R. Graham, Campbell R. Harvey e Roni Michaely, "Payout Policy in the 21st Century" (2005) 77 *Journal of Financial Economics*, p. 483–527.

Os fundos de venture capital recebem 23,2% de seus financiamentos de fundos de pensão corporativos e públicos, 12,6% de *family offices*, e 30,8% de investidores diversos (como doações, seguradoras e bancos de investimento), todos com participações significativas em patrimônio público. O restante do financiamento de capital de risco é fornecido por fundos de *private equity*, que são mantidos em parte por outros investidores institucionais. Andreas Kuckertz, Tobias Kollmann, Patrick Röhm e Nils Middelberg, "The Interplay of Track Record and Trustworthiness in Venture Capital Fundraising" (2015) 4 *Journal of Business Venturing Insights*, p. 6–13.

Huaizhi Chen, "Capital Redeployment in the Equity Market" (2018).

Fried e Wang, "Short-Termism and Capital Flows".

www.selectusa.gov/financial-services-industry-united-states.

Joseph W. Gruber e Steven B. Kamin, "Corporate Buybacks and Capital Investment: An International Perspective" (2017).

Fried e Wang, "Short-Termism and Capital Flows", com atualizações para 2019 fornecidas pelos autores.

Amy Dittmar e Jan Mahrt-Smith, "Corporate Governance and the Value of Cash Holdings" (2007) 83 *Journal of Financial Economics*, p. 599–634.

Wei Li e Erik Lie, "Dividend Changes and Catering Incentives" (2006) 80 *Journal of Financial Economics*, p. 293–308.

S&P Global, "S&P 500 Buybacks Decline 55.4% to $88.7 Billion; Significant Reductions Expected to Continue in Q3 2020" (15 de setembro de 2020).

Murali Jagannathan, Clifford P. Stephens e Michael S. Weisbach, "Financial Flexibility and the Choice between Dividends and Stock Repurchases" (2000) 57 *Journal of Financial Economics*, p. 355–84.

Benjamin Bennett, J. Carr Bettis, Ramos Gopalan e Todd Milbourn, "Compensation Goals and Firm Performance" (2017) 124 *Journal of Financial Economics*, p. 307–30.

Alex Edmans, Vivian W. Fang e Allen H. Huang, "The Long-Term Consequences of Short-Term Incentives" (2021).

"Stock Buybacks and Corporate Cashouts", discurso de Robert J. Jackson (11 de junho de 2018).

A última transação de recompra foi feita em maio de 2007.

Heitor Almeida, Vyacheslav Fos e Mathias Kronlund, "The Real Effects of Share Repurchases" (2016) 119 *Journal of Financial Economics*, p. 168–85.

CAPÍTULO 8

"M-Pesa Documentary", https://youtu.be/zQo-4VoLyHe0.

A Vodafone lançou a M-Pesa por meio da Safaricom, a principal rede móvel do Quênia, na qual detinha uma participação de 40%.

Tavneet Suri e William Valete, "The Long-Run Poverty and Gender Impacts of Mobile Money" (2016) 354 *Science*, p. 1288–92.

UNICEF (2017), https://data.unicef.org/topic/child-health/pneumonia/ e https://data.unicef.org/topic/child-health/diarrhoeal-disease/.

Sandy Cairncross, Caroline Hunt, Sophie Boisson, Kristof Bostoen, Val Curtis, Isaac Fung e Wolf-Peter Schmidt, "Water, Sanitation and Hygiene for the Prevention of Diarrhoea" (2010) 39 *International Journal of Epidemiology*, p. i193-i205.

Carta de Larry Fink aos CEOs, 2019.

PwC e AIESEC, "Tomorrow's Leaders Today" (2016).

Deloitte, "The 2016 Millennial Survey: Winning over the Next Generation of Leaders" (2016).

Gallup, "How Millennials Want to Work and Live" (2016).

Esta subsidiária dos EUA mais tarde se tornou uma empresa independente em 1917 e é a mesma Merck discutida em Capítulo 1 (conhecido oficialmente como Merck & Co. na América do Norte e Merck Sharp & Dohme (MSD) em outros lugares). O ex-pai, ainda sediado na Alemanha, é conhecido como Merck KGaA.

A Merck viu outras empresas farmacêuticas como colegaas na pesquisa da produção de penicilina, não concorrentes, e concordou com a Squibb e a Pfizer que as três compartilhariam quaisquer descobertas. Compartilhar suas descobertas com a Squibb e a Pfizer foi consistente com esse acordo. No entanto, outras empresas, após uma descoberta tão importante, podem ter tentado encontrar uma brecha para desistir do acordo. Além disso, a Merck compartilhou suas descobertas com outras empresas que não fazem parte do acordo original, como Abbott e Lederle.

www.historynet.com/penicillin-wonder-drug-world-war-ii.htm. Este é o número estimado de soldados tratados pela penicilina entre o Dia D e a última rendição alemã.

Paul Gompers, Vontade Gornall, Steve Kaplan e Ilya Strebulaev, "How Do Venture Capitalists Make Decisions?" (2020) 135 *Journal of Financial Economics*, p. 169–90.

Jordan Crook, "Warby Parker, Valued at $3 Billion, Raises $245 Million in Funding", *TechCrunch* (27 de agosto de 2020).

Tal declaração pode ter sido significativa na época em que Friedman estava escrevendo, dado que muitos acreditavam que uma empresa deveria servir apenas investidores. Hoje em dia, é muito mais amplamente aceito que uma empresa tem uma responsabilidade com os stakeholders, e por isso uma declaração só é significativa se for específica sobre quais stakeholders ela pretende servir particularmente e como ela pretende atendê-las.

Podcast Craig Groeschel Leadership.

Claudine Gartenberg, Andrea Prat e George Serafeim, "Corporate Purpose and Financial Performance" (2019) 30 *Organization Science*, p. 1–18.

A clareza da gestão é medida pelas perguntas "A gestão deixa claras suas expectativas" e "A gestão tem uma visão clara de onde a organização está indo e como chegar lá".

O Conselho de Normas de Sustentabilidade fornece padrões para quais informações não financeiras devem ser divulgadas e está focado em reportar aos investidores. A Global Reporting Initiative fornece princípios e padrões e está focada em reportar aos stakeholders.

Alex Edmans, Mirko Heinle e Chong Huang, "The Real Costs of Financial Efficiency When Some Information is Soft" (2016) 20 *Review of Finance* 2151–82.

Ernstberger *et al.* (2015) constata que a Diretiva de Transparência da UE levou as empresas a reduzir o investimento, melhorar o desempenho operacional no curto prazo, mas reduzi-lo no longo prazo. Kraft *et al.* (2015) constatam que a transição de anual para semestral, e de relatórios semianuais para trimestrais nos EUA levou a um declínio no investimento. Jürgen Ernstberger, Benedikt Link, Michael Stich e Oliver Vogler, "The Real Effects of Mandatory Quarterly Reporting". (2017) 92 *Accounting Review*, p. 33–60; Arthur G. Kraft, Rahul Vashishtha e Mohan Venkatachalam, "Frequent Financial Reporting and Managerial Myopia" (2018) 93 *Accounting Review*, p. 249–75.

Laura Starks, Parth Venkat e Qifei Zhu, "Corporate ESG Profiles and Investor Horizons" (2018).

"Following the Footprints", *The Economist* (2 de junho de 2011).

Focando capital no longo prazo, "Driving the Conversation: Long-Term Roadmaps for Long-Term Success" (2019).

KKS Advisors e CECP, "The Economic Significance of Long-Term Plans" (2018).

Para o pagamento, a votação da política é tipicamente vinculante – as empresas não podem pagar aos líderes valores que não seguem a política. Uma votação vinculante é viável porque é fácil avaliar objetivamente se o salário real segue uma política específica. Para dizer de propósito, a votação da política seria consultiva, pois é difícil avaliar objetivamente se uma empresa seguiu a política (por exemplo, melhorou os meios de subsistência dos colegas em um montante "suficiente").

Oliver Hart e Luigi Zingales, "Companies Should Maximize Shareholder Welfare Not Market Value" (2017) 2 *Journal of Law, Finance, and Accounting*, p. 247-74.

Os trabalhadores se voluntariam para serem considerados para nomeação como correspondente de ética, ao lado de seu trabalho regular. Eles são tipicamente bastante seniores, para garantir que eles têm a confiança de líderes e colegas, e espalhados por todos os papéis da empresa.

Lucian A. Bebchuk e Roberto Tallarita, "The Illusory Promise of Stakeholder Governance" (2020) 106 *Cornell Law Review*, p. 91-178. Aneesh Raghunandan e Shiva Rajgopal, "Do the Socially Responsible Walk the Talk?" (2020).

Lynn S. Paine, "'Sustainability in the Boardroom", *Harvard Business Review* (julho a agosto de 2014).

Financial Reporting Council, "Corporate Culture and the Role of Boards: Report of Observations" (2016).

Ao contrário do diretor de uma empresa pública, não tenho responsabilidade legal. A responsabilidade legal dos diretores operárias teria de ser cuidadosamente considerada por qualquer empresa que considere adotá-los voluntariamente.

Frederick W. Taylor, *The Principles of Scientific Management* (Nova York e Londres: Harper & Brothers, 1911).

O nome verdadeiro de Schmidt era Henry Noll.

Relatório Anual Wells Fargo 2010.

Daniel M. Cabo, *Alive at Work: The Neuroscience of Helping Your People Love What They Do* (Cambridge: Harvard Business Review Press, 2018).

Forbes, "Why New Belgium Brewing's Employees Once Turned Down a Bonus to Invest in Wind Power Instead" (15 de dezembro de 2015).

Scott E. Seibert, Gang Wang e Stephen H. Courtright, "Antecedents and Consequences of Psychological and Team Empowerment in Organizations: A Meta-Analytic Review" (2011) 96 *Journal of Applied Psychology*, p. 981-1003.

Embora amplamente atribuída a Saint-Exupéry, esta citação só aparece em uma tradução norte-americana de seu livro *Citadelle*, de 1948; o francês original é ligeiramente diferente.

Gary S. Becker, *Human Capital: A Theoretical and Empirical Analysis, with Special Reference to Education* (University of Chicago Press, 1964).

Alguns empregadores financiam diplomas de mestrado em administração de empresas, mas, em troca, eles exigem que o trabalhador retorne à empresa por um período mínimo de tempo depois para garantir um retorno sobre o investimento.

Amy Goldstein, *Janesville: An American Story* (Nova York: Simon & Schuster, 2017).

Katherine Baicker, Davi Cutler e Zirui Song, "Workplace

Wellness Programs Can Generate Savings" (2010) 29 *Health Affairs*, p. 1-8.

Joel Goh, Jeffrey Pfeffer e Stefanos Zenios, "The Relationship between Workplace Stressors and Mortality and Health Costs in the United States" (2016) 62 *Management Science*, p. 608-28.

CAPÍTULO 9

A Walker Review de 2009 sobre a crise financeira do Reino Unido concluiu que: "A atmosfera de pelo menos aquiescência em alta alavancagem por parte dos acionistas terá exacerbado problemas críticos encontrados em alguns casos... Mesmo os principais gestores de fundos parecem ter sido lentos para agir onde questões de preocupação foram identificadas em bancos nos quais eles eram investidores, e de eficácia limitada na busca de enfrentá-los individual ou colaborativamente."

Até o final de 2017, nove países têm códigos de *stewardship* nacionais explícitos: na Europa (Dinamarca, Reino Unido), Ásia (Hong Kong, Japão, Malásia, Taiwan, Tailândia) e África (África do Sul, Quênia). A Diretiva de Direitos dos Acionistas da UE exige que os investidores institucionais divulguem publicamente sua política de *stewardship* ou expliquem por que não têm uma.

Mais formalmente, estes são conhecidos como "analistas de ações do lado da venda", pois normalmente trabalham para bancos de investimento que "vendem" ideias comerciais para investidores. Isso contrasta com os "analistas de ações do lado da compra" que são analistas internos dentro de um investidor.

Um fundo gerenciado ativamente que, em vez disso, visa criar valor por meio da alocação de ativos entre setores, ou um fundo smart-beta que visa criar valor por meios de estratégias quantitativas terá justificadamente muitas ações. No entanto, esses fundos não afirmam agregar valor por meio da seleção individual de ações.

Ajay Khorana, Henri Servaes e Lei Wedge, "Portfolio Manager Ownership and Firm Performance" (2007) 85 *Journal of Financial Economics*, p. 179-204.

Christopher P. Clifford e Laura Lindsey, "Block holder Heterogeneity, CEO Compensation, and Firm Performance" (2016) 51 *Journal of Financial and Quantitative Analysis*, p. 1491-520. Eles estudam fundos mútuos com "taxas fulcrum", em que a taxa de administração anual aumenta se o desempenho do fundo exceder um *benchmark*.

Entrevistado da pesquisa da UK Investment Association em 2016 Stewardship in Practice.

BNP Paribas, "The ESG Global Survey 2019: Asset Owners and Managers Determine Their ESG Integration Strategies" (2019).

Lucian A. Bebchuk, Alma Cohen e Charles C. Y. Wang, "Asset Owners and

Managers Determine Their ESG Integration Strategies" (2013) 108 *Journal of Financial Economics*, p. 323–48.

David R. Mclean e Jeffrey Pontífice, "Does Academic Research Destroy Stock Return Predictability?" (2015) 71 *Journal of Finance*, p. 5–32.

Enquanto a MSCI comprou a KLD, o conjunto de dados KLD agora é um banco de dados legado chamado MSCI KLD Stats. As classificações ESG que a MSCI agora fornece utilizam uma metodologia diferente da KLD.

Florian Berg, Julian Kölbel e Roberto Rigobon, "Confusão Agregada: A Divergência das Classificações ESG" (2020).

Stephen R. Covey, *The 7 Habits of Highly Effective People* (New York: Free Press, 1989). (Publicado no Brasil com o título *Os 7 hábitos de pessoas altamente eficazes*).

Deniz Anginer e Meir Statman, "Stocks of Admired and Spurned Companies" (2010) 36 *RJournal of Portfolio Management*, p. 71–7.

A pesquisa "Stewardship in Practice" de novembro de 2018 da UK Investment Association informou que 35% dos gestores de ativos sempre informam a administração sobre o motivo de votar contra ou de abster-se, 60% o fazem às vezes, e 6% nunca o fazem.

John Lorinc, "Stephen Jarislowsky Has Every Right to Say 'I Told You So'", Globe and Mail (25 de outubro de 2002).

David Benoit, "BlackRock's Larry Fink: Typical Activists Are Too Short-Term", *Wall Street Journal* (16 de janeiro de 2014).

Paul Singer, "Efficient Markets Need Guys Like Me", *Wall Street Journal* (19 de outubro de 2017).

Ian R. Appel, Todd A. Gormley e Donald B. Keim, "Standing on the Shoulders of Giants: The Effect of Passive Investors on Activism" (2019) 32 *Review of Financial Studies*, p. 2720–74. O sucesso é medido de várias maneiras — a campanha que leva a um acordo com a administração (e o número de assentos do conselho que o acordo dá ao ativista), defesas de aquisição sendo removidas e a empresa sendo vendida para o ativista ou um terceiro. Estudos anteriores mostraram que esses desfechos aumentam o valor da empresa.

Nadya Malenko e Yao Shen, "The Role of Proxy Advisory Firms: Evidence from a Regression-Discontinuity Design" (2016) 29 *Review of Financial Studies*, p. 3394–427. O estudo usa uma descontinuidade de regressão para identificar causalidade — não é que uma proposta de pagamento falha leve tanto o ISS a dar uma recomendação negativa quanto também os investidores a votar contra.

Peter Iliev e Michelle Lowry, "Are Mutual Funds Active Voters?" (2015) 78 *Review of Financial Studies*, p. 446–85.

O estudo estima um efeito de 10% a 15%. PwC, "ISS: Friend or Foe to Stewardship?" (2018)

National Investor Relations Institute, "The Case for Proxy Advisor Reform" (8 de novembro de 2017).

Ana Albuquerque, Mary Ellen Carter e Susanna Gallani: "Are ISS Recommendations Informative? Evidence from Assessments of Compensation Practices" (2020).

Vanda Heinen, Christopher Koch e Mario Scharfbillig, "Exporting Corporate Governance: Do Foreign and Local Proxy Advisors Differ?" (2018).

A segunda falha é que a metodologia da ISS não é ajustada pelo tamanho. As pequenas empresas normalmente pagam menos seus CEOs, e também normalmente superam grandes empresas, de modo que a falta de ajuste de tamanho leva a uma relação negativa entre salário e desempenho. Para obter mais detalhes, consulte Tom Gosling, "Shareholding Provides the Key for Linking Pay to Performance", *LinkedIn Pulse* (24 de outubro de 2017).

Consulte o cronograma 14A do Willis Towers Watson em 31 de maio de 2017 para obter detalhes dos erros.

O Global Analyst Research Settlement de 2003 requer *firewalls* entre as divisões de pesquisa de ações e finanças corporativas de um banco de investimentos e proíbe que a remuneração dos analistas seja vinculada às receitas de finanças corporativas. O objetivo é evitar que os analistas sejam tendenciosos em relação às empresas que dão ao banco negócios de finanças corporativas.

Dean Starkman, "A Proxy Advisor's Two Sides: Some Question Work of ISS for Companies It Scrutinizes", *Washington Post* (23 de janeiro de 2006).

Tao Li, "Outsourcing Corporate Governance: Conflicts of Interest within the Proxy Advisory Industry" (2018) 64 *Management Science*, p. 2951–71.

O setor consultivo proxy já está tomando medidas voluntárias para lidar com as preocupações citadas por meio de seus Princípios de Melhores Práticas para Provedores de Pesquisa de Votação de Acionistas, que ressaltam a necessidade de *resourcing* adequado e de gerenciar conflitos de interesse. No entanto, eles não reconhecem adequadamente o papel desempenhado pelos conselheiros proxy na *stewardship*. Mesmo que um conselheiro proxy tenha um grande número de trabalhadores e esteja livre de conflitos de interesse, ele pode usar recomendações de tamanho único.

Kent L. Womack, "Do Brokerage Analysts' Recommendations Have Investment Value"?' (1996) 51 *Journal of Finance*, p. 137–67.

Thomas J. Lopez e Lynn Rees, "The Effect of Beating and Missing Analysts' Forecasts on the InformationContent ofUnexpected Earnings" (2002) 17 *Journal of Accounting, Auditing, and Finance*, p. 155–84.

Steven R. Matsunaga e Chul W. Park, "The Effect of Missing a Quarterly Earnings Benchmark on the CEO's Annual Bonus" (2001) 76 *Accounting Review*, p. 313–32.

Stephen J. Terry, "The Macro Impact of Short-Termism" (2017).

Eli Amir, Baruch Lev e Theodore Sougiannis, "Do Financial Analysts Get Intangibles?" (2003) 12 *European Accounting Review*, p. 635–59.

Jie (Jack) He e Xuan Tian, "The Dark Side of Analyst Coverage: The Case of Innovation" (2013) 109 *Journal of Financial Economics*, p. 856–78.

Pessimista pode ser definido como sendo abaixo do nível do último trimestre, ou no mesmo trimestre do ano passado.

CAPÍTULO 10

Estes incluíam um CEO e presidente combinados, diretores sobre-*boarded*, comitês de auditoria e compensação não independentes e numerosos problemas salariais de CEO.

E. Scott Reckard, "Wells Fargo's Pressure-Cooker Sales Culture Comes at a Cost", *Los Angeles Times* (21 de dezembro de 2013).

Boris Groysberg, Eric Lin e George Serafeim, "Does Financial Misconduct Affect the Future Compensation of Alumni Managers?" (2020) 41 *Avanços na Gestão Estratégica*, p. 293–321.

Para um guia passo a passo sobre como uma residência individual pode calcular sua pegada de carbono e tomar medidas para reduzi-la, veja Tom Gosling, "Facing Up to the Truth of Our Carbon Footprint", *LinkedIn Pulse* (6 de maio de 2019).

Os faxineiros não eram empregados diretamente pelo HSBC, mas pela empresa de limpeza contratual OCS. O HSBC alterou os termos de seu contrato com a OCS, permitindo esse aumento salarial.

Ao longo de 2013-2015, as empresas FTSE 350 do Reino Unido que receberamm menos de 80% dos votos receberam uma média de 71% de apoio. Um ano depois, a média de votos para as mesmas empresas foi de 88%. Fonte: PwC, "Executive Pay in a World of Truthiness: Facts and Myths in the Pay Debate" (2017).

Matthew Syed, *Black Box Thinking: The Surprising Truth about Success* (London: John Murray, 2015).

Kevin J. Murphy e Michael C. Jensen, "The Politics of Pay: The Unintended Consequences of Regulating Executive Compensation" (2018) 3 *Journal of Law, Finance, and Accounting*, p. 189–242.

O Green Paper on Corporate Governance de novembro de 2016 pediu aos entrevistados sua opinião sobre a vinculação do pagamento. A resposta do governo em agosto de 2017 à consulta do Green Paper informou que apenas um terço dos entrevistados apoiaram essa opção.

Ricardo Correa e Ugur Lel, "Say on Pay Laws, Executive Compensation, Pay Slice, and Firm Valuation around the World" (2016) 122 *Journal of Financial Economics*, p. 500–20.

Esta é a Regra Final da SEC IA-2106. Isso permite que os investidores se abstenham intencionalmente de votos específicos se tiverem uma boa razão. O exemplo que eles dão é que "votar em uma segurança estrangeira pode envolver custos adicionais, como contratar um tradutor ou viajar para o país estrangeiro para votar pessoalmente na segurança".

O inquérito constatou: "Os acionistas da empresa sofreram com a ausência de informações confiáveis e foram... incapazes de exercer influência suficiente no tabuleiro para mudar sua direção de viagem."

Nancy L. Rose e Catherine D. Wolfram, "Regulating Executive Pay: Using the Tax Code to Influence Chief Executive Officer Compensation" (2002) 20 *Journal of Labor Economics*, p. 138–75.

O conhecimento do projeto salarial importa porque o nível adequado de remuneração dependerá de sua estrutura. Por exemplo, se o CEO receber períodos de espera mais curtos, ela deve receber menos.

PwC, "Making Your Reporting More Accessible and Effective" (2015).

A Diretiva de Transparência da União Europeia (em vigor desde 2007) exigia que as empresas da UE emitissem Demonstrativos de Gerenciamento Intermediário durante a primeira e a segunda metade de um ano fiscal. Eles não precisavam conter um conjunto completo de demonstrativos financeiros, mas podiam envolver relatórios qualitativos — assim, a partir de 2009, os Demonstrativos de Gerenciamento Intermediário da Unilever omitiram os ganhos trimestrais. A Diretiva de Alteração da Diretiva de Transparência da UE de 2013 removeu a exigência de Demonstrativos de Gerenciamento Intermediário a partir de novembro de 2015. Alguns países (como o Reino Unido) implementaram essa mudança antes.

Atualmente, a lei britânica permite que um diretor seja barrado por "conduta imprópria" como "permitir que uma empresa continue negociando quando não pode pagar suas dívidas, não manter registros contábeis adequados da empresa, não enviar contas e devoluções para a Companies House, não pagar impostos devidos pela empresa, usar dinheiro da empresa ou ativos para benefício pessoal". No entanto, a falta de respeito às partes interessadas não é classificada como "conduta inadequada".

"Economists' Statement on Carbon Dividends", *Wall Street Journal* (17 de janeiro de 2019).

SkillsFuture@sc foi o complemento voluntário da Standard Chartered ao programa SkillsFuture do governo de Cingapura. Como resultado, os trabalhadores da Standard Chartered não só poderiam usar o crédito de US$500 do governo para um curso de SkillsFuture, mas também fazer um dos cursos patrocinados pelo banco.

Também financia projetos para melhorar a competitividade internacional das empresas.

Benjamin G. Hyman, "Can Displaced Labor Be Retrained? Evidence from Quasi-Random Assignment to Trade Adjustment Assistance" (2018).

Brian Krogh Graversen e Jan C. van Ours, "How to Help Unemployed Find Jobs Quickly: Experimental Evidence from a Mandatory Activation Program" (2008) 92 *RJournal of Public Economics*, p. 2020–35.

Hong Ru e Antoinette Schoar: "Do Credit Card Companies Screen for Behavioral Biases?" (2019).

Efraim Benmelech, Nittai Bergman e Hyunseob Kim, "'Strong Employers and Weak Employees: How Does Employer Concentration Affect Wages?" *Journal of Human Resources* (em breve).

Veja a Autoridade de Concorrência e Mercados do Reino Unido, o "Annual Plan 2019/20" (2020) e a OCDE, "Competition Policy: Promoting Efficiency and Sound Markets" (2012). Para uma revisão de literatura acadêmica, consulte Mark Armstrong e David E.M. Sappington, "Regulation, Competition, and Liberalization" (2006) 64 *Journal of Economic Literature*, p. 325–66.

As opções de ações também contaram e têm problemas semelhantes às ações de desempenho.

Florian Heider e Alexandre Ljungqvist, "As Certain as Debt and Taxes: Estimating the Tax Sensitivity of Leverage from State Tax Change" (2015) 118 *Journal of Financial Economics*, p. 684–712.

Alex Edmans, "Short-Term Termination without Deterring Long-Term Investment: A Theory of Debt and Buyouts" (2011) 102 *Journal of Financial Economics*, p. 81–101.

Frédéric Panier, Francisco Pérez-González e Pablo Villanueva, "Capital Structure and Taxes: What Happens When You (Also) Subsidize Equity?" (2012).

Por exemplo, o Código de Governança Corporativa do Reino Unido exige que o conselho designe um dos diretores não executivos como um "diretor independente sênior". Às vezes, uma empresa opta por não cumprir e explica que isso ocorre porque vários diretores não executivos foram recentemente nomeados, e ela quer lhes dar tempo para se estabelecer em seus papéis antes de escolher um.

A gênese foi o chanceler britânico do Tesouro George Osborne pedindo a Sir Charlie Mayfield em 2015 para investigar o problema de produtividade do Reino Unido em profundidade.

Exemplos incluem Steve Mariotti's *An Entrepreneur's Manifesto* (West Conshohocken: Templeton Press, 2015) e Davi Storeys *Understanding the Small Business Sector* (Andover: Cengage Learning, 1994). Veja também Berger e Udell (1988) para um estudo acadêmico dos desafios enfrentados pelas pequenas empresas e formas de promover seu crescimento. Allen N. Berger e Gregory F. Udell, "The Economics of Small Business Finance: The Roles of Private Equity and Debt Markets in the Financial Growth Cycle" (1998) 22 *Journal of Banking and Finance*, p. 617–73.

O Banco Europeu de Investimento administra um Fundo Europeu de Investimento. Não fornece financiamento diretamente, mas por meio de intermediários. Por exemplo, investe em fundos de capital de risco e em bancos e fornece garantias de empréstimos.

CAPÍTULO 11

Werner Güth, Rolf Schmittberger e Bernd Schwarze, "An Experimental Analysis of Ultimatum Bargaining" (1982) 3 *Journal of Economic Behavior and Organization*, p. 367–88.

A mudança de um trabalhador para PCs reduziria o número de TVs – e, portanto, o GNH – abaixo de nove; mover um trabalhador para TVs teria um efeito análogo.

4 de agosto de 2018.

Mesmo se você vencer uma guerra, pode ser que você perca no geral por causa dos recursos usados para fazê-lo.

Veja o UK Visa Bureau's "UK Shortage Occupations List".

James Bessen, "Toil and Technology" (2015) 52 *Finance & Development*, p. 16–19.

Nyshka Chandran, "'Japan, Unlike the West, Is Not Scared of Robots Stealing Jobs, Deputy Leader Says", diz o vice-líder", CNBC (4 de maio de 2018).

James Bessen, *Learning by Doing: The Real Connection between Innovation, Wages, and Wealth* (New Haven: Yale University Press, 2015).

Stephen R. Covey, *The 7 Habits of Highly Effective People* (New York: Free Press, 1989). (Publicado no Brasil com o título *Os 7 Hábitos de Pessoas Altamente Eficazes*).

Covey's Habit 4, "Think Win-Win", ressalta a importância de trabalhar de forma colaborativa para criar valor nas negociações.

Adam Grant, *Give and Take: A Revolutionary Approach to Success* (Londres: Weidenfeld & Nicolson, 2013).

"The Fringe Benefits of Failure and the Importance of Imagination".

Na verdade, a cor das caixas é laranja, para ajudar na recuperação delas após um acidente.

K. Anders Ericsson, Ralf Th. Krampe e Clemens Tesch-Romer, "The Role of Deliberate Practice in the Acquisition of Expert Performance" (1993) 100 *Psychological Review*, p. 363–406.

Neil Charness, Ralf Th. Krampe e Ulrich Mayr, "The Role of Practice and Coaching in Entrepreneurial Skill Domains: An International Comparison of Life-Span Chess Skill Acquisition" em K. Anders Ericsson (ed.), *The Road to Excellence: The Acquisition of Expert Performance in the Arts and Sciences, Sports, and Games* (Mahwah, NJ: Erlbaum, 1996).

Janice M. Deakin e Stephen Cobley, "A Search for Deliberate Practice: An Examination of the Practice Environments in Figure Skating and Volleyball" em Janet L. Starkes e K. Anders Ericsson (eds), *Expert Performance in Sports: Advances in Research on Sport Expertise* (Champaign, IL: Human Kinetics, 2003).

A ideia também é semelhante ao conceito de "coisas de valor desigual" no livro de negociações de Stuart Diamond *Getting More*. Em uma negociação, você deve oferecer a uma contraparte algo que vale mais para ela do que custa, para que você possa pedir algo em troca. No entanto, o serviço não se trata de obter mais dos outros, mas de dar mais aos outros. Stuart Diamond, *Getting More: How You Can Negotiate to Succeed in Work and Life*(Nova York: Random House, 2012).

Alguns elementos desta seção são inspirados em um discurso intitulado "How to Have a Successful and Meaningful Career" do professor Andrew Metrick, um dos professores mais célebres da Wharton, em sua última palestra antes de partir para Yale. Também faz parte de uma palestra chamada "Fulfilling Careers and Full Lives" que dou na palestra final de meu curso de finanças principais, e disponível em http://bit.ly/fulfillingcareers.

Vítor Frankl, *Man's Search for Meaning*. (Boston: Beacon Press, 2006).

No lado da compra, como qualquer trabalho no início, há vendas envolvidas em como você tem de vender suas ideias para seus superiores. No entanto, uma vez que você chegar ao topo, não há mais superiores para quem vender, apenas reuniões ocasionais de "venda" com investidores. Alguém cuja paixão é vender pode não encontrar tanta realização quando chegar ao topo.

Davi Brooks, *The Road to Character* (Nova York: Allen Lane, 2015).

APÊNDICE A

Chris Addy, Maya Chorengel, Mariah Collins e Michael Etzel, "Calculating the Value of Impact Investing". *Harvard Business Review* (Jan.-Fev. 2019).

APÊNDICE B

Elroy Dimson, Oğuzhan Karakaş, e Xi Li, "Coordinated Engagements" (2021).

A Plataforma de Colaboração das Nações Unidas tem uma equipe própria que conduz diretamente um pequeno número de engajamentos; entretanto, a maioria dos engajamentos é conduzida por investidores.

Craig Doidge, Alexander Dyck, Hamed Mahmudi e Aazam Virani, "Collective Action and Governance Activism" (2019) 23 *Review of Finance*, p. 893–933.

A estrutura também permite que os investidores se envolvam coletivamente sem que isso seja considerado uma atuação em conjunto, ou seja, uma atitude de colaboração para lançar uma oferta pública de aquisição de uma empresa. Isso pode exigir que eles façam registros regulatórios ou, até mesmo, uma oferta.

ÍNDICE